AF352721

EL AMOR QUE DA VIDA

KIMBERLY KIRK HAHN

EL AMOR QUE DA VIDA

El maravilloso plan de Dios
para el matrimonio

Séptima edición

EDICIONES RIALP
MADRID

Título original: *Life-Giving Love. Embracing God's Beautiful Design for Marriage*

© 2001 *by* KIMBERLY KIRK HAHN
   Publicado con permiso de Servant Publications. Michigan (EE.UU.)
© 2022 de la versión española realizada por Amparo de la Pedraja y Teresa Lagos,
   by EDICIONES RIALP, S. A.,
   Manuel Uribe 13-15 - 28033 Madrid
   (www.rialp.com)

Revisión: Eulalio Fiestas

Primera edición española: abril de 2006
Séptima edición española: mayo de 2022

Con licencia eclesiástica del obispado de Steubenville (Ohio, EE.UU.).
10 de agosto de 1999

Fotocomposición: M. T., S.L.

ISBN (versión impresa): 978-84-321-6122-3
ISBN (versión digital): 978-84-321-6123-0
Depósito legal: M-5847-2022
Impreso en Service Point, S. A., Madrid

ÍNDICE

Prólogo de Scott Hahn, esposo de la autora 9

Introducción 15

I. LA BELLEZA DEL PLAN DE DIOS: PROCREACIÓN Y UNIÓN

1. Mi testimonio 19
2. Familia de Dios Uno y Trino: amantes que dan vida y donantes que aman la vida 37

II. LA CULTURA DE LA VIDA *VERSUS* LA CULTURA DE LA MUERTE

3. Valorar los hijos 59
4. Anticoncepción = Rechazo del hijo 76
5. Sagrada Comunión y Unión Íntima 102

III. ¿CÓMO PODEMOS VIVIR ESTE HERMOSO PLAN?
EL ABRAZO DEL CUERPO DE CRISTO

6. Abrazar la verdad 137
7. Abrazar la verdad con amor 162

IV. ¿ EL PLAN DE DIOS PARA NUESTRO MATRIMONIO
INCLUYE UN ALMA MÁS?

8. Planificación Familiar Natural (PFN) 187
9. ¿Podemos abrirnos a un alma más? Respuestas a las objeciones más frecuentes 222

V. LA PÉRDIDA DE LA VIDA: EL ABORTO,
NIÑOS QUE NACEN MUERTOS,
INFERTILIDAD Y ESTERILIZACIÓN

10. El aborto y los niños que nacen muertos 275
11. La infertilidad 319
12. La esterilización 355

VI. VIVIR Y DEJAR UN LEGADO

13. La llamada de Dios al matrimonio 383

APÉNDICE: Ideas para ayudar a las madres 401

FUENTES 409

PRÓLOGO

Lo que este libro enseña es verdad. Supone un reto. Y cambia la vida. Todo esto lo sé porque he tenido la alegría y el privilegio de descubrir su verdad, el reto que encierra y la transformación que causa, al lado de la autora, que es mi esposa, Kimberly.

Lo que la Iglesia enseña acerca del amor, el sexo y el matrimonio es verdad. Esto debería ser obvio por sí solo, ya que ninguna otra cosa parece traer a las familias una felicidad duradera. Los críticos acusan a los Papas de no estar en contacto con la realidad y de estar desfasados. Pero en realidad es «la liberación» sexual de la sociedad la que ha demostrado que no funciona en el mundo real, pues destroza hogares y corazones, y abruma los cuerpos con la enfermedad, y las almas con el pecado.

Las enseñanzas de la Iglesia sirven y funcionan en el mundo real porque están basadas en nuestra naturaleza. La ley moral procede de Dios, quien creó el mundo real, la naturaleza humana y nuestros cuerpos. Él nos conoce mejor que nosotros mismos. Nos ama más de lo que nos amamos nosotros o podemos amar a los demás. Por tanto, su ley, más que reprimirnos, nos perfecciona y nos conduce por el buen camino. No es más represiva de lo que pueda ser un mapa para un viajero.

A diferencia de cualquiera de sus alternativas, la doctrina de la Iglesia tiene sentido y funciona. Eso debería ser suficiente para aconsejarla; pero hay más razones, e incluso mejores, para hacerlo: esta doctrina no sólo se basa en la ley natural conocida por la razón, sino también en la ley divina confirmada por la fe.

Todos los cristianos, a lo largo de la historia, vieron con claridad esta cuestión, hasta que la revolución sexual del pasado siglo XX confundió muchas mentes. El mundo antiguo conocía perfectamente el control de natalidad, el divorcio, la homosexualidad, el adulterio, el aborto y las relaciones prematrimoniales. En muchos lugares del Imperio romano estas prácticas eran tan comunes y socialmente aceptables como lo son hoy en día en Estados Unidos. Sin embargo, los cristianos condenaban unánimemente esas acciones. Y la Reforma protestante asumió esta tradición. De hecho, protestantes y católicos compartieron una misma ética sexual durante cuatrocientos años a partir de la Reforma. En materia de amor, sexo y matrimonio, la tradición cristiana proclamó la misma doctrina hasta la década de 1930. Desde entonces, las distintas denominaciones protestantes han ido rompiendo todas las posiciones una por una, pero el Magisterio de la Iglesia Católica ha permanecido firme.

¿Por qué la Iglesia continúa creyendo en esta doctrina? No lo hace por ser autoritaria o retrógrada, sino porque es verdadera y digna de ser amada. Dejemos que el resto del mundo declare la guerra tanto a la naturaleza humana como al cuerpo humano. La Iglesia prefiere ayudarnos a encontrar la salvación, la paz y la salud en hogares felices.

¿Es siempre fácil hacer lo correcto? Por supuesto que no. Estés casado o no, puedes mirar esta doctrina y preguntarte cómo alguien puede vivirla.

Bien, nadie puede vivirla..., sin empeñar todas sus fuerzas y sin la ayuda sobrenatural del Espíritu Santo. Tal vez no sea fácil, pero es relativamente sencillo seguir el camino de la oración, el sacrificio y la autodisciplina que la tradición cristiana nos ha detallado claramente. Una vez más, son las alternativas las que, como era de esperar, son irremediablemente difíciles, complicadas y en último término, solitarias.

En la actualidad tenemos la manía de planificar y controlar. Pensamos que podemos simplificar los problemas y hacer la vida más fácil controlando los detalles más pequeños de nuestra vida. Mucha gente lo hace también en el matrimonio, y esta es la razón de que pongan sus esperanzas en la «*planificación* familiar» y el «*control* de natalidad». Sin embargo, la vida discurre pocas veces por el camino que planificamos. Como dice una conocida canción, la vida es lo que pasa mientras estamos ocupados haciendo otros planes.

La doctrina de la Iglesia cambia la vida, y esto asusta a muchas personas, porque el plan que Dios tiene para nosotros puede alterar los sueños que nos hemos forjado con relación a la vida, la carrera y la familia. Puedo dar fe de esta realidad. Tenía toda mi carrera programada detalladamente cuando Kimberly y yo dejamos de usar anticonceptivos. Tenía todo preparado para incorporarme a un prestigioso programa de doctorado en Aberdeen, Escocia.

Pero el plan de Dios es siempre mejor para nosotros de lo que hubiera sido cualquiera de nuestros mayores sueños. Al convertirme en padre aprendí lo que no podría haberme enseñado ningún programa de doctorado. De hecho, la paternidad me enseñó sobre mi profesión –que es la teología– más de lo que hubiera podido aprender en un aula. Siendo padre logré conocer la paternidad de Dios en un sentido más profundo. Cuando me doctoré –según la planificación de Dios, no la mía–, ya vivía lo que estaba aprendiendo.

Los caminos de Dios no siempre cambian la vida en el sentido que queremos, pero sí en el que necesitamos. Siguiendo la verdad perenne de la Iglesia en materia de amor y sexo, Kimberly y yo alcanzamos un respeto y una gratitud más profundas entre nosotros y con relación al misterio del matrimonio como se expresa en el amor sexual. También hemos descubierto que no estamos solos. En las dos últimas décadas nos hemos encontrado con cientos, incluso miles, de familias que han experimentado la misma transformación. Conocemos personalmente a cientos de niños encantadores que no existirían, si sus padres no hubieran cambiado de vida y de forma de pensar. Estos niños son los portadores de un mensaje.

Y este libro es portador del mismo mensaje; procede de una autora que sabe que es verdad, que supone un reto y que cambia la existencia. Ella lo ha recibido con cariño del Autor de la vida.

Scott Hahn

DEDICATORIA

Dedico este libro a Cristo, el amante que da vida a mi alma, y a mi alma gemela, Scott, que me escogió como esposa y cooperó con Dios para darme el regalo de la maternidad. Siempre estaré agradecida al Señor por la verdad que hemos encontrado, y que hemos tenido el privilegio de vivir juntos durante más de veinte años.

Muchas gracias a cada uno de nuestros hijos, que son parte de la civilización del amor en nuestro hogar, fruto de nuestro amor que da vida. A nuestros hijos que todavía están en la tierra e inspiran nuestros corazones con su amor, oración y espíritu de servicio: Michael, Gabriel, Hannah, Jeremiah, Joseph y David. Y a nuestros hijos que se han ido antes que nosotros: Raphael, Noel Francis y Angelica Frances; que por su amor y sus oraciones divulguemos fielmente la verdad.

INTRODUCCIÓN

Lo que fue concebido hace años, por fin ve la luz: este manuscrito. Han dado su fruto años de presentaciones, conversaciones y artículos en mantillas, con intentos intermitentes de ser un libro completo. Como vivir el mensaje es más importante que escribir sobre él, fueron necesarios varios períodos sabáticos que interrumpieron este trabajo, para prepararme y dar la bienvenida a nuevos hijos.

Gracias por permitirme el privilegio de desvelar en las próximas páginas la doctrina de la Iglesia sobre el acto matrimonial y la apertura a la vida. Por amor nos llamó Dios a la existencia, hombre y mujer, para que fuéramos imagen de su amor que da vida. Mi mayor deseo es invitarte a participar más plenamente de la vida divina y del amor de Dios.

A veces hay quienes dicen a los demás de modo tajante: «Ésta es la doctrina de la Iglesia. Aguántate. ¡Otros lo hicieron!» Este enfoque nos hace sentirnos como encadenados, sin escapatoria. Ése no es el modo de expresar la verdad dicha con amor. Más que atarnos, la verdad nos libera para que podamos ser todo aquello para lo que fuimos creados. Por eso dijo Jesús: «Conoceréis la verdad y la verdad os hará libres» (Jn 8, 32).

Como un novio levanta el velo de su novia para que muestre su belleza, así el Señor quita el velo a su Iglesia para mostrar el esplendor de su belleza: la verdad vivida por los hijos de Dios. La apertura a la vida se sitúa en el contexto de nuestra vida con Dios; no se trata simplemente de una orden que hay que obedecer, sino de una verdad que hemos de vivir. Mi deseo más profundo, y lo que pido al Señor, es que todos juntos conozcamos con más hondura, y apreciemos, el designio divino para la alianza matrimonial y el lugar que ocupa en nuestra llamada a la santidad.

I

LA BELLEZA DEL PLAN DE DIOS: PROCREACIÓN Y UNIÓN

1.   MI TESTIMONIO

Soy la mayor de cinco hermanos, frutos deseados de un matrimonio rebosante de amor. Mis padres habían pensado tener un cierto número de hijos; sin embargo, aceptaron que Dios tenía un plan mejor y nos consideraron un tesoro, entrásemos o no en sus planes. Fue tan divertido crecer en una familia numerosa, que deseaba que mi futuro esposo quisiera tener muchos hijos. Ese deseo no se basaba tanto en una convicción de apertura a la vida, como en la voluntad de imitar el ejemplo de mi familia.

Scott y yo nos enamoramos cuando estábamos en *Grove City College*, en Pennsylvania; sentimos que Cristo nos llamaba a servirle juntos. Un día, mientras charlábamos en un edificio del campus, me di cuenta de que, aunque ya estábamos prometidos, nunca habíamos hablado de si queríamos tener hijos, ni de cuántos íbamos a tener. Elegí un momento oportuno para hablarle:

—Scott, quieres tener hijos, ¿verdad?

Contestó rápidamente:

—Por supuesto, pero no demasiados.

Pensé: «¡Oh no, me voy a casar con un *ZPGer* y no lo sabía!» (un «*ZPGer*» es una persona que lucha por el *Zero Population Growth*, «crecimiento cero de la población», por lo que limita su familia a dos hijos para mantener el nivel actual de población en vez de aumentarlo). Respiré profundamente intentando aparentar normalidad.

—¿Cuántos son «no demasiados»? —le pregunté.

—Creo que no deberíamos pasar de cinco o seis.

Ahora tuve que fingir que no pasaba nada por otro motivo.

—Sí, mejor que no nos pasemos: no más de cinco o seis —dije, conteniendo una sonrisa.

Meses después, en una charla prematrimonial con mi padre, que es presbiteriano y además era mi pastor, hablamos de los métodos anticonceptivos; no sobre si utilizarlos o no, sino sobre cuáles íbamos a usar. Todos creíamos que una de las obligaciones de un cristiano protestante era una cuidadosa planificación familiar, especialmente porque íbamos a estudiar teología en el seminario y no teníamos mucho dinero para mantener a una familia. La anticoncepción era obviamente la opción prudente.

Mi padre me dijo:

—¿Qué vas a hacer para controlar la natalidad?

—Voy a tomar la píldora —le contesté—.

A lo que respondió:

—Como pastor, no tengo ningún problema; pero como padre, tengo algunas objeciones.

Disipé sus miedos con algunos lugares comunes que nos había contado el ginecólogo, y cambiamos de tema. Fin de la discusión. Papá sabía que a medida que nuestro amor conyugal creciera, crecería nuestro deseo de tener hijos. Por ahora el centro de atención éramos nosotros y nuestro futuro enlace.

Nuestra boda fue una magnífica celebración de la llamada de Dios a que formáramos una nueva familia a su servicio. Pero, que yo sepa, nunca se mencionó a los hijos como parte de la ceremonia. (Esto contrasta con las bodas católicas, en las que la pareja se compromete públicamente a recibir de Dios los hijos y a educarlos en su doctrina).

Tres semanas después, Scott y yo viajamos a Nueva Inglaterra para que Scott estudiara en el seminario presbiteriano de teología de *Gordon-Conwell*. Después de que yo hubiera trabajado un año a tiempo completo mientras Scott se formaba, los dos pudimos dedicarnos a estudiar. Este tiempo de formación juntos cambió nuestra vida.

El primer trabajo que tuve que hacer en el seminario fue profundizar en el tema del aborto y preparar una charla para adolescentes. Cuanto más exponía la verdad sobre la vida, más veía que ellos apreciaban su belleza. Y además, estaban enfadados por las mentiras que les habían contado en el colegio respecto al aborto.

Paradójicamente, cuando hablaba sobre el aborto, mucha gente hacía preguntas sobre la anticoncepción. Al principio esto me molestaba. Decía: «Nos estamos saliendo del tema, tenemos que ceñirnos al aborto»; hasta que, cierto día, unas personas nos demostraron que algunos métodos anticonceptivos, como el DIU y la píldora, pueden ser, en ocasiones, abortivos.

Me di cuenta de que algunos incluso llegaban a considerar el aborto como un método infalible para el control de la natalidad. Me quedé horrorizada al descubrir que una de cada cinco mujeres que abortan está casada[1]. Quizá había más relación entre el aborto y los anticonceptivos de lo que yo pensaba al principio.

Como comentario personal, podría añadir que experimenté los efectos secundarios de la mini-píldora que me recetó el ginecólogo. Cuando recurrí a un nuevo médico para expresarle mis dudas, me preguntó: «¿Sabías que algunas píldoras, sobre todo las mini-píldoras, son abortivas? No impiden la ovulación, alteran las paredes del útero para que el feto no se pueda implantar».

Me sentí perpleja y dolida. No tenía ni idea de que pudiera estar poniendo en peligro a nuestros hijos. Afortunadamente era sólo nuestro tercer mes de matrimonio; ahora rezo para que no haya pasado nada en aquellos momentos. Inmediatamente cambiamos a un método anticonceptivo de barrera.

Un curso de ética cristiana en un seminario protestante, impartido por el Dr. Jack David, me ofreció la oportunidad de profundizar en este asunto. Nuestros trabajos incluían la tarea de elegir un tema de actualidad para investigarlo y hacer una presentación en pequeños grupos. Desde que vi la relación entre el aborto y los anti-

---

[1] La institución *National Right to Life*, usando estadísticas (1997) de los centros estadounidenses de control de enfermedades, constata que el 19% de los abortos de Estados Unidos se realizan en mujeres casadas. Este dato se ha mantenido constante durante más de diez años.

conceptivos, pensé que valdría la pena estudiar con mayor hondura la contracepción.

Siete de nosotros elegimos ese tema. Cuando nos reunimos al final de la clase, un hombre, tomando la iniciativa dijo: «Vamos a excluir cualquier cosa que sea abortiva. Pero aceptaremos los métodos anticonceptivos de barrera. Los únicos que piensan que la anticoncepción es mala son los católicos». Fue como si estuviera zanjando el estudio antes de empezarlo. ¿Realmente no había nada más que estudiar?

–¿Por qué se oponen los católicos a los métodos anticonceptivos? –pregunté en voz alta. No sabía que los católicos se opusieran a la anticoncepción; ningún amigo católico me había mencionado este punto.

–Sólo hay dos razones –respondió sarcásticamente con un tono de autoridad–; la primera es que el Papa no está casado. ¡No tiene que vivir con las consecuencias! Y la segunda es que los católicos sólo quieren que ¡cuantos más católicos haya, mejor!

«Seguro que hay razones de más peso que ésas», pensé. Y dije:

–No creo que los católicos lo expliquen de ese modo.

–Bien, ¿por qué no estudias lo que piensan? –me retó–. Pero yo, ya sé lo que pienso.

–¡Lo haré! –repliqué.

Y lo hice.

Después de la cena Scott, y yo hablábamos de nuestras clases. Estaba sorprendido de que hubiera elegido el tema de la anticoncepción y de que otros también lo hubieran hecho. El año anterior nadie lo había escogido. A medida que avanzaba el curso, su asombro crecía. Empecé a hacer míos los argumentos en contra de los métodos anticonceptivos artificiales, que procedían no sólo de autores católicos, sino también de las Escrituras.

También estaba sorprendida de la sencilla, pero profunda, explicación del acto conyugal en el contexto de la fe cristiana, que descubrí en la Encíclica *Humanae vitae* de Pablo VI, que era una lectura obligatoria de clase. Aunque yo no era católica, la *Humanae vitae* me llegó al corazón, ya que presentaba un enfoque maravilloso de cómo nuestro matrimonio podía reflejar mejor la verdad y el amor. Ya a los pocos años de su publicación, podía apreciarse la naturaleza profética del documento.

La famosa oradora a favor de la castidad, Molly Kelly, lo califica como «el documento más profético del siglo, porque Pablo VI nos dijo que la mentalidad anticonceptiva nos llevaría a la mentalidad abortiva, ya que –cuando el hijo no es considerado como un regalo sino algo que hay que posponer, prevenir o, si todo eso falla, abortar– entonces nuestros hijos no son, en sí mismos, un regalo, sino una carga. ¡Y 3,6 millones de abortos son el resultado de que la *Humanae vitae* fuera rechazada o no se enseñase!»[2].

Un día hablé con un buen amigo que me animó a considerar estos temas más profundamente. De mis respuestas pudo deducir que yo parecía estar segura de que la anticoncepción estaba mal.

–Kimberly, pareces convencida de estar en contra de los anticonceptivos. ¿Los sigues usando?

Eso me hizo pensar.

–No es tan fácil –contesté–. Esto me recuerda al viejo cuento de la gallina y el cerdo. Los dos paseaban un día por la calle, cuando la gallina le comentó al cerdo la generosidad del granjero.

«Vamos a hacer algo especial para Brown, nuestro granjero», dijo la gallina.

«¿Qué se te ocurre?», preguntó el cerdo.

«Podemos hacerle un desayuno de huevos con beicon».

«Eso a ti no te supone ningún problema, dijo el cerdo. Para ti, se trata de una donación. Para mí, es un compromiso total».

Lo que quiero decir es que tú, como seminarista soltero, no cargas con las consecuencias a las que me podría enfrentar si esta noche dejo de usar los anticonceptivos. Pero haces bien en animarme a que viva lo que creo.

Salí de la biblioteca sabiendo que estaba convencida; pero había dos personas en mi matrimonio. Tenía que hablar largo y tendido con Scott sobre todo lo que había descubierto.

Scott y yo hablamos durante horas. Rezamos. Pedimos consejo a otros. Leímos y rezamos, y seguimos investigando un poco más.

---

[2] A lo largo de este libro cito a muchas personas de todo el país, identificándolas sencillamente con el nombre propio o el lugar de origen, para proteger su privacidad. Esta información me la han proporcionado en correspondencia personal y en una encuesta que he dirigido. Las citas que no tienen una nota a pie de página provienen de esa encuesta.

Finalmente comprendimos que el designio divino para el amor conyugal es, en el fondo, un abrazo marital, libre de artilugios o planes egoístas. Nuestro acto de autodonación de amor iba a ser nada menos que una imagen de la autodonación total a Dios.

Retrasar la obediencia es desobediencia. Una vez que estuvimos seguros de que la apertura a la vida era lo correcto, empezamos a obrar en conformidad con nuestras creencias. El 1 de abril de 1981 dejamos de utilizar para siempre los anticonceptivos.

¡No más pastillas, plásticos o cremas! Ese año, y ese día, que en EE.UU. es el Día de los Inocentes [«de los idiotas o tontos»], significó para nosotros dejar de hacer el tonto para siempre con la anticoncepción, y representar el papel de «tonto» por Cristo. Escribí en mi diario: «Alabado sea el Señor; ahora estamos honrándole más al intentar ser coherentes. Señor, cumpliremos siempre Tu voluntad cuando Tú quieras».

Scott y yo nos sentíamos impresionados de que sólo la Iglesia Católica[3], con más de mil millones de miembros, defendiera esa valiente postura («bíblica», me permito decir) que proclama, en contra de nuestra cultura, la verdad sobre la apertura a la vida. Estábamos conmovidos, pero en ese momento no nos acercamos a la Iglesia. De todas formas, pienso que la semilla plantada mientras estudiábamos este tema, y el hecho de vivir la verdad, abrió nuestros corazones, años después, a la plenitud de la fe cristiana de la Iglesia.

Razones convincentes

Nos sorprendió lo razonables que eran la postura católica sobre la apertura a la vida y las Escrituras que la ratificaban. Quizá sea ésa la razón por la que hasta 1930 los protestantes defendieron unánimemente el mismo punto de vista que la Iglesia Católica. ¡Qué descubrimiento!

Se pueden citar a muchos líderes y teólogos protestantes desde la Reforma para demostrar que estuvieron firmemente en contra del

---

[3] No conozco ningún otro grupo cristiano que mantenga una postura contraria a la anticoncepción.

uso del control de la natalidad[4]. ¿Fue simplemente porque los protestantes no consiguieron erradicar los últimos vestigios de «romanismo» en lo relativo a la ética sexual hasta 1930? ¿O es que los protestantes habían afirmado, a lo largo de los siglos, las verdades básicas que deben gobernar todos los matrimonios cristianos –católicos o no– para que cada uno de nosotros refleje, en nuestra familia, el amor vivificador de la Santísima Trinidad?

A fin de cuentas, el matrimonio no es una institución creada por el hombre. Es una obra de Dios conforme al designio de Dios. Básicamente no se trata de un tema de debate entre católicos y protestantes, sino entre cristianos y no cristianos. Ésta es la razón de que muchos no católicos estén volviendo a la concepción cristiana –casi universal en otro tiempo– del poder, la belleza y la verdad de vivir el amor conyugal como Dios manda.

Por mi investigación sobre el aborto, sabía que la institución *Planned Parenthood* (Paternidad Planificada) era la entidad que, por sí sola, más contribuía al aborto en el país. Lo que no sabía era que, ya en 1917, la activista radical estadounidense Margareth Sanger había defendido la anticoncepción y el aborto en la *Birth Control League* (Liga de Control de la Natalidad), que después se transformó en la *Planned Parenthood*. Como observó la antigua feminista Mary Pride, «no es una casualidad que precisamente la organización que se llama a sí misma "Paternidad Planificada", haya sido la fuerza que está detrás de la popularidad del aborto en este país»[5].

En 1930, la Conferencia Anglicana de Lambeth, en Inglaterra, se convirtió en el primer organismo oficial cristiano en aprobar el uso de la anticoncepción en casos extremos. Como respuesta, un jesuita, el padre David Lord, redactó el siguiente análisis:

1. El control de natalidad destruye la diferencia entre las prostitutas y las mujeres respetables, porque elimina el ideal de la maternidad y lo sustituye por el del placer y la autosatisfacción personales.

---

[4] Cf. Charles Provan, *The Bible and Birth Control*, Zimmer, Monongahela, Pa., 1989, que recoge citas de líderes protestantes desde la Reforma hasta nuestros días, claramente opuestos a la anticoncepción.

[5] Mary Pride, *The Way Home*, Crossway, Westchester, Ill., 1985, p. 81.

2. El control de natalidad conduce a la infidelidad, porque destruye el autocontrol y la autodisciplina. Para los solteros elimina el miedo a las consecuencias.
3. El control de la natalidad, al rechazar la cooperación con Dios en la creación de los hijos, impide una noble facultad y la sustituye por el placer.
4. El control de natalidad afecta al futuro. Sustituye los hijos por la gratificación propia, [por lo que] ataca la fuente misma de la vida humana[6].

Desde 1930, todas las denominaciones protestantes de importancia han ido abandonando su postura en contra de la anticoncepción, y hoy en día muchas hasta permiten el aborto. Existe una relación patente entre la mentalidad anticonceptiva promovida en los años treinta, y el aborto y la mentalidad a favor de la muerte de hoy en día. La Iglesia Católica defiende en solitario, en continuidad con la enseñanza cristiana de todos los siglos, la doctrina sobre la santidad del acto matrimonial.

Al principio, para Scott y para mí, la autoridad de la Iglesia y la enseñanza del Magisterio no eran más que una ayuda, porque no teníamos ningún interés en convertirnos al catolicismo. (¡De hecho Scott no creía que un cristiano inteligente pudiera pertenecer a la Iglesia Católica!) Sin embargo, la Iglesia nos intrigó por su disposición a tomar una postura obviamente poco popular en la cultura actual, y a proclamarla al mundo –con independencia de si el mundo quería o no escuchar su mensaje–, simplemente porque creía que era la verdad.

La Sagrada Escritura, por otro lado, nos inducía a recapacitar sobre la generalizada aceptación protestante de los anticonceptivos. ¿Ocurría, quizá, que la mayoría de los grupos protestantes habían capitulado frente a nuestra cultura, en cuanto al aborto, porque previamente, en el tema de la anticoncepción, no lograron entender por

---

[6] David Lord, S. J., *Five Great Encyclicals*, s.e., New York, s.a., p. 92; citado por Alfred M. Rehwinkel, *Planned Parenthood and Birth Control in the Light of Christian Ethics*, Concordia, St. Louis 1959, pp. 37s.

qué todos los cristianos habían afirmado antes lo que ahora sólo defiende la Iglesia Católica?

La importancia de la *Humanae vitae*

El 25 de julio de 1968, poco después de la clausura del Concilio Vaticano II, Pablo VI publicaba la esperada Encíclica *Humanae vitae*. Históricamente era una época de mucha confusión: la revolución sexual estaba en pleno auge; se consideraba la píldora como el anticonceptivo perfecto que había sido esperado durante tanto tiempo como remedio para las enfermedades sociales relacionadas con la superpoblación; e incluso el clero católico recomendó al Papa que adecuara la Iglesia a los tiempos, siguiendo el informe de la comisión que había creado Juan XXIII.

Pablo VI reconoció el servicio realizado por la comisión, pero dejó de lado la conclusión que había sacado. Reiteró la responsabilidad de la autoridad docente de la Iglesia, el Magisterio, a la hora de interpretar fielmente la situación actual a la luz de la Sagrada Escritura y la Tradición. En muy pocas páginas, explicó el designio de Dios para el matrimonio cristiano y el punto de vista de la Iglesia acerca de la anticoncepción, la esterilización y el aborto en el marco de la santidad del matrimonio[7].

Éste no era el mensaje que muchos, dentro o fuera de la Iglesia, querían oír. Al principio, muchos (incluso algunos teólogos y sacerdotes católicos) se mofaron de lo que, desde su punto de vista, era una Iglesia anticuada que pretendía hacerse obedecer por personas de pensamiento libre y sin prejuicios que entendían los tiempos. En todo caso, ante lo que ha sucedido en estos más de treinta años, este documento ha demostrado ser profético cuando describe la cultura de la muerte que aguarda a los que rechazan la hermosa postura, ante la vida y el amor, que establece nuestro Señor en la Iglesia Católica.

---

[7] Cf. Pablo VI, Enc. *Humanae vitae*, 25-VII-1968, en Consejo Pontificio para la Familia, *Enchiridion Familiae*, Palabra, Madrid 2001.

Ésta fue la primera encíclica que Scott y yo leímos siendo protestantes. Su estilo directo –sin dejar de ser pastoral– de abordar una materia tan difícil nos impresionó. Su enseñanza no depende de los tiempos; revela verdades intemporales con las que podríamos recuperar los cimientos de nuestra cultura.

Una madre de Haslett, Michigan, nos escribió sobre la importancia que tuvo la *Humanae vitae* en su matrimonio:

«Mi marido era el que estaba más convencido acerca de la doctrina de la Iglesia. La cuestión estética me ayudó a rechazar la contracepción. Los condones, las cremas y los riesgos de alterar mi cuerpo con la píldora me producían repulsión. Finalmente, mi corazón cambió de parecer al leer y entender la *Humanae vitae*».

Es una pena que muchos católicos nunca hayan leído esta corta, pero magnífica enseñanza.

Caso omiso a la *Humanae vitae*

Los miembros de la familia no siempre animan a vivir la obediencia en este punto. A veces un pariente intenta convencer a otro de que los católicos no tienen que seguir la doctrina de la Iglesia sobre este tema, si no están de acuerdo con ella. Una mujer cuenta:

«Mi marido y yo usábamos anticonceptivos cuando nos casamos, hasta que mi hermana nos llamó por teléfono desde Indonesia, llorando y suplicando que la perdonásemos. Como, gracias a Dios, manteníamos una buena relación, no entendía qué podía haberme hecho ella desde el otro lado del océano. Me pedía perdón porque me había animado a usar la píldora cuando me casé, porque a ella, y a otros muchos conocidos, parecía funcionarles. Pero luego se enteró de que podía provocar un aborto. Decidió que nos mandaría información sobre esto y sobre la planificación familiar natural (PFN), así como sobre lo que enseña la Iglesia.»

Aunque su hermana la desorientó en un principio, también la ayudó a volver a la verdad.

A veces los padres recomiendan a los hijos que no tengan mucha descendencia, por los sacrificios que ellos han padecido. Una pareja de recién casados de Wilmington, Delaware, sufrió este tipo de presión: «La familia y los médicos me decían: "No querrás quedarte embarazada ahora, ¡si te acabas de casar!"»

Los consejos equivocados de parientes y amigos con frecuencia alientan formas de pensar y prácticas erróneas en los matrimonios de sus seres queridos. Una joven mamá cuenta: «Mi madre me enseñó que la Iglesia estaba equivocada en su planteamiento en contra de la anticoncepción, y la creí. Hay mucha información errónea, tanto sobre la planificación familiar natural como sobre la anticoncepción».

Aunque los amigos y la familia pretenden servir de ayuda, en realidad, a veces confunden la «sabiduría mundana» con la «sabiduría divina». Una madre de Washington comentaba:

«Lo que realmente necesitábamos era un buen estímulo bíblico, y que nos animaran a hacer lo que Dios quería de nosotros, que consistía en dejar que Dios fuera Dios y planificara nuestra familia. Es sorprendente cómo los criterios del mundo se han filtrado hoy en día en gente de la Iglesia, y muchos cristianos ni siquiera se dan cuenta».

Brenda, procedente de un pequeño pueblo de Ohio, contó que ella y su marido, estaban condicionados a utilizar anticonceptivos por la presión de «los padres y los valores de la clase media, que hablan de la necesidad de estar preparados económica y profesionalmente antes de tener hijos. [Nosotros revisamos nuestro uso de anticonceptivos cuando] quisimos que fuera Dios, en vez de nosotros, quien decidiera el momento oportuno».

A veces la gente no está al tanto de la doctrina de la Iglesia; otros sí, pero son reacios a aceptar su autoridad, como Leila:

«Dejé de ser una niña en los años ochenta, y la contracepción era un hecho, tan normal y necesario, como cepillarse los dientes. Yo había oído algunos de los argumentos de la Iglesia en contra de la contracepción artificial y me pareció que eran sensatos. Pensé que la Iglesia probablemente tenía razón en ese tema (¡qué generoso por mi parte!), pero, por supuesto, no me planteé actuar de acuerdo con esa enseñanza en aquella época. Algún día aprendería los métodos naturales de planificación familiar, claro, pero no en ese momento, mis primeros años de matrimonio. ¡Al fin y al cabo, Dios es comprensivo!

Más tarde, empecé a estudiar más a fondo mi religión (el catolicismo) y me di cuenta de que la Iglesia hablaba en nombre de Cristo. Me enamoré de la única Iglesia verdadera. [La planificación familiar natural] renovó nuestro matrimonio e intensificó nuestra mutua atracción. Como le digo ahora a la gente, ¡Dios premia la fidelidad! ¡[Mi marido] era un judío agnóstico temeroso de encontrar a su Mesías! Él sabía que los judíos ortodoxos se oponen al control artificial de la natalidad, y la doctrina de la Iglesia tenía sentido para los dos.

La consecuencia más sorprendente de aceptar la doctrina de la Iglesia es el deseo, totalmente inesperado, ¡de tener más hijos! Tuvimos nuestro cuarto hijo en febrero, y lo consideramos nuestro milagroso «hijo católico». (Antes, nos sentíamos realizados con tres hijos y habíamos planeado que mi marido se hiciera una vasectomía). Le estamos tan agradecidos a Dios por nuestro nuevo hijo, Paul Joseph... ¡y deseamos ardientemente tener más! Hemos sido bendecidos con la doctrina de la Iglesia, y nuestra visión del mundo ha cambiado.»

A esta pareja, la belleza de la doctrina de la Iglesia no sólo les ha traído la nueva vida de su hijo, sino también nueva vida espiritual mediante la conversión del marido.

Que un sacerdote diga a una pareja que tiene que seguir lo que le dicte su conciencia puede tener como consecuencia que ésta haga lo que quiera, porque la vida es difícil. Suzanne admitió: «El sacerdote que nos casó en 1968 dijo que no pasaba nada. Después del Concilio Vaticano II, muchos católicos recibieron consejos confusos».

Una mujer de Richfield, Minnesota, manifestó:

«Mucha gente en la actualidad ha adaptado la enseñanza de la Iglesia para que se adecúe a sus propias necesidades, en vez de permanecer fieles. En 1966, cuando mi marido trabajaba en la enseñanza, empezamos a acomodar a nuestras necesidades la doctrina de la Iglesia acerca del control de la natalidad. Ya teníamos dos hijos, uno de un año y otro de tres meses. Ni que decir tiene que no queríamos tener otro hijo de momento, ya que yo estaba trabajando y mi marido trabajaba a tiempo completo.

Hablamos con un sacerdote del Centro Newman que nos dijo que nos formáramos nuestra propia opinión, porque la «Iglesia» realmente no sabía si era pecado o no. Dijo que muchos de los jóvenes de su comunidad comulgaban los domingos aunque usaran la píldora. Él no se lo impedía porque decía que la Iglesia ya no estaba segura. A pesar de que en el fondo sabíamos la respuesta correcta, nos autoconvencimos de que, si la Iglesia no estaba segura, entonces no podía constituir realmente un pecado para nosotros.»

Algunos católicos afirman que intentaban seguir la doctrina de la Iglesia sin entender por qué la Iglesia enseña lo que enseña. Una madre de Crestline, California, cuenta su experiencia:

«He sido católica toda la vida. Desde pequeña me aprendí las oraciones, el catecismo y todas las normas. Pero seguía las normas, no porque las entendiera como indicaciones amorosas y sabias de Dios, sino porque tenía miedo de que, si no las seguía, podía ir al infierno. Cuando mi marido y yo experimentamos fuertes impulsos conyugales, mi miedo no fue suficiente. Empecé a indignarme con Dios por atosigarme con la planificación familiar natural. No consideraba a mis cinco hijos como una bendición. Pensaba que Dios estaba intentando hacerme estallar, destrozarme. Quizás fuera así.

Cuando llevábamos unas ocho semanas de sesiones de orientación familiar hablamos de la planificación familiar natural. El que lo dirigía, que era cristiano, me preguntó la postura de la Iglesia acerca del control de la natalidad. Yo conocía la norma, pero no la razón. Dijo que quería que le explicara lo que creía la Iglesia y que lo investigara. ¡Quién lo iba a decir! Por fin, después de dos años, escuché las cintas *Life-Giving Love*. Ahora soy católica de corazón. Desde lo más profundo de mi alma, agradezco a Dios que estuviera dispuesto a esperar tanto tiempo para que escuchara y entendiera lo que Él quería decirme. No tendré miedo de recibir otro hijo cuando Dios quiera volver a bendecirme.»

31

Cuanto más comprendemos las razones de la doctrina de la Iglesia, más la obedecemos de corazón, especialmente cuando llegan las dificultades.

Una encuesta que hicimos a parejas católicas indicaba otros motivos que influían en el uso de anticonceptivos: la prensa laica, los profesores de la facultad de medicina, el desconocimiento o la incomprensión de la enseñanza de la Iglesia, la presión de los amigos, la carencia de una vida de oración, la falta de fe, la ausencia de doctrina en los cursillos prematrimoniales, e incluso, en las clases de algunas universidades católicas. Tenemos que contrarrestar estas influencias negativas creciendo en nuestra fe y conociéndola mejor.

La gracia de la obediencia

Otras personas han experimentado la alegría de vivir esta verdad desde el principio de su matrimonio. Una madre ofreció su testimonio: «Crecí cuando lo "normal" era no usar anticonceptivos. Cuando nos absteníamos, la responsabilidad era de ambos, no sólo era yo la que decía que no. Esto nos ayudó a confiar en Dios en todas las circunstancias de nuestra vida».

Una madre de cuatro hijos, que tenían entre ocho años y dieciséis meses, afirmó: «Estoy muy contenta de no haber utilizado nunca anticonceptivos».

Nancy, de Evergreen, Colorado, nos habló de la gracia que supone empezar un matrimonio sin la anticoncepción: «Dejamos que Dios decidiera el momento en el que quería que tuviéramos los hijos. Empezar nuestro matrimonio de esta manera hizo que confiáramos en su Voluntad. Realmente nos ayudó a centrar nuestro amor en el sacrificio y la abnegación».

Una pareja de Greeley, Colorado, expresa la misma opinión: «Estar abiertos a la vida nos ha enseñado lecciones de generosidad y de amor. Demuestra que Dios planifica nuestra familia mejor de lo que podríamos hacerlo nosotros».

Una madre de Steubenville, Ohio, resumió los beneficios de vivir la doctrina de la Iglesia: «Sin sentirse culpables, y con muchos hijos guapísimos».

El factor miedo

Quizás esta alegría parece pasajera si nuestra ansia es saber cuántos hijos habría que tener. Una madre cuenta lo siguiente:

«[Usábamos los anticonceptivos] por miedo a nuestra fertilidad. Volviendo la vista atrás, veo que la anticoncepción hizo muchos estragos en nuestro matrimonio. [Al comenzar a guiarnos por la planificación familiar natural] aprendí qué era el amor sacrificado. Éste fue el punto de inflexión de mi reconversión a la fe, e hizo que, finalmente, mi marido se uniera a la Iglesia.»

Laurie, de Louisville, Kentucky, reiteró la misma preocupación:

«Mi gran miedo era que si no usábamos métodos anticonceptivos podíamos tener un bebé por año. Por aquella época, leí un libro sobre cómo amamantar a los hijos y espaciarlos de forma natural; se llamaba *Breastfeeding and Natural Child Spacing*, de Sheila Kippley. Me di cuenta de que Dios tenía todo planeado sólo con que siguiéramos su plan, y no el nuestro. Yo conocía vagamente la doctrina de la Iglesia sobre la anticoncepción (pero «sabía» que nadie seguía esa doctrina).

Tras leer el libro, practiqué la lactancia ecológica y experimenté de primera mano el retraso de la menstruación y la vuelta a la fertilidad. (La menstruación me volvió cuando mi hijo tenía quince meses). Tiramos todos los anticonceptivos y, desde entonces, nuestro matrimonio ha estado completamente abierto a toda nueva vida. Esto ha añadido una sacralidad a nuestra relaciones conyugales, que no existía cuando utilizábamos anticonceptivos.»

A veces el Señor despierta nuestra conciencia por medio de acontecimientos dramáticos.

Un padre de Quartz Hill, California, contó la «llamada» que recibieron su esposa y él:

«Mi mujer, mi hijo de cinco años y yo salíamos de un restaurante cerca de casa, camino de una reunión, cuando casi nos azotó la tragedia. Un camión blindado de la empresa Brinks salía del recinto del restaurante. Íbamos a pie en la misma dirección que el camión, y mi hijo iba por la acera mirando al camión sin fijarse por dónde caminaba. La acera hacía esquina y él no se dio cuenta. Tropezó y se cayó a la carretera. Sus piernas quedaron bajo las ruedas traseras del camión, que pasaba en ese momento.

Le llevaron rápidamente al hospital en ambulancia, y (éste es el milagro) ¡las radiografías mostraron que no tenía ningún hueso roto! ¡Un camión blindado pasa por encima de las piernas de nuestro hijo y no le causa más que hematomas en la pierna izquierda y a la altura de la cadera!

Nos dimos cuenta de que los hijos que [Dios] manda son realmente suyos, y nosotros no somos más que custodios elegidos por Él. El mensaje era claro: supongamos que mi hijo resbala al revés y la parte superior del torso se queda en el camino de las ruedas. Sólo con pensarlo, tiemblo; pero lo pienso siempre que puedo. Nuestro niño ha estado a un paso de la muerte, y no quiero olvidar en la vida esta lección.

Es nuestro único hijo. Llevamos casados trece años y hemos practicado la abstinencia o usado preservativos antes y después de su nacimiento, por miedo a la carga económica de tener más hijos; además nuestra casa no es muy grande. Éstas eran las únicas razones por las que decidimos no tener más hijos, y ahora vemos que hemos sido egoístas y culpables de una gran falta de fe.»

Independientemente de si esta pareja es bendecida con más hijos o no, ahora están intentando vivir las prioridades que Dios tiene pensadas para su familia.

Había una pareja protestante que consideraba la anticoncepción como un acto de servicio, como Scott y yo lo hacíamos. Se replantearon el tema antes de ser recibidos en la Iglesia Católica:

«Estábamos influidos por la idea de que la anticoncepción, limitar el tamaño de la familia, controlar el momento oportuno de tener hijos, etc., era una tarea cristiana correcta. Mi marido y yo no estuvimos de acuerdo con la enseñanza de la Iglesia al mismo tiempo: para mí fue una de las primeras cosas que tuvieron sentido, y para él una de las últimas. No obstante, creo que ha cambiado realmente; ahora está cien por cien con la Iglesia.»

También, una madre de Rochester, Nueva York, dijo: «El hecho de profundizar en nuestra fe nos llevó a revisar nuestro uso de la anticoncepción».

De hecho, el firme compromiso de un hombre con la doctrina de la Iglesia impresionó a su futura esposa, en vez de asustarla: «Mi marido influyó en nuestra decisión. He sido bendecida con un marido que tiene una fe muy firme. Me dejó claro, antes de que nos casáramos, que Dios y la fe católica eran lo primero para él, y que no renunciaría a ellos. Su fe hizo que la Iglesia Católica (y él) me resultaran más atractivos antes de mi conversión».

Algunas personas no se dan cuenta de lo que afecta el uso de anticonceptivos, hasta después de replanteárselo. Brenda, de Houston, Texas, escribió: «Mientras usábamos anticonceptivos, no creo que notáramos la diferencia. Es ahora, mirando hacia atrás, cuando podemos ver lo que nos perdimos. Al dejar de usarlos, nos dimos cuenta de que nos unía un vínculo más fuerte, y que éramos más felices y alegres gracias a nuestra apertura a la vida».

Después de mucha reflexión, algunas personas alcanzan a ver que la anticoncepción era una de las causas de sus problemas conyugales. Theresa, de Illinois, escribe: «Tuvimos muchos problemas durante los primeros años de matrimonio; estábamos en desacuerdo en muchas cosas, y había egoísmo en las cuestiones sexuales y en otros temas. Mirando al pasado, creo que las discusiones sobre los demás asuntos probablemente estaban agravadas por la falta de respeto a nuestra sexualidad».

Una mujer de cincuenta años, de Boston, Massachussets, se dio cuenta de un efecto aún mayor que tuvo la anticoncepción en su matrimonio: «Estábamos muy centrados en nosotros mismos y nuestro matrimonio acabó en divorcio. Creo que mi falta de apertura a la vida contribuyó a ese final».

Una mujer de Chicago, Illinois, expresó su frustración por no tener conocimiento de la doctrina de la Iglesia: «Me sentía realmente engañada (porque nadie me lo había enseñado antes), cuando Dios finalmente me ayudó a ver que el mensaje de las Escrituras está pensado para traer estabilidad y una gran paz, amor y alegría».

El reto en nuestras manos

Si hasta ahora no has oído la verdadera doctrina de la Iglesia en materia de apertura a la vida, te pido que no intentes averiguar «de quién es la culpa». En vez de eso, te invito, y a la vez rezo para que así sea, a que leas este libro abriendo lo más que puedas el corazón a la verdad, y ponderes cuidadosamente tu respuesta. Nuestro Señor y su Iglesia nos desafían –a ti y a mí– con la verdad que hace que nuestros corazones sean libres para amarle y servirle fielmente en el matrimonio.

Lo que empezó como un pequeño grupo de debate y un informe sobre una postura, ha acabado llevándonos a decisiones que cambiaron nuestra vida y a escribir este libro. El Señor quiere que nuestros matrimonios tengan éxito y den fruto; nosotros no esperamos menos. Ahora vamos a ver cuál es su designio para el matrimonio.

2. FAMILIA DE DIOS UNO Y TRINO: AMANTES QUE DAN VIDA Y DONANTES QUE AMAN LA VIDA

En cierta ocasión, un sacerdote mayor fue a una clase de segundo de primaria y preguntó: «¿Quién sabe decirme qué es la Trinidad?»

Cuando le preguntó a una niña que estaba al final de la clase, respondió tranquilamente: «El Padre, el Hijo y el Espíritu Santo».

El sacerdote, que no oía bien, se acercó a ella e, inclinando la cabeza, le dijo: «Lo siento, no he entendido».

«No tiene por qué entenderlo –replicó ella rápidamente–, es un misterio».

Para nosotros muchos aspectos de la Trinidad constituyen un misterio. ¿Cómo podemos imaginar a alguien que no tiene principio ni fin? ¿Cómo podemos entender al Ser que todo lo sabe, que está en todas partes, que todo lo puede?

¿Cómo se ha revelado Dios? Dios es una comunión de Personas: Padre, Hijo y Espíritu Santo. Cada Persona de la Trinidad es plenamente Dios: santa, buena, justa, verdadera, amable; así que ¿cómo podemos distinguirlos?

Somos capaces de diferenciar al Padre, al Hijo y al Espíritu Santo por la relación que existe entre ellos. Desde la eternidad, el Padre engendra al Hijo por medio de su amor que se entrega. El Hijo, a imitación del Padre, se entrega al Padre (donándose a sí mismo). Y el vínculo entre ellos es más que un espíritu de amor; constituye, en sí mismo, la persona del Espíritu Santo.

La propia vida íntima de Dios de entrega total crea una comunión íntima de amor y vida. Dios no es sólo amable; sino que es la misma esencia del amor (cf. 1 Jn 4,8). Es fuente de toda vida.

Hombre y mujer creados a imagen de Dios

Tres Personas –Padre, Hijo y Espíritu Santo– en un solo Dios; esta familia de amor y vida creó al hombre y a la mujer a su imagen y semejanza.

> Entonces dijo Dios: «Hagamos al hombre a nuestra imagen, según nuestra semejanza» [...]. Y creó Dios al hombre a su imagen, a imagen de Dios los creó, varón y mujer los creó. Y los bendijo Dios, y les dijo: «creced, multiplicaos, llenad la tierra y sometedla; y dominad sobre los peces del mar y las aves del cielo y sobre todos los animales que habitan la tierra» (Gn 1, 26-28).

Así que, a diferencia de cualquier otra criatura, hombre y mujer fueron creados a imagen y semejanza de la Trinidad. Fueron bendecidos y llamados a dar fruto –a imagen y semejanza de Dios– al convertirse en amantes que dan vida.

Dios no creó al hombre y a la mujer porque se sintiera solo, pues «Dios en su misterio más íntimo no es una soledad, sino una familia, puesto que lleva en sí mismo paternidad, filiación y la esencia de la familia que es el amor»[1]; sino que, como expresión de su amor dador de vida, el Dios Trino y Uno nos creó por el gozo de crearnos y de hacernos amantes que dan vida como Él mismo.

Como expresaron los padres del Concilio Vaticano II, «el hombre, que es en la tierra la única criatura que Dios ha querido por sí misma, no [puede] encontrarse plenamente a sí mismo sino por la sincera

---

[1] Juan Pablo II, *Homilía*, 28 enero 1979, en CELAM, *Puebla*, Edica, Madrid 1979, pp. 46s.

entrega de sí mismo»[2]. Hombres y mujeres fueron creados para reflejar la vida íntima y el amor de Dios. Dios dio al primer hombre y a la primera mujer la gracia de reflejar su imagen, tanto individualmente como en su matrimonio.

Al término de cada día en el que Dios había creado seres vivos, en las Escrituras, para dar énfasis, se repite la frase: «y vio Dios que era bueno» (cf. Gn 1, 12, 18, 25.), hasta que creó al hombre. Después de crear a Adán la respuesta fue: «Y contempló Dios todo lo que había creado, y vio que era todo muy bueno» (cf. Gn 1, 31).

A continuación se lee en las Escrituras: «Entonces dijo el Señor Dios: "No es bueno que el hombre esté solo; voy a hacerle una ayuda adecuada a él"» (Gn 2, 18).

Por eso Dios creó a Eva como pareja de Adán, como amiga y compañera en el Paraíso y con la misma dignidad que el hombre.

Dios unió al hombre y a la mujer en alianza matrimonial. Una alianza no es un contrato. Un contrato es un intercambio de bienes y servicios en el que ambas partes están de acuerdo; cuando se ha cumplido el contrato, el vínculo no permanece indefectiblemente. Una alianza, por su parte, es un intercambio de personas: yo me doy a ti, y tú te das a mí. Un contrato es tan distinto de una alianza, como un hombre que paga a una prostituta es distinto del marido que vive con su mujer.

Dios siempre ha establecido alianzas con su pueblo: «Yo... seré vuestro Dios, y vosotros seréis mi pueblo» (Lv 26, 12). Cuando Dios une al hombre y a la mujer mediante la alianza del matrimonio, los bendice con la obligación de darse completamente el uno al otro: «Creced, multiplicaos, llenad la tierra y sometedla» (Gn 1, 28). En esencia, Dios le dice a su pueblo: «Has sido creado a nuestra imagen trinitaria; ahora haz lo que nosotros hemos hecho. Usa el poder vivificante del amor que has recibido para ser con nosotros co-creador de nuevas vidas».

Después de todo, el matrimonio es idea de Dios. Los padres del Concilio Vaticano II insistían: «fundada por el Creador y en posesión de sus propias leyes, la íntima comunidad conyugal de vida y amor [...]. El mismo Dios es el autor del matrimonio»[3].

---

[2] *Gaudium et spes*, n. 24, disponible en la página de Internet: www.vatican.va

[3] *Gaudium et spes*, n. 48; citado en el *Catecismo de la Iglesia Católica*, n. 1603.

La unión de las personas en una sola carne en el acto matrimonial es tan poderosa –dos que se convierten en uno– que, como dice mi marido, «nueve meses después quizá tengas que ponerle un nombre»[4]. Constituye completamente una nueva persona. Las dos personas se convierten en tres, en una nueva familia, reflejando así la Trinidad en su aspecto de «tres en uno». Es un privilegio inefable: Dios, como amante que da vida, nos invita al íntimo santuario de su ser, para que reflejemos la comunión del amor trinitario en nuestra familia humana, siendo imagen de la total autodonación de amor que nos dio la vida y ahora nos permite participar en la creación de un nuevo ser.

Adán y Eva tenían que respetar el camino que Dios les había preparado y el valor del matrimonio. Como ha señalado la Congregación para la Doctrina de la Fe, «el don de la vida, que Dios Creador y Padre ha confiado al hombre, exige que éste tome conciencia de su inestimable valor y lo acoja responsablemente»[5].

A diferencia de las criaturas que copulan basándose meramente en instintos animales, la respuesta de los esposos a la apertura a la vida está basada en un acto racional y respetuoso de obediencia a Dios y en el amor que se tienen. Los humanos no se diferencian de los animales porque puedan planificar y organizar su procreación; sino porque pueden usar su facultad racional y su alma para comprender el significado del matrimonio como alianza. Pueden abrazar todo lo que el acto del matrimonio implica con su característica esencial de dar y recibir personas.

¿Son distintas las normas después de la caída?

Podemos tener la tentación de pensar: «Seguro que después de la caída, cuando entró el pecado en el mundo, las normas del matrimonio cambiaron. Ya no se seguía el ideal del Jardín del Edén, sino que bajamos a la realidad de la vida». Cuando todo era perfecto, para Adán y Eva era fácil estar abiertos a la vida y confiar a Dios el cui-

---

[4] Scott Hahn, *Lo primero es el amor*, Rialp, Madrid 2005, p. 64.
[5] Congregación para la Doctrina de la Fe, Instr. *Donum vitae*, 22-II-1987, Introducción, n. 1, disponible en la página de Internet: www.vatican.va

dado de las cosas. Pero en un mundo caído, lleno de pecadores, estábamos ante nuevas circunstancias (cf. Gn 3, 16-19): era más difícil mantener las familias (eran menos firmes), era más difícil tener hijos sin que causaran padecimientos (los partos producían más dolor que antes), y había más conflictos en la pareja sobre quién tenía el mando. De hecho, durante muchos años, se cometieron pecados con tanto desenfreno, que Dios aniquiló a los hombres, a excepción de Noé, su mujer, sus hijos y las esposas de sus hijos.

Después del diluvio universal, se abrieron las puertas a un mundo impoluto, a un nuevo principio. ¿Cuáles fueron las primeras palabras que Dios dirigió a las cuatro parejas de esta «nueva» creación? «Y bendijo Dios a Noé y a sus hijos, diciéndoles: "Creced, multiplicaos y llenad la tierra"» (Gn 9, 1).

Igual que con Adán y Eva, la primera bendición o mandato mostraba que la procreación es el primer fin del matrimonio. El *Catecismo de la Iglesia Católica* añade una nota explicativa: «Tras la caída, el matrimonio ayuda a vencer el repliegue sobre sí mismo, el egoísmo, la búsqueda del propio placer, y a abrirse al otro, a la ayuda mutua, al don de sí»[6]. Los pasajes del Antiguo Testamento exponen otras bendiciones del acto matrimonial, además de la procreación: el aspecto unitivo (cf. Gn 2, 24) y el placer (cf. *Cantar de los cantares*). Estas bendiciones se pueden diferenciar, pero no separar. Juan Pablo II escribe: «*Las dos dimensiones de la unión conyugal*, la unitiva y la procreativa, *no pueden separarse artificialmente* sin alterar la verdad íntima del mismo acto conyugal»[7]. Estas dos dimensiones están unidas indivisiblemente en el acto del matrimonio.

Si Dios crease una sociedad...

Si Dios crease otra sociedad, ¿cómo sería? Con mirar a los antiguos israelitas nos basta. Cuando vagaban por el desierto, Dios les dio unas normas que rigieran sus vidas; algunas estaban relacionadas

---

[6] *Catecismo de la Iglesia Católica*, n. 1609.

[7] Juan Pablo II, *Carta a las familias*, n. 12, en Consejo Pontificio para las Familias, *Enchiridion Familiae*, Palabra, Madrid 2001.

con la apertura a la vida. Aunque esas leyes fueron escritas para regular cómo tenían que vivir los israelitas bajo el mando de Moisés, y no como indicaciones sobre la obediencia en los tiempos actuales, estos mandatos nos ayudan a entender la clave de la vida de santidad.

Por ejemplo, una pareja no debía realizar el acto conyugal hasta una semana después de la menstruación de la mujer, para no quedar impuro ante la ley (cf. Lv 12, 2.5; 15, 19.25.28). ¿En qué momento del ciclo mensual de la mujer reanudaban las relaciones? ¡En la ovulación! ¿Es una simple coincidencia que las parejas mantuvieran relaciones cuando posiblemente ella era más fértil y él tenía mayor cantidad de esperma?

Otra ley establecía que el hombre no tuviera que ir a la guerra justo después de su boda: «Si un hombre está recién casado, no saldrá con el ejército ni se le obligará a ningún servicio; quedará libre para atender a su casa por un año y alegrar a la mujer que ha tomado» (Dt 24, 5).

¿Por qué? ¿Era para que el esposo y la esposa pudieran conocerse uno a otro? Sí; en sentido bíblico, en hebreo, por «conocer» a otra persona, con frecuencia se entiende «tener relaciones íntimas de las que puede nacer otro individuo» (cf. Gn 4, 1). Presumiblemente, el marido tenía que disfrutar su primer año de vida matrimonial antes del servicio militar para que pudiera tener hijos en caso de que muriese en la guerra. (Claramente, esto no refleja la idea actual de que es mejor conocerse mutuamente sin tener hijos durante unos años.)

Dios estableció su ley y la reveló a través de alianzas con su pueblo, mediante las cuales era bendecido cuando las obedecía, y castigado cuando no las cumplía. En *Deuteronomio* 28, Moisés enumera las bendiciones que recibiría la nación por su fidelidad a la alianza: la gente, sus tierras y ganados darían mucho fruto. Cuando habló de las maldiciones, enumeró el aborto, la muerte de recién nacidos y la infertilidad de la gente y del ganado. Estos versículos repetían promesas, amonestaciones y avisos anteriores (cf. Gn 12, 2-3; 17, 2; 20, 18; 30, 22-23; 35, 11; 49, 25; Lv 26, 3-9.21-22). Como respuesta a la obediencia o desobediencia de su pueblo, el Señor abría o cerraba la matriz (cf. Gn 20, 18; 29, 31; 30, 22; Job 1, 21).

La verdadera riqueza era entendida en los términos de las bendiciones de la alianza: la tierra y los descendientes. ¡Qué contraste con nuestra cultura! Hoy en día, la gente diría que el afortunado es quien no tiene hijos o tiene pocos. Otros dirían que una pareja con muchos hijos padece casi una maldición. Pero tenemos que poder decir como el salmista: «Tu mujer será como viña fecunda dentro de tu casa; tus hijos serán como brotes de olivo alrededor de tu mesa. Mirad, así será bendecido el hombre que teme al Señor» (Sal 128, 3-4).

Te ruego que entiendas estos pasajes en su contexto: el pueblo de Dios se apartó del buen camino de forma colectiva y, como un colectivo, sufrió los castigos. Actualmente, nuestra tierra está manchada de sangre inocente por los abortos, y los que aclaman el nombre de Cristo se están apartando de Él. Quizás el incremento de abortos y de las tasas de infertilidad esté relacionado con la infidelidad de nuestra sociedad a Dios, pero las bendiciones y maldiciones de la alianza se aplican por los pecados de un pueblo, no por los de una persona. (Por ejemplo, mis abortos no son el castigo de Dios por mis pecados). Sin embargo, no podemos olvidarnos de la responsabilidad que tenemos como pueblo ante la inmoralidad de nuestra cultura.

Relación esponsal de Dios con Israel

La relación de Dios con Israel se describía, con frecuencia, como una alianza matrimonial. Por ejemplo, el profeta Isaías dijo: «Como se alegra el novio con la novia, se deleitará en ti el Señor» (Is 62, 5). De hecho, los hombres jóvenes en Israel no estaban autorizados a leer la descripción del amor de Dios con Israel descrita en *Ezequiel* 16 hasta que tuvieran una cierta edad, porque contenía imágenes semieróticas.

Con frecuencia en el Antiguo Testamento, los profetas instaban a los israelitas a que volvieran a guardar fidelidad a Dios (cf. Jer 3, 11-12). A pesar, incluso, de la infidelidad de Israel, los profetas describían el amor matrimonial de Dios con Israel como fiel y exclusivo. Es más, Dios mandó al profeta Oseas que pagara a una prostituta y se casara con ella; y cuando ésta le abandonó, le dijo que la redimiera de su prostitución y la llevara de nuevo a casa (cf. Os 1-3). ¿Por qué hizo esto? Dios puso a Oseas como ejemplo vivo de cómo veía Él la prostitución de Israel por seguir a dioses falsos y cómo persistió su fidelidad y misericordia hacia Israel, su esposa.

Otro profeta, Malaquías, reprendió al pueblo por la infidelidad hacia sus esposas. «¿Y qué es lo que Él desea? Descendencia divina. Así que tomad nota y no dejéis que ninguno sea infiel a la mujer de su juventud. "Porque odio el divorcio", dice el Señor, Dios de Israel» (Mal 2, 15-16). En otras palabras, Dios desea la fidelidad entre los esposos para que sus hijos le conozcan y le amen.

Dios sigue queriendo ahora que los matrimonios sean fieles. ¿Cómo puede el pueblo de Dios pretender tener matrimonios sin hijos, si el fin principal del matrimonio es tener hijos de Dios, es decir, descendencia divina?

La Iglesia es la esposa de Cristo

San Pablo ve la unión mística del abrazo conyugal como una imagen de la unión entre Cristo y su Iglesia, entre Dios y su pueblo: «"Por esto dejará el hombre a su padre y a su madre y se unirá a su mujer, y serán los dos una sola carne". Gran misterio es éste, pero yo lo digo en relación a Cristo y a la Iglesia» (Ef 5, 31-32).

De principio a fin, el ministerio de Jesús tiene un carácter nupcial. El primer milagro de Jesús tuvo lugar en una boda cuando convirtió el agua en vino (cf. Jn 2, 1-11). Y el punto álgido del nuevo cielo y de la nueva tierra culminará en el «matrimonio supremo del Cordero» cuando el Señor reciba a su esposa, la Iglesia (cf. Ap 19, 7-9).

En el Nuevo Testamento Dios eleva el matrimonio a la categoría de sacramento. El marido y la mujer son los ministros del sacramento del matrimonio. Se convierten en canales de la gracia sacramental para ellos. El padre Henry Sattler lo explica de esta manera:

«La experiencia del amor único, total, exclusivo, permanente, incondicional y creativo, tanto dado como recibido, se hace presente paradigmática y sacramentalmente en el coito cristiano, que ha sido elevado, de expresión natural, a señal sobrenatural de entrega total, mutua y exclusiva a Cristo y en el nombre de Cristo[8].»

---

[8] Henry V. Sattler, «Sacramental Sexuality I», en *Communio* (invierno 1981) pp. 340-357.

El matrimonio cristiano es una entrega total de una persona a otra, y de ambos a Cristo.

Ya que Scott y yo estábamos bautizados válidamente, aunque no éramos católicos, nuestro matrimonio era sacramental y reconocido por la Iglesia. Éramos conscientes (todo lo que se puede ser en un compromiso de tal dimensión) de a qué nos estábamos comprometiendo. Aceptamos libremente la entrega del uno al otro. Sabíamos que no nos estábamos comprometiendo simplemente con unas obligaciones contractuales y unos beneficios; estábamos intercambiando personas.

Por lo tanto, éramos libres de expresar la unidad que ahora poseíamos a través del acto matrimonial. Cualquier hijo que tuviéramos sería un recordatorio constante de nuestra unión indisoluble, porque... ¿cómo se puede dividir a un niño en las dos partes de las personas de las que proviene?

Es este amor conyugal verdadero el que nos hace capaces, como dice el Concilio Vaticano II, de «[manifestar] a todos la presencia viva del Salvador en el mundo y la auténtica naturaleza de la Iglesia, ya por el amor de los esposos, la generosa fecundidad, unidad y fidelidad, ya por la cooperación amorosa de todos sus miembros»[9]. Tenemos la oportunidad de ser la imagen, ante el mundo, de la amorosa, sacrificada y mutua entrega existente entre Cristo y la Iglesia[10]. Se trata de un gran testimonio.

San Pablo nos recuerda la naturaleza del matrimonio como alianza: un intercambio de personas, no un intercambio de bienes y servicios que culmina con un acuerdo matrimonial.

> Que el marido cumpla su deber conyugal con la mujer; y lo mismo la mujer con el marido. La mujer no es dueña de su propio cuerpo, sino el marido; del mismo modo, el marido no es dueño de su propio cuerpo, sino la mujer. No privéis al otro de lo que es suyo, a no ser de mutuo acuerdo, durante algún tiempo, para dedicaros a la oración; y de nuevo volved a vivir como antes, para que Satanás no os tiente por vuestra incontinencia (1 Cor 7, 3-5).

---

[9] *Gaudium et spes,* n. 48.
[10] Cf. *Catecismo de la Iglesia Católica,* n. 1661.

Cuando nos casamos, nos damos uno al otro, literalmente. Somos
–y seguiremos siendo– uno, una entidad completamente nueva.

Ambos, marido y mujer, estamos llamados a darnos totalmente en
el amor a nuestro cónyuge. Reconocemos y aceptamos los derechos,
responsabilidades y privilegios que se disfrutan en el matrimonio. A
través del acto conyugal renovamos la alianza del matrimonio y nos
convertimos en co-creadores con Dios de un ser humano nuevo que
nunca habría existido si no fuera por nosotros.

Cómo hacer que un matrimonio tenga éxito

Una vez oí por casualidad a varios estudiantes de la universidad
contestar a la pregunta: «¿tienes vocación?» con la típica respuesta:
«oh, no; yo quiero casarme».

En ese momento yo no era aún católica, pero recuerdo que le pregunté a Scott:

–¿Es ésa una respuesta católica? No lo parece.

–No, ésa no es una respuesta católica –me aseguró Scott.

La vocación es la llamada a la santidad en un modo de vida concreto. Ofrecemos nuestra sexualidad al Señor viviendo la castidad en
el celibato, la vida consagrada, las órdenes religiosas, o se la ofrecemos viviendo la castidad dentro del matrimonio. Las dos opciones
son una vocación. Dios es santo, y quiere que sus hijos también lo
sean.

El matrimonio es un sacramento, en parte, porque necesitamos
más gracia para vivir esta vocación de manera que sea agradable a
Dios. Algunas personas piensan de forma errónea que la convivencia
(vivir juntos como si fueran marido y mujer antes de serlo verdadera
y sacramentalmente) es una buena prueba para la relación. Pero se
exponen a fracasar al menos en dos sentidos.

En primer lugar, al no estar casados, la pareja carece de la gracia
sacramental propia del matrimonio que necesitan para que su unión
vaya bien. En segundo lugar, como tener relaciones sexuales fuera del
matrimonio es pecado mortal, bloquean la gracia sacramental de la
Confesión y la Comunión que podrían recibir.

¿Una relación que ha fracasado después de esta convivencia demuestra que el matrimonio no habría funcionado? No, sólo demuestra que la convivencia, sin la gracia del sacramento, no funciona.

Nadie se casa esperando fracasar. Todos queremos matrimonios que duren para siempre y familias felices y sanas. El salmista nos da la clave:

> Si el Señor no construye la casa, en vano trabajan los constructores. Si el Señor no guarda la ciudad, en vano vigilan los centinelas. En vano madrugáis y os vais tarde a descansar los que coméis el pan de fatigas; porque Él se lo da a sus amigos mientras duermen (Sal 127, 1-2).

«Construir la propia casa» hace referencia, de forma poética, a establecer una familia. El mismo Señor es el único que construye la familia para que pueda soportar las dificultades de la vida. Él es la roca sobre la que debemos edificar, y no en las arenas movedizas de la opinión pública y la cultura de la sociedad. De otra forma, será vano nuestro esfuerzo por tener una sólida familia. El Diseñador del matrimonio tiene unos planos y una forma de edificar que funcionarán. Tiene todos los recursos necesarios para acabar «la casa».

Inmediatamente después de estos versículos, el salmista habla sobre la bendición que suponen los hijos (cf. Sal 127, 3-5). El regalo de Dios, los hijos, es fundamental para que podamos construir nuestra casa sólidamente. Al fin y al cabo, Él ha sido quien ha ideado el matrimonio y el acto conyugal.

Dios comparte su vida divina con nosotros, permitiéndonos experimentar la comunión como esposos y extendiendo después esa comunión para que incluya a los hijos. De este modo, el objetivo de cada familia es ser, como lo llama Juan Pablo II, «una civilización del amor»[11].

Ya que el matrimonio es un sacramento, recibimos la capacidad de crecer en santidad incluso en medio de las actividades cotidianas del mundo. A veces siento envidia de la monja que está arrodillada en oración y llena de felicidad ante el Santísimo Sacramento una hora antes de cenar, mientras que en mi vida, se me hace tarde para

---

[11] *Carta a las familias*, n. 13, que cita a Pablo VI, en su *Homilía en la clausura del Año Santo*, 25-XII-1975.

la cena, los niños berrean, el teléfono suena y Scott llega tarde del trabajo. Y sin embargo, Dios me quiere tan santa como la dulce hermana. Ha puesto en mi vocación muchas oportunidades de morir al egoísmo para servir a mi esposo y a mis hijos sacrificadamente.

Los padres del Concilio Vaticano II nos recuerdan que el Señor, cuando habla de santidad, no excluye a la gente casada: «Para hacer frente con constancia a las obligaciones de esta vocación cristiana se requiere una insigne virtud; por eso los esposos, capaces ya de llevar una vida santa por la gracia, fomentarán la firmeza en el amor, la generosidad de corazón y el espíritu de sacrificio, pidiéndolo asiduamente en la oración»[12].

Crecer en la virtud no es algo automático. Pero es posible con la gracia de Dios. El amor conduce a la vida y la vida conduce a un servicio sacrificado.

Parte de este sacrificio es una llamada a la generosidad. La Iglesia nos llama a que ofrezcamos generosamente nuestro tiempo, nuestros talentos, nuestra riqueza, y sí, también nuestros cuerpos para construir el reino de Dios en nuestras familias, en la Iglesia y en todo el mundo –y en ese orden–. Cuando somos generosos con Dios descubrimos un principio básico: Dios no se deja ganar en generosidad. Como dice San Pablo, lo que siembres, cosecharás (cf. 2 Cor 9, 6-15). Esta generosidad, a su vez, fortalece el ejemplo que damos ante nuestros hijos. Testimoniamos que vale la pena dejar que Dios atienda nuestras necesidades y que nos utilice para ayudar a los demás en su necesidad.

La paternidad como servicio sacrificado

Una vez vino un sacerdote a una clase de religión católica de segundo de primaria para ver qué habían aprendido los niños. Cuando les preguntó qué decía Jesús acerca del matrimonio, se hizo un silencio incómodo. Entonces una niña pequeña de la primera fila levantó la mano y aventuró: «Jesús dijo: "Padre, perdónales, porque no saben lo que hacen"».

---

[12] *Gaudium et spes,* n. 49.

Sonreímos ante su inocencia. Sin embargo, es un hecho que muchos de nosotros no sabíamos dónde nos estábamos metiendo cuando íbamos hacia el altar y nos comprometimos ante Dios.

Todas las bodas católicas incluyen una promesa solemne de apertura a la vida, por parte de ambos, marido y mujer. San Pablo enseña: «No obstante, la mujer se salvará por la maternidad, si persevera con modestia en la fe, en la caridad y en la tarea de la santificación» (1 Tm 2, 15). Según otros versículos, este pasaje se aplica sólo a mujeres casadas, ya que abrirse a la vida es parte integral de una vida de obediencia a Dios para las mujeres casadas.

Si una mujer casada está abierta a la vida y Dios aún no la ha bendecido con un hijo, sigue santificándose a través de su obediencia y el sufrimiento de la espera. Fijaos en el condicional: no es suficiente tener hijos; la salvación es el resultado de una fe duradera, del amor y la santidad, donde tener hijos constituye sólo una parte.

San Pablo animaba a que las viudas jóvenes se volvieran a casar y creasen un hogar: «prefiero que las viudas jóvenes se casen, tengan hijos, gobiernen su casa, y no den pie a la murmuración del adversario» (1 Tm 5, 14). En vez de cotillear y perder el tiempo, y así dar oportunidades a Satanás, las mujeres que están ocupadas en las tareas del matrimonio fortalecen el cuerpo de Cristo.

En *Tito* 2, 3-5, San Pablo instruye a las mujeres mayores en la necesidad de enseñar a las jóvenes cómo amar a sus hijos y a sus maridos, para que la palabra de Dios no quede desacreditada. Estos pasajes ensalzan el papel de servicio de la maternidad, que no sólo beneficia a la familia, sino que también ayuda a evitar las ocasiones de pecado.

La maternidad es la máxima expresión de la femineidad de la mujer, porque colabora con Dios en crear vida y mantenerla. Juan Pablo II declara que, de todos los atributos que ha recibido la Virgen, el más importante es el de «Madre», ya que «servir significa reinar»[13]. Por gracia de Dios, María fue fiel a la llamada a ser la madre del Salvador del mundo. Del mismo modo, por gracia de Dios, nosotros podemos

---

[13] Juan Pablo II, Carta ap. *Mulieris dignitatem* sobre la dignidad y la vocación de la mujer, 15-VIII-1988, n. 5, en Consejo Pontificio para la Familia, *Enchiridion Familiae*, Palabra, Madrid 2001.

ser fieles a la llamada que nos hace el Creador a tener y guiar una descendencia divina.

La soberanía de Dios

Nuestra cultura está obsesionada con que planificar un bebé es un gran privilegio. Sin embargo, mucha gente que no tenía intención de tener más hijos, se emociona ante un hijo que no había planificado. Se dan cuenta de que habían opuesto resistencia a la «idea» de otro hijo, no al hijo real. Aunque queramos tener una actitud sincera de apertura ante los hijos, quizá tengamos que forcejear con el Señor en la oración si su plan difiere del nuestro.

En cierta ocasión, una adolescente se fue llorando de su fiesta de cumpleaños cuando se enteró de que sus padres la habían tenido antes de casarse; ellos nunca se lo habían contado. Aunque no habían pensado en tener hijos antes de casarse, se equivocaron al calcular el tiempo que durarían como novios sin caer en la tentación. Lo hicieron mal, cayeron; pero se querían profundamente y la querían a ella, aunque las circunstancias de su concepción fueran difíciles.

Independientemente de si unos padres planifican o no tener un hijo –o si tú planificaste los tuyos– Dios sí que lo hace. Ninguno es un accidente. Considera estas palabras de San Pablo:

> Bendito sea el Dios y Padre de nuestro Señor Jesucristo, que nos ha bendecido en Cristo con toda bendición espiritual en los cielos, ya que en Él nos eligió antes de la creación del mundo para que fuéramos santos y sin mancha en su presencia, por el amor; nos predestinó a ser sus hijos adoptivos por Jesucristo conforme al beneplácito de su voluntad, para alabanza y gloria de su gracia, con la cual nos hizo gratos en el Amado… En Él, por quien también fuimos constituidos herederos, predestinados según el designio de quien realiza todo con arreglo al consejo de su voluntad, para que nosotros, los que antes habíamos esperado en el Mesías, sirvamos para alabanza de su gloria (Ef 1, 3-6, 11-12).

Vamos a exponer alguna de estas verdades en relación a la apertura a la vida.

Antes de que el mundo fuera creado, cada uno de nosotros era un pensamiento en la mente de Dios. Nos escogió en Cristo para ser sus hijos. Igual que bendijo a Adán y Eva con una bendición en la que exhortaba a obedecer sus mandamientos, a nosotros nos bendice para ser santos. Dios prodigó abundante gracia para que así pudiéramos vivir dándole honor y gloria. Él actuará en y a través de nosotros para que hagamos su Voluntad, porque Él cumple lo que se propone.

¿Se puede tener un hijo que Dios no ha planeado? Un joven matrimonio de Pittsburgh tuvo tres abortos cuando ya tenían tres hijos. Un amigo de la mujer le dio la siguiente explicación: «Sue, ¿no lo entiendes? Dios no quiere que tengas un cuarto hijo. Tienes que dejar de intentarlo».

Sue me preguntó si era posible que algunas parejas concibieran hijos y que Dios les hiciera tener abortos, porque no tenía incluidos en sus planes a esos niños. Le dije que no. Cada fecundación es un acto único de Dios en cooperación con los padres. Como dice el salmista: «Todavía informe, me veían tus ojos, pues todo está escrito en tu libro; mis días estaban todos contados, antes que ninguno existiera» (Sal 139, 16). El plan de Dios incluye a todos nuestros hijos, sin importar lo corta que vaya a ser su vida.

Se trata de misterios profundos y excede la finalidad de este libro ir más allá de asomarse a ellos en la medida en que tienen que ver con este tema. Nuestro Padre celestial nos escogió para ser sus hijos y para que diéramos fruto en nuestra vida siendo fieles a su llamada. Para los que tenemos vocación al matrimonio, esto significa entregarle nuestra relación conyugal y los hijos que resulten de ella, con el fin de que le glorifiquemos en nuestra familia. Porque Él es el Padre eterno «de quien toma nombre toda familia en los cielos y en la tierra» (Ef 3, 15).

Se puede confiar en Dios, nuestro Padre, para que planifique nuestras familias. El pasado nos revela la lealtad de Dios de múltiples formas. Y en él vemos nuestro futuro.

El profeta Jeremías recuerda las palabras de Dios a Israel cuando volvieron a guardarle fidelidad: «Bien sé Yo los designios que me he propuesto en favor vuestro, oráculo del Señor: designios de paz y no de desgracia, de daros ventura y esperanza. Me invocaréis, vendréis a rezarme, y Yo os escucharé. Me buscaréis y me encontraréis, si me buscáis de todo corazón» (Jer 29, 11-13). Estas promesas se aplican también a nosotros.

Si le buscamos de todo corazón, Él nos dará la fe que necesitamos para confiarle esta parte de nuestra vida. Un matrimonio, Jim y Nancy, de Omaha, Nebraska, experimentó la fragilidad de su fertilidad y la fidelidad de Dios con ellos en respuesta de su fidelidad a Él.

«Cuando Jim y yo nos casamos hace cinco años, no sabíamos que yo tenía ovarios poliquísticos. Me quedé embarazada en la luna de miel, y tuvimos a Michael; y Kolbe nació dos años después. Le estamos muy agradecidos a Dios por la doctrina de la Iglesia Católica en éste y otros muchos temas.

Cuando Kolbe tenía diecisiete meses e intenté quedarme embarazada de nuevo, mi ginecólogo me dijo que tenía esa patología. Seguimos rezando y esperando que el Señor nos bendiga con más hijos. Gracias a Dios, no utilizamos ningún método de control de natalidad, pues después puede que no hubiéramos podido tener ningún hijo. Lo que nos permitió tener a nuestros dos hijos maravillosos fue la gracia de la oración y la apertura a la vida. Con esta actitud, dejamos que se cumpliera la voluntad de Dios en nuestras vidas.»

Hace poco Dios ha bendecido a esta pareja con un tercer hijo.

La «Constitución pastoral sobre la Iglesia en el mundo moderno», del Concilio Vaticano II (*Gaudium et spes*), declara: «Así, los esposos cristianos, confiados en la divina Providencia cultivando el espíritu de sacrificio, glorifican al Creador y tienden a la perfección en Cristo cuando con generosa, humana y cristiana responsabilidad cumplen su misión procreadora»[14]. El Señor nos da la esperanza de que esta visión es parte del plan que tiene preparado para nuestra vida. Y derrama su amor en y por medio de nosotros a todas las valiosas almas que pone a nuestro cuidado.

---

[14] *Gaudium et spes*, n. 50.

Para una pareja, Molly y Jim, no fue sólo cuestión de confiar en el Señor cuando fueron naciendo sus hijos. Molly también tuvo que confiar esos hijos al Señor, en otro sentido, cuando Jim murió en un accidente.

«Empezamos nuestro matrimonio abiertos a la vida, y fuimos bendecidos con ocho hijos en doce años. Jim murió cuando el mayor estaba en séptimo de primaria y el pequeño tenía catorce meses. Nuestros hijos son testimonios vivos de nuestro amor eterno. La gente me pregunta: "¿Si hubieras sabido que Jim iba a morir, habrías tenido menos?" Y respondo: "Habría tenido más; porque todos mis hijos reflejan una parte diferente de Jim."»

Sólo Dios conoce lo que nos va a deparar el futuro. Lo que sabemos es que Él tiene un plan para nuestra vida y que podemos confiar en Él.

El señorío de Jesucristo

La gente suele ver la ley de un modo negativo: nos impone restricciones que no queremos, y nos trae consecuencias que tememos. Pero no es así como la veía el pueblo de Dios en el Antiguo Testamento. El *Salmo* 19, por ejemplo, describe la ley como «más dulce que la miel que destila el panal» (v. 10).

Por esto, los israelitas, antes de hablar de la ley, tocaban la lengua de un hijo con miel. Querían que su hijo asociara la bondad y el deseo con el conocimiento de la ley y la obediencia a ella. Quizá debamos cambiar la percepción que tenemos de la ley para imitar a nuestros hermanos judíos.

Cada vez que rezamos el Padrenuestro, decimos: «Hágase tu voluntad, en la tierra como en el cielo» (Mt 6, 10). ¿Cómo se obedece la voluntad de Dios en el cielo? De un modo perfecto. Así que lo que pedimos en la oración es que le obedezcamos con perfección. No podemos decidir y elegir cuáles son los mandamientos que vamos a obedecer, sino desear conocer su voluntad y cumplirla de todo corazón.

Jesús dice a sus discípulos que no es suficiente con llamarle Señor si después le desobedecemos: «No todo el que me dice "Señor, Señor", entrará en el reino de los cielos, sino el que hace la voluntad de mi Padre que está en los cielos» (Mt 7, 21). Este pasaje nos recuerda la importancia de que todo lo que hagamos se someta al señorío de Jesucristo. No es suficiente profesar nuestra fe en Él si, a la vez, no queremos entregarle nuestra vida.

En muchas facetas de nuestra vida juntos, Scott y yo discutíamos sobre lo que significaba el señorío o el reino de Cristo. En cuanto al dinero, entregábamos el diezmo incluso cuando percibíamos sueldos bajos. Con respecto al tiempo, santificábamos el Día del Señor y no estudiábamos (porque lo considerábamos como nuestro trabajo de estudiantes), sino que descansábamos y ofrecíamos hospitalidad a compañeros seminaristas.

Con respecto a nuestros talentos, hicimos el esfuerzo de implicarnos en el ministerio pastoral, a pesar de tener unos horarios muy apretados en la carrera, porque queríamos servir a Cristo. Y en relación a nuestros cuerpos, cuidábamos nuestra alimentación y practicábamos deporte para mantener el cuerpo en forma para servir a Dios. Pero nunca habíamos pensado específicamente en que teníamos que entregar nuestra fertilidad al señorío de Cristo.

Cuando se trataba de fertilidad, nuestra actitud era como la de muchos estadounidenses: «Dios, puedes disponer de nuestro tiempo, nuestros talentos y riquezas, pero nosotros controlaremos nuestra fertilidad. Tendremos hijos cuando nos venga bien». No recuerdo ni siquiera haber meditado en la oración sobre si debíamos o no estar abiertos a los hijos. ¡Pensábamos que era una decisión prudente aplicar principios de gestión mediante la anticoncepción!

Pero la primera carta a los Corintios (6, 18-20) nos puso ante un reto superior:

> Huid de la fornicación. Todo pecado que un hombre comete queda fuera de su cuerpo; pero el que fornica peca contra su propio cuerpo. ¿O no sabéis que vuestro cuerpo es templo del Espíritu Santo, que está en vosotros y habéis recibido de Dios, y que no os pertenecéis? Habéis sido comprados mediante un precio. Glorificad, por tanto, a Dios en vuestro cuerpo.

Sabíamos que teníamos que glorificar a Dios con el cuerpo, pero ¿incluía eso nuestra fertilidad? ¡Sí!, ¡también nuestra fertilidad!

¿Qué son nuestras vidas, comparadas con la eternidad? Son relativamente fugaces. ¿Cuántos años vamos a estar casados? Y de esos años, ¿cuántas oportunidades tendremos de concebir un hijo? Y de esas oportunidades ¿cuántas veces nos lo mandará Dios? Y de esas veces, ¿cuántos hijos llegarán a nacer? Nuestra fertilidad es más frágil de lo que pensamos.

Scott y yo queríamos entregar nuestro corazón plenamente a Cristo. Sabíamos que podíamos confiar en Dios para que planificara nuestra familia como quisiera; de todas formas, necesitábamos verlo mejor antes de emprender los cambios que marcarían nuestra vida para siempre. Contábamos con tener hijos, pero ¿todo acto conyugal entre nosotros debía estar abierto a la vida?

Los sacrificios implícitos parecían enormes. Sin embargo, los ejemplos de la Virgen («Hágase en mí según tu palabra», Lc 1, 38) y de Jesús («No se haga mi voluntad, sino la tuya», Mt 26, 39), como también los de otras personas santas, demostraban que a Dios le complace que le entreguemos nuestra voluntad.

Una vez estaba exponiendo estas ideas en un programa de radio protestante al que iba de invitada. Llamó una persona que se identificó como una protestante muy implicada en actividades pro-vida. Contó un hecho que había cambiado su vida.

Un día en que se estaba manifestando ante una clínica abortiva de *Planned Parenthood*, le asaltó una idea: usando anticonceptivos apoyaba a la misma organización contra la que se oponía, porque estaba utilizando los productos que ellos difundían. Se dio cuenta de que no era suficiente con estar en contra del aborto; tenía que luchar a favor de la vida. En ese momento decidió que iría a casa y tiraría todos los anticonceptivos para siempre.

Después de que una pareja de Littletown, Colorado, tuviera su primer hijo, oyeron la comprometedora verdad acerca de la apertura a la vida. Pero no respondieron al mensaje de la misma manera. Dana expresa su conflicto:

«Lo más difícil para mí era que no quería oír que nos teníamos que abrir a la vida. Al principio, mi marido y yo no estábamos de acuerdo con la doctrina de la Iglesia. Para mí era absurda, sobre todo porque procedía de un sacerdote célibe; personalmente, yo no creía que viniera de Dios.

El segundo problema era que mi marido la aceptó antes que yo, y estaba muy seguro, por lo que no iba a ceder. Se lo tomó muy en serio y no consentía otra cosa. Nuestro Señor me dio un amor tan profundo hacia mi marido, que tuve que aceptar esa enseñanza en contra de mi propia voluntad. Estábamos esperando el segundo hijo, pero aún teníamos que avanzar hacia la unidad en este tema.

Oí hablar de la planificación familiar natural, cuando estaba desesperada porque no quería quedarme embarazada todos los años, pues, para entonces, teníamos dos hijos más (en los tres años siguientes a oír el mensaje). El Señor tenía, obviamente, un plan diferente para nosotros porque, después de asistir a la primera clase de planificación familiar natural, me quedé embarazada de otro hijo, al que yo llamo el «hijo de mi conversión». Tuvimos otro hijo después de que éste naciera. Ahora estamos totalmente abiertos a la vida. Acabamos de enterarnos de que estoy embarazada del sexto hijo y estamos muy contentos.»

Aunque no les fue fácil orientar sus vidas según la voluntad de Dios, esta pareja glorificó al Señor con su lucha por conseguir la unidad y ahora tienen la alegría de ser una gran familia. Entendieron lo que Kathy, de Cuyahoga Falls, Ohio, dijo: «Ha habido una unión en nuestro matrimonio que nos ha llevado a superar los momentos difíciles. Nos ha hecho confiar más en la providencia de Dios y dejar que Dios nos controle en último término».

Como muchas de estas parejas, Scott y yo nos fuimos viendo cada vez más el papel que desempeñan los anticonceptivos en la cultura de la muerte, pues atacan directamente la cultura de la vida que queríamos y teníamos que abrazar.

II

LA CULTURA DE LA VIDA
VERSUS LA CULTURA DE LA MUERTE

3. VALORAR LOS HIJOS

Recapacita sobre estos proverbios modernos que *no* están incluidos en la Biblia.

«Dichosos el hombre y la mujer que sólo tienen dos hijos, porque podrán pagarles estudios universitarios».

«Dichosos el hombre y la mujer que dejan pasar al menos cuatro años entre un hijo y otro, porque no tendrán que cambiar pañales por duplicado».

«Dichosa la pareja que no tenga hijos, al menos durante dos o tres años, porque así se conocerán mutuamente».

«Dichosa la pareja que haya planificado los embarazos, perfectamente espaciados, porque conoce la voluntad de Dios».

Estos «proverbios» son ese tipo de sabiduría mundana que oímos a todas horas, aunque no tienen ningún fundamento en la Palabra de Dios. No reflejan la sabiduría divina. De hecho, no existe ningún pasaje de la Biblia que describa a los hijos en términos negativos. Para Dios, *los hijos son únicamente y siempre una bendición.*

Estamos enzarzados en una guerra cultural: la cultura de la vida contra la cultura de la muerte. Juan Pablo II nos exhorta a recuperar el verdadero sentido de la sexualidad humana, para que podamos construir una cultura de amor y de vida. Destaca las advertencias que hace la Encíclica *Humanae vitae* acerca de las consecuencias que acarrea el rechazo del verdadero sentido del acto matrimonial. Sus palabras son un eco del reto que hace Moisés al pueblo de Dios al final de su vida:

> Hoy pongo por testigos contra vosotros los cielos y la tierra: pongo ante vosotros la vida y la muerte, la bendición y la maldición; elige, pues, la vida, para que tú y tu descendencia viváis, amando al Señor, tu Dios, escuchando su voz y adhiriéndote a Él, porque Él es tu vida y la prolongación de tus días en la tierra que el Señor prometió dar a tus padres Abrahán, Isaac y Jacob (Dt 30,19-20).

El pueblo de Dios sigue teniendo que hacer una elección: ¡elegir la vida!

El valor de los hijos en nuestra sociedad

Hoy en día muchas parejas se plantean el momento de tener hijos como calcularían la posibilidad de adquirir un objeto de valor, como una casa o un coche. Sopesan los pros y los contras como si estuvieran rellenando la hoja de balance de una empresa. Si el resultado es positivo, es el momento de tener el hijo; si no, hay que esperar.

Este enfoque no tiene fundamento. No se puede cuantificar el valor de un hijo. Los hijos no son objetos que hay que conseguir; son regalos que se reciben, son almas confiadas a nuestro cuidado.

Hay que tener en cuenta que hay personas a las que se les ha disuadido de tener hijos desde niños, sin saberlo realmente: en algunos institutos les mandan hacer un ejercicio, que sirva para evitar que las adolescentes se queden embarazadas. Unos, utilizan un huevo (otros, un paquete de harina) a modo de hijo. Se empareja a los estudiantes y se les dice que por un período de tiempo tienen que cuidar del hijo (es decir, del huevo o del paquete de harina) como si fueran un matrimonio. Deben dedicar tiempo a alimentar y cuidar al «hijo», hacer turnos para vigilarlo, y cuando salgan juntos deben buscar una canguro.

¿Qué se pretende? Enseñar la pesadez que comporta cuidar a un hijo, para que los estudiantes quieran evitar los embarazos. El ejercicio muestra las responsabilidades sin las recompensas. No hay amor, ni compromiso entre la pareja (que obviamente no son esposos), ni alegría compartida en familia, ni ilusión en el entorno familiar, ni las sonrisas o el cariño del hijo que recompensen el sacrificio de cuidarlo. Enseña a los estudiantes que deben evitar los embarazos como si se tratara de evitar una enfermedad infecciosa, en vez de enseñarles a recibir una nueva vida como recibirían un millón de dólares.

Este ejercicio que les mandan alienta el miedo a los cambios que implica tener un hijo, sin contar con la gracia que se recibe en el sacramento del matrimonio. Pero San Juan nos dice: «En el amor no hay temor, sino que el amor perfecto echa fuera el temor» (1 Jn 4, 18).

Éste es el tipo de amor que Dios quiere que haya en nuestro matrimonio: un amor que acoja a los hijos, en vez de temerlos.

Algunos, incluso han llegado a crear foros y páginas web que ofrecen clubes para adultos sin hijos que rechazan lo que ellos llaman una vida «hijocéntrica». Una de estas organizaciones, *No Kidding* (Sin hijos), anima a que la gente decida no tener nunca hijos y se opone a las iniciativas gubernamentales que ayudan a los padres en el cuidado de los hijos. Un artículo del periódico *Lincoln Journal-Star* recogía la opinión de varios de sus miembros:

«"Sin hijos" expresa una carencia. Nosotros estamos "libres de" –explica Katie Andrews, de 31 años, profesora de un colegio de primaria, casada y sin hijos–, libres de una carga, de una responsabilidad. Somos libres de la carga que suponen para nuestro tiempo, dinero y recursos. No estamos "sin" algo».

Lori Krans, de 39 años, que vive en Corona del Mar, California, dice: «La edad es un motivo importante. Además, tenemos libertad para hacer lo que queramos, cuando queramos. Los dos somos profesionales, y estamos comprometidos con nuestro trabajo». Ella y su marido, de 52 años, decidieron no tener hijos por una serie de razones… Krans, que es católica, dice que ella y el que entonces era su prometido, durante las clases del cursillo prematrimonial en su parroquia, trataron el tema de no tener hijos y nadie intentó hacerles cambiar de opinión[1].

---

[1] Valerie Takahama, «No Kidding! More Couples Remain Childless by Choice», en *Lincoln [Nebraska] Journal-Star*, 5-XI-1999.

Este modo de pensar se queda, en el mejor de los casos, corto de miras, y en el peor, es peligroso no sólo para los individuos, sino también para la sociedad. ¡Qué triste que en las charlas prematrimoniales nadie le enseñase a esta pareja la verdad!

En su *Carta a las familias*, Juan Pablo II dice:

«Una nación verdaderamente soberana y espiritualmente fuerte está formada siempre por familias fuertes, conscientes de su vocación y de su misión en la historia… Relegarla a un papel subalterno y secundario, excluyéndola del lugar que le compete en la sociedad, significaría provocar un grave daño al auténtico crecimiento de todo el cuerpo social»[2].

Cuando no se busca la verdad en toda su bondad y hermosura, sino que se busca más bien el progreso científico y tecnológico en sí mismo, se puede llegar al utilitarismo. La cultura se reduce a:

«una civilización de "cosas" y no de "personas"; una civilización en la que las personas se usan como si fueran cosas. En el contexto de la civilización del placer, la mujer puede llegar a ser un objeto para el hombre, los hijos un obstáculo para los padres, la familia una institución que dificulta la libertad de sus miembros»[3].

Esta mentalidad que defiende la esterilidad y promueve no tener hijos acaba por debilitar toda la sociedad.

Consciente del conflicto que había en Estados Unidos con relación a la vida, Juan Pablo II dijo en el Capitol Mall de Washington, en su primera visita al país:

«La vida humana es preciosa porque es un don de un Dios –cuyo amor es infinito–; y cuando Dios da la vida, la da para siempre. La vida, además, es preciosa porque es expresión y fruto del amor. Ésta es la razón por la que la vida debe tener origen en el contexto del ma-

---

[2] *Carta a las familias*, n. 17.
[3] *Carta a las familias*, n. 13.

trimonio, y por la que el matrimonio y el amor recíproco de los padres deben estar caracterizados por la generosidad de su entrega. El gran peligro para la vida de familia –en una sociedad cuyos ídolos son el placer, las comodidades y la independencia– reside en el hecho de que los hombres cierren su corazón y se vuelvan egoístas»[4].

Si no tenemos cuidado, el deseo de darle lo mejor a nuestra familia puede ser más dañino que beneficioso. Sin darnos cuenta, podemos estar fomentando el egoísmo, en vez de la generosidad.

El valor de los hijos en la Biblia

Los hijos son únicamente y siempre una bendición. Ningún versículo de la Biblia o documento de la Iglesia dice que la apertura a la vida tiene un lado negativo. No se deja entrever por ninguna parte esa «sabiduría» que afirma que los hijos son una carga, un gasto o un obstáculo para el desarrollo profesional o la formación de los padres. Pero actualmente hay muchas personas, también cristianas, que no ven a los hijos como la auténtica bendición que son.

Los hijos no son posesiones, ni lo que vamos a adquirir después del coche, la casa y el perro; no son una paga extra que hemos ganado. Son un regalo que se nos ha dado gratuitamente. Los hijos no son lo siguiente en los planes, una vez que la pareja esta bien establecida y puede permitírselos. No son el próximo proyecto, una vez que la pareja ha conseguido arreglárselas con los cuidados que necesita el perro y se siente preparada para un paso más.

Los hijos no son algo que se merezca una pareja sólo porque sean mejores que las demás personas, si tienen hijos hoy en día. No son algo a lo que tengan derecho las personas si son buenas o ricas.

No tienen valor porque se lo demos nosotros. Tienen valor en sí mismos, porque son creados por Dios a su imagen y semejanza. Son puro don.

---

[4] Juan Pablo II, *Homilía* en el Washington Mall, Washington, D.C., 7-X-1979; citado en John F. Kippley, *Sex and the Marriage Covenant: A Basis for Morality*, Couple to Couple League, Cincinnati, Ohio, 1991, p. 73.

Son regalos que Dios nos «presta», para que cuidemos de su corazón, su mente y su alma. Son fundamentalmente *suyos*, no nuestros. Esta perspectiva nos puede ayudar a no estar tan apegados a ellos, para que, cuando Dios quiera llevárselos a Casa para que estén con Él, podamos ceder nuestro «derecho» sobre ellos y confiárselos (aunque nada hará que nos parezca fácil).

¿Cómo tendríamos que recibir un regalo?

—Con *alegría*: «Juntos aceptamos estar abiertos a la vida –cuenta Caroline de Allendale, Illinois– y aceptaremos gustosos más hijos, si es la voluntad de Dios. ¡Hasta ahora, tenemos cuatro hijos maravillosos!» Suzanne reitera: «Una nueva vida es mucho mejor que los bienes materiales o lo éxitos terrenos».

—Con *gratitud*: «¡Qué liberadora es la doctrina de la Iglesia! ¡realmente! –exclama una madre de Phoenix, Arizona– ¡y cuánto ama el Señor a los seres humanos, las almas, los niños! ¡Los niños son *bendiciones*; y la fecundidad, un *don* de Dios!»

—Con *humildad*: «Me siento muy honrada porque Dios me utilice para ayudarle a crear almas para su reino», opina una madre de San Antonio, Texas.

—Con *mucho amor*: «¡Pudimos celebrar nuestro primer aniversario de bodas con un hijo de un mes!», dice una madre de Altoona, Pensilvania.

¿No deberíamos buscar las bendiciones de Dios, en vez de resistirnos a ellas o rechazarlas?

Incluso en circunstancias muy difíciles, un hijo es siempre un regalo. Una madre cuenta la dificultad que supuso «quedarse embarazada antes del matrimonio y luego que ese hijo tuviera un defecto de nacimiento. Aprendimos a superar la pena valorando mucho al niño».

Algunas parejas retrasan los hijos por miedo: ¿Cómo me afectará un hijo al horario, al estilo de vida, al presupuesto, a mi cuerpo? Si la pareja no ve la diferencia que hay entre las cargas que puede acarrear un hijo y que el hijo sea una carga, sus miedos pueden hacerles retrasar innecesariamente, o incluso impedir, la posibilidad del precioso fruto del amor: un hijo. Sus preocupaciones pueden llevarles a vacilar a la hora de aceptar el don de una nueva vida. (Se profundizará en este tema en el capítulo 9).

En uno de sus primeros viajes a Estados Unidos, la Madre Teresa de Calcuta, cogió a un niño y se le oyó decir: «¿Por qué tienen tanto miedo de ti?» O por ponerlo en palabras de Cathy, protagonista de un tebeo estadounidense: «Mi generación tiene que decidir entre tener un niño o serlo».

Parece que nuestra cultura ha dejado de darse cuenta del valor de un hijo. Basta con ir a los parques de las grandes ciudades y ver cuántas más personas pasean un perro que empujan carritos con niños. Algo no cuadra en esta imagen.

¿Cuál es el valor del hijo? El salmista expresa la visión que tiene Dios de los hijos como valiosos regalos:

> Mirad: la herencia del Señor son los hijos, su recompensa, el fruto de sus entrañas. Como flechas en mano del guerrero, así son los hijos de la juventud. Dichoso el hombre que ha llenado de ellos su aljaba. No quedarán avergonzados al disputar en la plaza con sus enemigos (Sal 127, 3-5).

Estamos en una batalla espiritual y nuestros hijos son las flechas: ¿Cuántas flechas quieres tener en tu aljaba cuando vayas a combatir? A un hombre que conocíamos que tenía once hijos le preguntaron si su aljaba estaba llena, y él respondió con una sonrisa: «Siempre había oído que en el carcaj cabe una docena».

La imagen del hijo como una flecha ilustra la importancia de no tener simplemente hijos, sino de educarles en la fe. Un arquero, para preparar una buena flecha que pueda dar en el blanco, afila la punta y coloca cuidadosamente las plumas. Así, los hijos tienen que ser afilados con disciplina y entrenados en la fe; luego saldrán al mundo a realizar el trabajo que Dios les tenga confiado.

El salmista recuerda al pueblo de Dios que cuente sus bendiciones: «Tu mujer será como viña fecunda paredes adentro de tu casa. Tus hijos, como brotes de olivos, en torno a tu mesa. Pues así es bendecido el hombre que teme al Señor» (Sal 128, 3-4). ¡No es precisamente así como nuestra cultura ve los hijos!

¿Te imaginas un cámara de televisión que llega a casa de los Pérez, cuando están los doce sentados para comer? El periodista dice: «Mirad a este pobre hombre. ¿Cómo podrá alimentarlos? Nunca los podrá llevar a la universidad». ¡Pero el salmista dice que *este* hombre es rico! Debería llevar un cartel que dijera: «¡*Porque* tengo todos estos hijos, soy rico!»

Una familia numerosa es una bendición de Dios. Además, como cada hijo tiene un valor infinito, incluso un hijo único es una gran bendición. Una familia pequeña no es una familia que tenga poca importancia. Abraham y Sara sólo tenían un hijo, Isaac; y éste y Rebeca sólo tuvieron un par de gemelos: Esaú y Jacob. Sin embargo, estas dos familias desempeñaron un papel crucial en la historia de la salvación. Y ciertamente nadie duda de la importancia de la Sagrada Familia, aunque sólo hubiera un Hijo en esa casa.

El valor los hijos para nosotros

«Desde luego, los hijos son don excelentísimo del matrimonio –proclama el Concilio Vaticano II– y contribuyen grandemente al bien de sus mismos padres»[5]. ¡*Ellos* contribuyen a *nuestra* felicidad!

Sabemos que *nosotros* contribuimos al bienestar de nuestros hijos, ¿no? Cuando llegamos del hospital a casa con nuestro hijo, no le dijimos: «Tu habitación es la segunda a la izquierda, puedes coger comida de la nevera, si necesitas algo, pídenoslo». Sino que le dimos todo lo que pudimos... mañana, tarde y noche. Comparado con el desarrollo de las crías de otros seres vivos, el crecimiento de los hijos es un proceso lento; los hijos dependen de los padres durante mucho tiempo.

Nuestra contribución a su bienestar es obvia. Pero ¿nos damos cuenta de cómo nuestros hijos contribuyen esencialmente a *nuestro* bienestar? Los hijos nos dan la oportunidad de ser santos, viviendo una vida sacrificada por Dios y por ellos.

Cuando nos casamos, nos dimos cuenta de que éramos más egoístas de lo que en un principio habíamos pensado. Pero a medida que

---

[5] *Gaudium et spes*, n. 50.

pasaba el tiempo, aprendimos a vivir juntos; en parte fuimos menos egoístas y en parte aprendimos cómo vivir en armonía mientras seguíamos con nuestros egoísmos. Por ejemplo, no pedíamos al otro que se levantara a medianoche para traernos algo de comer o que se levantara antes para que el otro pudiera tener el desayuno servido.

Entonces tuvimos un hijo y nos dimos otra vez cuenta de cuán egoístas seguíamos siendo. Descubrimos muchas cosas nuevas: la comida no tiene por qué estar caliente para que la disfrutemos; medianoche puede ser un momento fabuloso para rezar, a pesar de que nos pareciera que a esa hora es mejor estar en la cama; tenemos que agradecer el poder dormir seis horas, aunque sean de tres en tres. Y este año podemos cantarle a nuestro hijo en vez participar en un coro.

Una madre de Bryan, Texas, relató su experiencia personal:

«Cada uno de mis hijos me ha enseñado cada vez más sobre mí misma y sobre lo que es realmente importante. El amor que da vida se refiere a la nueva vida que mis hijos me han dado: me han hecho crecer en aspectos que jamás habrían sido posibles si John y yo no hubiésemos dicho sencillamente: "Hágase tu voluntad", dejándolo todo en manos de Dios».

¡Aprendemos tanto educando a nuestros hijos! Anne afirmaba: «Yo maduré cuidando a mis hijos. Con el nacimiento del primero y de cada uno de mis hijos, entendí mejor el sentido de mi vida: supe la misión que Dios me tenía encomendada».

Cada hijo es único, es una combinación de sus padres y de los dones que Dios le ha dado. ¡Qué alegría es ver que un hijo desarrolla, individualmente y como parte de toda la familia, los dones y talentos que Dios le ha dado! Cuando estaba escribiendo este libro, escuché un CD que había grabado mi hija con música que había compuesto ella. No sólo sentí crecer en mí respeto y gratitud, sino que también me di cuenta de que esta música en concreto, su música, nunca habría existido sin ella. Y ella nunca habría existido sin la generosidad de Dios hacia nosotros y nuestro amor mutuo.

Hay muchas oportunidades de morir a nosotros mismos, por amor a Jesús y a nuestros hijos. Y cuando aceptamos la cruz, Nuestro Señor nos enseña, otra vez, que morir –siendo una víctima propiciatoria– es para lo que vivimos. Queremos servirle con nuestro tiempo, nuestros talentos, nuestro dinero y nuestros cuerpos, y todo esto lo hacemos cuando le servimos cuidando a sus hijos.

Un hijo no es un intruso en la idílica relación de una pareja casada. Por el contrario, es la expresión misma de su complacencia y amor mutuos. «El niño no viene de fuera a añadirse al amor mutuo de los esposos», señala el *Catecismo de la Iglesia Católica*, sino que «brota del corazón mismo de ese don recíproco, del que es fruto y cumplimiento»[6].

Una de las maravillas de tener hijos es que te vuelves a enamorar una y otra vez. Miras fijamente esos ojitos por primera vez, y te encuentras cara a cara con quien has llevado en tu corazón tanto tiempo. Luego miras a tu marido y les encuentras los parecidos y te enamoras más de cada uno. Cuando vi por primera vez a mi quinto hijo, Joseph, dije lo que había sentido mi corazón con cada nacimiento: «Tú eres a quien he estado queriendo todos estos meses».

Todos nuestros hijos reflejan algún aspecto de Scott y de mí. Con la llegada de cada hijo, nos enamoramos un poco más.

Cuando tenemos hijos, el sentimiento familiar de amor y de respeto se perfecciona en varios sentidos. En primer lugar, el marido, que participa en el proceso de gestación y del parto, respeta y aprecia el heroísmo de su mujer. La ha visto dar la vida por el hijo de ambos –de él– y le deja estupefacto. Se deja paso a una nueva relación que nunca antes hubiera sido posible: él la ha hecho madre; ella le ha hecho padre.

En segundo lugar, los padres aprecian de forma distinta lo que hicieron sus padres por ellos. Así, a la luz de este nacimiento, pueden entender muchas cosas. Sienten de nuevo el profundo amor que les tuvieron sus padres desde el principio. Y se dan cuenta de lo que podrán aprender en futuras conversaciones e intercambios de opinión con ellos.

Por último, la gratitud de los abuelos es casi imposible de describir. Ellos sabían (al contrario que la joven pareja) lo que supondría traer este hijo al mundo. Su hijo, o hija, ahora tiene un hijo. Con

---

[6] *Catecismo de la Iglesia Católica*, n. 2366.

68

agradecimiento a Dios y admiración hacia sus hijos y sus cónyuges, reciben al bebé en sus corazones en esa relación exclusiva de abuelos y nietos. La comunión del vínculo familiar se fortalece. Se experimenta lo que Juan Pablo II afirma: «En efecto, la familia es comunidad de generaciones»[7].

Conforme van pasando los meses, valoramos a este hijo fruto de nuestro amor y descubrimos cuánto amor recibimos de él. En vez de dejar que nuestro amor se consuma y nos deje vacíos, sin nada para nuestro cónyuge, descubrimos que nuestro amor es más profundo que nunca. Y parece que sólo hay una cosa que podamos hacer con nuestro creciente amor: ¡compartirlo con otro hijo! Entonces los hermanos llegan a formar parte de la civilización del amor en nuestra familia.

Cuando estábamos esperando nuestro segundo hijo, le dije a mi padre: «Sé que saldrá bien, pero no sé cómo. Quiero a Michael con todo mi corazón, ¿cómo podré amar también a este hijo con todo mi corazón?»

Mi padre me contestó: «Cariño, piensas en el amor como si fuera algo que tienes que dividir. El amor no se divide entre aquellos a los que queremos; se multiplica. Amarás a este hijo con todo tu ser, y este hijo traerá amor para todos».

Algunas veces los que son bendecidos con un hijo cierran sus corazones a tener más, pero eso puede cambiar. El último versículo del Antiguo Testamento es una profecía sobre un deseo que Dios tiene para la Nueva Alianza: «Y reconciliará el corazón de los padres con los hijos y el corazón de los hijos con los padres» (Mal 4, 6).

Un padre, médico de South Dakota, experimentó recientemente este cambio del corazón. «Gracias por ayudarme a estar abierto al don de la vida otra vez. Mis dos últimos hijos son fruto del cambio de mi corazón. Ellos no cambiaron mi corazón. Yo cambié en mi corazón... y ellos son los regalos que recibí.»

Los hijos complican la vida en todos los sentidos. Una vez que nos hemos adaptado a un hijo, nos volvemos más independientes como esposos. Entonces otro hijo nos recuerda la sana interdependencia

---

[7] *Carta a las familias*, n. 10.

que debemos mantener en el matrimonio. Hemos de replantearnos las prioridades familiares. Tenemos que servirnos más, mutuamente. Y todo el mundo se beneficia.

Ante la apertura a la vida, tenemos que resistir la tentación de pensar: «ya he pasado por esto» con relación a los niños. Es algo siempre nuevo. Nunca hemos tenido este hijo; nunca hemos tenido esta edad; nunca hemos visto la relación de nuestro cónyuge o nuestros hijos con *este* hijo. Y los demás hijos son mayores que con el último parto, así que tenemos más ayuda que nunca.

Sí, nos enfrentamos a dificultades con el embarazo, el parto y la recuperación. Tenemos que pasar por las varices, las náuseas, la recuperación del parto y el aumento de peso. Cargamos físicamente con coladas y limpiezas extras. Luchamos con el desafío que supone para nuestras fuerzas mantener el programa de actividades familiares, sin las suficientes horas de sueño. Sin embargo, por mucha que pueda llegar a ser la carga de todas estas cosas, no son nada en comparación con el privilegio de tener un hijo. No lo olvides: *¡un hijo no es una carga!*

Muchos de los que han hecho importantes contribuciones a nuestra vida —teólogos, artistas, músicos, médicos, inventores, etc.— fueron el último hijo de una familia numerosa. Cuando limitamos el número de hijos, no estamos trayendo a este mundo a personas que podrían aportarnos mucho en todos los sentidos.

¿Podemos pensar que Dios actúa a través de nosotros para que haya hijos que hagan que nuestro mundo sea mejor? Según cuentan (puede ser un relato apócrifo), cuando le preguntaron a la Madre Teresa de Calcuta por qué Dios no había mandado todavía a alguien que curara el SIDA, ella contestó: «Se lo pregunté a Dios, y me dijo: "Lo envié, pero lo abortaron"».

Cuando conté esta historia en una conferencia, se me acercó una mujer muy enfadada: «Está usted demostrando la misma mentalidad que la sociedad: vale la pena tener un hijo sólo si aporta algo a la sociedad».

Nunca pretendí mostrar esa actitud tan utilitarista, pero le agradecí su corrección y la expongo aquí: cada hijo es sólo, y siempre, una bendición, con independencia de qué contribución pueda hacer a la sociedad. Y la aportación que cada hijo hace a nuestro crecimiento en Cristo es inestimable, no importa cuán larga o corta sea su vida, no importa su salud o capacidad mental. Vemos esta realidad en innumerables santos que llevaron vidas bastante oscuras y murieron jóvenes.

La escritora Beth Matthews relata la historia de su hijo Patrick:

«Hace unos nueve años, Dios embarcó a mi familia en un extraño, pero fantástico viaje. En 1991, diagnosticaron autismo a nuestro tercer hijo, Patrick. Y así empezó nuestra odisea. A pesar de la medicación, dieta, tratamientos y profesores, Patrick ha mejorado poco...

Mientras conducía por la autopista con Patrick a mi lado, recé una vez más la oración de San Ignacio de Loyola y le pedí la gracia de querer siempre a Patrick como era. Las lágrimas rodaron por mis mejillas. Pensé: "Puede que nunca juegue al balón o diga *mami*, pero siempre será un hijo especial de Dios".

Y entonces caí en la cuenta. Dios me había bendecido ofreciéndome una escalera mecánica para ir al cielo, que era justo por lo que había pedido durante los diez años anteriores. Dios conocía mi debilidad. Sabía que necesitaba mucho más que un pasamanos, así que me dio la mano de mi precioso hijo y me pidió que la tomara. A veces se para, a veces retrocede, pero siempre apunta hacia el cielo»[8].

La situación de Patrick ha ofrecido a la familia Matthews muchas oportunidades de crecer en la fe, la esperanza y el amor. Ahora tienen diez hijos y esperan tener más.

El valor de un hijo para sus hermanos

Muchas de las virtudes que queremos enseñar a nuestros hijos, se enseñan con la mayor naturalidad en el contexto de la vida en familia, con hermanos. Por ejemplo, intentamos enseñar a Timmy a que comparta sus juguetes, pero no entiende lo difícil (o lo necesario) que es, hasta que su hermano Tommy intenta quitárselos.

---

[8] Beth Matthews, *Precious Treasure*, Emmaus Road Publishing, Steubenville, Ohio, 2002.

Ya sólo esta experiencia es muy aleccionadora: el significado de compartir y organizar las cosas (Jesús le da a Timmy, para que Timmy pueda compartir con los demás); lo malo de robar (Tommy no puede coger sin más los juguetes de Timmy); y la necesidad de perdonar y ser generoso (Timmy puede perdonar a Tommy y luego estar dispuesto a compartir sus juguetes). Estas instructivas oportunidades se multiplican con cada hermano.

Queremos que nuestros hijos vivan un amor sacrificado, que ayuden a los más pequeños con solicitud y cariño, que compartan su tiempo y atención, sus cosas; que vean las necesidades que les rodean y se ofrezcan a ayudar sin que se les pida... y muchas más cosas. ¿Qué mejor lugar para aprender todo esto que el contexto de la vida en familia? Cuanta más vida familiar tengamos, más oportunidades les damos a nuestros hijos para este tipo de crecimiento personal y espiritual.

Entre tanta preocupación por el número de embarazos entre adolescentes, bastantes consejeros de embarazos problemáticos se han dado cuenta de algo inexplicable: a veces las madres y sus hijas no parecen muy tristes por la noticia. Quizás se están satisfaciendo otras necesidades, aunque obviamente de un modo erróneo. La madre va a tener un hijo que cuidar sin pasar por el embarazo y el parto; la hija va a tener un hijo del que disfrutar sin tener la plena responsabilidad sobre él.

Una de estas consejeras, una madre de 45 años de Lincoln, Nebraska, que está esperando el noveno hijo, había observado esta situación en muchas ocasiones. Planteó una de las preguntas más profundas que yo había oído al respecto: «¿No será que las adolescentes están teniendo hijos porque sus padres no quieren tenerlos?»

Piénsalo. Quizá las adolescentes están deseando en realidad tener hermanos. Si los padres tuvieran hijos, ellas podrían disfrutar de los bebés, al tiempo que serían testigos de las exigencias que implica tener un hijo. Entenderían a los hijos en el contexto del matrimonio y querrían permanecer vírgenes hasta que tuvieran ese tipo de relación responsable con alguien. El hijo sería un testigo del continuo amor generoso de los padres de los adolescentes, algo que todos los hijos, a todas las edades, esperan ver.

El día que nació David, nuestros tres hijos mayores vinieron al hospital a vernos. Después de coger a David, mi hijo mayor, de quince años, Gabriel, vino a mi lado y me cogió la mano con cariño. Despacio susurró: «Mamá, no encuentro palabras para agradecértelo». Los dos nos quedamos sin respiración; su agradecimiento me emocionó. Los hijos son un regalo, tanto los mayores como los pequeños, para nosotros y entre ellos.

En la película *Tuyos, míos, nuestros*, hay dos escenas simultáneas: el novio presiona a una de las hijas para que haga el amor y así demostrarle que le quiere; a la vez su madre está de parto del primer hijo de esta familia mixta, el decimonoveno hijo de la familia; mientras el padrastro corre por casa para llevar al coche a su mujer, que está de parto, su hija adolescente le pregunta qué debe hacer.

El padrastro contesta: «Lo que demuestra que estás enamorada de un hombre, no es irte a la cama con él, sino levantarte con él por la mañana y afrontar el mundo de cada día: monótono, mezquino, maravilloso...» Este breve diálogo le hizo situar adecuadamente el dilema. Se vuelve hacia el novio, mientras su madre entra en el coche, y le grita: «¡Madura!». Es justo eso.

Cuando hay que esperar el regalo

Algunas parejas sufren porque, aunque han estado abiertas a los hijos, y le piden a Dios esta bendición, no los tienen. No saben si algún día podrán tenerlos. Y su sufrimiento puede hacerse mayor cuando la gente da por hecho que han decidido no tener hijos, y que están usando anticonceptivos o incluso rechazando totalmente los hijos.

Muchas veces se enfrentan ante el siguiente dilema: ¿Deberían revelar el dolor que les produce su infertilidad? ¿O tienen que permanecer en silencio aun a sabiendas de que les están juzgando erróneamente?

A veces hay personas que se preguntan si es egoísta pedirle a Dios un hijo. No lo es. Cuando una pareja mantiene una relación lícita —un matrimonio sacramental—, compartir su vida con un hijo es un deseo legítimo.

Observa lo que dice el Salmo 37, 4-5: «Pon tu delicia en el Señor y Él te concederá los deseos de tu corazón. Encomienda al Señor tu camino, confía en Él, que Él actuará».

Nuestra mira debe estar siempre puesta en el Señor, en vez de en nuestros deseos; en la medida en que ponemos nuestra complacencia en el Señor, Él nos concede nuestros deseos conformando nuestra voluntad con la suya. Encomendándole nuestro camino, estamos rezando: «Aquí está mi deseo, pero deseo más tu voluntad; Jesús, confío en Ti».

Reflexiona un momento sobre el relato del Antiguo Testamento acerca de cómo Dios recompensó a Ana, la madre del profeta Samuel (cf. 1 Sam 1). No sólo deseaba, como es natural, tener un hijo —aparte de que la segunda mujer, muy fértil, de su marido la ridiculizaba— sino que también tenía un deseo sobrenatural de acrecentar el reino de Dios. Sabía que Israel estaba sufriendo bajo malos gobiernos y estaba dispuesta a entregar a su hijo en favor de Israel si el Señor la bendecía.

Dios le tomó la palabra. Después de muchos años de oraciones con lágrimas, el Señor le hizo saber, a través del sacerdote Elí, que tendría un hijo. Cuando ese hijo, Samuel, tenía tres años, dejó de amamantarlo y lo llevó a vivir con Elí para el resto de su vida. (¡Es difícil comprender el profundo sacrificio que esto requiere!)

> Oye la bendición de Elí, durante la visita anual de la pareja con Samuel: Entonces Elí bendecía a Elcaná y a su mujer diciendo: "Que el Señor te dé descendencia de esta mujer como premio por la cesión que ha hecho al Señor". Y volvían a su lugar. El Señor visitó a Ana, que concibió y dio a luz tres hijos y dos hijas. Mientras, Samuel crecía junto al Señor (1 Sam 2, 20-21).

¡Su recompensa fueron cinco hijos más! ¿Vemos a nuestros hijos de la misma manera?, ¿como una recompensa?

Profundizaremos sobre este tema en otro capítulo, pero por ahora, por favor, que quede bien claro esto: nuestra parte consiste en estar abiertos a la vida; la parte de Dios en abrir el vientre. No es tan sencillo como lo que dicen algunos: que las personas que son buenas tienen hijos y las que no lo son, no los tienen (cf. Gn 20, 18; 29, 31; 30, 22).

La apertura de corazón es un don precioso para Dios. Así que quizás una de las razones, entre otras, de que se retrase la llegada de un hijo es darnos la oportunidad de reparar por los que tratan al hijo como si fuera basura. O quizás Dios está preparando nuestros corazones y hogares para que adoptemos a un hijo cuyos padres no pueden, o no quieren, criarlo. Cualquiera que sea el caso, debemos continuar rezando y saber que Dios nos escucha y responde, aunque quizá no de la manera o en el momento que pedimos. (Profundizaremos en este tema en el capítulo 11).

4. ANTICONCEPCIÓN = RECHAZO DEL HIJO

Nuestra sociedad actual ha rechazado la llamada a instaurar una cultura de la vida en la que hombres, mujeres y niños, que han sido creados por Dios, sean respetados por sí mismos y no sean vistos como medios para alcanzar un fin. Como cristianos, tenemos una ética que reconoce el valor inherente a la vida de todo ser humano, por la única razón de que cada persona está hecha a imagen y semejanza de Dios. Pero nuestra cultura ha cambiado esta ética por una ética llamada «de la calidad de vida», que basa el derecho a vivir de una persona en un juicio de valor subjetivo que se centra en si a la sociedad le merece la pena esa persona.

Tenemos que descubrir las raíces de la guerra cultural entre la vida y la muerte que se propaga a nuestro alrededor. No es demasiado tarde para restaurar la cultura de la vida.

La Biblia y la anticoncepción

La anticoncepción es el acto voluntario de atentar contra la naturaleza procreadora que tiene el acto conyugal. La gente suele suponer que, como la mayoría de las formas de anticoncepción se han desarrollado recientemente, la Biblia no dice nada al respecto. Pero el rechazo a la procreación no es nuevo. Aunque métodos como el *coitus interruptus* pueden no ser muy efectivos, ya eran empleados en la época en que se escribió la Biblia.

La Iglesia Católica ha interpretado *Génesis* 38, 8-10 como el juicio de Dios acerca del acto deliberado de la anticoncepción. Observemos el pasaje en su contexto:

> Entonces dijo Judá a Onán: «Acércate a la mujer de tu hermano y cumple con ella como cuñado, para suscitar descendencia a tu hermano». Pero Onán sabía que la descendencia no sería suya, por lo que, cada vez que se llegaba a la mujer de su hermano, derramaba por tierra, para no dar descendencia a su hermano. Pareció mal a Yahvé lo que hacía y le hizo morir también a él.

En otras palabras, el único ejemplo de acto anticonceptivo que recoge la Sagrada Escritura muestra que la persona que lo realizó fue castigada con la pena de muerte. Aunque algunos intentan relacionar el castigo con la desobediencia a la antigua ley israelita conocida como Ley del levirato, ni los textos ni la tradición de la Iglesia apoyan esa interpretación. Esto requiere una explicación.

La Ley del levirato del antiguo Israel resulta extraña para la mayoría de la gente de hoy. Cuando un hombre moría sin hijos, el pariente varón más cercano debía casarse con la cuñada viuda, y su primer hijo sería considerado como hijo del hermano difunto.

> Si varios hermanos viven juntos y uno de ellos muere sin hijos, la mujer del difunto no tendrá que ir fuera para casarse con un extraño: su cuñado irá donde ella, la tomará por esposa y ejercerá así la ley del levirato. El primogénito que dé a luz llevará el nombre del hermano difunto, para que no sea borrado su nombre de Israel.
>
> Pero si el hermano no quiere tomar por mujer a su cuñada, suba ésta a la puerta de la ciudad, donde los ancianos, y diga: «Mi cuñado rehúsa perpetuar el nombre a su hermano en Israel. No quiere ejercer el levirato conmigo». Entonces los ancianos de la ciudad le citarán para interrogarle. Si una vez que haya comparecido responde: «No quiero tomarla», su cuñada se acercará a él, a la vista de los ancianos, le quitará la sandalia de un pie, le escupirá a la cara y exclamará diciendo: «Así se hace con un hombre que no quiere edificar la casa de su hermano». Y se le apodará en Israel: «Casa del descalzado» (Dt 25, 5-10).

La pena prevista por el incumplimiento de la Ley del levirato no era más que la humillación pública. Por esta razón, la Iglesia Católica ha entendido siempre que la pena de muerte impuesta a Onán se debe al acto de anticoncepción. De hecho, cuando a principios del siglo XX los católicos acudían a confesarse de un uso anticonceptivo, normalmente se confesaban de haber pecado de «onanismo»[1].

En su libro sobre el control de la natalidad y la Biblia, *The Bible and Birth Control*, Charles Provan presenta de forma convincente el hilo conductor de todas las transgresiones sexuales que en el Antiguo Testamento se consideraban merecedoras de la pena de muerte; todas ellas tienen en común la pretensión de que esos actos sean estériles:

1. cópula homosexual masculina (Lv 20, 13)
2. relación sexual de un hombre con un animal (Lv 20, 15)
3. relación sexual de una mujer con un animal (Lv 20, 15)
4. coito con una mujer durante la menstruación (Lv 20, 18)
5. retirarse, «eyacular fuera» (Gn 38, 8-10)[2]

Realmente, la esterilidad temporal es el objetivo de todas las formas de anticoncepción.

En el Nuevo Testamento encontramos tres citas que condenan la *pharmakeia,* palabra griega de la que se deriva nuestro término «fármaco» o medicamento. *Pharmakeia* en general era la mezcla de varias pociones con fines ocultos[3], incluidas las pociones que se preparaban con el fin de impedir o interrumpir el embarazo. La costumbre de traducir este término por «hechicería» es incorrecta. Cuando en Gálatas 5, 19-26 y en Apocalipsis 9, 21 y 21,8 se condena la *pharmakeia,* el contexto es el de inmoralidad sexual, o inmo-

---

[1] John F. Kippley, *Sex and the Marriage Covenant: A Basis for Morality,* Couple to Couple League, Cincinnati, Ohio, 1991, p. 309.

[2] Charles Provan, *The Bible and Birth Control,* Zimmer, Monongahela, Pa., 1989, p. 17.

[3] William Arndt y F. Wilbur Gingrich (eds.), *A Greek-English Lexicon of the New Testament,* Chicago University Press, Chicago 1957, 861.

ralidad sexual y asesinato[4]. Por lo tanto, es razonable aplicar estos pasajes para condenar los fármacos usados para la anticoncepción y el aborto.

¿Qué revela la ley natural acerca de la anticoncepción?

Nuestro Padre Dios nos ha enseñado por medio de la Iglesia, básicamente a través de la Sagrada Escritura, lo que quiere que hagamos. Pero también ha grabado en nuestro interior los principios de la ley natural que revelan su designio con relación al amor conyugal. La doctrina de la Iglesia acerca de la ley natural es una parte importante de la Tradición católica que entendemos y apreciamos a la luz del papel de la Iglesia como guardiana de la verdad. La ley natural nos ayuda a ver que la verdad sobre la apertura a la vida es una verdad para todo el mundo, no sólo para los católicos.

Mucha gente malinterpreta la «ley natural» cuando piensa que se refiere a leyes de la naturaleza o leyes físicas, como la gravedad o el magnetismo. O quizá piensan que se refiere a los procesos naturales: afeitarse la barba o dejarla crecer, usar desodorante, etc.

En realidad, la ley natural es algo totalmente distinto. Es la ley que explica el fin último de las cosas. Como todos los seres humanos están gobernados por la ley natural, la Iglesia dice la verdad para el bien de toda la humanidad, cuando enseña lo relativo a la ley natural[5].

Apliquemos, por ejemplo, el concepto de ley natural a la comida. ¿Por qué come la gente? Hay muchas buenas razones para comer: nos gusta la comida, celebramos algo con una comida, disfrutamos más de la compañía de los demás cuando comemos, crecemos cuando comemos (esta idea resulta quizá más agradable para los niños que para los adultos).

Sin embargo, podemos celebrar algo sin comida. Podemos disfrutar de la compañía sin comida. Podemos crecer incluso durante períodos de ayuno. Así que ¿por qué comemos en vez de hacer cual-

---

[4] Cf. John Hardon, *Catholic Catechism*, Doubleday, Garden City, N.Y., 1975, p. 367.
[5] Para una buena explicación de la ley natural, cf. Kippley, *Sex*, pp. 8, 26, 48.

quier otra actividad? El objetivo o fin primario de comer es alimentarnos. Incluso cuando comemos algo que no nos gusta, nos nutrimos.

Puede haber buenas razones por las que podríamos privarnos del bien del alimento, absteniéndonos de comer; esto no significaría que estuviéramos actuando en contra de la ley natural. Sin embargo, a todos nos parecería un desorden comer y seguidamente vomitar (bulimia), no comer y prácticamente morirse de hambre (anorexia nerviosa). También estaríamos de acuerdo en que el uso de vomitorios (contenedores altos que se ponían en las esquinas de los comedores donde los antiguos romanos vomitaban intencionadamente para poder seguir comiendo durante opulentos festines) era antinatural e incorrecto. Disfrutar del placer de la comida e impedir las consecuencias de la glotonería va en contra de la ley natural.

De la misma manera, hay muchas razones por las que una pareja casada renueva su amor con el acto conyugal: el sentimiento de cercanía, de comunicación íntima, el placer y la experiencia unitiva. Pero hay un fin primario del acto matrimonial que no puede cumplirse más que con el acto conyugal: la creación de otro ser humano.

Éste es el motivo por el que la *Humanae vitae* nos recuerda que «la Iglesia, al exigir que los hombres observen las normas de la ley natural interpretada por su constante doctrina, enseña que cualquier acto matrimonial debe quedar abierto a la transmisión de la vida»[6]. Si disfrutamos del amor mutuo y pretendemos vomitar el contenido de nuestro amor, estamos oponiéndonos a la ley natural y nuestro acto es desordenado.

Hasta Sigmund Freud, cuyas teorías filosóficas han conformado tanto el pensamiento moderno sobre la naturaleza humana, se hace eco, en su tratamiento de las perversiones sexuales, de los principios de la ley natural relativos al acto conyugal:

«Aún más, es una característica común a las perversiones, que en ellas el objetivo de la reproducción se deja de lado. Éste es, de hecho, el criterio por el que juzgamos si una práctica sexual está pervertida:

---

[6] *Humanae vitae*, n. 11.

si sus fines se apartan de la reproducción e independientemente persigue la búsqueda del placer»[7].

En la actualidad, la norma que siguen muchos matrimonios es disfrutar del placer sexual, prescindiendo de la reproducción.

Podemos distinguir los significados del acto conyugal, pero no podemos separarlos. Aunque una prostituta actúe sólo por dinero o placer, está unida al hombre. Dice San Pablo: «¿No sabéis que el que se une a una meretriz se hace un cuerpo con ella? Porque está escrito: "Serán dos una sola carne"» (1 Cor 6, 16).

Aunque una pareja mantenga relaciones sexuales por la unión y el placer que causa, podrá darse la circunstancia de que conciban una vida, independientemente de cómo controlen la natalidad. A pesar de que se pueda inseminar a una mujer para que tenga un hijo sin necesidad de un hombre, ese hijo sigue teniendo un padre: ella no ha creado al hijo sola. La *Humanae vitae* habla sobre «la inseparable conexión [...] entre los dos significados del acto conyugal: el significado unitivo y el significado procreador»[8].

Al usar anticonceptivos, representamos una parodia y contradecimos lo que afirmamos respetar. Con los labios decimos: «soy totalmente tuyo, y tú eres totalmente mía, hasta que la muerte nos separe». Pero con nuestros cuerpos estamos diciendo: «rechazo la parte de ti, y no te entregaré la parte de mí, que podría crear una nueva vida a través de nuestro amor».

Juan Pablo II escribe:

«Cuando los esposos, mediante el recurso al anticoncepcionismo, separan estos dos significados que Dios Creador ha inscrito en el ser del hombre y de la mujer y en el dinamismo de su comunión sexual, se comportan como "árbitros" del designio divino y "manipulan" y envilecen la sexualidad humana, y con ella la propia persona del cónyuge, alterando su valor de donación "total". Así, al lenguaje natural que expresa la recíproca donación total de los esposos, el anticoncep-

---

[7] Sigmund Freud, *A General Introduction to Psycho-Analysis*, trad. Joan Riviere, Liverwright, New York, 1935, p. 277, citado en Kippley, *Sex*, p. 39.

[8] *Humanae vitae*, n. 12.

cionismo impone un lenguaje objetivamente contradictorio, es decir, el de no darse al otro totalmente: se produce no sólo el rechazo positivo de la apertura a la vida, sino también una falsificación de la verdad interior del amor conyugal, llamado a entregarse en plenitud personal»[9].

«Obras son amores y no buenas razones»; al utilizar anticonceptivos en la relación sexual, nuestras obras convierten nuestras palabras en pura palabrería. «La anticoncepción, oponiéndose directamente a la transmisión de la vida, traiciona y falsifica el amor oblativo propio de la unión matrimonial: "altera el valor de la entrega total"[10] y contradice el plan de amor de Dios participado a los esposos»[11].

La contracepción degrada la sexualidad humana porque reduce la pareja a dos individuos en busca de placer. Representa el rechazo de la semilla vivificadora del hombre y del vientre nutritivo de la mujer, prefiriendo ser neutros en vez del ser varón y mujer, que es para lo que fueron creados. Este rechazo va en contra de la ley natural.

Juan Pablo II nos recuerda que «la persona jamás ha de ser considerada un medio para alcanzar un fin; jamás, sobre todo, un medio de "placer". La persona es y debe ser sólo el fin de todo acto. Solamente entonces la acción corresponde a la verdadera dignidad de la persona»[12].

Se da tal cantidad de información errónea sobre la anticoncepción, que la gente no ha tenido oportunidad de conocer la verdad, la belleza y la bondad de la doctrina de la Iglesia acerca de la apertura a la vida. El Dr. William White es un médico que dedica tiempo a explicar esto a sus pacientes, muchos de los cuales no son católicos.

«Yo sigo la doctrina de la Iglesia en mi trabajo, no sólo porque es la ley de Dios, sino porque creo que cualquier otra cosa sería medi-

---

[9] Juan Pablo II, *Familiaris consortio*, n. 32, disponible en la página de Internet: www.vatican.va

[10] *Familiaris consortio*, n. 32 ; citado en Pontificio Consejo para la Familia, *Vademécum para los confesores sobre algunos temas de moral conyugal*, 12-II-1997, Intr. n. 3.

[11] *Vademécum*, Intr. n. 3.

[12] *Carta a las familias*, n. 12.

cina falsa. Intento explicar estas cosas a mis pacientes no como teólogo, sino como médico. Es, quizá, sorprendente que muchos parecen responder con entusiasmo a este mensaje, aun cuando no son católicos o no tienen ninguna predisposición religiosa. Incluso conceptos «teológicos» aparentemente ininteligibles, como el significado del acto conyugal como una autodonación personal total y la consecuente hipocresía de la anticoncepción, resultan intuitivamente claros para gente que antes no conocía estas ideas. Mi trabajo se hace más fácil, creo, porque la naturaleza está de mi parte. «La verdad está escrita en el corazón».

De esta forma los pacientes del Dr. White tienen una oportunidad de responder a la verdad que quizá nunca antes habían oído.

Steve Habisohn, fundador y director de la Fundación GIFT, ha observado correctamente que «se aprueba la anticoncepción fuera del matrimonio sólo porque se la aprueba dentro del matrimonio»[13]. Cada vez más, la práctica de la anticoncepción en las relaciones matrimoniales y prematrimoniales ha demostrado tener los mismos rasgos degradantes que caracterizan a otra elección estéril: la práctica de la homosexualidad. Estas características son: promiscuidad, lujuria, infidelidad, esterilidad, enfermedad, sensualidad, pornografía e incluso muerte.

Para aquellos que pensaban que la píldora sería la gran panacea para mejorar el matrimonio, los hechos demuestran otra realidad muy distinta. Michael McManus, en un artículo sobre Pablo VI y la anticoncepción, «Pope Paul VI: Right On Contraception», señala que «desde que comenzó a venderse la píldora en 1960, los divorcios se han triplicado, los nacimientos extramatrimoniales pasaron de 224.000 a 1.200.000, los abortos se han duplicado y las parejas de hecho se han multiplicado por diez y han pasado de 430.000 a 4.200.000»[14]. En la cultura actual hay más promiscuidad entre los adolescentes, más adulterio, más enfermedades de transmisión sexual

---

¹³ Steve Habisohn, fundador de la Fundación GIFT, en «Why This Conference Now?», comunicación para la Pandora's Pillbox Conference de 1999, Chicago.

¹⁴ Michael McManus, «Pope Paul VI: Right on Contraception», *Scranton [Pennsylvania] Times*, 24-X-1999.

y más infertilidad que nunca. Y las consecuencias de las relaciones extramatrimoniales afectan, en palabras de Juan Pablo II, a «huérfanos de padres vivos»[15].

Los frutos de la cultura de la muerte demuestran que quienes rompen la ley de Dios se rompen a sí mismos. La doctrina de la Iglesia es clara:

«La Iglesia siempre ha enseñado la intrínseca malicia de la anticoncepción, es decir, de todo acto conyugal hecho intencionalmente infecundo. Esta enseñanza debe ser considerada como doctrina definitiva e inmutable. La anticoncepción se opone gravemente a la castidad matrimonial, es contraria al bien de la transmisión de la vida (aspecto procreador del matrimonio), y a la entrega recíproca de los cónyuges (aspecto unitivo del matrimonio), lesiona el verdadero amor y niega el papel soberano de Dios en la transmisión de la vida humana»[16].

Este rotundo lenguaje no deja lugar a dudas sobre la calificación moral de la anticoncepción.

No debemos olvidar quién es Dios; Él nos diseñó, nos llamó a la vocación del matrimonio y nos dio el poder de imitarle como amantes que dan vida. Por medio de la Iglesia, nos advierte de que no pequemos contra Él y el plan de santidad que tiene pensado para nosotros, olvidándonos deliberadamente del significado procreador del acto conyugal, porque, como insiste el Vaticano II:

«El auténtico ejercicio del amor conyugal y toda la estructura de la vida familiar, que nace de aquél, sin dejar de lado los demás fines del matrimonio, tienden a capacitar a los esposos para cooperar valerosamente con el amor del Creador y Salvador, quien por medio de ellos aumenta y enriquece su propia familia»[17].

Estamos llamados a cooperar con Dios y con nuestro cónyuge de manera que, a través de nosotros, Él pueda traer al mundo a más amantes que den vida para que puedan amarle y servirle.

---

[15] *Carta a las familias*, n. 14.
[16] *Vademécum*, II, n. 4.
[17] *Gaudium et spes*, n. 50.

La Iglesia Católica se ha quedado sola a la hora de enseñar estas verdades al mundo. Yo aprecio mucho la postura inquebrantable de la Iglesia a favor de la santidad del matrimonio. Por desgracia, algunos católicos tienen la impresión errónea de que, quizás, la Iglesia no ha expresado rotundamente su oposición a la anticoncepción. Piensan que les corresponde a ellos decidir cuál es su verdad o qué admite su conciencia cuando se trata de decidir qué deberían hacer. Pero en este tema no cabe el disenso; no existe algo así como un «catolicismo a la carta», donde alguien elige qué parte de la doctrina de la Iglesia está de acuerdo con sus propias inclinaciones, y rechaza lo que no encaja en sus teorías.

La anticoncepción y la dignidad humana

Dios, que nos ha creado, nos ha dado un valor inmenso. «Cada hombre y cada mujer –escribe Juan Pablo II– se realizan en plenitud mediante la entrega sincera de sí mismo; y, para los esposos, el momento de la unión conyugal constituye una experiencia particularísima de ello»[18].

El amor matrimonial es imagen de la autodonación de la Familia de las Personas divinas, en la medida en que nos damos el uno al otro. Pero la anticoncepción contradice la dignidad humana y limita su libertad al dar por supuesto que un marido y una mujer no pueden, o no podrán, controlarse o tomar decisiones responsables.

El respeto a la persona implica respetar el poder del acto conyugal: el potencial de crear nuevas personas humanas. Aunque no se pretenda faltar al respeto hacia el cónyuge, imponer la anticoncepción lo hace. Una madre que conozco se ofendió cuando su marido quiso volver a utilizar la anticoncepción después de haber vivido varios años la apertura a la vida. Ahora que ella era consciente de la indignidad de esto, se sintió, en cierto sentido, rechazada.

Cuando Scott y yo, tras desechar los anticonceptivos, realizamos el acto conyugal, nos respetamos más que nunca y respetamos el po-

______

[18] *Carta a las familias*, n. 12.

der de nuestra sexualidad. Nunca me había sentido tan amada y respetada por él, ni con tanto amor y aceptación hacia él. Nos hicimos profundamente conscientes, de una forma completamente distinta, del poder de cada acto: de *ese* acto conyugal podía resultar una nueva vida. Aunque al principio recurrimos a la planificación familiar natural, cada acto estaba física y mentalmente abierto a una nueva vida.

La conexión entre aborto y anticoncepción

Las Escrituras presentan la fertilidad como un don precioso, y no como una enfermedad que tenemos que evitar a toda costa. Por medio de nuestra fertilidad, experimentamos el poder de dar vida que tiene el amor. Christopher West, que ha estudiado la teología del cuerpo de Juan Pablo II, pregunta significativamente: «Si pervertimos el instinto sexual, que forma parte del instinto de vida, ¿cuál es el resultado? ¡El instinto de muerte!»[19].

Aunque algunas personas defiendan que la anticoncepción previene contra la alternativa del aborto, la realidad es que la anticoncepción incrementa el recurso al aborto. «A pesar de su diversa naturaleza y peso moral –observa Juan Pablo II– la anticoncepción y el aborto muy a menudo están íntimamente relacionados, como frutos de una misma planta»[20].

Dos mujeres, una de Dallas y la otra de Los Ángeles, coinciden cuando comentan lo que sucedió cuando «fallaron» sus métodos anticonceptivos.

La mujer de Dallas cuenta:

«Cuando tenía veinte años, me acosté con un "buen" católico y me quedé embarazada. Cuando le dije que no iba a abortar, se enfadó conmigo y me dijo que estaba arruinando nuestra vida. (Ahora es un atleta profesional que gana millones y millones de dólares).

---

[19] Christopher West, «Historical Man», casete de la serie *Nacked Without Shame: Sex and the Christian Mystery.* Disponible en la Fundación GIFT.

[20] Juan Pablo II, *Evangelium vitae*, 25-III-1995, n. 13, disponible en la página de Internet: www.vatican.va

Como sabía que mis padres me dirían lo mismo, finalmente consentí en abortar.

Inmediatamente tuve una gran sensación de pérdida y supe que había cometido un crimen. Paradójicamente, fue la ira que sentía contra este "buen" católico por no seguir las enseñanzas de su Iglesia, lo que finalmente me llevó a buscar a la Iglesia Católica. Sabía que un sacerdote no me iba a decir que lo que hice era algo propio de una persona responsable. Encontré paz y reconciliación en la Iglesia Católica, y en el proceso encontré un hogar eterno».

La mujer de Los Ángeles cuenta:

«Aborté cuando tenía quince años. Para mí resultó algo desgarrador cuando crecí y me convertí al cristianismo y luego al catolicismo. Estaba destrozada porque no me habían educado en la apertura a la vida, aunque mi padre era católico de nacimiento –murió cuando yo tenía diecisiete años–. No le conté nada a mi marido hasta después de once años de casados.

Cuento esto para decir que desde que me hice cristiana, desde que creció mi confianza en Dios y me convertí al catolicismo, he lamentado cada vez más mi decisión pasada y la manera en que fui educada. Es algo contra lo que lucho a diario. Confío en la misericordia y el amor de Dios, y mi familia y mis amigos han sido maravillosos conmigo. Dios tiene una misericordia y amor infinitos, y así lo siento la mayoría de las veces, pero nunca consigo olvidarme de lo que hice realmente.

Viviré siempre sabiendo que maté a mi primer hijo. Nunca me habían enseñado la doctrina de la Iglesia, y cuando me la enseñaron la acepté plenamente. Ha cambiado totalmente mi manera de pensar sobre los seres humanos y su valor».

Estas dos mujeres han encontrado alivio en la Iglesia. Otra mujer que abortó a los dieciocho años escribió: «El sentido de culpabilidad me llevó a Dios y a la Iglesia».

El aborto pasa factura también a los novios que pagan los abortos de su pareja. Un hombre cuenta en su testimonio que costeó el aborto de la que entonces era su novia. Como en la mayoría de los casos, el aborto contribuyó a que rompieran.

Ahora que está casado, tanto él como su mujer sufren por la decisión que tomó en el pasado. Dicen: «La realidad del aborto nos ha ayudado a ver que la doctrina de la Iglesia sobre la vida humana es más que una simple convicción religiosa. Realmente, se trata de una cuestión de vida y muerte, de vida sobrenatural y de muerte sobrenatural».

El aborto puede ser muy doloroso incluso para personas que no estén directamente implicadas. Una joven madre de Round Rock, Texas, escribió: «La hermana de mi amiga abortó el mismo día en que yo oí por primera vez el latido del corazón de mi hija. Me rompió el alma saber que mientras yo disfrutaba oyendo el corazón de mi bebé, otra madre estaba acallando el corazón del suyo».

Muchos cristianos no se dan cuenta de lo mucho que están condicionados por la actual cultura de la muerte. La experiencia de mis padres es otro ejemplo.

El 22 de enero de 1973, con la sentencia del caso *Roe vs. Wade,* el Tribunal Supremo de los Estados Unidos legalizó el aborto durante los nueve meses, en los cincuenta estados. Nueve meses después, mi padre anunció desde el púlpito de su iglesia presbiteriana que él y mi madre estaban esperando un hijo. Todo el mundo, pensábamos nosotros, estaría emocionado; nuestra hermana pequeña ya tenía ocho años.

Al salir de la Iglesia, mi madre se tropezó con una buena amiga suya que le dijo: «Patty, sabes que no tienes por qué pasar por esto». Suponía que, con cuarenta y un años, mi madre probablemente no tenía planificado este nacimiento.

Mi madre se quedó desconcertada. Le había costado aceptar quedarse embarazada en ese momento de su vida, pero nunca se había planteado abortar. Aunque tiene un carácter tranquilo y educado, le dijo enérgicamente lo que pensaba:

«Si no fuera una mujer cristiana, te tiraría al suelo de una bofetada. ¿Sabes lo que me acabas de decir? ¡Me estás diciendo que me plantee matar a mi hijo!» Y con esto, se fue... y su amistad con esta persona no volvió a ser igual.

¿Cómo pudo entablarse esta conversación, sobre todo entre dos mujeres cristianas? Ocurrió, en primer lugar, porque la sociedad había perdido sus valores. No había entendido que rechazar la cultura de la vida es abrazar la cultura de la muerte.

Y, en segundo lugar, porque hay cristianos que no entienden por qué la Iglesia se ha opuesto siempre a la anticoncepción y al aborto, y los ha considerado un ataque a la dignidad humana y al matrimonio; y la sociedad vivirá de acuerdo con la sabiduría mundana, en vez de con la sabiduría divina, porque las razones hay que creérselas primero, para luego vivirlas. Cada vez más, la sociedad cristiana se está convirtiendo en una sociedad que no se puede distinguir en la forma de pensar, imbuida de cultura de la muerte, de nuestra sociedad no cristiana. Esta tendencia no cambiará hasta que los cristianos se decidan a restablecer la cultura de la vida.

Algunos anticonceptivos son abortivos. El DIU y algunas píldoras que sólo llevan progesterona no suprimen la ovulación; su eficacia consiste en hacer que el útero sea incapaz de acoger la vida que ha sido concebida. Una madre escribió: «Me enteré de que el DIU es un método abortivo. Ahora me pregunto a cuántos bebés pude abortar mientras lo usé. Me duele pensar que fuera tan sólo uno. Pero... ¡no lo sé!»

Al principio, la píldora siempre suprimía la ovulación, a la vez que alteraba las paredes del útero para que la nueva vida no se pudiera desarrollar. Sin embargo, tenía muchos efectos secundarios graves, como «infarto de miocardio, derrame cerebral, tromboflebitis, embolia pulmonar y muerte»[21]. Los médicos descubrieron que estos riesgos disminuían si reducían la dosis de hormonas en la píldora. Una vez que las compañías farmacéuticas cambiaron los niveles de hormonas e hicieron píldoras con dosis menores, apareció una nueva consecuencia: se empezaron a producir abortos.

«¿Se suprime siempre la ovulación? No. Se produce la ovulación entre el dos y el diez por ciento de los ciclos de la mujer que toma la píldora. Si sesenta millones de mujeres en el mundo toman la píldora de baja dosis, habría de un millón doscientas mil a seis millones de ovulaciones por ciclo. Esto es conocido como escape ovulatorio y es aún más frecuente con la píldora que contiene sólo progestágenos»[22].

---

[21] Dale Oesterling, M.D., «Following the Holy Spirit», en Cleta Hartman (ed.), *Physicians Healed*, One More Soul, Dayton, Ohio, 1998, p. 95.
[22] Couple to Couple League, «The Pill: How Does It Work? Is It Safe?», p. 2.

Muchas mujeres no conocían la acción abortiva de estos anticonceptivos. Una madre escribió: «Cuando me documenté sobre el efecto que tenían, lloré y necesité tiempo para superar lo que podía haber ocurrido. Le doy gracias a Dios por su misericordia y perdón».

Además muchas mujeres no leen la letra pequeña de los prospectos sobre los posibles efectos secundarios. Yo soy una de esas que no quería molestarse en leer algo tan complicado. Simplemente le pregunté a mi ginecólogo si la píldora era segura y él me aseguró que sí. Sin embargo, hay efectos secundarios:

> «Dolores de cabeza, migrañas, depresión (incluso hasta el punto del suicidio y/o de tendencias suicidas), detrimento o pérdida del deseo sexual, retortijones abdominales, flatulencia, pérdida o aumento de peso y retención de líquidos; náuseas y vómitos (en el diez por ciento de los casos, aproximadamente); síntomas del síndrome premenstrual, vaginitis e infecciones vaginales, alteraciones en la visión (ceguera temporal o permanente e intolerancia a las lentillas); enfermedades en la vesícula biliar e infertilidad temporal o permanente, incluso después de dejar la píldora, en personas con irregularidades menstruales previas, o que empezaron a tomar el medicamento antes de la plena madurez. Varios de estos síntomas, como las migrañas, desaconsejan el uso de la píldora por complicaciones que ponen en peligro la vida»[23].

Unos recién casados de Joliet, Illinois, conocieron estos efectos secundarios de primera mano. Cuenta la mujer: «La píldora me hacía sentirme muy mareada, y después de seis meses era evidente que mi salud peligraba».

Otros peligros de la anticoncepción

El Dr. Chris Kahlenborn ha publicado hace unos años un libro sobre el cáncer de mama, *Breast Cancer: Its Link to Abortion and the Birth Control Pill*, en el que afirma y documenta (con más de qui-

---

[23] Couple to Couple League, «Pill», p. 4.

90

nientas referencias) que existe una clara conexión entre algunos tipos de cáncer y el aborto y la píldora[24]. Cita estudios que documentan un incremento de casos de cáncer de mama, cáncer de cuello uterino, tumores hepáticos, metástasis de cáncer cervical y cáncer cutáneo. Los resultados son más devastadores si las mujeres eran jóvenes cuando empezaron a tomar la píldora y si la tomaron durante un largo período de tiempo.

En términos de dignidad humana, ¿qué marido responsable puede leer con detenimiento los posibles efectos secundarios de la píldora y luego decirle a su esposa que empiece a tomarla (o continúe haciéndolo)? Eso no es una expresión de amor, sino de interés personal. No es una forma inteligente de actuar, sino estúpida. Hasta hace poco, muchos hombres podían alegar que desconocían los efectos secundarios, y las mujeres, que no podían entender los riesgos. Sin embargo, no pueden seguir haciendo caso omiso de las pruebas.

Cada vez que la esposa toma un medicamento, ambos deben conocer los riesgos y los efectos secundarios. San Pablo dice que los hombres deben amar a sus mujeres como a sus propios cuerpos (cf. Ef 5, 28). ¿Y lo hacen cuando permiten que sus esposas asuman estos riesgos (o incluso se lo piden por interés propio) para evitar el don de un hijo?

¿No se prescriben las pastillas cuando alguien está enfermo? ¡La fertilidad no es una enfermedad! Si la fertilidad no es una enfermedad, ¿por qué se recetan medicinas? En el tratamiento contra el cáncer, los efectos secundarios de la quimioterapia pueden ser demoledores, pero el riesgo puede merecer la pena. La píldora tiene muchos efectos secundarios... ¿vale la pena?

Sabemos que los niños no deben tomar esteroides porque las hormonas pueden perjudicar la salud en su desarrollo, pero ¿deberían las adolescentes tomar las hormonas que tienen los anticonceptivos? ¿Expondría un buen padre o una buena madre a su hija a los riesgos implícitos de los anticonceptivos, en vez de enseñarle a vivir la castidad?

Quizás una adolescente ha presionado a sus padres para que le permitan usar anticonceptivos. Pero es responsabilidad de los padres co-

---

[24] Cf. Chris Kahlenborn, M.D., *Breast Cancer: Its Link to Abortion and the Birth Control Pill*, One More Soul, Dayton, Ohio, 2000.

nocer lo que puede estar pasando. Quizás la chica consigue anticonceptivos a través del colegio, o de un centro de salud, sin que sus padres conozcan el peligro al que se expone.

La lujuria en el matrimonio: el efecto de la pornografía

En una audiencia general de 1980, Juan Pablo II citó las palabras de Jesús en Mateo 5, 27-28: «Habéis oído que se dijo: "No cometerás adulterio". Pero yo os digo que todo aquel que mira con lujuria a una mujer ya ha cometido adulterio en su corazón». Luego hizo una sorprendente aplicación al matrimonio: «Este adulterio "en el corazón" puede cometerlo el hombre también respecto a su propia mujer, si la trata solamente como objeto de satisfacción del instinto»[25].

Ni el marido ni la mujer han de usar al otro como un objeto para satisfacer su deseo sexual. La dignidad humana se ve atacada cuando un esposo comete el pecado de lujuria contra su esposa.

Una mujer de West Covina, California, revela su dolor:

«Habitualmente mi marido "ha tenido sexo" conmigo... sin que me llenara, aunque él parecía satisfecho. "Hizo el amor" conmigo y para mí *sólo una vez*, y eso fue después de que tomara la decisión de limpiar nuestra casa de todo el material pornográfico, y de que lo tirara. Me lo confesó y se comprometió a dejarlo; sentí su compromiso total conmigo. Pero todavía lucha contra su "adicción" a la pornografía.

Sueño con que llegue el día en que podamos expresar ambos nuestro amor mutuo de una manera que nos llene a los dos y que agrade a Dios. El recuerdo de la única vez que sentí que hacía el amor por mí, me ha hecho llorar muchas veces después de un encuentro puramente "sexual" (físico). Rezo para que se acabe la pornografía y renazca el respeto a las esposas (a las mujeres). La planificación familiar natural nos está ayudando».

---

[25] Juan Pablo II, Audiencia general de 8-X-1980, n. 3, en Juan Pablo II, *Hombre y mujer lo creó. El amor humano en el plan divino*, Cristiandad, Madrid 2000, p. 260.

92

Debemos denunciar este tipo de material degradante, y decir a la gente que se arrepienta si ha estado involucrada en la pornografía.

Después de hablar sobre este tema en Long Beach, California, una mujer me detuvo. Me confesó: «Mi marido trae películas X a casa para que así podamos aprender a tener buen sexo. Como estamos casados, está bien, ¿no?»

Le contesté: «No, esto no puede beneficiar a vuestra relación. Excitaros viendo a otros y complaceros luego vosotros mismos a través del acto conyugal es tanto un acto casi de adulterio, como una degradación del cónyuge, porque os utilizáis mutuamente, en vez de entregaros el uno al otro. Debes destruir las cintas. No las tires simplemente, porque así es como muchos adolescentes adquieren material pornográfico. Y rechaza para siempre volver a participar en ese tipo de actos».

Esta mujer me agradeció que fuera tan sincera y me dijo que ella lo había experimentado. Había sentido la infidelidad y la degradación que le decía. Por otra parte, es necesaria la pureza de deseos, de intenciones y respeto para poder entregarnos sinceramente y poder recibir el don del otro.

Christopher West señala este mismo punto:

«Así como la lujuria ciega al hombre y a la mujer ante su propia verdad y deforma su apetito sexual, tanto más esta nueva vida en el Espíritu Santo fortalece al hombre y a la mujer para que se amen el uno al otro tal y como se les mandó en el principio. A través de los sacramentos podemos conocer y experimentar el poder transformador del amor de Cristo. Esto es una buena noticia; es maravillosa»[26]

¿Ha hablado la Iglesia Católica con autoridad sobre la anticoncepción?

Cuando Scott y yo estudiamos el tema de la apertura a la vida, aún no reconocíamos a la Iglesia Católica como una autoridad en nuestra vida. Como protestantes, no nos preocupábamos de encícli-

---

[26] Christopher West, *Good News About Sex & Marriage: Answers to Your Honest Questions About Catholic Teaching*, Servant, Ann Arbor, Mich., 2000, p. 28.

cas papales o declaraciones conciliares, aunque nos impresionaba que la Iglesia Católica estuviera dispuesta a mantener una postura tan impopular. Entonces no nos interesaba si la Iglesia hablaba de un modo categórico, o no, sobre la anticoncepción. Ahora, sin embargo, entendemos que se trata de una cuestión difícil, porque si la Iglesia ha hablado realmente con autoridad de este tema, entonces disentir en este punto equivale a oponerse a la verdad.

Ante nuestras dudas sobre si la Iglesia tenía una postura firme acerca de la apertura a la vida, la encíclica de Pío XI, *Casti connubii* (1930) decía: «Cualquier uso del ejercicio del matrimonio de manera que el acto sea deliberadamente frustrado en su poder natural de generar vida es una ofensa en contra de la ley de Dios y de la naturaleza, y aquellos que lo cometan son marcados con la pena de un pecado grave»[27].

Se trata una clara condena. «Cualquier uso» no deja lugar a posibles excepciones. Puesto que es «una ofensa contra la ley de Dios y de la naturaleza», se aplica a todo el mundo, no sólo a los católicos. En esta cuestión no se puede apelar a la conciencia. Y «pecado grave» no es más que un pecado mortal. Es objetivamente malo.

Juan Pablo II ha mantenido con insistencia la firme postura de la Iglesia de apertura a la vida: «La doctrina de la Iglesia sobre la anticoncepción no pertenece a la categoría de problemas abiertos a libre debate entre los teólogos. Enseñar lo contrario es lo mismo que conducir la conciencia moral de los esposos al error»[28]. En 1979 se dirigió a un grupo francés de Planificación Familiar Natural, diciendo: «Seguir la doctrina de la Iglesia no debe ser decepcionante al haber sido claramente dictada por el Magisterio, el Concilio y mis predecesores: estoy pensando en concreto en la encíclica *Humanae vitae* de Pablo VI»[29].

La *Humanae vitae* advirtió de algunas de las consecuencias que tendría para la sociedad el rechazo de la verdad que enseñaba: descenso generalizado de la moralidad, incremento de los abusos sexua-

---

[27] Pío XI, *Casti connubii* (1930), n. 56; disponible en la página de Internet: www.vatican.va

[28] Citado en *L'Osservatore Romano*, 6-VII-1987.

[29] Citado en *L'Osservatore Romano*, 3-XII-1979.

les a mujeres, presión de los gobiernos para que la gente use la anti-concepción, y personas que tratan sus cuerpos como máquinas. Hay datos suficientes para concluir que, unos treinta años después, se están viendo todas estas consecuencias. Éste es el fruto de un mundo que ha rechazado la cultura de la vida y abrazado la cultura de la muerte.

A través de la constante doctrina de la Iglesia durante dos milenios, el Señor llama a los hombres a que reciban la vida y a que hagan lo que puedan para extender la cultura de la vida. Satanás, por otro lado, no puede crear vida; es estéril. Sólo puede pervertir lo que ya existe.

Génesis 3 deja claro que siempre habrá enemistad entre la descendencia divina y Satanás y su descendencia. El demonio sólo puede presentar una falsificación, tentando a la gente para que rechace lo que es la verdad, la belleza y lo bueno en su difícil búsqueda de lo que satisfará sus deseos más profundos. Y parece que una de sus armas más útiles es la apelación a la conciencia.

¿Qué pasa con la conciencia?

La Iglesia ha enseñado claramente que está en contra de la anti-concepción. ¿Es un tema abierto a debate? No.

Y sin embargo, muchos todavía no viven esta verdad. ¿Por qué no? Porque a menudo apelan a su conciencia. Como la anticoncepción no les parece mala (quizá conocen, o no, las razones por las que la Iglesia enseña lo que enseña), dicen que dejan que su conciencia sea su guía. Creen que pueden seleccionar y elegir lo que quieren creer, como si estuvieran escogiendo comida de un bufé.

¿Qué es nuestra conciencia? Es el santuario más íntimo de nuestra alma, por la que escogemos lo bueno y luchamos contra el pecado en nuestros pensamientos, palabras y hechos, basándonos en nuestra concepción de lo bueno y lo malo[30]. Es el músculo moral; debemos desarrollarlo y usarlo; si no, se atrofia. Debemos seguir nuestra conciencia, pero también debemos formarla de acuerdo con la verdad.

---

[30] Cf. *Catecismo de la Iglesia Católica*, n. 1777.

La ley de Dios está escrita en todo corazón humano; la conciencia es el medio (cf. Rm 2, 15). Obedecer esa ley es necesario no sólo para evitar el enfado de Dios ante el pecado, sino también por la propia conciencia (cf. Rm 13, 5). Además tenemos un sentido adquirido de lo bueno y lo malo formado por nuestra familia, profesores y amigos. Pero debemos ir más lejos; debemos formar nuestra conciencia leyendo, estudiando y rezando, para que el sentido de lo recto y lo erróneo esté firmemente asentado en la verdad objetiva.

Aunque algunos católicos puedan decir que usan la anticoncepción con la conciencia tranquila, muchos no católicos saben que los católicos no pueden hacer eso. ¿Por qué no? ¿Es posible que algunos católicos apelen a la ignorancia cuando saben que están actuando con una conciencia mal formada? Juan Pablo II concluye que las parejas casadas «no pueden mirar la ley como un mero ideal que se puede alcanzar en el futuro, sino que deben considerarla como un mandato de Cristo Señor a superar con valentía las dificultades»[31].

Un estudiante responsable que no quiera pedir un préstamo para pagar la universidad no puede justificar el robar dinero para pagarse los estudios. El fin no justifica los medios. Del mismo modo, no podemos decir que el uso de la anticoncepción será temporal para que finalmente llegue la apertura a la vida.

Hemos de preguntarnos: ¿es moral la acción? Si no lo es, no podemos hacerlo, no importa cómo nos sintamos; si lo es, tenemos la opción de decidir si hacerlo o no. Tenemos que ser capaces de decir como San Pablo: «Me esfuerzo por eso yo también en conservar siempre una conciencia limpia ante Dios y ante los hombres» (Hch 24, 16).

Debemos valorar una conciencia clara y por eso vivir según nuestras convicciones. Si no hacemos caso a la conciencia, finalmente la haríamos tan variable que cesaría de ser la brújula moral que necesitamos. San Pablo advierte: «Algunos, por haberla desechado [la buena conciencia], naufragaron en la fe» (1 Tim 1, 19). Las consecuencias de este rechazo son enormes. «Todo es limpio para los limpios; en cambio, para los contaminados e incrédulos no existe nada limpio, porque su mente y su conciencia están conta-

---

[31] *Familiaris consortio*, n. 34.

minadas. Declaran conocer a Dios, pero lo niegan con sus obras, puesto que son abominables y rebeldes, incapaces de toda obra buena» (Ti 1, 15-16).

La anticoncepción está en contra de la vida, en contra de la mujer y en contra del amor[32]

La anticoncepción es anti-vida

Esto es lo que significa la palabra: *anti* significa «contra»; *ceptus* se refiere a «concepción» o principio de la vida. Dios creó la raza humana, hombre y mujer, a su imagen y semejanza. Satanás no puede crear como Dios lo hace, así que busca dañar o incluso destruir la imagen de Dios. Dios es el Amante que da vida, el Espíritu de la vida. Satanás es el destructor que odia la vida, el espíritu de la antivida.

El mayor promotor de la anticoncepción en los Estados Unidos es la organización *Planned Parenthood* [Paternidad Planificada], a veces llamada por los que les critican «Paternidad Prohibida» [*Banned Parenthood*] o «Infertilidad Planificada» [*Planned Barrenhood*]. Hace un tiempo era conocida como una organización que promovía la anticoncepción *para que* no hubiera abortos. Muchos creyeron que las posibilidades de abortar se minimizarían permitiendo la anticoncepción, especialmente entre los adolescentes. Pero la anticoncepción introducía la idea de ir en contra de la vida, así que, de hecho, ha llevado a una mentalidad abortista. Ahora *Planned Parenthood* es el mayor promotor del aborto en nuestro país, financiado en gran medida por nosotros, los contribuyentes.

Juan Pablo II expresa su preocupación a todas las familias del mundo:

«El llamado "sexo seguro", propagado por la "civilización técnica", es en realidad, bajo el aspecto de las exigencias globales de la persona, radicalmente *no-seguro*, e incluso gravemente peligroso. En efecto, la

---

[32] Molly Kelly usó esta frase en una presentación en la Universidad Franciscana de Steubenville, Ohio.

persona se encuentra ahí en peligro, y, a su vez, está en peligro la familia. ¿Cuál es el peligro? Es la *pérdida de la verdad sobre la familia* a la que se añade el riesgo de la pérdida de la *libertad* y, por consiguiente, la pérdida del *amor* mismo»[33].

La anticoncepción no es una solución

El escritor católico Mark Shea aporta ideas muy profundas acerca de la naturaleza destructiva de la anticoncepción.

«Su propósito es introducir en el proyecto del compromiso total una cláusula de escape. Implica autonomía (respecto del otro), poder (sobre nuestro futuro libre de hijos) y la exigencia de que el derecho al placer esté libre de cargas y "extrañas" cuestiones sobre el amor y la fecundidad. Su propósito es separar hombres y mujeres, padres e hijos, la voluntad divina y nuestra voluntad. Su objetivo, extraer el oro del placer separándolo de la unión sacramental de amor y fecundidad, entronizar la autonomía y el placer, y declarar que el amor y la procreación son "opcionales" y no lo que dice la Revelación que tienen que ser: la esencia de la realidad»[34].

Por estas razones, tenemos que comprometernos con un amor que dé vida. ¿Cómo se puede considerar a un niño como un *fallo* de la anticoncepción? El embarazo es señal de que algo marcha bien, ¡no de que algo va mal!

La anticoncepción es anti-mujer

La mujer es un cáliz sagrado de vida. Con independencia de si está vacía o llena, como el cáliz de la Eucaristía, está especialmente reservada por Dios para contener vida. Pero la anticoncepción representa

---

[33] *Carta a las familias*, n. 13 (cursiva en el original).

[34] Mark Shea, *Interference vs. Cooperation: The Wisdom of Catholic Sexual Theology* [Interferencia frente a cooperación: la sabiduría de la teología sexual católica] trabajo inédito.

98

un rechazo fundamental de su vientre como ámbito del desarrollo de la vida.

En claro contraste con el movimiento feminista, que reclama los derechos reproductivos de las mujeres, la Iglesia ha puesto la dignidad de la mujer en la entrega de sí misma. Cuando un hombre y una mujer entienden que ponen en peligro la vida y la fertilidad con la anticoncepción y el aborto, no pueden someter, con la conciencia tranquila, el cuerpo de la mujer a estos riesgos y calificarlo como expresión de amor.

Una madre escribió: «Ojalá que alguien me hubiera contado que la anticoncepción es moralmente mala; que conduce a la destrucción en el matrimonio; que roba a los esposos la verdad y la vida; la verdad de lo que son como criaturas de Dios llamadas a "la entrega sincera de sí mismos"».

Otra madre de Pensilvania habló sobre su experiencia:

«Aprendí algo que no hubiera sabido de otra manera. Estaba casada con un musulmán, y practicábamos siempre el coito interrumpido. Yo lo permitía porque no era artificial ni abortivo. (No pensaba que era tan efectivo.) Nos divorciamos después de tres años porque él no quería hijos católicos.

El sexo no significaba nada para mí. Si el sexo en el matrimonio no es abrirse a la vida, lo puedes encontrar en cualquier sitio. Lo tenía totalmente infravalorado. Después de divorciarme, empecé a acostarme con otros hombres. Odiaba que no significara nada para mí y me preguntaba desesperadamente cómo podía verlo como algo sagrado de nuevo.

Leí muchos libros sobre el amor, el matrimonio y el acto matrimonial. (El mejor fue *Amor y responsabilidad* de Karol Wojtyla, ¡Juan Pablo II!) En abril me he casado por la Iglesia con un católico. Mi marido está realmente abierto a la vida y a cuantos hijos nos dé Dios. (Sí, tiene un poco de miedo a mantenerlos). De hecho, ¡me quedé embarazada en nuestra luna de miel! Me sentí libre de culpa al acostarme con mi marido, y fue más placentero de lo que nunca había experimentado.

No estoy para nada orgullosa de lo que hice después de divorciarme de mi primer marido. Sólo quiero desesperadamente compartir mi historia por si puede ayudar a otras personas. La gran diferencia entre el sexo dentro y fuera del matrimonio es la apertura a la vida. Creo que gran parte de la confianza y de la intimidad giran en torno a esta "vulnerabilidad"».

Esta clase de vulnerabilidad es a lo que se refiere la Iglesia como «una entrega sincera de sí mismo».

La anticoncepción es anti-amor

Dios nos creó por amor. Nos llamó a la vocación matrimonial y nos dio el poder de imitarle como amantes que dan vida. Él bendice el amor generoso del marido y la mujer con el regalo de un hijo, personificación del amor conyugal.

Esta bella visión del matrimonio fue parte de lo que acercó a Tina y Ken a la Iglesia Católica.

«Toda nuestra actitud hacia el significado del matrimonio ha cambiado. Ahora sentimos y sabemos que Dios quiere que el matrimonio sea un taller de gracia. El privilegio de ser los medios que Dios usa para traer un alma humana eterna a su reino es extremadamente fantástico, sagrado, y causa admiración. El matrimonio tiene para nosotros una dimensión y significado totalmente nuevos. Estamos eternamente agradecidos».

El buen ejemplo, frecuentemente conduce a otros a la verdad. Un médico de Franklin Park, Illinois, hizo las siguientes observaciones cuando contó los magníficos ejemplos que su esposa y él vivieron en sus familias antes de casarse:

«Mi mujer y yo crecimos en familias numerosas católicas. Nuestros padres nunca utilizaron anticonceptivos, y por alguna razón, también nosotros experimentamos la oposición de la gente en contra de sus valores. Quizás la razón sea que ellos los abrazaban con convicción. Mis padres (fundadores de la Liga de la Leche) eran también partidarios de dar el pecho, con el distanciamiento natural que resultaba de ello (p. 85), y supongo que, en nuestra familia, las alegrías de una familia numerosa (casi) siempre han contrarrestado las cargas.

La anticoncepción no me tienta, es fruto prohibido, pero ridículo y desagradable. Hasta hoy nunca he podido entender cómo la gente clasifica la anticoncepción como un pecado de debilidad o de pasión. Me parece uno de los actos más fríamente calculados que pueda imaginar, requiere limitación, paciencia y disciplina: la antítesis total de la pasión».

Nancy, de Haslett, Michigan, repite estos sentimientos.

«Creo que estar libre de la mentalidad anticonceptiva nos ha permitido aceptar nuestra sexualidad pura, natural y sin mancilla. No me di cuenta de lo hermosa que era la doctrina de la Iglesia sobre la sexualidad hasta que yo misma fui co-creadora con el Señor. La gran dignidad y nobleza de renovar la alianza matrimonial en el amor es algo que deseo inculcar a mis hijos».

¡Qué gozo es transmitir a nuestros hijos estas verdades maravillosas!

En resumen, la anticoncepción está en contra de la naturaleza, la Sagrada Escritura, la Tradición, la virtud y el sentido común. Tenemos que ser más que antiaborto: tenemos que ser pro-vida.

Como le dice San Pablo a Timoteo: «Porque todo lo creado por Dios es bueno y no hay que rechazar nada si se toma con agradecimiento, pues queda santificado por la palabra de Dios y la oración» (1 Tim 4, 4-5).

5. SAGRADA COMUNIÓN Y UNIÓN ÍNTIMA

Jesús se describe a sí mismo como el esposo que invita a su esposa, la Iglesia, a recibirle en íntima unión a través de la Sagrada Comunión (cf. Ap 19, 6-9). A imitación de Jesús, el novio invita a la amada a recibirle en íntima unión a través del matrimonio. Estos dos sacramentos (la Comunión y la unión íntima, la Eucaristía y el santo matrimonio) facilitan que entendamos mejor ambos sacramentos, uno a través del otro.

La Sagrada Comunión a través de la entrega de uno mismo

Jesús es el esposo que entrega la vida por su esposa, la Iglesia (cf. Ef 5, 25). Se da a sí mismo por ella: «Y por ellos me santifico, para que ellos también sean santificados en la verdad» (Jn 17,19). Se da a sí mismo a ella.

Todo lo que hace, lo hace por ella. En correspondencia, la Iglesia como esposa, le da libremente todo lo que ella es y le devuelve todo lo que hace. Este intercambio de personas es la nueva alianza.

En la Misa, Jesús invita a su pueblo a que responda a su propia entrega: «Mira, estoy a la puerta y llamo; si alguno escucha mi voz y abre la puerta, entraré en su casa y cenaré con él, y él conmigo»

(Ap 3, 20). En otras palabras, Jesús desea una íntima comunión con nosotros. No sólo quiere venir a nuestros corazones; también quiere estar en contacto con nuestra lengua y con nuestro cuerpo. Quiere entregarse de esta forma total.

En el santo matrimonio se da una entrega similar de uno mismo. Nos damos como don a nuestro cónyuge, y éste nos recibe como un don. En el proceso nos convertimos en canales recíprocos de gracia sacramental.

Al igual que Jesús, nos consagramos a Dios para nuestro cónyuge. Nuestro acto de amor que da vida, en el contexto del matrimonio nos devuelve a una desnudez sin vergüenza. Podemos ser vulnerables al otro. Como esa vulnerabilidad es recíproca, nuestra comunión se hace más profunda con el tiempo. Ésta es la razón por la que les podemos decir a nuestros hijos (como mis padres me dicen repetidamente) que la intimidad mejora cada vez más, a medida que crecemos en amor conyugal, porque nos conocemos el uno al otro más íntimamente, nos entregamos con más plenitud y recibimos a nuestro esposo de una manera más completa que nunca.

La unión íntima de dos personas

En la Eucaristía, Jesús se ofrece a su esposa, la Iglesia, bajo las apariencias de pan y vino. La Iglesia se une físicamente a Jesús cuando recibimos el don de sí mismo, su carne y su sangre. Nos hemos hecho un solo cuerpo con Cristo en una unión nupcial, cuando Él entra en nosotros, la esposa, con su vida divina.

De la misma manera, el marido y la mujer se unen en una sola carne cuando la mujer recibe de su marido la semilla que da vida. Fíjate en el siguiente comentario de Jesús acerca de Génesis 2, 24.

> Él respondió: «¿No habéis leído que al principio el Creador los hizo hombre y mujer, y que dijo: "Por eso dejará el hombre a su padre y a su madre, y se unirá a su mujer, y serán los dos una sola carne"? De modo que ya no son dos, sino una sola carne. Por tanto, lo que Dios ha unido, que no lo separe el hombre» (Mt 19, 4-6).

En el contexto de la unión en una carne del marido y la mujer, San Pablo dice: «Gran misterio es éste, y yo digo que se refiere a Cristo y a la Iglesia» (Ef 5, 32). Esta unión conyugal se convierte en una imagen para el mundo de la unión de Cristo y su esposa, la Iglesia. Nuestro matrimonio sacramental es un testimonio de la relación entre Cristo y la Iglesia. Y el acto físico de convertirnos en una unidad refleja nuestra unión creciente, de cuerpo y alma, en Cristo.

¿Te has preguntado alguna vez por qué las bodas se celebran en el contexto de la Misa? (Como conversa al catolicismo, me lo planteé). Por supuesto, es una tradición. Pero, ¿por qué es una tradición? El *Catecismo* explica:

«Es, pues, conveniente que los esposos sellen su consentimiento en darse el uno al otro mediante la ofrenda de sus propias vidas, uniéndose a la ofrenda de Cristo por su Iglesia, hecha presente en el Sacrificio Eucarístico, y recibiendo la Eucaristía, para que, comulgando en el mismo Cuerpo y en la misma Sangre de Cristo, "formen un solo cuerpo" en Cristo»[1].

La Misa es el contexto más apropiado para una boda, porque la Eucaristía es el regalo de bodas y la propia entrega de Cristo a la Iglesia.

El don y la entrega nupcial del marido y la mujer –el acto conyugal– se convierte en una expresión más significativa de nuestro amor conforme nuestro amor madura. Cada año que pasa nos conocemos mejor el uno al otro. No «tenemos sexo»; nos entregamos uno al otro. Y cuanta más vida compartimos –experiencias, retos, alegrías y sufrimientos–, más nos conocemos y nos amamos recíprocamente. Experimentamos que la noción bíblica de «conocer» a alguien es el acto conyugal.

Nuestros cuerpos envejecidos son un precioso recuerdo de la fidelidad de Dios a través de los años y de nuestra fidelidad mutua. Podemos estar desnudos y no avergonzarnos. Y los michelines o las estrías y cicatrices del parto, nos hacen ser aún más queridos por el otro. Como dice Scott: «Kimberly, tu cuerpo dice que me has querido tanto como para tener a mis hijos».

---

[1] *Catecismo de la Iglesia Católica*, n. 1621.

Scott hace la siguiente comparación: el sexo no es «bueno» en el mismo sentido que la sopa Campbell está «para chuparse los dedos». El sexo no es «delicioso» en el sentido de que los Corn Flakes están «de muerte». El sexo, lo que es, es santo. Del mismo modo que no utilizas un cáliz para echar un refresco, el cuerpo de toda mujer es un vaso sagrado, que tiene un fin especial.

Anne, esposa y madre, reflexionó sobre esta idea y expuso su reflexión:

«El Espíritu Santo me guió para que viera que el amor matrimonial, abierto a la vida, tiene como modelo a Cristo que muere en la Cruz y quiere dar su vida y su amor a las almas. En mi adolescencia comprendí que el amor y la vida no se pueden separar nunca, así como el amor de Cristo por las almas no se puede separar nunca de la vida que quiso dar a las almas. En cierta ocasión, un sacerdote dijo que pensaba que el vientre de una mujer es como un cáliz, un vaso sagrado destinado a albergar la vida y la sangre que da vida. Igual que se consagra el cáliz antes de dedicarlo a su excelso uso, la mujer es "elevada" en el sacramento del matrimonio para una misión divina y humana que le confiere dignidad en medio de un mundo prosaico.»

La consideración de estos bellos pensamientos aumentará nuestro sentimiento de admiración y de honra ante el designio de Dios relativo tanto a la Eucaristía como al matrimonio.

Creando un nuevo lazo de familia

El Padre mandó al Hijo para que pudiéramos ser sus hijos.

Pero al llegar la plenitud de los tiempos, envió Dios a su Hijo, nacido de mujer, nacido bajo la Ley, para redimir a los que estaban bajo la Ley, a fin de que recibiésemos la adopción de hijos. Y, puesto que sois hijos, Dios envió a nuestros corazones el Espíritu de su Hijo, que clama: "¡Abba, Padre!" De manera que ya no eres siervo, sino hijo; y como eres hijo, también heredero (Gal 4, 4-7).

«En resumen –dijo San Pablo a los cristianos de Roma–: se nos ha entregado "el espíritu de filiación"» (Rom 8, 15).

Jesús enseñó a sus discípulos a rezar la oración familiar, que comienza: «Padre nuestro, que estás en el cielo» (Mt 6, 9). Su Padre es ahora nuestro Padre, el Padre de la esposa. Su madre, María, es ahora nuestra madre, puesto que somos su descendencia, ya que somos «aquellos que guardan los mandamientos de Dios y dan testimonio de Jesús» (Ap 12, 17).

Ahora somos hermanos y hermanas. Utilizamos el vocabulario de la familia para explicar nuestras nuevas relaciones en Cristo. Nos referimos a los sacerdotes como padres, a las monjas como hermanas, y a los monjes y frailes como hermanos.

Nos reunimos en Misa como la familia de Dios alrededor de la mesa del Padre. El sacrificio de la Misa es la comida de la alianza. La paz en la familia es tan importante que si, en Misa, nos acordamos de que un hermano o hermana tiene algo en contra de nosotros, tenemos que dejar nuestra ofrenda en el altar y buscar inmediatamente la reconciliación (cf. Mt 5, 23-24).

Siempre me he sentido cerca del Padre de Jesús porque mi padre ha sido para mí una hermosa imagen de Él. Pero nunca pensé que mi madre fuera un reflejo de la madre de Jesús, hasta que me hice católica. Ahora veo lo afortunada que soy de tener una madre que transmite la suavidad, el espíritu sereno y la obediencia de María. Al principio me resultaba difícil llamar «Madre» a María; pero cuanto más lo hago, basándome en la realidad de mi entrega a Cristo, mi hermano, más veo que su maternidad me abraza como hija suya.

Los protestantes son bienvenidos en Misa y pueden acudir para recibir una bendición, pero no pueden recibir la Eucaristía. ¿Por qué? Tienen que esperar hasta que se restablezcan las relaciones de su comunidad con la Iglesia. Aunque es posible que no hayan abandonado la Iglesia, rechazan todavía la autoridad que Dios le ha dado; hasta que reconozcan y se sometan a esas autoridades como padres suyos, permanecen como hermanos al margen de la mesa familiar.

Es similar a la situación de una pareja que quiere ser incluida en una reunión familiar años después de que sus padres hayan repudiado a todos sus parientes. La pareja no tiene la culpa de ser considerados como extraños. Pero para que haya una celebración familiar, antes se tienen que restablecer las buenas relaciones.

Otra analogía que puede ser útil es la del compromiso. Aunque una pareja esté verdaderamente entregada, lo suficiente como para estar prometida, tienen todavía que someterse mutuamente mediante las promesas del matrimonio. Hasta que no se casen, no pueden consumar la boda.

De la misma manera, hay gente fuera de la Iglesia Católica que está realmente comprometida con el Señor. Sin embargo, hasta que no se comprometan con la esposa de Cristo, la Iglesia, no pueden recibir al Señor en la Comunión. La recepción del esposo en el acto del matrimonio o la recepción del Señor en la Eucaristía es una comunión tan íntima que debe ser protegida mediante juramento.

El paralelismo entre la Eucaristía y el matrimonio puede quedar claro con esta consideración. Antes del matrimonio, ya tenemos una relación familiar; somos hermanos y hermanas en el Señor. Sin embargo, esta relación es elevada a un nuevo nivel en el sacramento del matrimonio.

El 18 de agosto de 1979, se constituyó la familia de Scott Hahn. Habíamos decidido de antemano que cada uno llamaría a los padres del otro «mamá» y «papá», porque casarse significa que somos realmente parte de la familia del otro para siempre. (Antes de la boda ya sabíamos que el matrimonio era indisoluble y estábamos dispuestos a ello.)

Tres semanas después, cuando estábamos visitando a los padres de Scott, me encontré en un apuro. Me había empezado a duchar sin haber comprobado si había alguna toalla para mí. Scott se había ido. Así que abrí la puerta y grité: «¿Mamá?»

Nadie respondió. Lo volví a intentar un poco más alto. Después de varios intentos, mi «mamá Hahn» se acercó al pie de las escaleras y preguntó: «¿Me estás llamando?»

No había reconocido mi voz como la de alguno de sus hijos cuando oyó que alguien gritaba: «mamá». Pero subió y me dio una toalla.

Ahora, no nos cabe en la cabeza llamar a nuestros padres de otro modo que no sea «mamá y papá». Ha requerido práctica. Pero ahora el vínculo sobrenatural de las relaciones familiares establecidas a través del sacramento del matrimonio se siente como algo natural.

Vivir juntos no crea un lazo familiar; el matrimonio, sí. Como dice mi madre: «No debes hacer cosas de casados hasta que estés casada». ¿Por qué? Porque necesitamos el sacramento del matrimonio para vivir la vida matrimonial. Tenemos que esperar a estar casados para recibirnos mutuamente en el acto conyugal.

Un verano Scott ejercía su ministerio en el centro pobre de Pittsburgh. Intentaba enseñar a jóvenes adolescentes que tenían que esperar a estar casados para tener relaciones sexuales. Un chico levantó la mano y le interpeló: «No querrás decir que está mal tener hijos fuera del matrimonio, ¿no?»

Scott contestó: «Por supuesto que está mal tener hijos fuera del matrimonio. Pero además, no deberías hacer lo que se hace para tener hijos, fuera del matrimonio».

«Pero —replicó el joven de catorce años— el sexo es divertido. Es como jugar al baloncesto.» Toda la clase se rió y Scott se dio cuenta de cuánto trabajo le esperaba ese verano.

El sexo no es una necesidad, por mucho que los anuncios de las agencias pretendan que así lo parezca. Se puede morir, si no se tiene comida; se puede morir, si no se tiene agua; se puede morir, si no se duerme. Se puede morir, incluso, si no se tiene amor. ¡Pero nadie se ha muerto nunca por no tener sexo!

John Kippley cuenta la historia de un sacerdote que no estaba seguro de aceptar la doctrina de la Iglesia contraria a las relaciones prematrimoniales. Una persona casada le preguntó si habría sido correcto que él, el sacerdote, hubiese celebrado Misa la noche antes de su ordenación. El sacerdote respondió rápidamente: «no».

El joven replicó: «Lo mismo sucede con el matrimonio. Usted no podía celebrar Misa hasta haber recibido el sacramento; nosotros no podíamos celebrar el matrimonio sin el sacramento. Por supuesto, todos deseábamos realizar esos actos especiales propios de un sacerdote o de una pareja casada, pero teníamos que esperar hasta el momento apropiado»[2].

Esperar a consumar la relación hasta después del compromiso matrimonial demuestra verdadero amor y respeto hacia la otra persona.

---

[2] Paráfrasis de un relato de Kippley, *Sex*, cit., p. 33.

Y hacer las cosas en el orden correcto, como dice mi madre, fortalece a las familias de las que procedemos, aumentando el patrimonio espiritual que, a su vez, nosotros ofreceremos a nuestros hijos.

La donación total de uno mismo implica sacrificio

El amor conduce a la vida; la vida conduce al sacrificio.

Jesús hace en su carne lo que siempre ha hecho en su divinidad: ama con una autodonación plena. Por supuesto, amar dándose plenamente como ser humano, entraña la dificultad de que requiere el sacrificio completo de la vida, la muerte. Cuando Jesús tomó carne humana en la Encarnación, su propia ofrenda abarcaba su vida, muerte y resurrección como máxima entrega de su amor por nosotros. Esta entrega propia es la que llevó al Santuario celestial cuando ascendió al Padre (cf. Heb 9, 11-14). Y es este mismo don –el Cuerpo, Sangre, Alma y Divinidad de Jesús– el que recibimos en la Eucaristía.

Mi idea de la entrega de Cristo en la Cruz es diferente a la que tenía cuando era protestante. Conforme crecí, la Semana Santa era cada año un tiempo de reflexión acerca de la agonía de Cristo en la Cruz. Me imaginaba a Dios Padre arrojando sobre Jesús crucificado toda su ira por el pecado. Pensaba que el grito de abandono de Jesús era la consecuencia de experimentar la ira de Dios sobre Él y que Dios le rechazaba.

Jesús cargó ciertamente con nuestro pecado como perfecto Cordero de Dios, pecado que incurrió en la ira de Dios. Pero ahora me doy cuenta de que cuando Jesús colgaba de la Cruz, manifestando su amor de entrega total por nosotros y en obediencia de amor al Padre, nunca hizo que el Padre le amara más. Jesús hizo en su humanidad lo que siempre había hecho en su divinidad. Y el Padre estaba complacido; Dios vio que era muy bueno.

Como segundo Adán, Jesús hizo lo que el primer Adán no quiso hacer: sometió su voluntad a la voluntad de su Padre en el Huerto de los olivos, a sabiendas de que esto significaría sufrimiento y muerte. Dio la vida por su esposa, la Iglesia. Ahora nos encarece a que le imitemos ofreciendo nuestra vida el uno por el otro.

Cuando asistimos a Misa como casados, vemos nuestros sacrificios a la luz de la profundidad del amor sacrificial de Cristo, tanto en las palabras de la consagración como en el crucifijo que hay junto al altar. En Misa nos consagramos de nuevo a Dios y a nuestro cónyuge. Salimos de Misa con la gracia del sacramento de la Eucaristía para vivir fielmente el sacramento del matrimonio.

El *Catecismo* lo describe de esta manera:

«Cristo... permanece con ellos, les da la fuerza de seguirle tomando su cruz, de levantarse después de sus caídas, de perdonarse mutuamente, de llevar unos las cargas de los otros, de estar "sometidos unos a otros en el temor de Cristo" (Ef 5, 21) y de amarse con un amor sobrenatural, delicado y fecundo»[3].

Nuestro matrimonio es un testimonio de fidelidad y fecundidad cuando seguimos el ejemplo de Cristo y cuando Cristo habita en nosotros.

El matrimonio implica un sacrificio parecido. El noviazgo es un tiempo intermedio maravilloso. Todos los «síes» se han convertido en «ahora» y se siente paz. Al mismo tiempo, no hay que hacer frente aún a las responsabilidades de llevar una casa o de pagar facturas.

En la preparación de la boda hay mucha alegría, por supuesto. Luego, llega la boda y, después, la realidad de la vida de casados. Ésta es la razón por la que mi madre nos aconsejaba sabiamente que nos preparásemos más para nuestro matrimonio que para nuestra boda. La boda se acaba en un día; pero tenemos que estar preparados para toda una vida de servicio sacrificado a nuestro amado.

El matrimonio no es, como algunos lo han llamado, la vocación «fácil». Ninguna vocación es fácil. Fíjate en el desafío que supone nuestro compromiso: en la riqueza y en la pobreza, en las alegrías y en las penas, en la salud y en la enfermedad, todos los días de nuestra vida. Necesitamos la gracia del sacramento para poder cumplir adecuadamente promesas de ese calibre. También es necesaria la gracia para luchar por superar esas pequeñas cosas que nos molestan

---

[3] *Catecismo de la Iglesia Católica*, n. 1642.

más de lo que pensábamos: restos de pelo en el lavabo, la tapa del retrete levantada, la pasta de dientes sin cerrar, el cubo de la basura sin vaciar...

En nuestra cultura la gente se irrita cuando se sugiere que las mujeres deberían someterse a sus maridos; pero ignora completamente el mandato, mucho más difícil, que se da a los maridos:

> Maridos: amad a vuestras mujeres, como Cristo amó a la Iglesia y se entregó a sí mismo por ella, para santificarla, purificándola mediante el baño del agua por la palabra, para mostrar ante sí mismo a la Iglesia resplandeciente, sin mancha, arruga o cosa parecida, sino para que sea santa e inmaculada. Así deben los maridos amar a sus mujeres, como a su propio cuerpo. El que ama a su mujer, a sí mismo se ama, pues nadie aborrece nunca su propia carne, sino que la alimenta y la cuida, como Cristo a la Iglesia, porque somos miembros de su cuerpo (Ef 5, 25-30).

Los maridos están llamados a una tarea enorme: dar la vida por su mujer imitando el sacrificio de Cristo por su esposa, la Iglesia. Todos estamos llamados a amar como Jesús lo hizo: así lo dijo Él (cf. Jn 13, 34). Pero únicamente los maridos son imagen de Jesús como Esposo. Y ¿cómo amó Jesús? Con sacrificio.

Debido a nuestra concupiscencia, imitar a Cristo es dar hasta que duela. Estamos seguros de que nos sacrificaríamos ante una situación difícil, como ante el agravio a un amigo o la defensa de la fe ante un ataque obvio. Pero a menudo el Señor nos pide que hagamos pequeños sacrificios para mostrar nuestro amor, renuncias, a veces tan pequeñas, que nuestra pareja ni siquiera se da cuenta de ello.

En cierta ocasión, dos seminaristas nos visitaron durante un fin de semana. Estaba hablando con ellos cuando se cruzó uno de nuestros hijos con el pañal sucio y nos invadió el mal olor. Riéndose, uno de los seminaristas pensó en voz alta: «¡Estoy seguro de que no estoy hecho para el matrimonio!»

No pude callarme: «¡No vayas a elegir una vocación para evitar las dificultades de otra!»

Estamos unidos a Cristo y por tanto hemos sido crucificados con Él. Nuestra vida tiene que reflejar esta realidad. Escribe San Pablo:

«Con Cristo estoy crucificado: vivo, pero ya no vivo yo, sino que Cristo vive en mí. Y la vida que vivo ahora en la carne, la vivo en la fe del Hijo de Dios, que me amó y se entregó a sí mismo por mí» (Gal 2, 20).

Scott se hizo católico antes que yo. Después de que se convirtiera al catolicismo, ver un crucifijo me enfadaba. Resaltaba nuestras diferencias. Entonces me tuvieron que ingresar en un hospital católico por una infección grave de riñón después de un doloroso embarazo extrauterino, que terminó con una cesárea. Sufría y estaba triste.

Un día miré la cruz que colgaba de la pared de la habitación del hospital –y no era una cruz vacía, sino un crucifijo– y me di cuenta de dos cosas. Miré fijamente al crucifijo y, por primera vez, contemplé mis sufrimientos a la luz de los de Cristo. Me recordaba que los sufrimientos de Cristo fueron mayores de lo que nunca podrán ser los míos.

Al mismo tiempo, su sufrimiento hizo que el mío tuviera sentido. Daba sentido a todos los inconvenientes, dificultades y al dolor por el que estaba pasando, siempre y cuando los ofreciera a Dios en unión con la propia entrega de Cristo.

San Pablo, al reflexionar sobre sus sufrimientos, concluía: «Ahora me alegro de mis padecimientos por vosotros y completo en mi carne lo que falta a los sufrimientos de Cristo en beneficio de su cuerpo, que es la Iglesia» (Col 1, 24). ¿Se entiende esta extraña frase? «Lo que falta a los sufrimientos de Cristo.»

¿Cómo iban a ser insuficientes los sufrimientos de Cristo? Los sufrimientos de Cristo no son insuficientes. Pero nosotros somos tan parte de su Cuerpo, que Jesús nos permite participar en la salvación, si ofrecemos nuestro sufrimiento unido al suyo.

El parto: un sacrificio

Para mí, la llamada a dar la vida por los amigos se ha centrado en el parto de cada uno de mis hijos. La intensidad de la felicidad y la intensidad del dolor son difíciles de expresar en palabras; en cada ocasión me enfrento ante nuevos retos y aprendo cosas nuevas. Cuando entendí la idea del sufrimiento redentor, estos sacrificios supusieron una nueva experiencia espiritual muy intensa, a otro nivel, y cada parto me acercó más a Cristo.

Con el nacimiento de mi primer hijo, Michael, aprendimos a esperar, a esperar y a seguir esperando. Seguimos todos los consejos que nos dieron para ponerme de parto: mi consejo preferido eran los cucuruchos de helado de dos sabores con sirope. Aun así él estaba demasiado feliz para moverse.

Pasadas dos semanas de la fecha, por fin me puse de parto. Después de treinta horas, cinco de ellas con oxitocina, apenas había ocurrido nada. Despertaron a Scott, que estaba echando una cabezada, con la noticia de que me habían llevado al quirófano. Di a luz a un niño inmenso (¡4,390 kilos!), hermoso y sano. Estábamos llenos de agradecimiento.

Tuve dos médicos. La mañana siguiente al parto, el médico más mayor me aseguró que la cesárea no significaba que no pudiéramos tener una gran familia. El más joven, su compañero, me aseguró que ningún médico que se precie me dejaría tener más de tres hijos. (Le conté al otro doctor lo que había dicho el joven, y me dijo que tendría en cuenta la diferencia de opiniones). De cualquier manera, yo seguía con la esperanza de que con el siguiente hijo tuviera un parto vaginal, y no por cesárea.

En el nacimiento de Gabriel, me puse de parto justo después de la fecha prevista y fue lento, pero seguro. Ante la posibilidad de una ruptura del útero, no pude tomar medicación contra el dolor. Después de veinticuatro horas, el médico dijo que pensaba que tenía un bebé del mismo tamaño que el primero y pidió una sala de operaciones para hacer una cesárea. Estaba descorazonada.

Una de las cosas más duras del parto fue estar tumbada en la camilla en el pasillo delante del quirófano, como si fuera un pedazo de carne, en vez de una mujer que está a punto de tener a su segundo hijo. Habían convocado al personal un sábado por la mañana y estaban enfadados. ¡Ellos estaban enfadados!

Mientras me preparaban, ni siquiera me hablaban. Simplemente se quejaban entre ellos. Cuando el médico, a petición mía, le dijo a la enfermera que me dejara un brazo libre para que pudiera sentirme unida a mi hijo acariciándolo, el médico auxiliar le replicó a mi médico: «Las cesáreas no las unen a los hijos». Ni siquiera me habló como a una persona, una madre; era simplemente un procedimiento quirúrgico.

Di a luz a un niño precioso que se calló en el momento en que oyó mi voz. Lo cogí y apreté su mejilla contra la mía, a la vez que le llamaba por su nombre y le mostraba cuánto le quería. Después, cuando vi al médico, tuve la certeza de que los partos futuros serían por cesárea.

Entonces el médico me dijo que se había equivocado: Gabe era lo suficientemente pequeño (3,600 kilos) como para haber nacido por vía vaginal, ¡y que quizá podría volver a intentarlo la próxima vez! Estaba frustrada (por decirlo suavemente), pero decidida a intentarlo de nuevo.

Cuando estaba embarazada de Hannah, busqué durante casi cuatro meses un médico que me diera la oportunidad de tener un parto normal. Dos semanas después de haberlo encontrado, un día tuve una hemorragia en la iglesia, justo cuando estaba terminando la ceremonia. Me tumbé en un banco, procurando no asustar con mi llanto a nuestros hijos, mientras Scott intentaba encontrar al médico. Gracias a Dios, estaba a menos de un minuto: ¡en la cripta de la iglesia! (Ninguno de nosotros sabía que el otro estaba en esa iglesia).

El camino hacia el hospital fue muy difícil. ¿Estaría viva o muerta? ¿Tendríamos que enterrar a nuestra hija después de veinte semanas de gestación? Las preguntas se intercalaban con jaculatorias, en las que pedía a Dios por la vida de nuestra niña. Cuando llegamos al hospital, las enfermeras no nos dieron ninguna esperanza. «Sabremos más con la resonancia», fue todo lo que nos dijeron.

Mientras estaba al teléfono, hablando con mis padres entre lágrimas, metieron la máquina portátil de ultrasonidos en mi habitación. Cuando apareció en la pantalla la imagen, se me cortó la respiración. Se veía a nuestra hija, ¡sana y salva! ¡Estábamos radiantes de alegría!

Nuestro médico dijo que era un caso de placenta previa: la placenta se implanta en la cervix, y no en las paredes del útero. La cesárea era nuestra única opción, porque el parto causaría un desprendimiento de placenta y haría que el feto muriera en diez minutos. Otra vez tenía que resignarme.

Sin embargo, en esta ocasión contaba con casi cuatro meses para prepararme para el momento. Varias veces tuve miedo cuando volví a sangrar o notaba que el parto se adelantaba. Como había que evitar el parto a toda costa, planificamos la cesárea para tres semanas antes de la fecha prevista.

Éste era mi primer alumbramiento consciente. (Previamente, había sufrido tanto dolor por la intensidad del parto, que no era consciente de lo que pasaba a mi alrededor; sólo rezaba para que la anestesia hiciera efecto rápido). Por ser un parto prematuro, había más especialistas, enfermeras de pediatría y médicos... unas doce personas en total. Pero Scott tenía que esperar fuera, en el pasillo, hasta que estuviera preparada.

La enfermera no colocó la vía correctamente hasta el tercer intento. El anestesista no puso bien la epidural en los dos primeros intentos. La tensión crecía. «¿Quién es el responsable de la anestesia?», pregunté.

Detrás de mí respondió una mujer: «Yo, pero le estoy enseñando a este residente».

«Éste es mi tercer parto –dije bruscamente–, ya he ofrecido mi cuerpo a la ciencia todo lo que he podido. ¡Hazlo tú porque, si no, hoy no nace mi hijo!»

Aceptó hacerlo. Esa vez la epidural fue bien.

Me sujetaron los brazos mientras me afeitaban el vientre y limpiaban el área de la incisión, y estuve totalmente desnuda unos diez minutos. Me encontraba tumbada en una fría sala de partos, desnuda, rodeada de gente que no conocía (excepto el médico), y preguntándome si la anestesia haría realmente efecto. (A veces la epidural es irregular).

No había música. Nadie me hablaba ni me explicaba por qué se retrasaba el parto (en la sala de al lado les había sorprendido el parto de unos gemelos). Y Scott todavía no había podido entrar.

Empecé a llorar. Como tenía los dos brazos sujetos, las lágrimas se deslizaron hasta las orejas. El interno me preguntó: «¿Estás llorando de alegría?»

Simplemente dije que *no* con la cabeza. ¡No quería hablar con él!

Por fin dejaron entrar a Scott. Él sabía lo que tenía que decir. Hace toda una comedia sobre las cesáreas, con comentarios como: «¿No te ríes como una descosida? ¡Soy un poco cortante! Cuando te digo que mi mujer tiene pelotas, créeme, ¡se las he visto!» Con cada parto añade nuevas gracias.

Scott me secó las lágrimas y preguntó si me podían desatar uno de los brazos para que pudiera tocar al niño una vez que naciera. Me ayudó a pensar que estaba a punto de nacer nuestra hija, a la que llevábamos esperando tanto tiempo. Me hizo reír con sus bromas y rezó conmigo. Me dio las gracias por todo lo que estaba sufriendo para que esta hija pudiera vivir. Fue maravilloso. Y di a luz a nuestra preciosa hija.

Todo lo sucedido me dio una pequeña idea del sacrificio de *Cristo*: desnudo, tendido en forma de cruz, sintiéndose humillado, con dolor y miedo. Yo estaba entregando mi vida; estaba derramando mi sangre. Pero no había nadie que se burlara de mí, que me hiciese daño intencionadamente, como le pasó a Jesús.

El parto de mi otro hijo, Jeremiah, fue mi primer parto «católico». *Aún* quería un parto normal. Negocié con Dios: «Te ofreceré cada contracción si tengo simplemente un parto normal». En mi corazón, le oí decir: «Te daré mucho sufrimiento que ofrecer con tu cesárea». Fin de la discusión.

Desde que me pusieron el enema, ofrecí cada dificultad por una intención. Ofrecer el sufrimiento no es un truco barato para reducir el dolor; y *eso* me pilló por sorpresa. Que yo ofreciera algo no significaba que no doliera. Pero fue una buena manera de convertir el dolor en oración.

Todo fue bien en el nacimiento, no hubo sorpresas. Scott estuvo a mi lado y me dio la noticia: tenemos otro niño precioso. Muchas oraciones habían sido escuchadas.

Después del parto de Jeremiah, tuve un intenso dolor durante casi una hora. Había recibido toda la morfina que podía por vía intravenosa, pero no parecía aliviar mi sufrimiento. Aunque no había comido nada, vomité a causa del dolor. Llamé a la enfermera, disculpándome por el desastre y pedí algo más para reducir mi suplicio.

Después de llamar al médico, volvió con una gran aguja y dijo que esto debería ayudarme. Me sentí como una ballena varada a punto de ser arponeada.

En ese momento, no pensé en Jesús; pensé en María. No quería que se desperdiciara este dolor, pero me dolía demasiado como para formular un pensamiento completo. Ni siquiera podía decir el nombre de María, pero pensé en él y me lo repetía continuamente. Estaba ofreciendo mi sufrimiento para que ella lo convirtiera en una oración con sentido. Ella se lo llevaría a Jesús. Era una experiencia nueva.

116

La noche antes del nacimiento de Joseph cenamos juntos, toda la familia, en un restaurante. Estábamos todos de buen humor. El día siguiente era «el gran día» (saber la fecha del parto es la única ventaja de la cesárea).

Más tarde, Scott me encontró llorando y me preguntó qué me pasaba. Le dije: «Me siento como si estuviera tendida en las vías del tren y no pudiera quitarme. El tren se aproxima, estoy realmente asustada, y todo el mundo a mi alrededor está contento porque no están pensando en el parto, sino en el bebé. Sólo necesito llorar. Estaré bien».

Al rato, había aceptado los acontecimientos del día siguiente y estaba preparada para afrontarlos con la ayuda de Dios. Mi amiga Terri me comentó después: «Estabas con Cristo en Getsemaní, sufriendo por la dura prueba que se te avecinaba». Algunos umbrales de dolor sólo Dios puede entenderlos.

Después de una cesárea normal, Scott me dijo que era otro precioso niño. Es difícil expresar con palabras la recompensa que supone un bebé después de todo lo que tienes que pasar para traerlo al mundo. Tras el parto de Joseph, introdujeron oxitocina en la vía para ayudar a que el útero se contrajera y frenar la pérdida de sangre. Acababan de suturar esa zona, así que fue muy doloroso.

Las siguientes dos horas y media, recé sólo un misterio del rosario... eso fue todo. Susurraba lentamente una palabra el máximo tiempo posible antes de decir la siguiente. Aprendí que lo que importa no es cuántas oraciones digamos, sino lo bien que recemos.

Antes del parto de David, descubrieron que tenía hepatitis B. Así que por la seguridad del niño me dieron de antemano un antibiótico por medio de una vía. Me dolió como nunca antes me había dolido. Esta vez, un lento misterio del rosario precedió al parto. Podría decir exactamente cuándo se vació la vía.

A pesar de todo, la cesárea fue la mejor hasta ahora. Antes de la operación, las enfermeras y los anestesistas se presentaron y nos dijeron lo entusiasmados que estaban con nosotros. Sonaba una suave música de fondo, me cubrían unas sábanas que me daban calor, así que temblé menos y nunca estuve totalmente desnuda, y el personal estaba continuamente pendiente de mí para comprobar que estaba bien.

Agradezco las diversas formas en que el personal ayudó a suavizar lo que ya de por sí es difícil. Y, como siempre, Scott centró la atención en el maravilloso regalo que Dios nos iba a dar: ¡otro precioso niño, David!

El sufrimiento produce alegría

Una mujer tuvo una experiencia que espero no tener nunca. Como había perdido un bebé en el parto un año antes, durante el siguiente embarazo le asaltaba un gran temor: ¿Daría a luz a un hijo sano esta vez? Ya en el hospital, el medicó comprobó el estado del bebé y, para su asombro, notó que el ritmo del corazón del bebé bajaba completamente con la contracción. El cordón umbilical estaba siendo comprimido y sólo una cesárea de emergencia podría sacar al niño vivo.

Pero había un problema peor: en ese momento no estaba disponible ningún anestesista. El médico habló rápidamente con el marido: «Tienes que confiar en mí. Si no sacamos a este bebé, morirá en menos de diez minutos. Tenemos que operarla ahora». Entonces le dijo al incrédulo marido que se tumbara sobre el pecho de su mujer para sujetarla, de modo que él pudiera cortar ¡sin anestesia!

Por increíble que pueda parecer en nuestra época, eso es exactamente lo que pasó. Sacaron sano al bebé, y al cabo de unos minutos llegó un anestesista que sedó a la mujer. No puedo ni imaginarme lo insoportablemente doloroso que tuvo que ser. (Nunca me quejaré delante de ella de haber dado a luz por cesárea… ¡con anestesia!)

¡Tuvo que ser muy difícil para ellos dar su consentimiento! Pero la madre y el niño sobrevivieron, y la pareja cree que tomó la decisión correcta. ¡Qué sacrificio!

No cuento estos detalles sobre el parto porque quiera infundir miedo o desanimar a la gente a tener hijos. Nada más lejos. Quiero que sepan que si Dios me condujo a mí –y a millones de mujeres– a través del peligro, las dificultades, las vejaciones y el morir a uno mismo, que son factores inherentes al proceso de crear y dar a luz a un hijo, puede hacer lo mismo contigo.

En cierto sentido, un sentido muy humano, no quiero volver a pasar por nada parecido. Pero por el honor y el privilegio de traer al mundo a otra alma para Cristo, y por la alegría de nuestra familia, lo haría todo de nuevo sin dudarlo.

El amor conduce a la vida, y la vida lleva al sacrificio. No buscamos el sufrimiento, pero sabemos que merece la pena todo el sufrimiento por la alegría que vamos a recibir, como sucedió con Cristo, que por la alegría que iba a recibir (nuestra salvación) sufrió en la cruz, despreciando la ignominia (cf. Heb 12, 2). Como me dijo recientemente un amigo: «Si quieres seguir a Jesús, prepárate para cargar con la cruz».

Dar gracias por el regalo

En el Antiguo Testamento había muchos tipos de sacrificios: ofrendas de cereales, ofrendas de acción de gracias, ofrendas por los pecados; sacrificios de animales, etc. Un sacrificio, en concreto, prefiguraba el único sacrificio eterno de la Nueva Alianza: el sacrificio *todah*. Los rabinos enseñaban que éste era el único sacrificio que continuaría después de la venida del Mesías.

El *todah* era un antiguo sacrificio judío de acción de gracias por un motivo particular y personal. Muchos salmos son salmos *todah*, que siguen un esquema consabido. Primero, alguien relata una gran dificultad a la que tuvo que enfrentarse, quizás una enfermedad, ataques de sus enemigos o una guerra..., por lo general, circunstancias que pusieron en peligro su vida. Después explica cómo se dirigió a Dios y fue salvado. Concluye con una acción de gracias (cf. Sal 63, a modo de ejemplo).

Quien ofrecía un sacrificio *todah* tenía que hacer cuatro cosas. En primer lugar, invitaba a su familia y amigos a que se unieran a él en la acción de gracias. Después, llevaba al templo un cordero para que fuera sacrificado como ofrenda por haberse salvado del problema o incluso de la muerte. Lo tercero que hacía era consagrar pan en su casa con todos los que se habían reunido, mientras se sacrificaba el cordero en el templo. (Éste era el único pan consagrado que podían comer los laicos). Y por último, ofrecía una copa de vino en acción de gracias por la salvación de Dios. ¿No te suena a algo: pan, vino, acción de gracias?

El sacrificio de la Misa se llama, de hecho, «Eucaristía», que deriva de la palabra griega *eucharisteo*, que significa «acción de gracias» o «sacrificio de alabanza». Vamos a Misa para ofrecer la acción de gracias a Dios como nuestra ofrenda *todah* por el sacrificio de Cristo en la cruz.

Proclamamos juntos las grandes obras que ha hecho Dios por nuestra salvación: El Todopoderoso tomó carne humana, la ofreció como sacrificio en la cruz, la elevó de nuevo mediante la Resurrección y luego subió al Padre que está en el cielo. En el cielo Él es nuestro sumo sacerdote, que se ofrece a sí mismo como sacrificio perpetuo, de una vez por todas. *Ésta* es nuestra eucaristía hecha presente en la Misa: ¡Jesús mismo![4]

El agradecimiento es también una parte importante del matrimonio. Por eso mi padre leyó la lectura de la carta de San Pablo a los Colosenses (3, 17) en nuestra boda: «Y todo cuanto hagáis de palabra o de obra, hacedlo todo en nombre del Señor Jesús, dando gracias a Dios Padre por medio de él». Nos recordaba que debíamos dar gracias a Dios a menudo por nuestro esposo. Nada tranquiliza más rápidamente el espíritu crítico que centrar los pensamientos y las oraciones en nuestro esposo; cuanto más concreto sea nuestro agradecimiento, mejor.

Dar gracias por lo que ha hecho Cristo en nosotros, y en nuestro esposo, suscita agradecimiento por nuestro cónyuge. San Pablo escribe: «Estad siempre alegres. Orad sin cesar. Dad gracias por todo, porque eso es lo que Dios quiere de vosotros en Cristo Jesús» (1 Tes 5, 16-18). ¿Cuándo tenemos que dar gracias? ¿Cuando lo sentimos? ¿Cuando todo va como queremos?

No. Tenemos que dar gracias en *todas* las circunstancias. ¿Por qué? Porque es la voluntad de Dios.

A veces dar gracias supone un verdadero sacrificio. Hasta que tuvimos el tercer aborto, no entendí a qué se refería el salmista cuando hablaba de ofrecer un sacrificio de alabanza, ni por qué la Virgen María tenía la advocación de «Nuestra Señora de los Dolores».

Tan sólo unos días antes habíamos celebrado con nuestros hijos la buena noticia de que estaba esperando un hijo y habíamos asistido a

---

4 Cf. *Ibíd.*, n. 1409.

Misa en familia. Teníamos el corazón tan lleno de alegría que era fácil alabar a Dios.

Entonces perdí el bebé. Se lo contamos a los niños con el corazón encogido, y después, fuimos a Misa otra vez. Me acordé del texto de la Escritura que hace referencia a ofrecer un sacrificio de alabanza, así que recé: «Esto *es* un sacrificio de verdad, pero, Señor, ¡te alabaré! Sólo quiero que sepas que siempre tendré esta pena en el corazón por los tres hijos que no he podido tener entre mis brazos en esta vida».

El Señor me habló al corazón: «¿Y tú crees que mi Madre superará alguna vez el dolor de verme herido y objeto de burlas, y de tomar luego mi cuerpo sin vida, el cuerpo que ella me dio, en sus brazos? ¿Entiendes por qué ella es "Nuestra Señora de los Dolores"?»

Entonces lo entendí. Nuestra Señora de los Dolores se convirtió en un consuelo para mí. Y supe que podía estar alegre en medio del sufrimiento, estando agradecida sinceramente, a la vez que padecía una dolorosa agonía. Una vez más, la entrega de Cristo era mi modelo en la vida.

Posible por el poder del Espíritu Santo

El Espíritu Santo cubrió con su sombra a María para que concibiera a Jesús (cf. Lc 1, 35). Cuando ella dijo: «He aquí la esclava del Señor; hágase en mí según tu palabra» (Lc 1, 38), estaba diciendo a Jesús realmente: «Éste es mi cuerpo, ésta es mi sangre, que se entrega por ti».

El «sí» de María constituyó su propia entrega. Su «sí» significó algo más que darle a Jesús un lugar para vivir en ella; le dio la naturaleza humana. La entrega de sí misma hizo posible la entrega de Cristo: Dios-hombre sólo podía redimirnos siendo completamente divino *y* completamente humano.

En la Misa, el Espíritu Santo cubre con su sombra (en la epíclesis) nuestra ofrenda del pan y el vino y transubstancia nuestros dones en el Cuerpo y la Sangre de Cristo. Luego, el Espíritu Santo nos une a Cristo cuando lo recibimos en la Eucaristía. Finalmente, el Espíritu Santo nos da fuerza mediante la Eucaristía para imitar a Cristo entregándonos nosotros mismos, especialmente en el sacramento del matrimonio.

El Espíritu aleteaba sobre la creación como después cubrió con su sombra a María (cf. Gn 1, 2). Cuando el Padre hizo a Adán, le insufló el aliento de vida, su Espíritu (cf. Gn 2, 7). Cuando Adán vio a Eva por primera vez, exclamó: «Ésta sí es hueso de mis huesos y carne de mi carne; se la llamará Mujer, porque ha sido sacada del Hombre» (Gn 2, 23). Adán no sólo reconoce el don que ha recibido con esta mujer, sino que también expresa su deseo de darse a ella.

Según Juan Pablo II, el *Cantar de los Cantares* es un comentario de este versículo: explica cómo los que se quieren desean la carne del otro. En el acto conyugal, las dos partes en su autodonación se dicen el uno al otro: «éste es mi cuerpo, ésta es mi sangre, que se entrega por ti».

Esta entrega es más radical cuando se concibe una nueva vida. A imitación de Cristo, la mujer que tiene un hijo está dando su vida por el amigo. Cuando estoy tumbada en la mesa del paritorio, pienso: «éste es mi cuerpo herido por ti; ésta es mi sangre derramada por ti». Más tarde, cuando hablábamos de ello con los niños, veían la interconexión que hay entre amor, vida y sacrificio. Había entregado mi vida por mi hijo, como Jesús dio su vida libremente por sus hijos e hijas.

Refiriéndose a los casados, el *Catecismo* afirma: «El Espíritu Santo es el sello de la alianza de los esposos, la fuente siempre generosa de su amor, y la fuerza con que se renovará su fidelidad»[5]. El Espíritu Santo capacita a los esposos para que vivan el sacramento del matrimonio de modo que crezcan en santidad.

El Espíritu Santo fortalece nuestra fidelidad y renueva nuestro amor. Nos ayuda a tener perspectiva ante las pruebas. Cuanto más nos acercamos a Cristo, más virtud produce en nosotros, porque «los frutos del Espíritu son: la caridad, el gozo, la paz, la paciencia, la afabilidad, la bondad, la fe, la mansedumbre, la templanza. Contra estos frutos no hay ley» (Gal 5, 22-23).

Si carecemos de algo, podemos pedirlo. «Acerquémonos, pues, confiadamente al trono de la gracia, a fin de conseguir misericordia y hallar la gracia que nos ayude en el momento oportuno» (Heb 4, 16).

---

[5] *Ibíd.*, n. 1624.

El Espíritu Santo nos dará lo que necesitemos y *cuando* lo necesitemos; no precisamos la paciencia necesaria para tres hijos, cuando sólo tenemos dos.

Seamos sinceros. Nadie tiene todas las virtudes para ser el padre perfecto, ni siquiera de un solo hijo. Sin embargo, tenemos la esperanza de dar todo el fruto del Espíritu a medida que crecemos en Cristo; así podremos ser padres en el Espíritu, en vez de en la carne, independientemente del número de hijos que Dios nos mande.

La entrega de uno mismo es fecunda

La Eucaristía es Jesús, fuente de la gracia sacramental. El *Catecismo* afirma que «la comunión con la Carne de Cristo resucitado, "vivificada por el Espíritu Santo y vivificante", conserva, acrecienta y renueva la vida de gracia recibida en el Bautismo»[6]. Cuando recibimos a Jesús, nos parecemos más a Él. Nos ama como somos, pero nos ama demasiado como para dejarnos así. Llevamos la fecundidad de su vida divina, siempre y cuando permanezcamos en Él, como enseña san Juan (cf. Jn 15).

Aunque sólo tenemos que participar en la Misa una vez por semana, para cumplir la advertencia que se hace en Hebreos (cf. Heb 10, 25) de no abandonar nuestras reuniones, podemos asistir a Misa a diario en la mayor parte de los Estados Unidos. Si lo hacemos, no sólo recibimos la gracia de la Eucaristía; por nuestra parte, nos convertimos en canales de la gracia para los demás, especialmente para nuestro cónyuge e hijos.

Como sucede en la Eucaristía, la propia entrega es fecunda también en el matrimonio. Estamos llamados a imitar a Dios como amantes que dan vida. Nos aceptamos el uno al otro y todo lo que eso significa. *Esto* es la sexualidad responsable:

«En particular, la paternidad y maternidad se refieren directamente al momento en que el hombre y la mujer, uniéndose "en una

---

[6] *Ibíd.*, n. 1392, que incluye una frase de *Presbyterorum ordinis*, n. 5.

sola carne", pueden convertirse en padres. Este momento tiene un valor muy significativo, tanto por su relación interpersonal como por su servicio a la vida. Ambos pueden convertirse en procreadores –padre y madre–comunicando la vida a un nuevo ser humano [...]. La unión conyugal conlleva en cualquier caso la responsabilidad del hombre y de la mujer, responsabilidad potencial que llega a ser efectiva cuando las circunstancias lo imponen. Esto vale sobre todo para el hombre que, aun siendo también artífice del inicio del proceso generativo, queda distanciado biológicamente del mismo, ya que de hecho se desarrolla en la mujer. ¿Cómo podría el hombre no hacerse cargo de ello?»[7].

Mediante nuestro amor y generosidad, serán creadas almas que de otra manera no existirían. Las almas de los niños aún por concebir no están en el Cielo esperando un cuerpo. La Iglesia enseña que Dios crea un alma cuando nos da la posibilidad de crear un cuerpo[8].

La Iglesia ha hablado claro. Nuestros cuerpos son templos del Espíritu Santo. ¿Cómo podemos introducir en el cuerpo algo que pueda hacer que nuestra sexualidad deje de ser sagrada y posiblemente mate a nuestros hijos? Ya que contracepción significa literalmente «en contra de la vida», ¿puede ser idea de Dios? No. Sólo Satanás impide o destruye el fruto del amor conyugal.

El acto conyugal con el uso de anticonceptivos es, en la práctica, un acto distinto del que la pareja pretende. En primer lugar, se centra más en lo que se recibe que en lo que se da; se reduce el sexo a un fin en sí mismo. En segundo lugar, supone un rechazo del poder de dar vida del acto conyugal. Promueve la esterilidad en vez de acoger la fertilidad como un gran don de Dios y, por lo tanto, desacraliza lo que Dios ha declarado que tiene que ser santo.

Además, convierte en mentira la verdad más profunda que la pareja quiere decirse –«soy totalmente tuyo y tú eres totalmente mío»–, porque la mujer rechaza la semilla de vida del hombre y el hombre rechaza el vientre receptor de vida, y nutricio, de la mujer. Por último, implica el rechazo de sacrificarse por el otro. Como Adán y

---

7 *Carta a las familias*, n. 12
8 Cf. *Catecismo de la Iglesia Católica*, n. 366

Eva, la pareja decide lo que es bueno (infertilidad) y lo que es malo (embarazo). ¿Dónde queda Dios en esta decisión?

El Dr. Bob McDonald, psicólogo y diácono, habla de algunos de los efectos colaterales que la mentalidad anticonceptiva de los padres produce en los hijos. Unos hijos estaban en tratamiento, luchando contra la depresión y la tristeza. Éstas eran sus preocupaciones: «a los padres realmente no les gustan los hijos», «doy gracias de estar vivo; qué suerte que fuera concebido en el momento conveniente»; «los lujos tienen preferencia sobre los hijos; las joyas y los juguetes son más importantes»; «tendría que tener otros hermanos y hermanas. ¿Dónde están? Tendrían que estar aquí»[9].

En la decisión de los padres de no estar abiertos a la vida está implicada toda la línea de descendencia. Nunca nacerán, no sólo individuos, sino toda una sucesión de generaciones.

Por contraste, el Señor nos interpela mediante la entrega de su vida divina en la cruz por su esposa: ¿Cuál es nuestra visión del matrimonio? ¿Refleja el amor –hasta la entrega total de uno mismo– que Él nos tiene, amor que es dador de vida y sacrificado? Si alguna vez fue así, pero ahora hemos perdido ese enfoque, Él puede volver a motivarnos. No podemos permitir que el veneno espiritual de la contracepción y la esterilización dañen nuestro matrimonio y nuestra familia.

Una vez que reconozcamos que la anticoncepción es un pecado grave, debemos acudir directamente a la confesión. Si hemos desechado las oportunidades de aprender la doctrina de la Iglesia, si elegimos no formar nuestra conciencia, tenemos que acudir a la confesión y pedirle al sacerdote que nos ayude a arrepentirnos correctamente. Si no sabíamos que era un pecado grave, quizá no haya pecado mortal en nuestras almas; de todas maneras, la anticoncepción sigue siendo un error objetivamente grave que causa un gran daño al margen de la intención o el conocimiento de causa.

Independientemente de si el pecado fue cometido con ignorancia vencible o no, se debe aceptar la verdad. Una madre de Monroeville,

---

[9] Bob McDonald, *The Two Shall Be One: What Contraception Does to Marriage*, audiocasete de la Pandora's Pillbox Conference de 1999, Chicago, Illinois. Disponible en la Fundación GIFT.

Pensilvania, expuso el resultado de su cambio en cuanto a la anticoncepción: «Tuvo un impacto positivo, dador de vida y de respeto mutuo, del uno para con el otro. Somos dones, no meros juguetes para ser usados a capricho del otro». Dios puede deshacer el daño y restablecer la paz espiritual. ¡Ésta es la grandeza de la gracia!

Prepararse adecuadamente para recibir el don

En cierta ocasión, los miembros de una familia intercambiaban opiniones sobre la Misa a la que acababan de asistir. La madre no podía creerse la mala calidad del coro. El padre pensaba que la homilía era larga y que el sacerdote se había ido por las ramas. El hijo dijo que los monaguillos no estaban coordinados. Entonces la niña pequeña dijo: «No es mal espectáculo por un dólar».

Podemos reírnos ante esta situación, pero demasiadas veces la gente va a Misa como si se tratara de asistir a un espectáculo, y no de participar en el banquete más importante.

Hemos de proponernos confesarnos con frecuencia para estar preparados para recibir al Señor dignamente. Es como ducharse antes de la entrega conyugal. Cuando nos acercamos a la iglesia para oír Misa, dejamos el espíritu crítico en la puerta. Hemos venido a recibir al Señor y a ser recibidos por Él.

Como mi padre es pastor protestante, le pregunté una vez si no le sacaba de sus casillas escuchar un pésimo sermón cuando visitaba otras iglesias. Contestó: «No, simplemente le pregunto a Jesús: "¿Qué tienes hoy para mí?" Siempre hay algo que quiere que aprenda».

Cuando la homilía no me gusta o el canto me distrae, recuerdo el ejemplo de mi padre. No quiero perder esta oportunidad de acercarme al Señor. Quiero recibir todo lo que me tiene preparado.

A veces podemos tener dudas legítimas de cómo se han vivido las rúbricas en una Misa en concreto. Debemos dirigir esas dudas a la autoridad competente. En cualquier caso, no somos la «policía» litúrgica, y no debemos ser críticos con el sacerdote o el obispo delante de los niños; excepto en el caso infrecuente de que los niños pudieran ser inducidos al error o al pecado, debemos guardar silencio.

Podemos ofrecer el sufrimiento que nos produce que la gente no

126

participe, se vaya antes o se queje. Podemos alentar al cambio. De todas formas, la Misa nunca está *muerta*, porque Jesús está allí.

Así como debemos preparar nuestra alma para recibir el don de la Eucaristía, nos debemos preparar también para el don conyugal mutuo. Debemos recibir al esposo con humildad y dejar aparte las críticas. Ninguno de los dos somos dignos de este amor incondicional y, sin embargo, por la misericordia de Dios, podemos darlo y recibirlo en el matrimonio.

Esto significa que tenemos que hablar y actuar de forma que transmita respeto hacia nuestro cónyuge. Significa fijarnos en sus puntos fuertes y no en los débiles. En resumen, significa proclamar con hechos lo que San Pablo describía como características del amor: «El amor todo lo aguanta, todo lo cree, todo lo espera, todo lo soporta» (1 Cor 13, 7).

El amor también perdona y pide perdón. Las dos palabras más difíciles son: «lo siento», y las tres más difíciles: «lo siento, cariño». El arrepentimiento y el perdón nunca son fáciles, pero tener una buena relación es esencial para que un matrimonio vaya bien.

Hemos de prepararnos a conciencia para recibir la entrega de la otra persona en la intimidad. La espontaneidad no es tan importante como se dice. Debemos preguntarnos cómo nos hemos amado uno al otro a lo largo del día:¿cómo nos hemos ayudado mutuamente?

Nos preparamos para el acto conyugal mediante lo que yo llamo «conversación previa» –conversación sobre el día, cuestiones sobre los niños, pensar en los planes inmediatos– y «trabajo previo» –ayudar al otro en tareas como limpiar el garaje, segar el jardín, jugar con los niños o lavar el coche–. Es entonces cuando estamos preparados para dar y recibir al otro en el acto conyugal.

Necesidad de confiar en la Providencia Divina

En el Padrenuestro pedimos: «Danos hoy nuestro pan de cada día» (Mt 6, 11). No estamos pidiéndole a Dios sólo pan para sustentarnos; le estamos pidiendo el Pan de Vida. En la Eucaristía nos damos cuenta de que Jesús no nos ha negado nada. Respondemos: «Jesús, tú me lo has dado todo; todo te lo devuelvo».

En la cruz, Jesús pronunció estas palabras: «Padre, en tus manos encomiendo mi espíritu» (Lc 23, 46). Nos pide que hagamos lo mismo: poner en manos de la providencia divina nuestra vida, nuestro matrimonio, nuestra familia. Dios tiene una misión para nosotros. Todo lo que nos pide es que nosotros, como Jesús, pongamos nuestra confianza en Él.

De forma parecida, la confianza en la providencia divina es también necesaria en el matrimonio. Dios nos creó; Dios ideó el matrimonio. Cuando establece normas, su propósito no es acabar con todo lo divertido. Quiere que el matrimonio nos vaya bien, y esto significa que tenemos que hacerlo a su manera. Dios, como amante que se da a sí mismo, nos ha llamado a que seamos reflejo de Él en el matrimonio y en la familia: que seamos amantes que dan su vida y personas que se entregan y aman la vida.

Tenemos la libertad de establecer todo tipo de objetivos para nuestro matrimonio y nuestra familia. Pero al mismo tiempo debemos rezar: «hágase tu voluntad, Señor». No conocemos el futuro, pero conocemos al Único que conoce el futuro; y es de fiar.

Necesidad de una perspectiva sobrenatural

En el libro *La cena del Cordero*, mi marido, Scott, demuestra que el *Libro del Apocalipsis* desvela la liturgia del cielo. La primera parte del *Apocalipsis* es la Liturgia de la Palabra, y la segunda parte es la Liturgia eucarística, que culmina en la cena del Cordero. El cielo desciende; a través de las palabras y acciones del sacerdote, el Espíritu transforma nuestra ofrenda de pan y vino en la propia ofrenda de Jesús. En la cena del Cordero estamos rodeados por los santos y los ángeles.

Por muy atribulados que estemos, ir a Misa debería cambiar nuestra perspectiva. Por ejemplo, podemos preguntarnos: «Dios mío, ¿por qué estamos haciendo lo que estamos haciendo con todos estos niños?» La Misa nos da una oportunidad de centrarnos en dar gracias, en vez de quejarnos; de rezar por nuestros problemas, en vez de chismorrear; de ver a los demás o a las situaciones que nos rodean, a la luz de la gracia y del amor que Dios les tiene. En la Eucaristía, adquirimos una perspectiva divina y nos vamos con una forma de pensar más sobrenatural para poder ser mejores en la Tierra.

También necesitamos una perspectiva sobrenatural en nuestro matrimonio; si le pedimos a Dios que nos la dé, Él lo hará. Y cuanto más cerca estemos de Dios, más cerca estaremos uno del otro. Si dibujamos un triángulo con los esposos en los vértices de la base y Dios en la punta, entonces vemos que cuanto más cerca estamos de Dios, menor es la distancia que hay entre nosotros[10].

En cierto sentido nuestro matrimonio es, para el mundo, una imagen de la relación que existe entre Cristo y la Iglesia. Algunos días esta imagen es más real que otros. ¿Cómo podemos fortalecer nuestro matrimonio para ser buenos testigos, y que nuestro matrimonio refleje más correctamente la relación nupcial entre Cristo y su esposa?

Poned a Cristo entre vosotros: esto disminuye los roces. ¿Quieres que tu cónyuge siga en el buen camino? Ponte manos a la obra: ofrece oraciones, afectos y sacrificios. Igual que tenemos que escoger a Jesús cada día, tenemos que escoger a nuestro esposo cada día. Se trata un acto de la voluntad.

La recepción frecuente permite que fluya la gracia de Dios

Cuando Scott quiso instaurar la Comunión semanal en nuestra iglesia presbiteriana, uno de los ancianos planteó si al ser más frecuente, no perdería sentido y se haría rutinaria. Scott dijo que la Comunión podía compararse con el acto matrimonial: ¿amaría el marido menos a su esposa si renovaban el acto matrimonial con más frecuencia?

La clave es ésta: la repetición no hace aburrida la Comunión, porque se recibe a una Persona. Cuando uno de mis hijos me pregunta por qué la Misa es tan larga, yo le respondo: «Porque nuestro amor es corto». La Eucaristía es siempre Jesús, pero recibirle puede tener más significado si nos preparamos de antemano con más cuidado física,

---

[10] Cf. Fulton Sheen, *Three to Get Married*, Appleton-Century-Crofts, Nueva York 1951.

mental y espiritualmente. Y cuando la unión con Cristo parezca débil o seca, recibir la Eucaristía fortalece nuestro amor.

El acto conyugal es, entre otras cosas, remedio para la concupiscencia, porque acaba con la lujuria. Refiriéndose a matrimonios que se abstienen de mantener relaciones sexuales, San Pablo advierte: «No privéis al otro de lo que es suyo, a no ser de mutuo acuerdo, durante algún tiempo, para dedicaros a la oración; y de nuevo volved a vivir como antes, para que Satanás no os tiente por vuestra incontinencia» (1 Cor 7, 5).

A veces las madres nos sentimos absolutamente exhaustas; no nos sentimos frescas, especialmente si hemos dado a luz recientemente. Quizá lo que necesitamos es que nuestro esposo acepte, como entrega de amor, los sacrificios que hacemos a lo largo del día. Otras veces, hemos de prepararnos para darnos físicamente a nuestro esposo olvidándonos de nuestro cansancio. Si se trata de estar disponibles para el acto conyugal sólo cuando nos sintamos completamente descansadas, ¡pueden pasar años antes de que estemos listas!

La comunicación es clave en la armonía de este aspecto vital que es la relación matrimonial, especialmente cuando el primer hijo nos ha cambiado totalmente la vida. El marido nunca ha tenido que compartir tanto la atención o el tiempo de su esposa con otra persona; a su vez, la mujer nunca se ha dado tan constantemente todo el día y gran parte de la noche. Además, ambos esposos están enfrentándose al descontrol hormonal de ella y a muchas experiencias nuevas (como un bebé con cólico, la recuperación de la operación de una cesárea o la amenaza de una infección de pecho).

Asumid que los dos queréis realmente amaros el uno al otro. Hablad y rezad, y comprobaréis que os va mejor.

A veces el marido puede mostrar el amor a su mujer con un masaje en la espalda o en los pies, en vez de con el acto conyugal. Quizá la mujer tenga que plantearse dormir la siesta para poder darse a su marido. (O el marido puede ofrecerse a cuidar de los niños para que ella pueda echar una cabezada después de la cena).

Quizás se puede establecer un cierto programa (sólo los fines de semana durante los próximos tres meses) o un tiempo límite (no pedirlo después de las diez de la noche). O se puede cambiar el momento del día: mientras duerme el bebé, si el marido trabaja cerca de

130

casa –una rápida llamada a un móvil podría ser la solución–. *Tú* puedes hacer que funcione. Y es importante que lo consigas para que Satanás no se inmiscuya.

El matrimonio es la primera relación familiar. Asegúrate de no mostrar más amor a tus hijos que a tu esposo, aun cuando les dediques más tiempo y energía a los niños. Como madre, se pueden recibir al día tantos abrazos y besos de los hijos que no se tenga la misma necesidad que antes del afecto físico del marido. Sin embargo, querrás a tus hijos mejor cuando tu marido ocupe el primer lugar.

Cuando el médico me diagnosticó placenta previa en el embarazo de Hannah, nos advirtieron de que había un gran riesgo de que volviera a presentarse una hemorragia. Después de consultar con el médico, volví a casa con instrucciones estrictas. «Scott, tengo buenas y malas noticias. La buena es que parece que el bebé está bien y sano. La mala es que tenemos que abstenernos hasta seis semanas después del parto, es decir, seis meses a partir de ahora».

Mi cuñado, que estaba de visita, se rió. Scott y yo simplemente nos miramos. ¿Cómo lo íbamos a hacer? Una vez que estás casado, ¿quién quiere volver a comportarse como cuando erais novios? Gracias a Dios habíamos practicado la virtud de la continencia antes del matrimonio, y en el matrimonio mediante la planificación familiar natural.

Encontramos maneras de mostrar nuestro amor y afecto mutuo. Scott me ayudó haciéndome masajes en las piernas para reducir las varices; me dio masajes en la espalda para ayudarme con los dolores causados por el reposo en cama cuando manchaba; y paseábamos cuando podíamos. Dios fue generoso con nosotros. Lo conseguimos gracias a una mayor cercanía entre ambos, a que estábamos más enamorados y a que teníamos otra hija en los brazos.

El miedo puede hacer que nos frenemos a la hora de darnos realmente a nuestro esposo con frecuencia. Así que tenemos que plantar cara a nuestros miedos. Una mujer se escandalizó ante el comentario de que Satanás podría estropear un matrimonio cuando uno de los esposos rechazaba tener relaciones. Dijo que una vez al mes de intimidad tenía que ser suficiente para su marido.

Le pregunté: «¿Se lo has preguntado a él?» Ella se sonrojó. La cuestión es que no estamos para rechazarnos el uno al otro.

A veces queremos expresar físicamente nuestro amor porque necesitamos experimentar unión en medio de las dificultades; puede ser el momento idóneo para acercarse al otro, en vez de apartarse. Cuando Scott se convirtió al catolicismo y yo no quería ser católica, pasamos una época muy conflictiva. Necesitábamos alguna expresión tangible de nuestra unidad en medio de nuestra desunión.

Así que acordamos realizar el acto conyugal regularmente. Si estábamos furiosos el uno con el otro y nos sentíamos como si el otro no hubiera escuchado, teníamos que resolver el enfado para poder expresar verdadera y físicamente nuestro amor. Teníamos que ser amables y respetuosos en las conversaciones, aunque notáramos tan patentes las diferencias. Mantuvimos el diálogo abierto para que ninguno sintiera que uno abusaba del otro. Dios usó el acto conyugal, abierto a la vida, para guiarnos a través de un conflicto que podría haber terminado mal.

¿Cómo podíamos ser tan vulnerables uno para al otro en medio de tal confusión y conflicto? Aquí están los hechos que consideramos:

- Primero: estamos casados.
- Segundo: el acto conyugal es una renovación de la alianza.
- Tercero: sabemos que el acto conyugal tiene que estar abierto a la vida (uno de los pocos principios cristianos en que estábamos de acuerdo).

Por esta razón, el uno le dijo al otro: «Yo decido amarte físicamente como expresión de mi genuino amor por ti, y de mi compromiso contigo». Actuamos siguiendo lo que teníamos claro de la voluntad de Dios, confiados en que, a su tiempo, nos ayudaría en lo que parecía tan poco claro.

Pero he de hacer una advertencia: tenemos que sopesar la obligación conyugal de darnos uno al otro físicamente con sensibilidad y respeto. No podemos abstenernos para frustrar o hacer daño a nuestro cónyuge; ni somos nadie para forzar al otro a tener relaciones. La *Humanae vitae* apunta: «Justamente se hace notar que un acto conyugal impuesto al cónyuge sin considerar su condición actual y sus legítimos deseos, no es un verdadero acto de amor, y prescinde, por tanto, de una exigencia del recto orden moral en las relaciones entre los esposos»[11]. El amor se da y se recibe como un don.

Recuerda a tu primer amor

En el *Apocalipsis*, Jesús se dirigió a la Iglesia de Éfeso. Esta Iglesia particular había tenido unos comienzos muy ricos, pues contaba en la comunidad con San Juan y la Virgen María, y tuvo como pastores a San Pablo y luego a San Timoteo

> Conozco tus obras, tu fatiga y tu constancia; que no se puede soportar a los malvados y que has puesto a prueba a los que se dicen apóstoles y no lo son, y los encontraste mentirosos; que tienes paciencia y has sufrido por mi nombre, sin desfallecer. Pero tengo contra ti que has perdido la caridad que tenías al principio. Recuerda, por tanto, de dónde has caído, arrepiéntete, y practica las obras de antes. De lo contrario iré adonde estás tú y desplazaré tu candelabro de su sitio, a no ser que te conviertas (Ap 2, 2-5).

Hacían muchas obras buenas, pero no era suficiente; habían olvidado su primer amor. Jesús tiene que ser lo primero.

Seguramente tampoco se arrepintieron, porque la Iglesia de Éfeso finalmente desapareció. Es una idea importante: no debemos olvidar nuestro primer amor, Jesús. La fidelidad a Cristo conduce a la fecundidad espiritual; la infidelidad, a la muerte espiritual.

De la misma manera, hemos de recordar también nuestro primer amor en el matrimonio. Salomón escribió una hermosa descripción de cómo un marido debería ver a su mujer, sin importar cuánto llevaran casados:

> Bebe el agua de tu aljibe, a raudales de tu propio pozo. ¿Se van a derramar fuera tus fuentes y tus acequias por las calles? Que sean para ti, para ti solo, sin compartir con extraños. Que tu fuente sea bendita, goza con la esposa de tu juventud, cierva de amores, gacela graciosa. Que sus pechos te embriaguen sin cesar, que su amor te fascine siempre (Prov 5, 15-19).

---

[11] Enc. *Humanae vitae*, n. 13

Debemos querer a Jesús y a nuestro esposo como la persona amada.

Recuerda que el deseo de Dios es que haya matrimonios fieles que den el fruto de la descendencia divina. El *Catecismo* nos recuerda: «Esta comunión humana es confirmada, purificada y perfeccionada por la comunión en Jesucristo dada mediante el sacramento del Matrimonio. Se profundiza por la vida de la fe común y por la Eucaristía recibida en común»[12]. Tenemos que ir *juntos* a Jesús en busca de la fuerza para vivir en gracia.

Espero que la meditación de estos paralelismos entre la Eucaristía y el matrimonio intensifique nuestro amor por Jesús y por nuestro cónyuge. Que la participación en un sacramento enriquezca la participación en el otro. Nuestro primer amor, Jesús, nos llama a imitar su intimidad fiel y fecunda con su esposa en nuestro propio matrimonio. Porque «en efecto, la familia es "el santuario de la vida"»[13].

---

[12] *Catecismo de la Iglesia Católica*, n. 1644.

[13] *Carta a las familias*, n. 11, que incluye una frase de la *Centesimus annus* n. 39.

III

¿CÓMO PODEMOS VIVIR ESTE HERMOSO PLAN? EL ABRAZO DEL CUERPO DE CRISTO

6. ABRAZAR LA VERDAD

Ahora que hemos visto la belleza del plan de Dios para el amor conyugal, ¿qué hacemos nosotros para difundirlo con fuerza? Ocultar la verdad en nombre de la «tolerancia» no es amor, pero tampoco lo es coaccionar a la gente con la verdad. Nuestro objetivo tiene que ser difundir esta visión del amor que da vida de manera que los demás crezcan en Cristo.

La misericordia de Dios

Un pasaje de la Escritura que ha supuesto un desafío para mi matrimonio, y especialmente durante los embarazos, proviene de San Pablo:

> Os exhorto, por tanto, hermanos, por la misericordia de Dios, a que ofrezcáis vuestros cuerpos como ofrenda viva, santa, agradable a Dios: éste es nuestro culto espiritual. Y no os amoldéis a este mundo, sino, por el contrario, transformaos con una renovación de la mente, para que podáis discernir cuál es la voluntad de Dios, qué es lo bueno, agradable y perfecto (Rm 12, 1-2).

¿Por qué tienen tanto significado estos versículos para mí? Primero, porque San Pablo nos exhorta «por la misericordia de Dios». No basta con que nos inspiren libros y encíclicas, aunque la motivación ayude. No es suficiente con tener los corazones dispuestos a obedecer gracias a homilías conmovedoras o discursos, o incluso a personas santas que viven de acuerdo con el hermoso plan divino para el matrimonio. La sola motivación podría proporcionarnos algo de fuerzas para intentar vivir el amor conyugal con fidelidad a Cristo, pero podríamos caer en la tentación de hacerlo por nuestras propias fuerzas.

Lo malo es que no tenemos en nosotros los recursos para amar a nuestro esposo y a nuestros hijos como debiéramos. Lo bueno es que Dios no nos pide que hagamos nada con nuestras propias fuerzas; Él tiene toda la fortaleza que necesitamos. Por su misericordia nos da la capacidad de vivir el auténtico amor matrimonial.

¿Cómo nos fortalece Dios con su gracia?

En primer lugar, nos renueva a través de los sacramentos: la confesión frecuente, la Comunión asidua, la recepción del cónyuge mediante el acto matrimonial sin anticoncepción, etc.

En segundo lugar, nos sostiene en las dificultades y sufrimientos.

Y además refuerza nuestra determinación de someter el corazón continuamente a la verdad de Dios. Ésta no es decisión de un día; habrá muchas decisiones importantes de arrepentirnos del pecado y regresar a Dios. Hemos de entregarnos continua y diariamente a Dios, admitiendo la necesidad que tenemos de su fuerza para ser fieles.

Nuestro cuerpo es una ofrenda viva

Una vez que rendimos el corazón a Dios, también tenemos que entregarle el cuerpo. Mediante el ofrecimiento del cuerpo como «sacrificio vivo», experimentamos el aspecto físico de ser espiritual. Yo pensaba que este sacrificio significaba saltar de la cama quince minutos antes para rezar. Es verdad que eso puede ser un sacrificio, pero la clase de sacrificio a la que nos llama San Pablo abarca mucho más.

¿Cómo podemos ofrecer el cuerpo como sacrificio vivo? En la vocación matrimonial somos sacrificio vivo, entre otros modos, a través del embarazo, el parto y el cuidado de nuestros hijos. Decimos voluntariamente sí a nuestro Dios y a nuestro cónyuge mediante la apertura a la vida.

Pero aquí es donde acaba la parte voluntaria. Casi inmediatamente después de la concepción empiezan toda clase de oportunidades involuntarias de hacer sacrificios. No nos convertimos en madre o padre cuando nace nuestro hijo, sino en su concepción.

Dios, en su misericordia, no nos adelanta todo lo que significará nuestro «sí». María, como nosotros, tampoco entendió todo lo que iba a significar su «sí». Tenía mucho que ponderar; y sin embargo, le dio permiso a Dios para que actuara en y a través de su vida como Él viera conveniente. Como María, tampoco nosotros tenemos que saber lo que significará nuestro «sí»; sólo tenemos que entregarnos confiando en Dios.

Nuestro «sí» es voluntario; es un acto bueno de la voluntad. Pero en cierto modo, somos dueños todavía de nuestros actos. Así que el servicio involuntario, que se nos pide en ciertas circunstancias que se nos escapan de las manos, es incluso aún más dulce, porque tenemos que aceptar el plan de Dios, mejor que el nuestro, como acto de confianza. A veces nuestra voluntad coincide con la de Dios, pero a menudo no.

Cuando pensé por primera vez en el embarazo, pensé mucho en el bebé, pero no en las contrariedades. No contaba con que iba a vomitar, a tener calambres en las piernas, que me iba a levantar en medio de la noche para ir al cuarto de baño, que daría mil vueltas en la cama peleándome con cinco almohadas para sujetarme bien la barriga y poder dormir cómodamente. Y, sin embargo, estas y muchas otras contrariedades eran parte de los sacrificios pasivos que van incluidos en el hecho de ser un sacrificio vivo. Eran parte de la invitación que Dios me hacía para crecer en mi dependencia de Él y en mi interdependencia con Scott.

He soportado náuseas (no hay nada comparable a tener náuseas todo el día sólo por hacer la cena para la familia, durante meses). Me he enfrentado a ganar peso y luego a perderlo. He dormido poco por problemas de vejiga, hematomas –por cruzar deprisa las puertas de casa sin acordarme de que mi barriga estaba en proceso de crecimiento (se me olvida que soy más delgada de frente que de lado a partir del séptimo mes)– y otros miles de inconvenientes físicos. Todo esto me recuerda, durante nueve meses, que no estoy sola en mi cuerpo.

Mi cuerpo es un mapa de carreteras vivo con muchas señales para dirigir a los otros a los sacrificios que supone tener bebés. Durante el embarazo me salieron estrías y varices que son como recordatorios de la ofrenda de mi cuerpo. Hasta ahora he tenido siete cesáreas (seis por partos y un embarazo extrauterino) y cuatro legrados (para parar la hemorragia después de los partos o los abortos). Me han cortado de arriba abajo y de lado a lado. (¡La cicatriz ahora parece un ancla!) Scott dice que son heridas sufridas por Cristo, ¡así que probablemente las tendré en mi cuerpo glorioso!

El número de cesáreas que he tenido no han hecho todavía imposible tener más bebés, porque el médico es capaz de abrir tejido cicatrizado. (¡El récord de cesáreas está en catorce, en Texas!). Sin embargo, el tejido está lleno de cicatrices por las operaciones, así que es poco probable que mis futuros hijos vayan a encontrar un tejido sano para implantarse. Seguramente tendré algún otro aborto involuntario.

Los sufrimientos físicos no acaban con el parto. La lactancia, a pesar de lo maravillosa que es, tiene sus propias molestias: pechos hinchados (ahora sé por qué las vacas van por sí mismas a que las ordeñen al final del día); goteo, especialmente en público (los calzoncillos de algodón de hombre valen su peso en oro); y ser la única disponible las 24 horas del día para alimentar al hijo.

Volver a poner mi cuerpo en forma, sobre todo a medida que iba teniendo más hijos, ha sido difícil. Cuando se envía la señal hormonal de que estoy embarazada, ¡los músculos del estómago me empiezan a sonar! Intento dormir de un tirón las suficientes horas como para ser capaz de recuperarme del parto y la operación, y para poder ser una esposa y madre cariñosa.

¿Impresiona leer todo esto? No lo cuento para desanimar a nadie. De hecho, quiero demostrar cómo, a través del acto conyugal, elegimos ser un sacrificio vivo.

¿Sabéis cuál es el problema de los sacrificios vivos? ¡Que nos alejamos poco a poco del altar! Si estuviéramos muertos, simplemente yaceríamos sobre él. Pero, en nuestra debilidad humana, alternamos entre querer de verdad confiarnos completamente a Dios y tomar el mando de nuestra vida para dirigirla a nuestra manera. Cuando intentamos hacer cosas a fuerza de puños, normalmente quedamos exhaustos. Entonces nuestro Padre amoroso tiene que recogernos y ponernos de nuevo en el altar para que podamos, por su misericordia, ser los sacrificios vivos que Él quiere que seamos.

Vivir sacrificadamente es una forma de culto espiritual

Todos sabemos que vamos a Misa para adorar al Señor. Pero nuestra alabanza no acaba ahí. La Misa termina con estas palabras: «Podéis ir en paz». A lo que respondemos: «Demos gracias a Dios». ¿Qué queremos decir con estas palabras?

Estamos pidiéndole a Dios la gracia para seguir adorándole como sacrificios vivos al salir al mundo. Acabamos de recibir al Señor; somos sagrarios vivos de su presencia. Ahora tenemos que vivir la vida del Crucificado, muriendo a nosotros mismos y sirviendo a Dios y a los demás. La alabanza espiritual es amar a Dios con todo, incluidos nuestro cuerpo y nuestra fertilidad.

Cambiar la manera de pensar; formar la conciencia

¿Cómo podemos afrontar todos estos retos? ¿Cómo podemos hacerlo para acabar siendo más santos? El *Catecismo* dice: «En la formación de la conciencia la Palabra de Dios es la luz de nuestro caminar; es preciso que la asimilemos en la fe y la oración, y la pongamos en práctica»[1]. Tenemos que leer y estudiar las Escrituras para que nuestras decisiones estén bien fundamentadas.

En la carta de San Pablo a los romanos (Rm 12, 2) está la clave: el *quid* está en la forma en la que pensamos. San Pablo nos exhorta a no pensar según los criterios mundanos, sino según los divinos, para transformar nuestros pensamientos renovando nuestra inteligencia en la verdad. «La educación de la conciencia –dice el *Catecismo*– es

---

[1] *Catecismo de la Iglesia Católica*, n. 1785.

indispensable a seres humanos sometidos a influencias negativas y tentados por el pecado a preferir su propio juicio y a rechazar las enseñanzas autorizadas»[2].

Hemos de tener claro qué piensa el mundo y qué piensa Dios de cada faceta del matrimonio y de la vida familiar, para saber quién nos influye. ¿Cómo deberíamos ver a los hombres, las mujeres, el matrimonio y los hijos?

Una vez que entendemos cómo los ve Dios, tenemos que entrenar el corazón para que actúe según nuestras convicciones. Formar nuestra conciencia, nuestro músculo moral, significa someter la inteligencia y la voluntad a las verdades de la Iglesia y de la Sagrada Escritura. Debemos obligar a nuestra voluntad y a nuestro entendimiento para que indaguen por qué la Iglesia enseña lo que enseña, y así responder según la fe. *Sin* entenderlo, el altruismo puede degenerar en amargura y desesperación. Pero *cuando* lo entendemos, la generosidad puede engendrar fecundidad física y espiritual, y esperanza.

Un ejemplo práctico: antes de tener el cuarto parto, una enfermera me sugirió: «Deberías ligarte las trompas, aprovechando que el médico te va a abrir».

Rápidamente respondí: «No me toquen las trompas. Me encantaría volver aquí y tener otro hijo, aunque implique otra cesárea».

Mientras me llevaban al quirófano, oí que la enfermera les decía a sus compañeras: «Lleva cuatro cesáreas, ¡y quiere volver a tener otra!» No se lo podían creer, no porque no hubieran visto a una mujer con cinco cesáreas, sino porque yo quería que ocurriese, a sabiendas del sacrificio que suponía. Por la misericordia de Dios, mi corazón estaba entrenado para seguir la verdad, y era testigo del poder, creador de vida, del amor en medio del sufrimiento.

Más adelante, tumbada en la cama del hospital, pienso: «Dios mío, ¿cómo puedes darme siempre la gracia suficiente para afrontar esto de nuevo? Sólo soy un ser humano que resiste poco el dolor (generalmente estoy con morfina durante dos o tres días después del parto, aunque las últimas veces he estado menos tiempo, para poder dar el pecho lo antes posible)».

---

[2] *Ibid.*, n. 1783.

142

Después me obligo a revisar conscientemente lo que ha pasado.

«Dios, me has dado este precioso hijo, Jeremiah, que tiene un alma que existirá eternamente. Gracias por haber creado este hijo por medio de mi cuerpo. Gracias por esta expresión del amor de mi marido hacia mí y del mío hacia él. Gracias por el gran regalo que es este bebé para cada uno de sus hermanos. Gracias por los que han encomendado mi sufrimiento, que he ofrecido en unión con el sacrificio de Cristo en la cruz».

Esta clase de plegaria me ayuda a identificar de nuevo mi voluntad con la voluntad de Dios para el futuro.

Tras volver del hospital a casa, nuestra hija dijo: «Me gusta, mamá, pero yo quiero una hermanita». Temblé.

Me di la vuelta rápidamente porque no quería que viera cómo se me estremecía el cuerpo ante la idea de otro parto. A fin de cuentas, sólo había una forma de que pudiera tener una hermana y nadie me podía garantizar que el siguiente fuera a ser una niña (¡de hecho, el siguiente *fue* un niño y el *siguiente* también!) Mi reacción ante la petición de Hannah me mostró que mi corazón tenía que seguir renovando mi modo de pensar.

Me iba repitiendo la verdad y le pedía a Dios ayuda para pensar como Él, y, de pronto, en dos semanas, estaba planteándome, con alegría, tener otro hijo. Me llevó dos semanas entrenar el corazón, pero, gracias a Dios, costó sólo dos semanas que estuviera abierto a la bendición de Dios de mandarnos otro hijo. Admiré a Dios, porque había abierto una brecha en el dolor. El recuerdo del dolor era real, pero la apasionante realidad era mucho más estimulante.

Se ha de renovar no sólo lo que piensa la mujer, sino también lo que piensa el marido. Estaré siempre agradecida al punto de vista de mi marido. Mi cuerpo ha sufrido muchos cambios; ya no estoy como estaba de recién casada. Pero Scott sigue diciendo que soy una mujer guapa.

En contraste con la respuesta de Scott, algunos hombres deshonran a sus mujeres imponiéndoles la forma mundana de pensar sobre la belleza femenina, en vez de honrar los cuerpos de sus esposas, a través de los cuales acaban de recibir el fascinante regalo de un hijo o una hija. Los hombres tienen que animar a los demás hombres a que consideren el cuerpo de su mujer como Dios lo hace.

No se trata de tener el aspecto de alguien que nunca ha tenido un hijo; al fin y al cabo, ¡lo hemos tenido! La figura de la mujer no es la misma que la figura de una adolescente antes de la pubertad, gracias a Dios. Queremos estar bien físicamente para poder servir a Dios bien. Pero tenemos que moderar las dietas y el ejercicio, dada nuestra situación. No es preciso que tengamos la apariencia externa que el mundo dice que debemos tener. Lo que hemos de hacer es conformar la manera de pensar sobre nosotros mismos con la verdad.

Cumplir la voluntad de Dios

Cumplimos la voluntad de Dios viviendo la verdad, una vez que hemos entendido la diferencia entre la forma de pensar del mundo y la de Dios. Existe una diferencia radical entre las modas pasajeras y las verdades eternas. El mundo pone en peligro la civilización del amor: incita al egoísmo en vez de a la entrega por los demás, al individualismo a costa de la comunidad, y a la pasión sin responsabilidad. Como advierte Juan Pablo II, el mundo da a la debilidad humana «una cierta "apariencia" de respetabilidad con la ayuda de la seducción y la aprobación de la opinión pública»[3].

El *mundo* nos dice: «Tú vas en primer lugar. Eres el número uno. No lo olvides. Todo gira en torno a ti».

Pero *Dios* dice: «Me tienes que poner en el primer lugar, los demás en el segundo, y tú, en el tercero».

El *mundo* te dice: «¿Qué es mejor para ti, tu economía, tu carrera, tu educación?»

Mientras *Dios* te pregunta: «¿Qué será lo que te acerque a mí?»

El *mundo* dice: «Los hijos son una carga económica. Tienes que valorar las ventajas y desventajas económicas de tener un hijo antes de concebirlo. Los hijos interfieren en tu formación y tu carrera profesional. Te estropean el cuerpo y probablemente acaben con tus neuronas sólo con cuidarlos».

En cambio *Dios* manifiesta: «Los hijos son el supremo don del ma-

---

[3] *Carta a las familias*, n. 14.

144

trimonio porque manifiestan el poder dador de vida del amor. Son un regalo, inmerecido, del que no somos dignos».

El *mundo* nos aconseja: «Si has tenido un aborto natural, no tienes por qué pasar por eso de nuevo. No te arriesgues al dolor; evítalo a toda costa. No te arriesgues a la pérdida. Es un despropósito».

«Por el contrario –declara el *Señor*– Yo redimo todo; puedo redimir el sufrimiento del aborto. Puedo redimir el dolor y el sufrimiento del embarazo y el parto. Todo en la vida, las alegrías y los sufrimientos, ofrecidos a mí tienen un sentido, aunque quizá, en esta vida, no sepas cuál es. Mi dolor da sentido a tu dolor».

El *mundo* proclama: «No pierdas la identidad. Controla tu vida. No necesitas a los hombres. O si quieres un hombre, ve y cásate, pero procuraos dos sueldos y no tengáis hijos. Si quieres uno o dos niños (un niño para él y una niña para ti) para tener la típica familia, está bien, pero asegúrate de esterilizarte después para poder controlar tu futuro».

Pero *Dios* nos asegura: «El que quiera salvar su vida, la perderá; pero el que pierda su vida por mí, la encontrará» (cf. Mt 16, 25). «Tienes que morir a ti mismo para vivir en abundancia. Tienes que admitirlo: es verdad que no tienes el control de nada, pero lo bueno es que soy yo quien lo controlo todo; tú no conoces el futuro, pero Yo sí. Puedes confiar en mí.»

El *mundo* afirma: «Plantéate cuánto estás de acuerdo con la Iglesia Católica. Te piden demasiado al decirte que actúes en contra de tu conciencia. Se meten en tu habitación y reclaman derechos. Tienes que ser fiel a ti mismo. Después de todo, según el padre Fulanito, sigues siendo un buen católico».

Y *Dios* nos dice: «No es cuestión de en qué estás de acuerdo con la Iglesia, sino de si vas, o no, a obedecer al Señor que habla a través de su Iglesia».

Los médicos del cuerpo: los doctores

A los médicos se les ha encomendado una labor sagrada: curar y no perjudicar a sus pacientes. Cada vez hay más médicos que afirman la vida rechazando cualquier implicación en un aborto. De todas formas, aún quedan muchos más médicos que tienen que ver la relación que existe entre el aborto y muchas formas de anticoncepción. Más aún, por el bien de sus pacientes han de acoger la coherente enseñanza de la Iglesia con los brazos abiertos. La *Humanae vitae* recoge esta exhortación:

«Estimamos altamente a los médicos y a los miembros del personal de sanidad, quienes en el ejercicio de su profesión sienten entrañablemente las superiores exigencias de su vocación cristiana por encima de todo interés humano. Perseveren, pues, en promover constantemente las soluciones inspiradas en la fe y en la recta razón, y se esfuercen en fomentar la convicción y el respeto de las mismas en su ambiente»[4].

Los pacientes que entienden la doctrina de la Iglesia pueden animar a los médicos a que practiquen la medicina de manera que refleje estas verdades.

Algunos médicos han llegado, poco a poco, a convencerse de lo malo de la anticoncepción. Sus pacientes les llevan a menudo a tomar decisiones que van directamente en contra de las demandas de nuestra cultura, e incluso, de su propia formación médica. Un médico escribió:

«La preocupación por mis pacientes me hizo abrirme a la planificación familiar natural. Empecé a ver casos en el que la «ayuda» por medio de anticonceptivos, que estaba prescribiendo a mis pacientes sanos, no estaba ayudándoles en realidad, sino causándoles daño potencialmente. Me sentía abrumado por la cantidad de reacciones adversas que los anticonceptivos hormonales estaban provocando físicamente en los pacientes.»

Puede que haya muchos médicos que no conozcan los efectos secundarios perjudiciales y las posibilidades abortivas de la anticoncepción. Quizá podríamos informarles.

---

[4] Enc. *Humanae vitae*, n. 27.

Cuando una joven de unos veinticinco años, todavía virgen, fue a plantearle una pregunta al Dr. John Hartman, la respuesta que recibió fue una sorpresa para ambos.

«Ella me preguntó cuál de los métodos de planificación familiar me parecía mejor, no sólo en términos de eficacia, sino también para su matrimonio. Tras una pausa, le contesté: la planificación familiar natural. Le expuse las razones y se marchó muy agradecida.

Aunque estaba seguro de que ella no era consciente del efecto que me había causado, para mí ese incidente, a día de hoy, fue como un punto de inflexión en mi conversión a la planificación familiar natural... Escuchar esa respuesta de mi boca fue tan convincente como mi rechazo a tomar parte en abortos en la facultad de medicina. Lo había dicho... ¡ahora tenía que vivirlo!

...Al igual que cada paso a lo largo del camino requirió valentía y una toma de decisiones, de la misma forma, cada paso se convirtió en una fuente de alegría para mí, porque me di cuenta del gozo sentía por decir la verdad, sin tapujos, sin ambigüedades, sin concesiones. Ésta fue la consecuencia de decirle que la planificación familiar natural era lo mejor para su matrimonio»[5].

Para los médicos no es fácil replantearse lo que les enseñaron en la facultad de medicina. Pero es necesario que valoren adecuadamente si esas enseñanzas honran o no a Dios. Los médicos y las enfermeras católicos tienen que ser plenamente católicos. Algunos médicos que han sido valientes en su rechazo a la anticoncepción se han enfrentado a la oposición de sus colegas católicos. Una mujer describe la lucha de su marido.

«Mi marido es miembro de un grupo local de ginecólogos que profesa ser católico, pero es el único de los cinco miembros que se opone a prescribir píldoras para el control de natalidad. Es perseguido frecuentemente de forma sutil, y no tan sutil, y la situación se agrava por el hecho de que sus compañeros son firmes defensores del

---

[5] John Hartman, M.D., «The Stone Which the Builders Rejected», en Hartman, *Physicians Healed*, cit., pp. 51s.

derecho a la vida, lo defienden como grupo y se sientan en juntas de ámbito local y nacional.

Tiene muchas historias que contar sobre cómo las mujeres le han ayudado con su fe y apertura a la vida, a veces poniendo incluso en riesgo su propia vida, mientras que él las apoya rezando con y por ellas, y recordándoles las verdades de fe con firmeza y constancia.»

Quien mantiene una postura contraria a la anticoncepción se merece nuestro apoyo y ánimo, sobre todo cuando puede darse el caso de que sus colegas no lo hagan.

Los médicos pueden debilitar inconscientemente la salud física de sus pacientes recomendando la píldora. Como hemos dicho anteriormente, en las investigaciones sobre el cáncer se ha descubierto que la píldora es uno de los factores que incrementa la posibilidad de provocar muchos tipos de cáncer, como el cáncer de pecho. Según el Dr. Chris Kahlenborn, entre los factores que pueden reducir el riesgo de cáncer de pecho se encuentran: la maternidad a una edad temprana, la lactancia durante periodos prolongados y tener más de un hijo[6].

Si nuestro médico prescribe anticonceptivos o esteriliza a sus pacientes, podemos explicarle amablemente la verdad y rezar insistentemente por él. Debemos pensar lo mejor de nuestro médico y verle como un amigo más al que ganar plenamente hacia la verdad, y no como un enemigo al que derrotar. Mi ginecólogo, el Dr. Rogelio Mupas, atribuye su cambio de mentalidad a las mujeres que atiende y a sus pacientes, que se preocuparon por él lo bastante como para informarle sobre la verdad y rezar por él.

Hace poco me escribió lo siguiente: «Nuestra existencia, nuestra venida al mundo, fue gracias al amor generoso de las mujeres. Ellas ponen sus vidas en peligro para que los hijos puedan vivir. La apertura a la vida con un amor que da vida determinará el futuro de la humanidad».

---

[6] Cf. Kahlenborn, pp. 262-264.

Los médicos del alma: los sacerdotes

En las bodas católicas, el sacerdote siempre pregunta por el libre consentimiento de la pareja con respecto a los hijos: «¿Estáis dispuestos a recibir de Dios responsable y amorosamente los hijos, y a educarlos según la ley de Cristo y de su Iglesia?»[7]. Pero en los cursillos prematrimoniales y en las enseñanzas de la parroquia, algunos sacerdotes apoyan poco la doctrina de la Iglesia sobre la apertura a la vida.

Una de mis amigas tuvo el cuarto hijo en cinco años. Durante el bautizo, delante de toda la familia y los amigos reunidos, el sacerdote dijo a los esposos: «¡No hace falta que todos los años tengáis que hacer esto!» No era una broma; la pareja no supo cómo responder.

Algunos sacerdotes permiten que las parejas utilicen la contracepción porque no entienden bien la enseñanza de la Iglesia o porque no están de acuerdo con ella. Quizá su formación en el seminario haya sido deficiente en cuanto a teología moral y, una vez en el ministerio, puede que hayan estado demasiado ocupados para estudiarla por su cuenta. O puede que la hayan entendido pero difieran de la postura de la Iglesia. Ésta es una actitud insostenible.

La enseñanza de la Iglesia Católica es clara. Como ya hemos dicho, en 1930 la encíclica pontificia *Casti connubii* se escribió para abordar una serie de dudas levantadas por la permisividad de la Iglesia Anglicana sobre algunos anticonceptivos por razones serias. Declaraba:

«Ningún motivo, aun cuando sea gravísimo, puede hacer que lo que va intrínsecamente contra la naturaleza sea honesto y conforme a la misma naturaleza; y estando destinado el acto conyugal, por su misma naturaleza, a la generación de los hijos, los que en el ejercicio del mismo lo destituyen adrede de su naturaleza y virtud, obran contra la naturaleza y cometen una acción torpe e intrínsecamente deshonesta»[8].

---

[7] *Ritual del Matrimonio*, n. 64; citado por John Kippley, *Marriage Is for Keeps*, Foundation for the Family, Cincinnati 1994, p. 136.

[8] Enc. *Casti connubii*, 31-XII-1930, n. 20.

No hay ninguna ambigüedad en este asunto.

Si el sacerdote no es claro en cuanto a esta doctrina, porque no la entiende o porque no está de acuerdo con ella, podemos ofrecerle este libro o documentos eclesiásticos pertinentes para que esté mejor informado. Debemos pensar siempre lo mejor de él y rezar mucho con anticipación. Y tenemos que asegurarnos de que nuestra actitud comunique amor y respeto.

A veces un sacerdote se preocupa por la posibilidad de ofender a la gente que está casada, porque él no lo está. Aquí es donde el sacerdote, a la luz de su paternidad espiritual, debe centrarse más en ser el padre de su pueblo que en ser su amigo.

Cualquier buen padre ve lo que es veneno para sus hijos y lo retira; nunca les daría la oportunidad de consumirlo. Cualquier buen sacerdote tiene que reconocer la contracepción como el veneno que es, e insistir a sus hijos espirituales en que se alejen de ella. Igual que un padre tiene que educar a sus hijos sin tener en cuenta si a sus hijos les gusta o no, así el sacerdote debe enseñar la verdad sin tener en cuenta la reacción de sus feligreses (nos gustaría que nos quisieran nuestros hijos, pero una verdadera amistad con ellos sólo es posible si nos tomamos en serio nuestra paternidad).

Algunas personas no entienden el papel del sacerdote como padre espiritual, obligado por Cristo a no dejar de decir la verdad a su pueblo. Sostienen que, en su opinión, el sacerdote no debería hablar sobre un tema que no le afecta personalmente. Por supuesto que la fidelidad en el amor conyugal *afecta* al sacerdote, porque nuestra santidad o nuestros pecados afectan a todo el cuerpo de Cristo.

La doctrina de la Iglesia exhorta a los sacerdotes a que hablen claramente sobre esta cuestión. Parte de la encíclica *Casti connubii* está dirigida concretamente a ellos:

«Por consiguiente, según pide nuestra suprema autoridad y el cuidado de la salvación de todas las almas, encargamos a los confesores y a todos los que tienen cura de las mismas que no consientan en los fieles encomendados a su cuidado error alguno acerca de esta gravísima ley de Dios, y mucho más que se conserven —ellos mismos— inmunes de estas falsas opiniones y que no contemporicen en modo alguno con ellas. Y si algún confesor o pastor de almas, lo que Dios no

permita, indujera a los fieles, que le han sido confiados, a estos errores, o al menos les confirmara en los mismos con su aprobación o do-
loso silencio, tenga presente que ha de dar estrecha cuenta al Juez supremo por haber faltado a su deber»[9].

Esta enseñanza no es una cuestión de opinión personal, sino una
verdad objetiva.

No decir nada no es una opción, porque alguien puede confundir
«silencio» con «consentimiento» y en consecuencia tomar decisiones
peligrosas para su alma y su matrimonio. «El confesor tiene la obligación de advertir a los penitentes sobre las transgresiones de la ley de
Dios graves en sí mismas, y procurar que deseen la absolución y el perdón del Señor con el propósito de replantear y corregir su conducta»[10].

Hay veces en que algunas parejas quieren casarse por la Iglesia,
aunque realmente no quieren vivir un matrimonio católico. Quizá
uno de ellos, o los dos están pasando por una crisis general de fe. Lo
primero que tienen que hacer es volver a encontrar la fe; sólo entonces podrán obedecer de corazón en lo relativo a la anticoncepción.
En el momento apropiado, el sacerdote debería «recordarles positivamente la invitación a la santidad del amor y la importancia de sus deberes en el ámbito de la procreación y educación de los hijos»[11].

Necesitamos sacerdotes que digan la verdad con amor. Un matrimonio joven de Milwaukee, Wisconsin, escribió: «Se necesita que,
aparte de hacer obligatoria la enseñanza de la planificación familiar
natural en los cursillos prematrimoniales, haya más sacerdotes con la
fortaleza suficiente para enseñar la verdad de Dios sobre las relaciones prematrimoniales».

Sacerdotes fieles que enseñen, con tacto pero a fondo, la verdad a
aquellos que quizá no quieran escucharles. Éste es el testimonio de
una pareja:

«Vivíamos en la Checoslovaquia comunista, donde la doctrina de
la Iglesia no se podía divulgar libremente como en Estados Unidos

---

[9] *Ibíd.*, n. 21.
[10] *Vademécum* 3, 5.
[11] *Ibíd.* 3, 3

(las familias numerosas habían pasado a la historia). Después de escapar a Alemania occidental, pude leer la Biblia por primera vez en la vida. Esto me preparó para aceptar muchos cambios en la vida de mi marido y en la mía, aunque el precio fue alto. No teníamos cerca un sacerdote que hablara eslovaco, que nos pudiera orientar o explicarnos los capítulos o versículos de la Biblia que no teníamos claros, así que concertamos una cita con uno que vivía lejos y nos preparamos muchas preguntas.

Nos habló de la enseñanza de la Iglesia sobre la apertura a la vida. Oír esto nos produjo un duro golpe, porque estábamos a dos meses de mudarnos a Estados Unidos y no conocíamos a nadie allí; no teníamos trabajo, ni coche, ni casa; no hablábamos inglés; y nos dijo que no podíamos usar la anticoncepción. En ese momento era evidente que sólo había dos opciones, y teníamos que escoger una. Esto nos ayudó a replantearnos el valor de nuestra vida».

Esta pareja está profundamente agradecida porque el sacerdote de Alemania occidental no les ocultó la verdad sobre la apertura a la vida, aunque les acarreara una dificultad. Una vez que entendieron la verdad, fueron capaces de aceptarla.

Otra madre relata las consecuencias de buscar un sacerdote que tuviera suficiente coraje para informarle sobre la anticoncepción:

«De pronto, entendí que la contracepción era una pared física entre mi marido y yo. Usando métodos anticonceptivos suprimíamos y rompíamos la comunicación; la contracepción negaba nuestra dignidad. Finalmente vislumbré lo que podría ser el matrimonio vivido a la luz de la gracia de Dios. Después de años de luchar con la autoestima, me di cuenta de mi condición de mujer de Dios, vestida con su dignidad.

Mi marido también vio la luz. Así que después de veinte años de matrimonio, ahora vivimos la planificación familiar natural. El resultado es que estamos más unidos que nunca y que la comunicación entre nosotros se ha ensanchado enormemente. Ya no tengo resentimiento contra él, ni me siento utilizada. Tampoco me avergonzaré de hablar con mi hija de quince años sobre estos temas».

Un sacerdote fiel dijo la verdad con amor, y salvó una familia.

Rechazar la mentira del aborto

El primer método de control de natalidad condenado por la *Humanae vitae* es el aborto:

«Hay que excluir absolutamente, como vía lícita para la regulación de los nacimientos, la interrupción directa del proceso generador ya iniciado, y sobre todo el aborto, directamente querido y procurado, aunque sea por razones terapéuticas»[12].

No es sólo una elección trágica y equivocada de mujeres solteras, sino también de mujeres casadas actualmente. Una de cada cinco mujeres que ha tenido un aborto este año en Estados Unidos, es una mujer casada y ha rechazado radicalmente el fruto de su amor comprometido[13]. Una esposa y madre que vivía en West Covina, California, expresa su dolor:

«Pensaba [que el aborto] venía dictado por la situación, independientemente de si era o no bueno. Ahora sé que estaba totalmente equivocada, es sólo una solución rápida, para disimular, que infecta nuestras almas. Nos habríamos curado más rápido de perder a un hijo [dándolo en adopción], que cargando con la culpa y la depresión [de un aborto].»

Con frecuencia, los matrimonios no sobreviven a la agresión que hacen contra el fruto de su amor. Una pegatina para el coche lo resume de manera concisa: «Un aborto: dos víctimas. Una muerta, la otra herida». De hecho, cada aborto deja varios afectados, entre los que se cuentan el padre y los abuelos, a quienes no se les permite sentir dolor en la familia, porque el aborto es una práctica aceptada socialmente o porque la vergüenza es demasiado grande. Como de-

---

[12] Enc. *Humanae vitae*, n. 14.

[13] Conversación telefónica de 10-VII-2001 con un miembro de la directiva del *National Right to Life*, acerca del procentaje de mujeres casadas que recurren al aborto. La estadística se basa en los informes de los últimos diez años del *Center for Disease Control*.

cía una abuela: «¿Cómo puedo manifestar mi dolor si ellos no lo hacen?»

Como hemos dicho, algunos métodos de control de natalidad son abortivos. El DIU no inhibe la ovulación ni impide que el espermatozoide llegue al óvulo fértil; lo que hace, en la mayoría de los casos, es incapacitar las paredes del útero para acoger la vida.

La píldora también actúa a veces como abortivo. Además de suprimir la ovulación y alterar la mucosa para dificultar el camino del espermatozoide, «el componente de progesterona de la píldora combinada y las mini-píldoras de progesterona provocan que las paredes internas del útero se vuelvan delgadas y secas, incapaces de acoger la implantación del embrión (el óvulo recién fecundado)»[14].

Dos tipos de progesterona, bajo las marcas comerciales Norplant y Depo-Provera, pueden ser abortivas. Ninguna de las dos inhibe la ovulación por completo; en consecuencia, las alteraciones del endometrio impiden la implantación y así el óvulo fecundado, el ser humano en desarrollo, muere. Los efectos secundarios de ambos métodos son, entre otros: pérdida de cabello, acné, aumento de peso, dolor de cabeza, disminución de la libido, sangrado irregular (durante cien días aproximadamente, el primer año, en las personas que tomen Norplant)[15]. Otros posibles efectos secundarios de la Depo-Provera son: incremento del riesgo de contraer cáncer de pecho, cáncer de útero, osteoporosis, artritis y malformaciones fetales graves si la mujer se queda embarazada mientras está tomando la dosis[16].

Rechazar la mentira de la esterilización

La siguiente forma de anticoncepción a la que se refiere la *Humanae vitae* es la esterilización. «Hay que excluir igualmente, como el Magisterio de la Iglesia ha declarado muchas veces, la esterilización

---

[14] Cf. D. Mishell, «Current status of oral contraceptive steroids», en *Clinical Obstetrics and Gynecology*, 19 (XII-1976) 746s.

[15] Cf. L. Cvetkovich, M.D., «Contraceptives and the Menstrual Cycle», informe DDP/NFP.

[16] «The Shot», de Joan Appleton, R.N., publicado por Pro-Life Action Ministries.

directa, perpetua o temporal, tanto del hombre como de la mujer»[17]. Formas permanentes de esterilización serían la ligadura de trompas o la vasectomía. Las formas temporales de esterilización incluyen varios tipos de píldoras.

¿Qué pasa con los que ven la esterilización como algo que contribuye de alguna manera a la totalidad de la persona? Por ejemplo, ¿no es bueno que la pareja mantenga relaciones sin el miedo de un embarazo que ponga en peligro la vida de la madre?

«No puede ser invocado en tal caso el principio de totalidad, en virtud del cual se justifican intervenciones sobre los órganos por razón de un mayor bien de la persona; la esterilización buscada por sí misma, en efecto, no está orientada al bien integral de la persona debidamente entendido, «en la observancia del recto orden de las cosas y de los bienes», porque es contraria al bien moral de la persona, que es el bien más elevado, puesto que deliberadamente priva de un elemento esencial la actividad sexual prevista y libremente elegida»[18].

Cuando un acto es intrínsecamente malo, un bien potencial no puede atenuar la prohibición. Esta doctrina sirve también para contestar otras preguntas que plantea la sociedad acerca de la esterilización.

¿Puede justificarse la esterilización en el caso de retrasados o discapacitados a los que el Estado considera incapaces de tener hijos? En el *Documento sobre la esterilización en hospitales católicos*, posterior al Concilio Vaticano II, leemos: «Y no puede ser invocada ninguna disposición de la autoridad pública, que intentara imponer la esterilización directa como necesaria para el bien común, puesto que tal esterilización lesiona la dignidad y la inviolabilidad de la persona humana»[19].

En un viaje reciente a California, abordé el asunto del disenso de la Iglesia en esta enseñanza. Hablé de nuestra obligación de no usar la anticoncepción o la esterilización, sobre todo con el pretexto de

---

[17] Enc. *Humanae vitae*, n. 14.

[18] Respuesta de la Congregación para la Doctrina de la Fe, sobre la esterilización en los hospitales católicos, 13-III-1975, n. 1.

[19] *Ibid.*, n. 1.

elegir lo que queremos creer, como la comida en una cafetería. Una mujer me pasó esta nota: «Ya había planificado mi esterilización para la próxima semana. La cancelaré. Se acabó el "menú a la carta"».

Fue una gracia que esta mujer oyera la verdad y respondiera antes de cometer un error físico y espiritual, que pagaría caro. Otros no han sido tan afortunados. Una mujer de Florida cuenta su caso:

«Por favor, poned sobre aviso a la gente de que algunas veces los médicos realizan esterilizaciones de manera diferente a la que dicen. Una vez que nos convencimos de que nos habíamos equivocado por haberme ligado las trompas, quisimos deshacer el error. Llamé a mi cirujano para que cogiera la historia clínica para que me pudiera operar. Cuando le dije por qué necesitaba la información –deshacer la esterilización– el médico me explicó que no era posible. No me había ligado las trompas; me las había extirpado. No había nada que deshacer. Nos quedamos desolados... y aún lo estamos».

Es demasiado tarde para que este matrimonio haga reversible la esterilización. ¡Qué deslealtad que, sin saberlo los interesados, hayan autorizado que le extirpen las trompas en vez de simplemente ligarlas!

Otras parejas también han experimentado las consecuencias destructoras de una esterilización. Suzanne cuenta su tragedia: «Mi marido se esterilizó porque no quería tener más hijos, a pesar de que yo sí quería. Finalmente nos divorciamos y nuestro matrimonio fue declarado nulo».

Sólo Dios sabe cuántas veces la gente pierde su capacidad generativa sin saberlo. Una vez, cuando llegamos mi marido y yo a las seis de la mañana para una cesárea, había que hacer muchas gestiones, entre otras, firmar el permiso para la operación. Aunque era muy temprano, pensé que debía tomarme tiempo para leer el formulario antes de firmarlo. Nunca dejaré de agradecérselo a Dios.

El formulario tenía espacios en blanco para poner el médico, el procedimiento y mi firma. El nombre del médico era correcto, pero al leer la línea del procedimiento me quedé perpleja porque ponía: «Cesárea recurrente y *esterilización*» ¿¡Esterilización!? Reaccioné enseguida pero controlando la voz: ¡*No* doy permiso para la esterilización!

Scott pegó un brinco: «¡Esterilización! ¡Déjame ver eso!» Cogió el papel y leyó rápidamente lo mismo que yo.

La enfermera se puso nerviosa y se disculpó una y otra vez. Mientras retiraba el formulario, dijo: «Debe de haber un error. Lo siento mucho. Romperé este formulario aquí mismo y les traeré uno nuevo». Se fue rápidamente.

Estábamos perplejos. Puede haber errores humanos, pero éste no era un error nimio. ¿Cuántas veces pueden haber renunciado otros a la posibilidad de tener más hijos sin ni siquiera saberlo? Quince minutos después todavía tenía la presión arterial en 150/80.

«Sigue muy disgustada por lo del formulario, ¿verdad?», me preguntó la enfermera.

«¡Pues claro! Podría haber dado permiso para que me esterilizaran sin saberlo. Luego, habría intentado quedarme embarazada de nuevo, y más tarde habría descubierto la verdad. Ni siquiera podría pedir que me lo deshicieran gratuitamente, porque fui yo la que firmé el formulario». Fue un pensamiento que me entristeció mucho, aun en medio de la alegría de la inminente llegada de mi hijo.

Rechazar la mentira de la anticoncepción

La tercera categoría de medios ilícitos para regular los nacimientos que trata la *Humanae vitae* es la anticoncepción artificial. «Queda además excluida toda acción que, o en previsión del acto conyugal, o en su realización, o en el desarrollo de sus consecuencias naturales, se proponga, como fin o como medio, hacer imposible la procreación»[20]. Esto incluiría todas las formas habituales de anticonceptivos de barrera, y también todas las prácticas sexuales fuera del vínculo matrimonial, en las que el esperma podría fecundar al óvulo.

La anticoncepción contribuye a deteriorar el matrimonio de diversas maneras. El adulterio es mucho más frecuente ahora que en los años treinta. La anticoncepción permite que la gente se arriesgue a tener una relación extramatrimonial sin el miedo a las consecuen-

---

[20] Enc. *Humanae vitae*, n. 14.

cias de un embarazo, y a que los jóvenes eviten los embarazos en las relaciones prematrimoniales. Y el adulterio contribuye a aumentar los divorcios.

La anticoncepción puede hacer que las mujeres se sientan utilizadas, que las traten más como un objeto para una relación sexual legítima que como una persona a la que amar. La anticoncepción hormonal puede hacer que la mujer sienta los síntomas de un embarazo, síntomas premenstruales, o ambos simultáneamente, lo que al marido y a mujer les puede dificultar vivir juntos. Los métodos anticonceptivos de barrera se entrometen en el acto de amor, y lo enturbian. Además no son tan eficaces como los anticonceptivos hormonales, por lo que pueden generar más tensión por la posibilidad «de fallo», es decir, de embarazo. Se abre la inscripción para participar en el juego de: tú tuviste la culpa.

Algunos teólogos modernos que disienten de esta enseñanza lo han declarado abiertamente, y así han confundido a muchos fieles. Les han hecho dudar sobre la claridad y la autoridad de la doctrina de la Iglesia sobre la esterilización y, en este caso, la anticoncepción. Sin embargo Juan Pablo II ha dejado escrito que «cuanto ha sido enseñado por la Iglesia sobre la contracepción no pertenece a la materia libremente disputable entre los teólogos. Enseñar lo contrario equivale a inducir a error a la conciencia moral de los esposos»[21].

No sólo los teólogos sino todos los católicos tienen que entender que esta doctrina sobre la apertura a la vida no es un tema sujeto a la aprobación personal, sino una enseñanza esencial que tiene que afirmarse y vivirse.

Es posible cambiar

Abandonar el error es siempre posible. Si has estado practicando la anticoncepción, deja de hacerlo. Habla con tu cónyuge sobre lo que has leído y sobre lo que has meditado, porque, obviamente, este hecho os incumbe a ambos.

---

[21] Juan Pablo II, *Discurso* de 5-VI-1987, en *L'Osservatore Romano*, 6-VII-1987.

Como la anticoncepción es un pecado grave, no te lo tomes a la ligera. Acude a la confesión lo antes posible. El sacerdote puede ayudarte a determinar el grado de culpabilidad. No des por hecho que no has cometido un pecado, porque así perderás esta oportunidad de poner las cosas en orden con Dios.

Éste es el momento de gracia al que tienes que responder. Nada de lo que digas al sacerdote le sorprenderá; ya lo ha oído todo antes. No sólo te irás del confesionario con todos tus pecados perdonados; sino que además tendrás la gracia sacramental necesaria para seguir tomando las decisiones correctas.

Un matrimonio de Richfield, Minnesota, nos ofrece su testimonio.

«En otoño de 1976, dejé de usar la píldora con la esperanza de tener otro hijo. En febrero de 1978 todavía no me había quedado embarazada. Era la primera vez que experimentábamos alguna dificultad al intentar quedarme embarazada. Empezamos a sentirnos frustrados.

El lunes 20 de febrero, me di cuenta de que tenía que confesarme del uso de las píldoras para controlar la natalidad. Estaba perpleja y tenía miedo; seguro que ya lo habré confesado en algún momento, me decía. Después de todo, yo era una buena católica y seguramente me habría confesado de eso. El miércoles me había convencido de que lo había hecho, y si no lo había hecho, no era realmente mi culpa si el sacerdote no nos había orientado bien.

Esa noche mi marido me preguntó si me había confesado alguna vez de que habíamos usado píldoras anticonceptivas cuando no eran médicamente necesarias. Estaba desolada. No servía de nada intentar convencerme de que me había confesado. La verdad era evidente. ¡No lo había hecho!

En ese momento decidimos que iríamos a confesarnos el sábado. La gravedad del pecado se me quedó grabada para siempre. Le pedí a Jesús que, por favor, me dejara vivir lo suficiente para poder confesar, porque no quería morirme e ir al infierno.

El sábado estaba hecha un manojo de nervios, pero, a pesar de todo, sabía lo que tenía que hacer. Gracias a Dios, el sacerdote fue muy comprensivo. Era sábado después del Miércoles de Ceniza. Nuestra Cuaresma ese año empezó de un modo muy profundo (la siguiente semana me quedé embarazada).

Fue la mejor Cuaresma de mi vida. La pasé en gran parte llorando, prometiéndole al Señor que nunca volvería a usar el control de natalidad. Iba a Misa diaria y me di cuenta de forma extraordinaria de que si el único pecado que hubiéramos cometido hubiese sido ése, Jesús, de todas formas, hubiera tenido que morir en la cruz para salvarnos. Cuanto más cuenta me daba, más le prometía que respetaría siempre la vida y le dejaría a Él controlarla.

La respuesta de Dios había sido «arrepentíos». Si hubiéramos logrado concebir un hijo la primera vez que lo intentamos, posiblemente nunca se nos habría dado el don del arrepentimiento verdadero, o al menos, no nos habríamos abierto a él. Deseo que todo el mundo pueda experimentar tan sólo una Cuaresma como la que yo tuve. Siempre será para mí uno de los regalos más importantes que he recibido de Jesús, la gracia de un corazón arrepentido. También nos habríamos perdido el regalo de su amor y de su perdón».

¡Qué testimonio tan revelador de la inmensa gracia de Dios!

El diácono Bob McDonald nombra las tres cosas que hay que admitir si estamos arrepentidos de haber usado los anticonceptivos. «Primero, reconozco que estoy construyendo mi propia ruptura matrimonial. Segundo, me arrepiento de mi egocentrismo y de la pobreza de mi amor. Y tercero, me tengo que entregar a Dios primero, y a mi esposo»[22].

Si te has esterilizado por alguna otra razón que no sea una necesidad médica, también tienes que acudir a la confesión. La opinión común de los moralistas es que no es necesario que te operes para recuperar la fertilidad; de todas formas, mucha gente ha experimentado en sus matrimonios una gran bendición deshaciendo lo que habían hecho. En cualquier caso, para minimizar los «beneficios» de la esterilización, podrías plantearte la posibilidad de la abstinencia periódica (se tratará este asunto con detalle en el capítulo 12).

Si has estado implicado en un aborto (teniéndolo, pagándolo o incluso aconsejando a alguien que lo tuviera), tienes que confesarte cuanto antes; has cometido un pecado mortal. No dejes que el Ma-

______

[22] Bob McDonald, grabación en audiocasete.

ligno te aparte del arrepentimiento diciéndote que Dios no puede perdonarte. Un buen recurso es el Proyecto Rachel, una red de personas para la reconciliación después del aborto, extendida por muchas de las diócesis de Estados Unidos, y también en otros países[23].

Diane, de Long Beach, California, recuerda la ayuda que para ella supuso la Iglesia Católica en las secuelas del post-aborto: «Aborté a los diecisiete años en 1971. Agradecí que mi padre me hiciera ir a confesarme, y empecé a hacer voluntariado en un centro donde había gente con crisis de embarazos. Ahora, amo la enseñanza de la Iglesia. Sólo desearía haberla conocido a tiempo».

En la Universidad Franciscana de Steubenville hay una tumba de niños no nacidos en la que están enterrados cinco bebés que fueron abortados. El cardenal John O'Connor se conmovió tanto por esta tumba conmemorativa que volvió a Nueva York e hizo lo mismo en el recinto del seminario. Entonces pidió a los Caballeros de Colón que hicieran tumbas para los *non natos* por todo el país.

Los Caballeros han levantado ahora cientos de esos monumentos conmemorativos, no sólo en nuestro país, sino también en otros lugares. Estas tumbas son sitios especiales para llorar la muerte de los niños abortados. Con frecuencia, en nuestras conferencias juveniles en la Universidad Franciscana, dejamos encima de la tumba flores, rosarios y juguetes de bebés. Es hermoso y triste a la vez. Si has tenido alguna vez un aborto, puede que quieras ir a uno de estos lugares para mostrar tu dolor, porque tu pérdida es real y el Señor te consolará.

Abrazar la verdad de la enseñanza de la Iglesia sobre la apertura a la vida significa más que rechazar el aborto, la esterilización y la anticoncepción, aunque no signifique menos. La *Humanae vitae* y documentos posteriores nos llaman a levantar los ojos, para ver la belleza y la maravilla de reflejar la vida interna de la Trinidad en nuestros hogares y a través de nuestros cuerpos como sacrificios vivos. El Señor nos dará la gracia que necesitamos para ser fieles y fecundos.

---

[23] Project Rachel, National Office of Post-Abortion Reconciliation and Healing, P.O. Box 070477, Milwaukee, WI 53207-0477. Puede verse su página web: www.marquette.edu/rachel.

7.   ABRAZAR LA VERDAD CON AMOR

¿Qué supone vivir el esplendor de la doctrina de la Iglesia sobre el matrimonio? Fe, esperanza y caridad. La Sagrada Escritura nos ofrece enfoques que nos ayudarán a que estas virtudes se desarrollen en nuestra vida.

«Caminamos en la fe, no en la visión» (2 Cor 5, 7)

Una mujer de Carmel, Indiana, expuso esta cuestión: «Mi marido ha decidido no tener más que a nuestra hija, porque sólo gana lo suficiente para pagar la educación universitaria de un hijo. Esto me parte el alma. ¿Qué le puedo decir?»

En primer lugar, el marido da por supuesto que mantendrá su puesto de trabajo, que no le ascenderán, que su hija vivirá hasta poder ir a la universidad, que a su hija no le afectará negativamente el hecho de no haber tenido nunca hermanos para que ella pudiera ir a la universidad cuando no quiere ir, y que la hija no será tan brillante como para ganar una beca para ir a la universidad.
Aunque la Iglesia Católica da gran importancia a la educación de los hijos, y una educación universitaria sería muy buena para su fu-

turo, en ningún lugar nos obliga que se la demos. Y, sin embargo, este padre no ha escuchado las claras enseñanzas de la Iglesia, ha desatendido los intensos deseos de su mujer de tener más hijos y ha puesto su confianza de futuro en él, en vez de en Dios.

En la Carta de Santiago (Sant 4, 13-16) se afirma que sólo Dios conoce el futuro. Podemos planificar el futuro –de hecho, es prudente hacerlo–, pero después tenemos que poner nuestros planes a los pies del Señor. «Encomienda al Señor tu camino, confía en Él, que Él actuará» (Sal 37, 5).

No conocemos el futuro, pero conocemos al Único que lo ve, y en su fidelidad ponemos nuestra confianza. Tenemos que vivir la llamada de Dios como Dios quiere. Nuestra fe se basa en la fidelidad de nuestro Padre Dios; se trata de algo simple, pero no de una simpleza.

San Pablo asegura a los creyentes de Filipo: «Mi Dios colmará todas vuestras necesidades, generosamente según sus riquezas, con la gloria en Cristo Jesús» (Flp 4, 19). Colmará nuestras «necesidades», dice, que no tienen por qué coincidir con nuestros *deseos*.

Hemos de fijarnos en la capacidad de Dios, y no en nuestra incapacidad. Puede que no tengamos los recursos económicos o emocionales necesarios para tener otro hijo, hasta que el hijo llega. Dios no nos promete esos recursos por adelantado; por el contrario, «acerquémonos confiadamente al trono de la gracia, para que alcancemos misericordia y encontremos la gracia que nos ayude en el momento oportuno» (Heb 4, 16).

Jim, que vive en Ann Arbor, Michigan, es miembro de una familia numerosa. Decía que la filosofía de sus padres era tener un hijo más de lo que pudieran permitirse. Así siempre tendrían que confiar en la Providencia de Dios, y Dios nunca les defraudó. Como dice un antiguo proverbio indio: «Todos los niños vienen con un pan debajo del brazo».

Veamos el ejemplo de María. Cuando el ángel del Señor se le aparece, no dice: «He aquí la que es capaz de criar al Hijo de Dios. Tengo lo necesario», sino que «María dice: "He aquí la esclava del Señor; hágase en mí según tu palabra"» (Lc 1, 38). No dice que sea adecuada para la tarea, sino que está disponible. Esto es lo que Dios nos pide.

Dios no nos pide que tengamos y criemos hijos contando únicamente con nuestras fuerzas. Sino que nos pregunta: «¿Estás disponible?; ¿responderás "he aquí la esclava (o el esclavo) del Señor; hágase en mí según tu palabra"?»

A veces somos totalmente conscientes de nuestra ineptitud –y nos duele– cuando nos planteamos tener un hijo. San Pablo nos recuerda: «No os ha sobrevenido ninguna tentación que supere lo humano, y fiel es Dios, que no permitirá que seáis tentados por encima de vuestras fuerzas; antes bien, con la tentación, os dará también el modo de poder soportarla con éxito» (1 Cor 10, 13). Dios nos promete que no permitirá que seamos tentados por encima de nuestras fuerzas; Él estará con nosotros y nos ayudará.

No es cuestión de creer más en nosotros. No nos armamos de valor para superar esta misión con nuestros propios recursos. Más bien admitimos que no tenemos lo necesario para hacer de nuestra familia el hogar de Dios, pero Él sí. Sabemos que como es fruto del Espíritu Santo, la fe puede crecer.

Cuatro mujeres de Carolina del Norte vinieron una vez de visita a casa. Todas querían preguntarnos algo sobre la apertura a la vida. Una estaba recién casada –hacía seis meses–, otra tenía tres hijos pequeños y el marido estaba en paro, otra tenía problemas de infertilidad y había adoptado un niño, y la última, que tenía problemas con la presión sanguínea, tenía siete hijos.

Cuando las dejé para ir a rezar en la hora santa ante el Santísimo, me dijeron bromeando que le preguntara a Jesús si alguna de ellas debía tener más hijos. Les contesté jocosamente: «No necesito preguntarle; ya sé la respuesta: sí, sí y sí. Pero, de todas formas, se lo preguntaré a Jesús». Todas nos reímos y me fui.

Cuando estaba adorando al Santísimo, pensé: «¡Qué presuntuoso por mi parte, Señor, decidir de antemano lo que Tú les habrías dicho a estas buenas mujeres! ¿Quieres que les diga algo a la vuelta?» Tuve la clara impresión de que Su respuesta fue: «Tened siempre la mirada fija en mí».

Cuando volví a casa, las mujeres me preguntaron si tenía algo que decirles. «Pues –empecé– creo que sí. La respuesta que me ha dado no es "sí", como os dije antes. Sino "mirad siempre a Jesús. Cualquier cosa que hagáis, hacedla con fe"».

164

Las palabras que Jesús me dijo para que se las transmitiera, estaban también dirigidas a mí. Un año después me encontré con las cuatro mujeres en Charlotte, ¡y *yo* era la única que estaba embarazada!

«La virtud probada produce esperanza» (Rm 5, 4)

Esperanza es ver la forma que tiene Dios de construir su Reino: de uno en uno. El *Catecismo* nos exhorta a que seamos generosos en nuestra familia como una de las formas de colaborar con el reino. Dios quiere construir su reino a través de nosotros; no tanto convenciendo a multitudes con elocuentes discursos, cuanto a través de nuestra obediencia diaria al Creador, lo que Eugene Peterson ha llamado: «continua obediencia orientada al mismo fin». La fidelidad matrimonial produce, como dijimos anteriormente, el valioso fruto de los hijos, que provienen de Dios.

Esperanza es la capacidad que nos da Dios de mirar nuestro grupito de hijos y verlos como parte del ejército del Señor. Es tener la percepción de que Dios sabe lo que está haciendo al llamarnos a esta increíble tarea de cambiar el mundo, pañal a pañal. Y esperanza es lo que Dios suscita en nosotros por medio de las pruebas que afrontamos con perseverancia.

Para darnos cuenta de la esperanza que Dios ha puesto en nuestro corazón, debemos confiar en su fuerza para cumplir su voluntad a su manera: «Los que esperan en el Señor renuevan su fuerza, echan alas como las águilas, corren y no se fatigan, caminan y no se cansan» (Is 40, 31). Aun cuando nos sintamos sin fuerzas, Dios nos dará la fuerza para remontar el vuelo.

Cuando nos veamos débiles, tendremos que resistir la tentación del desánimo, recordando las palabras de Jesús a San Pablo: «Te basta mi gracia, porque la fuerza se perfecciona en la flaqueza», y San Pablo responde: «Con sumo gusto me gloriaré más todavía en mis flaquezas, para que habite en mí la fuerza de Cristo» (2 Cor 12, 9). La cuestión no es si somos lo bastante fuertes para que Dios se sirva de nosotros, sino: ¿somos lo bastante *débiles*? Su fuerza se actualiza en nuestra debilidad.

A medida que crecemos en gracia de Dios, crecemos en los frutos del Espíritu Santo. Cuanto más crecemos espiritualmente, más caridad, gozo, paz, paciencia, amabilidad, bondad, fe, mansedumbre y continencia produce el Espíritu en nuestra vida (cf. Gal 5, 22-23). Año tras año, *creceremos*, es decir, nos *pareceremos* más a nuestro Señor.

Una vez me dijeron: «No sé cómo tienes paciencia para aguantar seis hijos». La paciencia ha ido aumentando en mí con el tiempo y cada vez adquiero más. No empecé con la paciencia que tengo y espero que Dios me proporcione más, por el bien de mis hijos. Estoy segura de que lo hará.

A veces Dios forja nuestro carácter a través del reto que supone la fertilidad, y otras veces a través de la infertilidad. Todos conocemos parejas que tuvieron uno o dos hijos sin esfuerzo y después se encontraron con dificultades para concebir de nuevo. También, algunas parejas han estado abiertas a la vida durante años sin llegar a concebir nunca.

Una amiga nos contó en Navidad que iba a tener su segundo hijo en agosto y que sería chico. Me dejó perpleja: ¿cómo podía saberlo ya? Aún no estaba embarazada, pero como se había quedado embarazada al primer mes cuando quiso tener su primer hijo, estaba casi segura de que volvería a ocurrir.

Planificó concebir un hijo en enero con una estrategia que le habían enseñado. Le dije que me lo hiciera saber cuando llegara el bebé... Quince años más tarde, tras muchas penalidades, finalmente se pudo quedar embarazada.

Otra amiga compró un abrigo premamá muy caro, diciéndome que valía la pena porque estaba segura de que iba a dar a luz a todos sus hijos en invierno. Sin embargo, los dos hijos que tuvo más tarde nacieron en primavera y en verano. Esperemos que alguien se haya beneficiado de ese bonito abrigo.

No importa el número de hijos que tengamos; nadie sabe con certeza si tendremos otro más. Estar abierto a una nueva vida no se traduce automáticamente en una nueva vida. Nuestra fertilidad es un frágil don.

Hasta nuestros esfuerzos por quedarnos embarazadas, ofreciéndole ese sacrificio a Dios mientras aguardamos con esperanza, son una forma de contribuir al Reino. Nada se desperdicia cuando lo ofrecemos a Dios.

> Pero no sólo eso: también nos gloriamos en las tribulaciones, sabiendo que la tribulación produce la paciencia; la paciencia, la virtud probada; la virtud probada, la esperanza. Una esperanza que no defrauda, porque el amor de Dios ha sido derramado en nuestros corazones por medio del Espíritu Santo que se nos ha dado (Rm 5, 3-5).

Si ofrecemos nuestro sufrimiento a Dios, podemos crecer en esperanza y no en desánimo o desesperanza. Y espiritualmente también podemos fortalecer a toda la Iglesia.

«La más excelente de ellas es la caridad» (1 Cor 13, 13)

Dios es el Dador, amante de la vida, y el Amante, dador de la vida, que nos llama a seguirle. Dios ama la vida; Él es la Vida misma. Es Él quien ha dado el ser a la creación y le ha dado la vida. Y ama la creación que ha hecho. Además, Dios ama dar vida a través de su creación, dando a las parejas casadas el poder de imitarle mediante la entrega mutua en el matrimonio y así dar paso a una nueva vida. Éste es el círculo de amor y vida que fluye de Dios a través de las familias para crear una civilización del amor.

La caridad es la clave: «La caridad es el alma de la santidad [...]. La caridad hace más aceptable la renuncia, más ágil el combate espiritual, más generosa la entrega personal»[1]. La caridad debe ser el principio que guíe todas nuestras actuaciones en la familia, para hacer crecer a cada miembro y a toda la familia.

Rezar en familia, rezar por ella y que ella rece, fortalece la comunión de amor entre las generaciones: desde Dios Padre, a través de generaciones fieles, hasta la familia presente, con el objetivo de volver al Padre. La comunión del amor conyugal conduce a la comunión del amor en la familia. La comunión de las personas se convierte en la comunión de los santos.

Para que una familia sea una civilización del amor, los miembros tienen que acoger la vida con alegría, en cada estadio: estando abiertos a una nueva vida e incorporando a los parientes mayores de nues-

---

[1] *Vademécum*, n. 1, 2.

tro clan familiar al ámbito más íntimo de nuestra familia. Juan Pablo II dijo en una ocasión: «*Hay poca vida verdaderamente humana en las familias de nuestros días.* Faltan las personas con las que crear y compartir el bien común; y sin embargo, el bien, por su naturaleza, exige ser creado y compartido con otros»[2]. Como insistieron los padres del Concilio Vaticano II, para que una cultura sea una civilización del amor, debe promulgar leyes encaminadas a «defender y promover la intrínseca dignidad del estado matrimonial y su valor eximio»[3]

Hemos sido creados por el Amor para el amor. Al darnos a nuestro cónyuge con un amor de entrega total, nos encontramos a nosotros mismos.

> Entonces Jesús dijo a sus discípulos: «Si alguien quiere venir detrás de mí, que se niegue a sí mismo, que tome su cruz y me siga. Porque el que quiera salvar su vida la perderá, pero el que pierda su vida por mí, la encontrará. ¿De qué le sirve al hombre ganar el mundo entero si pierde su alma?» (Mt 16, 24-26).

Negarse a sí mismo, abrazar la cruz y seguir a Cristo no son nobles ideales, sino parte de la vocación diaria del matrimonio. Todos los cristianos han sido llamados a la vida de la cruz, no sólo las monjas y los sacerdotes. Una mujer, casada, de Greeley, Colorado, dice: «El matrimonio es uno de los caminos para seguir a Cristo, por esto debemos contar con que nos enfrentaremos a desafíos (que serán nuestras cruces) y alcanzaremos una gran alegría si vivimos nuestros matrimonios fielmente».

En 2004 Juan Pablo II canonizó a una madre italiana del siglo XX, Gianna Beretta Molla. Santa Gianna descubrió, cuando estaba embarazada, que tenía un quiste enorme en el ovario. El médico le recomendó que abortara inmediatamente. Como ella era médico, sabía que rechazar el aborto ponía su propia vida en peligro. Unos días después de que naciera su bebé, tras mucho sufrimiento y dolor, murió de peritonitis séptica. En la homilía de la beatificación, en 1994, el Papa había dicho de ella:

---

[2] *Carta a las familias*, n. 10 (cursiva en el original).
[3] *Gaudium et spes*, n. 47.

«Una mujer de amor heroico, esposa y madre ejemplar, que en su vida diaria dio testimonio de los valores exigentes del Evangelio. Poniendo a esta mujer como modelo de perfección cristiana, deseamos rendir homenaje a todas las madres valientes, que se dedican sin reservas a su familia, que sufren al dar a luz a sus hijos, y luego están dispuestas a soportar cualquier esfuerzo, a afrontar cualquier sacrificio, para transmitirles lo mejor de sí mismas»[4].

Santa Gianna sacrificó su vida para que su hija pudiera vivir. ¡Qué testimonio para sus hijos!

John Kippley, cofundador junto con su mujer, Sheila, de la *Couple to Couple League* [Liga de Pareja a Pareja], anima a que digamos a nuestros hijos y nietos: «Lo que la Iglesia te enseña, es por tu propio bien, para esta vida, este matrimonio, y la vida futura».

Cristo se entregó por mí, por ti. A cambio, tenemos que entregarnos a Él, también con el cuerpo. Somos templos en donde puede morar el Espíritu Santo.

«¿No sabéis que vuestro cuerpo es templo del Espíritu Santo, que está en vosotros y habéis recibido de Dios, y que no os pertenecéis? Habéis sido comprados a gran precio. Glorificad, por tanto, a Dios en vuestro cuerpo» (1 Cor 6, 19-20).

No se trata de un consejo; es un mandato. Hemos sido comprados a un alto precio: la vida del Hijo de Dios. Ahora imitamos su vida sacrificada entregando nuestras vidas por Él. San Juan concluye: «Amamos, porque Él nos amó primero» (1 Jn 4, 19).

Ofrecer ayuda práctica

No debemos ocultar la verdad a los demás por miedo. Las palabras de Jesús a los que le creyeron fueron éstas: «*Si* permanecéis en mi palabra, sois en verdad discípulos míos, conoceréis la verdad, y la verdad os hará libres» (Jn 8, 31-32). Nuestra tarea no es hacer que la gente se enmiende, ¡sino hacer libres a las personas!

---

[4] Cf. Juan Pablo II, *Homilía* de 24-IV-1994, en Joseph Cunningham, «The Complete Gift of Self», en *Canticle* 6 (otoño 1999) pp. 32-35.

Tenemos que estimular a los demás con palabras y obras a ser fieles, y todos sabemos que «obras son amores...». Aunque algunos teman que obedecer al Señor en la apertura a la vida signifique esclavitud, están totalmente equivocados. ¡Difundamos la verdad con alegría!

Dijo Jesús a sus discípulos: «Venid a mí los que estáis cansados y agobiados, que yo os aliviaré. Cargad con mi yugo y aprended de mí; porque soy manso y humilde de corazón y encontraréis descanso para vuestras almas. Porque mi yugo es suave y mi carga ligera» (Mt 11, 28-30).

¿Cómo puede ser así? Cuando vivimos como Dios quiere que vivamos, como amantes sacrificados, la obediencia no es una carga. Lo que es una carga, es rechazar la verdad del plan de Dios para el matrimonio y pretender que nuestra relación esté bendecida por Dios.

No basta con conocer y difundir la verdad. Debemos hablar de la verdad con misericordia y amor. En vez de juzgar a los demás por las malas (y con frecuencia desinformadas) decisiones que han tomado, debemos ponernos a su lado y ofrecerles apoyo con nuestra oración y ayuda.

Un matrimonio de Rochester, Nueva York, tuvo una experiencia que le cambió la vida, por el ejemplo de los fieles católicos comprometidos en su parroquia y en el colegio parroquial. «Nos replanteamos el uso de anticonceptivos por el renovado interés de mi marido por la fe y porque yo me relacioné más con los que amaban y practicaban la fe».

Nuestro deseo es animaros a renovar el compromiso de vivir la verdad. Como María, que acompañó a Nuestro Señor cuando llevaba la cruz, queremos acompañar a nuestras familias y amigos cuando llevan la cruz que el Señor les manda, especialmente cuando están abiertos a la vida.

Llevar las cargas del prójimo

No es suficiente con recordarnos unos a otros la doctrina de la Iglesia sobre la apertura a la vida y después simplemente observarnos, desde fuera, juzgando si los demás están siendo fieles o no a esta enseñanza. Más bien, tenemos que implicarnos en los continuos esfuerzos que comporta la fidelidad a las enseñanzas de Cristo en la vida de cada uno.

Quizá esta es la razón por la que los compromisos matrimoniales se hacen públicamente, y no en privado. Los que son testigos de nuestro compromiso mutuo y de nuestra promesa de estar abiertos a los hijos y a educarlos en la fe, tienen que apoyarnos recordándonos nuestra responsabilidad y ofreciéndonos su ayuda. La Iglesia no nos dice que nos abramos a una nueva vida y luego nos abandona; sino que nos invita a recibir la fuerza y el auxilio de todo el cuerpo de Cristo.

Como parte del cuerpo de Cristo debemos tomarnos la enseñanza de la procreación tan en serio que nos preguntemos: «¿cómo podemos conseguir que otras parejas jóvenes se abran a la vida?, ¿qué cosas concretas podemos hacer para ayudar a la gente a que sea, con su vida, testigo ante el mundo de la relación entre Cristo y la Iglesia?».

San Pablo propone este reto: «Llevad los unos las cargas de los otros y así cumpliréis la Ley de Cristo» (Gal 6, 2). Esto tampoco es una sugerencia, sino un mandato. Los hijos no son una carga; pero implicarse mucho en el cuidado de los hijos puede, a veces, ser pesado: lavar la ropa, dormir poco, no tener tiempo para limpiar la casa, o para descansar y rezar o divertirse. Puede que no sea muy costoso ayudar a las parejas jóvenes a mantener sus corazones abiertos el uno al otro y al Señor. Podemos ser canales poderosos de gracia para las familias jóvenes que quieren vivir verdaderamente como católicas, si les ayudamos con nuestro apoyo real.

La ayuda de María a Isabel

Nuestra Madre nos da ejemplo de esta clase de servicio. Cuando María supo que Jesús se iba a encarnar en ella, se enteró también de que su prima Santa Isabel estaba esperando un hijo. Inmediatamente fue a acompañarla: no lo dudó un momento. Quería compartir la alegría de Isabel y quería compartir su propia alegría con un alma gemela.

En vez de centrarse en sus propias necesidades por el embarazo, María quiso servirla (igual que después Jesús dijo que había venido a servir, no a ser servido; cf. Mt 20, 28). Puede que tuviera náuseas o estuviera muy cansada de los tres días de viaje en burro a Aim Karim, el pueblo de Isabel. Pero sabía que Isabel, embarazada de seis meses, la necesitaría.

Isabel exultó de gozo por ver a María. Hasta el hijo de Isabel, Juan Bautista, saltó en el vientre con alegría santa por su encuentro con la madre del Mesías. María le demostró a Isabel su amor durante los tres últimos meses de su embarazo llevándole a Jesús y haciendo muchos actos de servicio.

Servicio a las madres

Cuando las familias son jóvenes y están creciendo, y las madres tienen muchas obligaciones, frecuentemente no les llega el dinero para pagar a una niñera o una empleada del hogar. Muchas veces, al principio de nuestro matrimonio, no podíamos permitirnos pagar a una canguro y comprarnos un helado cuando salíamos. Pero necesitábamos dar un paseo para refrescarnos y poder afrontar el día siguiente. A veces nuestros amigos se ofrecían a cuidarnos los niños para que pudiéramos irnos.

Siguiendo el ejemplo de la Virgen, algunas estudiantes universitarias de la Universidad Franciscana hacen gratis de canguro tres horas a la semana para las familias católicas jóvenes, que están creciendo. Este servicio es una expresión real del amor y de la ayuda mutua. Las estudiantes ofrecen una amplia variedad de servicios, adaptados a cada familia en particular. A cambio, pueden hacerse la colada mientras trabajan y una vez por semana comen con la familia.

Todo el mundo se beneficia, como suele ocurrir con el amor sacrificado. Las estudiantes ven a mujeres piadosas que trabajan, mujeres que están demasiado ocupadas dirigiendo sus familias, y hogares donde pasar un rato mientras viven en el campus durante la carrera. Las estudiantes, muchas de las cuales han dejado hermanos pequeños en casa de sus padres, tienen la oportunidad de estar con niños pequeños. Los niños de la familia tienen una «hermana mayor». Y las madres reciben la ayuda que necesitan de forma gratuita. Esta clase de ayuda ha sido un estímulo para todos los implicados.

Una joven madre de nuestra zona, Teri, estaba teniendo un embarazo extremadamente complicado. Vomitaba de cuatro a siete horas al día. Sí ¡horas! Su marido iba a la universidad a tiempo completo y trabajaba muchas horas, por lo que ella tenía que cuidar a su hija de dos años gran parte del día, y varias noches, sola. Un grupo de jóvenes de la Universidad Franciscana (similar a una hermandad) fueron como voluntarias a casa de Teri tres noches por semana, durante tres horas, para hacerle la cena a la hija, jugar con ella y meterla en la cama. Hicieron esto, gratis, durante más de un mes.

Estas mujeres ayudaron enormemente a esta joven madre y la libraron de una depresión, cuando estaba pasando por la experiencia más difícil de su vida. Hicieron vida estos versículos: «Nosotros, los fuertes, debemos sobrellevar las flaquezas de los débiles, y no complacernos a nosotros mismos. Que cada uno de nosotros agrade al prójimo buscando su bien y su edificación» (Rm 15, 1-2). Debemos hacer algo más que contar a los demás la verdadera doctrina de la Iglesia Católica; tenemos que procurar ser parte de la solución a sus problemas.

Por ejemplo, algunas veces el apoyo emocional es más necesario que el económico. Anne, de Fairview Park, Ohio, considera buena idea invitar a las familias numerosas a una visita o a comer u ofrecerse a ser anfitriones en un grupo de apoyo para madres de familias numerosas. A veces, las familias numerosas se ven excluidas de las invitaciones por su tamaño; la gente se intimida al pensar que tienen que acoger a un grupo tan grande.

Ya para cuando teníamos sólo tres niños, empezamos a notar un declive en las invitaciones que nos hacían las familias pequeñas. Una mujer nos invitó sólo a Scott y a mí, porque, según dijo: «No sé cómo cambiar las cantidades de la receta para tres niños más». Si me hubiera preguntado, le podría haber dicho que comían muy poco.

Las familias numerosas, por otro lado, parecían bastante cómodas invitándonos; cuantos más, mejor. Qué bueno es vivir con familias numerosas las invitaciones: las barbacoas en el jardín, las celebraciones de bautizos y primeras comuniones, los almuerzos de los domingos... Estar con otras familias numerosas nos ayuda a vernos como una gran familia. Les estamos muy agradecidos.

Las mujeres mayores enseñan a las jóvenes

San Pablo manda que las mujeres que ya tienen más experiencia enseñen a las más jóvenes, «que sean maestras del bien, para que enseñen a las más jóvenes a amar a sus maridos y a sus hijos, a ser prudentes, castas, buenas amas de casa, sujetas a sus maridos, para que no sea ultrajada la palabra de Dios» (Ti 2, 3-5). ¿Buscan las mayores el momento de cumplir este consejo? ¿Y las de mediana edad, se preparan para cumplirlo en un futuro próximo? ¿Y las jóvenes rezan para recibir este servicio?

Las mujeres que enseñan a las jóvenes están haciendo un servicio crucial. Que las mujeres se ofrezcan para aconsejar a las jóvenes y que éstas respondan o no, puede ser crucial para que la Palabra de Dios quede o no desacreditada. Aunque muchas de nosotras no vivimos geográficamente cerca de nuestras madres, abuelas y otros familiares mayores, podemos y debemos aprender de ellas. Necesitamos mentores.

Mientras tanto, las mujeres que no vivan cerca de sus hijas o nueras, deben buscar oportunidades para enseñar a las jóvenes. Han adquirido una experiencia que las jóvenes necesitan. Si lo llevamos a la oración, el Señor nos dirá con quiénes podríamos tener una relación filial (madre-hija), de tipo espiritual, o fraternal (hermana mayor-hermana menor), dependiendo de la diferencia de edades.

Uno de mis deseos, cuando sea mayor y mis hijos hayan crecido, es dedicar un día a la semana a ayudar a cuatro familias, dos horas por familia. No es un compromiso muy grande. Pero sé que puede cambiar muchas vidas.

Nuestra sociedad anima a la gente mayor, que ha aprendido cómo vivir generosamente, a educar sus familias con una mentalidad egoísta. Una pegatina que circula entre la gente dice: «Me estoy gastando la herencia de mis nietos». No hay nada de malo en disfrutar de los frutos de nuestro trabajo, pero ¿no deberíamos recordar el proverbio: «El hombre de bien deja herencia a los nietos; la riqueza del pecador se reserva a los justos» (Prov 13, 22)?

No hay nada como jubilarse y dedicarse a servir al prójimo cristianamente. Si sois mayores, os habéis graduado: ya no estáis en la escuela del servicio involuntario, sino en la del servicio voluntario. En

Gálatas 6, 9-10 se da esta recomendación: «No nos cansemos de hacer el bien, porque si perseveramos, a su tiempo recogeremos el fruto. Por tanto, mientras disponemos de tiempo hagamos el bien a todos, pero especialmente a los hermanos en la fe».

Daos cuenta de que hacer el bien no está limitado a la familia de sangre; para nosotros, nuestra «familia en la fe», los cristianos, ha de ser una prioridad. ¿Nos damos cuenta de la necesidad que nos rodea? ¿Qué estamos haciendo para ayudar a que las familias crezcan en obediencia?

Un matrimonio se vio incitado a seguir el ejemplo de muchos de sus amigos, que, al jubilarse, dejaban a sus hijos en Nueva York para irse a Florida. La pareja explicó a sus amigos que quería estar cerca de sus hijos casados. Querían apoyar sus matrimonios y su vida familiar. La respuesta fue ridícula: «¡Haced vuestra propia vida!»

La madre (y abuela) me dijo: «Sí, el clima es más cálido, y nos hubiera encantado, pero tenemos una relación con nuestros hijos, nueras y yernos, y nietos que nunca hubiéramos podido tener de habernos mudado. Les ayudamos a educar a sus hijos en el hogar, que es el mejor colegio, y compartimos la fe juntos».

Me explico: no estoy aconsejando que las abuelas sean las canguros de sus nietos (si las abuelas deciden eso con sus hijos, esa es otra cuestión). Creo que hay una gran diferencia entre ser abuelo y ser padre. Los hijos necesitan que las madres sean sus madres y tener con los abuelos una relación diferente y especial.

Una abuela de mi zona, Margaret, tuvo diez hijos y ahora tiene unos cincuenta nietos. Es muy amable y dulce. Durante años ha vivido con diferentes hijos ya mayores y ha ayudado a sus familias. Ha ido de casa en casa echando una mano con los deberes de sus nietos, haciendo algo para la cena y comprándoles regalitos a los nietos para que cada uno supiera que ella pensaba en él personalmente.

Sus hijos le compraron una casa y, casi todos los días, el jardín está lleno de nietos jugando. Es tan humilde que probablemente le mortificaría saber que la estoy poniendo como ejemplo, pero, a distancia, me ha ayudado enormemente viéndola actuar como madre y abuela tan sacrificada y querida. Me ha enseñado mucho y confío en que también la tengan por modelo sus hijas y nueras.

En contraste con Margaret, hay mujeres mayores que expresan su rechazo a la postura de la Iglesia Católica de apertura a la vida. Una madre de San Antonio, Texas, escribe:

«Mi familia es católica; pero, aun así, mi madre nos desanima insistentemente, a mi hermano y a mí, de tener «demasiados hijos… demasiado seguidos… eso es abusar de los hijos porque no tienes tiempo para estar con ellos». Me duele mucho lo que nos dice. Creo que incluso me habría animado a que usara anticonceptivos. Me parece que este punto de vista está lejos de la doctrina de la Iglesia Católica, pero, por desgracia, es la postura de muchos miembros de la Iglesia».

Estas diferencias en las convicciones pueden ser muy difíciles de superar.

Algunos abuelos no están seguros de querer desempeñar su papel. Algunas amigas tuvieron que oír las quejas de sus madres cuando les pidieron ayuda para alguna tarea que no fuera cuidar de los nietos. Estas son algunas de las respuestas reales que les dieron:

«No dispongo de tiempo», expresó una madre. ¿No nos queda tiempo? «Tenemos comprometido el tiempo» con castigos del colegio, en tareas que no queremos hacer y en la cárcel. Pero lo que hay que hacer es disfrutar del tiempo con esos preciosos nietos.

Otra mujer dijo lo que pensaba en voz alta: «A mí no me va todo eso de ser abuela». No merece la pena decir algunos pensamientos. No hay un único modelo de abuela, pero tenemos que considerar a esos niños como joyas que nos pertenecen.

«Yo ya he criado a mis hijos, ahora cría tú a los tuyos», contestó enfadada una mujer a su hija. Por supuesto que ser abuelos no tiene nada que ver con criar a los nietos, pero todos conocemos el bien que los abuelos pueden hacer a los nietos. No perdamos la oportunidad.

«He venido a ayudarte con tu primer hijo, pero después apáñatelas como puedas», dijo una abuela que tenía ocho hijos.

¿Están olvidando nuestros mayores el enorme privilegio de tener nietos?

No podemos dejar que el egoísmo arraigue después de haberlo arrancado mediante los años de paternidad. Una cosa es lamentarse de las limitaciones físicas que podamos tener para educar a los niños o cuidarlos; y otra cosa es no querer ser seguir siendo madre de nuestra propia hija o nuera, cuando son madres. Si dudamos de nuestra capacidad de ser abuelos, debemos recordar quién nos dio antes la gracia, la fuerza, la perspicacia y la sabiduría para ser padres. El Señor nos enseñará cómo rezar por ellos, cómo aconsejar a nuestros hijos mayores y cómo ser abuelos de modo que contribuyamos a la civilización del amor en nuestro círculo familiar, que ahora ha crecido.

Recordemos lo que son los hijos: son sólo y siempre una bendición. Si nuestros hijos son generosos, entre ellos y con el Señor, y nos hacen abuelos, debemos recibir a estos niños como las bendiciones que son. Tenemos que agradecer al Señor su bondad y preguntarle qué quiere que hagamos como abuelos. No debemos subestimar el poder de la oración y del amor que ofrecemos como abuelos, aunque vivamos lejos.

Quizás nos enfrentamos al hecho de que nosotros mismos no fuimos unos padres modelo. Hemos de recordar que la gracia de Dios cubre una multitud de pecados. Los niños saben perdonar mucho. Debemos pedir perdón y empezar la amistad de nuevo. Ser abuelos puede ser como una segunda oportunidad.

Un matrimonio de Ohio sugirió varias maneras de ayudar a los hijos.

«Yo cuido a los niños para que sus padres puedan descansar. A mí nadie me ofreció esta ayuda. Animamos a los maridos a que estén cerca de sus hijos en el parto y a que ayuden con los recién nacidos. Ayudamos económicamente, si podemos. Les damos a leer artículos interesantes y, sobre todo, rezamos por ellos. Seguimos diciéndoles lo hermoso que es tener hijos».

Otro matrimonio de California dijo algo similar sobre cómo ayudar a otras parejas que no son hijos suyos.

«Cuidamos a sus niños siempre que nos lo piden. Les hacemos recados y ayudamos en la casa y en cualquier asunto que vemos que necesitan. Les ayudamos económicamente. Rezamos por ellos. Una vez ayudamos a un hombre para que pudiera estudiar informática. Ayudamos a tres señoras dándoles trabajo a tiempo parcial. Les apoyamos y animamos siempre, y los queremos a todos mucho. Nos gustaría poder hacer más».

Este apoyo real puede incluso salvar de la muerte, como descubrió Mary, de Chicago.

«Mis amigas y yo fundamos una asociación de asesoramiento sobre los hijos, *Care and Counseling*, en Dawners Crane, Illinois, para ofrecer a las chicas con embarazos no deseados una alternativa al aborto. Nos encontramos con muchas jóvenes que estaban asustadas y se sentían solas e indefensas. También descubrimos familias que querían adoptar o ayudarlas a tener a sus hijos. Cambié de forma de pensar: menos hablar y más ayudar a las mujeres con problemas».

A veces queremos ayudar a familias pero no sabemos qué hacer. El apéndice al final de este libro puede servir de ayuda. Contiene una lista de consejos para ayudar a las madres con hijos pequeños en sus necesidades. Está dividido por momentos críticos en los que un tipo de ayuda en particular puede ser mejor que otro.

Cualquier idea que se te ocurra, coméntasela primero a la interesada para asegurarte de que le será de ayuda en la situación en que se encuentra.

Apoyo emocional y amistad

Una joven madre se sintió como una inutilidad al ver a una madre de cinco hijos en su vecindario.

«Cuando tuve mi primer hijo, estaba asombrada de cuánto tiempo consumía ser madre. Tenía una vecina que bajaba por la calle a las diez de la mañana (yo a duras penas estaba vestida a esa hora) con los cinco niños relucientes. Un día la paré y le pregunté: «¿Cómo lo haces? A mí uno me ocupa todo el tiempo».

Sin tono de condescendencia, me dijo: «No te preocupes, yo estaba como tú. Acabarás arreglándotelas» Fue muy alentador oírla».

Otra madre, ya mayor, dijo: «Un hijo me llevaba todo el tiempo; el resto no me llevaba nada más».

A veces las madres jóvenes sólo necesitan oír que otras se enfrentaron a luchas similares y sobrevivieron para contarlo. Otras veces agradecen a alguien que las escuche y que rece por sus problemas.

En ocasiones, mi hermana y yo nos hemos llamado para «poner la alarma». Es nuestra frase en clave para pedir oraciones especiales ese día. Rezamos una por la otra, ponemos el temporizador para que suene dentro de una hora, y volvemos a rezar cuando suena la alarma. Luego volvemos a ponerla y lo repetimos. A lo largo de ese día de dificultades sabemos que tenemos a alguien que está rezando frecuentemente y por nosotras en concreto.

Las parejas tienen problemas reales que pueden ser: falta de dinero; forma de distribuir el dinero en el presupuesto; miedo ante el embarazo y el nacimiento; temor a que el bebé altere su relación; melancolía del posparto o incluso depresión; la preocupación de cómo ser buenos padres. Podemos darles consejo, apoyo, comprensión y oraciones.

Además podemos informarles sobre organizaciones preparadas para ofrecerles servicios de ayuda si la madre tiene que guardar reposo en la cama. En Estados Unidos, *Sidelines*, por ejemplo, es «una organización nacional que ayuda a las mujeres que están en reposo por complicaciones en el embarazo. A cada paciente se le asigna una persona que le atenderá por teléfono (voluntarias) que también ha estado en reposo»[5].

A veces se nos olvida cuánto han crecido nuestros hijos mayores desde nuestro último embarazo. Nos pueden ser de gran ayuda. Una vez estaba embarazada al mismo tiempo que dos de mis hermanas. Mi hermana pequeña (que esperaba el segundo) medio bromeaba, medio se quejaba a nuestra otra hermana (esperando el sexto) y a mí (que esperaba el quinto): «¡Vosotras, chicas, ya tenéis mucha ayuda!»

«Sí –repliqué rápidamente– ¡pero la hemos hecho *crecer* nosotras!» Ahora está experimentando la alegría de tener su cuarto hijo con mucha ayuda en casa «cultivada» por ella.

---

[5] Cf. su página web www.sidelines.org

Joanne, madre de nueve, sugiere: «Cuando alguien está embarazada, hay que ser muy positivos y dar mucho apoyo con independencia del número de hijos que tenga». Hay que celebrar el nacimiento de cada hijo; ¡todos lo merecen!

Otra madre dijo: «Alegraos con otros padres por cada nuevo nacimiento. Haced regalos y ofreced oraciones».

En cierto sentido nuestras experiencias son comunes, aunque nos parezcan únicas. Cuando me agobio con el embarazo o el inminente parto, Scott empieza a decirme una especie de mantra que ya me resulta familiar: «Mujeres más delgadas han pasado por esto antes. Mujeres más gordas... más altas... más bajas... más jóvenes... mayores...» Así me ayuda a recordar cuántos millones de mujeres han sobrevivido a esta prueba.

El carácter sagrado de la maternidad

Históricamente, la maternidad ha sido considerada como una tarea noble. Hoy en día, se menosprecia este trabajo en algunos ambientes, como si cualquiera pudiera criar un hijo. O se denigra calificándolo como una pérdida de tiempo y de talento. Juan Pablo II dice de la maternidad: «Esta actividad debe *ser reconocida y valorizada al máximo*»[6]. Además dijo que la maternidad es la vocación más importante de María, mayor que cualquiera de sus títulos, como el de Reina del Universo, Reina de los Apóstoles o Reina de los Ángeles.

María es un excelente ejemplo para nosotras como madres. Debemos tratar a nuestros hijos con el mismo amor y respeto que nuestra Madre mostró a su Hijo. Vivir según este modelo me proporcionó, en cierta ocasión, una experiencia inolvidable.

Scott y yo estábamos en un hotel la noche antes de dar unas conferencias en un importante congreso al que se esperaba que asistieran miles de personas. Joseph estaba con nosotros, porque todavía le tenía que dar el pecho. Mi única oportunidad de terminar de preparar mi intervención había sido después de que Joseph se durmiera.

---

[6] *Carta a las familias*, n. 17 (cursiva en el original).

Cuando acabé de prepararla, sobre las dos y media de la noche, se despertó. Tranquilicé mis nervios pensando que un poco de leche le haría dormirse enseguida. Apenas puse la cabeza sobre la almohada, empezó a llorar de nuevo. La escena se repitió tres veces más.

Al final, estaba aterrada y exasperada. Empezó a llorar de nuevo y salté furiosa de la cama. El Señor me habló al corazón con un susurro: «Cógele como cogerías a Jesús».

Me di cuenta de que mi enfado estaba fuera de lugar. Era sólo un bebé que necesitaba a su madre, no un problema para una conferenciante. Le cogí delicadamente, con gran amor y gratitud por el don que era para mí, pensando en Jesús cuando era un bebé.

¿Y sabéis lo que pasó? Que volvió a dormirse; y lo que dormí esa noche fue suficiente para cumplir con lo que tenía que hacer el día siguiente.

El cardenal Joseph Mindszenty escribió este elogio de la maternidad:

«La persona más importante de la Tierra es una madre. No puede reclamar el honor de haber construido la catedral de Notre Dame. No lo necesita. Ha construido algo más impresionante que ninguna catedral: un hogar para un alma inmortal, la pequeña perfección del cuerpo de su bebé…

Los ángeles no han sido bendecidos con esa gracia. No pueden participar en el milagro creador de Dios de conducir nuevos santos al cielo. Sólo una madre humana puede hacerlo. Las madres están más cerca de Dios Creador que ninguna otra criatura; Dios se alía con las madres para realizar este acto de creación…

¿Qué hay en este mundo de Dios más glorioso que ser madre?»[7].

Qué bella descripción de esta noble vocación.

Debemos valorar el tiempo que pasamos ahora mismo con nuestros pequeños. ¡Estos son los buenos viejos tiempos que recordaremos en el futuro! Esta etapa de dedicación intensa a los hijos pasará más rápido de lo que nos imaginamos; pregunta a cualquier persona mayor. Después les veremos irse de casa en busca de sus propias aventuras.

---

[7] The Cardinal Mindszenty Foundation, P.O. Box 11321, St. Louis, MO 63105.

Tenemos una relación única con estos hijos en concreto que sólo nosotros podemos tener. Dios es el que ha decidido que nosotros seamos sus padres; Él no comete errores. A pesar de la diferente personalidad y nuestro temperamento, somos los adecuados.

Hemos de tener cuidado de no perder las oportunidades especiales de ser madres de estos niños, cuando estamos buscando un trabajo que valga la pena. Para mí, no hay otro trabajo más valioso o mejor remunerado que ser madre de Michael, Gabriel, Hannah, Jeremiah, Joseph y David; no hay libros más importantes que escribir que las epístolas vivas de mis hijos[8].

Dedicarnos a esta vocación, a la maternidad, significa dejar morir algunos de nuestros propios sueños y que Dios los resucite de otra manera. En vez de cantar en el coro, mi madre cantaba con y para nosotros. En vez de dar clases sobre las Sagradas Escrituras cuando éramos pequeños, mi madre nos las enseñó a nosotros.

Hay sueños que el Señor me ha pedido que deje de lado, por un tiempo, para que pueda dar más de mí misma a mis hijos pequeños. Y debemos recordar que también los mayores nos siguen necesitando. Tienen más necesidad de conversaciones profundas cuando llega el momento de plantearse cómo mantener y desarrollar sus propias creencias, iluminadas por la fe, a pesar de la presión del conformismo cultural en tantos temas.

El padre Dominic, de Ghana, me dijo una vez que en su lengua nativa la palabra para decir «madre» es «obaatan», que significa «mujer que recoge suciedad». Qué expresión tan bonita para resumir mucho de lo que hacemos: cambiamos pañales sucios; limpiamos la suciedad de nuestras casas; lavamos la ropa sucia; bañamos a nuestros hijos y les limpiamos las manos antes de comer; limpiamos sus heridas antes de besarlas; y les ayudamos a quitar rencores y enfados con su padre o con sus hermanos.

Mi tarjeta favorita del Día de la Madre fue la que le dio mi her-

---

[8]   San Pablo se refiere a los cristianos de Corinto como epístolas o «cartas vivas», «escritas no con tinta, sino con el Espíritu del Dios vivo» (2 Cor 3, 2-3). Igualmente, Scott y yo nos referimos a nuestros hijos como las cartas más importantes que podemos escribir, intentando que nuestros proyectos como escritores se mantengan en los límites adecuados.

mano a mi madre. Decía: «Feliz Día de la Madre. ¡Sólo quiero que sepas que te perdono por todas las veces que me llenabas la cara de saliva con tus besos!» (¿No hacemos todas eso?).

¿Te has preguntado alguna vez por qué los niños siempre nos dan a nosotras, su madre, sus porquerías, pasando incluso por encima de su padre? Porque somos mujeres que recogemos suciedad. Las madres reflejan el trabajo del Espíritu Santo, de limpiar y hacer que «quede limpio» o hacer una buena Confesión. Ponemos orden en el caos. Ayudamos a nuestro marido e hijos a comenzar un nuevo día con nuevo ímpetu. ¡Qué alegría!

Como María, necesitamos tiempo para reflexionar, para meditar en nuestro corazón las maravillas que Dios nos enseña a través de la maternidad, y cómo se sirve de nosotras en aquellos de los que somos madres física y espiritualmente. Nos aprovecharán las tardes de retiro, los ejercicios espirituales, el rezo del rosario y la Misa diaria. Recuerda lo que pensaba Santa Teresa: no podemos hacer por Dios nada más grande que las cosas pequeñas hechas con mucho amor.

IV

EL PLAN DE DIOS
PARA NUESTRO MATRIMONIO
¿INCLUYE UN ALMA MÁS?

8. PLANIFICACIÓN FAMILIAR NATURAL (PFN)

Cuando Scott y yo dejamos de usar anticonceptivos y optamos por la planificación familiar natural (PFN), también experimentamos otros cambios. Teníamos, cada uno, un mayor respeto por el papel que el otro desempeñaba en el poder creador de vida del acto conyugal: la semilla de vida de Scott, y mi vientre, soporte de la vida. Nos maravillaba más la belleza del plan de Dios en y a través de nosotros.

Como cada acto conyugal estaba ahora abierto a la vida, pensábamos mucho más que antes en la posibilidad de un embarazo. Antes no nos habíamos dado cuenta de cómo me había creado Dios: en el momento de la ovulación era cuando deseaba con más fuerza a Scott, es decir, cuando nos absteníamos. Esto reforzó la idea de que decidiéramos mes a mes lo que íbamos a hacer. ¿Realmente queríamos esperar?

Al principio, cuando les contamos a nuestra familia y amigos el cambio que habíamos hecho de control de natalidad a planificación natural, nos dijeron que estábamos locos; estábamos *arriesgándonos* a un embarazo. Nos quedamos sorprendidos: nos dimos cuenta de que todos nosotros, aunque éramos cristianos, habíamos hecho nuestra la forma de pensar actual de que el embarazo era un *riesgo*. ¡Qué pensamiento tan negativo!

¿Qué se nos viene a la cabeza cuando oímos la palabra «riesgo»? Nos *arriesgamos* a perder dinero en la Bolsa, corremos el *riesgo* de matarnos si no se abre un paracaídas al saltar de un avión, nos *arriesgamos* a padecer una infección después de un accidente o de una operación.

¿Cómo podemos asociar la alegría y la gracia de un nuevo ser humano –un alma que existe para toda la eternidad– con ese término? Más bien, deberíamos hablar de la «posibilidad» de un embarazo o de la «oportunidad» de un embarazo.

Poco después de nuestra decisión, fui a una conferencia sobre formas de control de natalidad, prevista en mi seminario, «Matrimonio y familia». El profesor incluyó en su lista el método del ritmo, pero no la planificación familiar natural. Me quedé atónita. El orador concluyó con una broma: «¿Cómo se llama la gente que usa el método del ritmo? ¡Padres!»

Mientras la clase se reía a carcajadas, intenté pensar cómo podría abordarle en el descanso. El corazón me latía fuertemente; me acerqué al profesor y le pregunté por qué no había mencionado la planificación familiar natural. Dijo que nunca había oído nada que no fuera el método del ritmo. Le aseguré que no eran lo mismo. Entonces me pidió que le contara a la clase en diez minutos, después del descanso, lo que le había dicho. ¡Menudo aprieto!

Presenté a la clase la planificación familiar natural. Aclaré que el método del ritmo se basaba en una misma fórmula para todas las mujeres, sin tener en cuenta la duración de los ciclos o el día de la ovulación. Éste era el motivo por el que no funcionaba demasiado bien.

«Sin embargo –les dije– ahora tenemos mucha más información sobre el funcionamiento del cuerpo de la mujer; sobre los indicios, como la temperatura basal y los cambios de la mucosa a lo largo del ciclo de la mujer, que reflejan cambios químicos que anteceden o siguen a la ovulación. Esa información ayuda a que la gente sepa cuándo puede intentar concebir o cuándo abstenerse con el fin de posponer el embarazo. Con este método, cualquier acto conyugal permanece abierto a la vida».

Hubo una respuesta sorprendente de la clase. Muchos estaban sinceramente interesados en algo que sonaba tan positivo, natural y sencillo. Ésta fue la primera oportunidad, de muchas, que tuve de exponer una visión sobre el acto conyugal muy diferente a la que habían oído los protestantes y (como descubrí más tarde) también muchos católicos.

¿Qué es la planificación familiar natural?

La planificación familiar natural es un método para identificar los signos de fertilidad e infertilidad femenina con el fin de hacer la concepción más o menos probable. Como el hombre es normalmente fértil todo el tiempo, se centra en determinar los momentos fértiles de la mujer, para así discernir el tiempo de fertilidad de la pareja.

Todo acto conyugal tiene que estar abierto a la vida. Esto no significa que tengamos la obligación moral de tener todos los hijos posibles. Dar el pecho, por ejemplo, está altamente recomendado, aunque puede hacer que se retrase la menstruación varios meses. Tampoco hemos de limitar el acto conyugal a los momentos en que seamos potencialmente fecundos; porque Dios ha establecido en el conjunto del ciclo de la mujer tiempos de infertilidad temporal y, más adelante, permanente.

Lo que significa es que en cada acto matrimonial no se debe frustrar su capacidad generadora de vida. Posponer el embarazo puede ser un buen fin, según unos criterios que trataremos más adelante; pero el fin no justifica cualquier medio. Los medios tienen que ser lícitos al igual que el fin. La planificación familiar natural *es* lícita porque, cuando la usamos, los actos conyugales continúan abiertos a la vida.

Este método es el que ha dispuesto Dios por medio de la enseñanza de la Iglesia, para la regulación de la natalidad por «motivos serios». Como apunta la encíclica *Humanae vitae*:

«Por consiguiente, si para espaciar los nacimientos existen serios motivos, derivados de las condiciones físicas o psicológicas de los cónyuges, o de circunstancias exteriores, la Iglesia enseña que entonces es lícito tener en cuenta los ritmos naturales inmanentes a las funciones generadoras para usar del matrimonio sólo en los períodos infecundos, y así regular la natalidad sin ofender los principios morales que acabamos de recordar»[1].

Daos cuenta de que la *Humanae vitae* contempla las condiciones de *los dos* esposos, cuando deja claro que la planificación familiar natural no se debe usar como una manera de rechazar la vida.

Durante los tiempos de fertilidad mutua y con el acuerdo de los dos, el hombre y la mujer se abstienen del acto conyugal con el propósito de no concebir. A la vez se ha de seguir el ejemplo que nos da un matrimonio de Round Rock, Texas: «La intimidad sexual ha estado siempre abierta a la vida. Con cada acto nos preguntamos uno al otro "¿Estás abierto a la vida?" incluso durante el tiempo de abstención».

Juan Pablo II enseña:

«No es posible practicar los métodos naturales como una variante "lícita" de una elección de cerrarse a la vida, que sería sustancialmente análoga a la que inspira la anticoncepción: sólo si existe una disponibilidad fundamental a la paternidad y a la maternidad, entendidas como colaboración con el Creador, el recurso a los medios naturales llega a ser parte integrante de la responsabilidad ante el amor y ante la vida»[2].

La planificación familiar natural implica abstenerse del acto conyugal periódicamente. Sin embargo, esta clase de abstención no es la que San Pablo condena como «espíritus seductores… Porque todo lo creado por Dios es bueno y no hay que rechazar nada si se toma con agradecimiento, pues queda santificado por la palabra de Dios y la oración» (1 Tm 4, 1-5).

El acto conyugal es bueno, pero la abstinencia temporal (como el ayuno) puede ser también buena. San Pablo reconoce la validez de la abstinencia por razones de piedad (cf. 1 Cor 7, 5), aunque advierte que si es prolongada podría conducir a la tentación.

En los últimos años, los científicos han desarrollado la planificación familiar natural basándose en el conocimiento del ciclo de fertilidad de la mujer.

---

[1] Enc. *Humanae vitae*, n. 16.

[2] Juan Pablo II, *Discurso* de 14-XII-1990, en *L'Osservatore Romano*, 17-XII-1990.

190

Los dos métodos naturales modernos más conocidos son el método sintotérmico y el método de la ovulación. Ambos se basan en el conocimiento de signos de fertilidad o infertilidad presentes en la mujer. Por esto, están lejos del método de calendario del ritmo, que se basa sólo en la historia cíclica anterior.

El método sintotérmico utiliza los cambios en las características de la mucosa cervical de la mujer y en su temperatura basal, y algunas mujeres también controlan los cambios físicos que ocurren en el cuello del útero. Los signos de fertilidad e infertilidad se usan siempre contrastándolos con varios resultados[3].

El método de la ovulación, desarrollado por los doctores John y Lyn Billings en Australia, enseña a las mujeres cómo analizar la mucosa cervical para identificar los signos de fertilidad. En 1976, el Dr. Hilgers y sus colegas se basaron en el trabajo del matrimonio Billings para desarrollar el *Creighton Model Fertility Care System*.

«Este método, fundado en la presencia o ausencia de flujo de moco cervical, está basado en un sistema de *biomarcadores* muy sensibles: el flujo menstrual y otras situaciones de pérdidas de sangre, días secos y días en los que el moco está presente, entre otras»[4]. Las mujeres hacen la gráfica cuidadosamente y, con la ayuda de expertos profesionales, evalúan su salud reproductiva.

El método sintotérmico combina varias formas de examinar los signos de la fertilidad (la temperatura basal, el aspecto de la mucosa y el aspecto del cuello del útero), y ofrece información de varias fuentes que permiten fundamentar nuestras decisiones. Sin embargo, en países en vías de desarrollo, donde los termómetros son un objeto de lujo, se ha enseñado el método de la ovulación (sólo el análisis del aspecto del moco) y ha tenido mucho éxito. Ambos métodos se basan en que la información observada se apunte cuidadosamente. Los dos funcionan bien.

---

[3] John Kippley, «What Does the Catholic Church REALLY Teach about Birth Control?», folleto de la Couple to Couple League, p. 10.

[4] Thomas Hilgers, *Creighton Model Fertility Care System*, Pope Paul VI Institute, Omaha, Nebraska, 1997, p. i (cursiva en el original).

Cuando se utiliza la PFN correcta y consistentemente, se adquiere una información útil para lograr el embarazo o posponerlo. Una pareja de Milwaukee, Wisconsin, empezó el matrimonio usando la PFN «con intención de concebir. Un instructor de planificación familiar natural me dio unos trucos sobre cómo asegurarme las oportunidades de concebir. Seguí el consejo y me quedé embarazada de nuestro primero hijo al mes siguiente. Me había casado con treinta y seis años... No tenía tiempo que perder».

Una pareja de Wheat Ridge, Colorado, cuenta una historia similar:

«Empezamos a intentar engendrar un hijo (¡y a decirlo así!) en la noche de bodas. Los dos somos hijos de familias numerosas (según los conceptos actuales) y queríamos tener una familia numerosa. Utilizamos la PFN para saber cuáles serían los mejores momentos para que ella se quedara embarazada –¡no para evitarlo!–. Esto me ha hecho conocer muy bien la biología de mi esposa. Y ella dice que le ha ayudado a apreciar la unidad del marido y la mujer, y la participación de Dios en el acto conyugal. Cuando nos casamos –para ambos era la primera vez– ella tenía veintiocho años y yo cuarenta. Estábamos más que preparados para tener una familia».

Un matrimonio de Los Ángeles, California, afirma: «Sólo usamos la PFN para ver cada mes cuál es nuestro mejor momento para concebir».

Más y más parejas que padecen infertilidad al menos temporalmente están recibiendo clases de planificación familiar natural y descubriendo lo útil que puede ser la gráfica. De hecho, con frecuencia los médicos ofrecen sólo asistencia limitada hasta que la pareja tiene al menos seis meses de gráficos válidos.

Cuando las parejas utilizan la PFN para posponer el embarazo, obtienen el 99% de efectividad[5]. Esto es ligeramente más efectivo que la píldora. La diferencia entre la contracepción artificial y la planificación familiar natural no es simplemente lo artificial frente a lo

---

[5] Cf. John y Sheila Kippley, *The Art of Natural Family Planning*, 4 ed., Couple to Couple League International, Cincinnati 1996, pp. 139ss.

natural, aunque ésta sea una diferencia importante. Una madre de Wyandotte, Michigan, dijo:

«No conocía otra opción más que la píldora. Un día, en el hipermercado, me topé con un libro sobre la planificación familiar natural. Acepté volver a la fertilidad y encontrar un método natural efectivo. La enseñanza de la Iglesia y la PFN, junto con la gracia de los sacramentos, hicieron posible que creciéramos en nuestro matrimonio y en nuestra fe».

La planificación familiar natural no puede hacer daño de ninguna manera. No tiene efectos secundarios perjudiciales.

Lo que no es la planificación familiar natural

Cuando W.C. Fields estaba en su lecho de muerte, pidió una Biblia. Un amigo suyo, que sabía que no era nada religioso, le preguntó que para qué quería una Biblia. Respondió: «Estoy buscando la coartada... la coartada».

La planificación familiar natural *no* es la coartada católica. No es la anticoncepción al estilo católico. El arzobispo de Denver, Charles Chaput, enseña:

«La anticoncepción es la decisión, por cualquier medio, de esterilizar una determinada relación sexual (...) La planificación familiar natural no es de ninguna manera contraceptiva. La decisión de abstenerse de una relación sexual fértil es completamente diferente de la decisión voluntaria de *esterilizar* una relación sexual fértil»[6].

Date cuenta de la diferencia fundamental entre disfrutar de la relación marital frustrando a propósito las consecuencias del potencial

---

[6] Arz. Charles Chaput, *On Human Life: A Pastoral Letter*, Office of Marriage and Family Life, Archdiocese of Denver, Denver 1998, p. 13 (cursiva en el original).

creador de vida y contenerse de esa relación durante el tiempo de fertilidad mutua por motivos de oración o por problemas graves.

La planificación familiar natural *no* es el método del ritmo [Ogino-Knaus]. Una madre de Schiller Park, Illinois, descubrió primero el método del ritmo:

«Mi marido pertenecía a la iglesia Metodista. Hablamos del tema de la anticoncepción antes de casarnos; él acordó que no utilizaríamos ningún tipo de anticonceptivos. Empecé a creer que la anticoncepción estaba mal en el colegio católico al que fui, cuando leí el *Catecismo de Baltimore*, que hablaba de este tema.

Yo quería tener seis u ocho hijos y mi marido lo aceptó. Esperaba quedarme embarazada inmediatamente, y cuando no me quedé (¡nos costó cuatro meses!), pensé que tenía un problema de fertilidad. Luego, tuvimos un bebé en diciembre y me quedé embarazada de nuevo en marzo siguiente.

Durante ese embarazo busqué información sobre el método del ritmo, que era el único método de planificación familiar natural del que había oído hablar, pues mi marido no quería tener un hijo todos los años. Esto era en 1956. En 1957 encontré un libro en Sears & Roebuck sobre el calendario del ritmo. Me sirvió de ayuda y no tuvimos nunca ningún embarazo sorpresa, aunque esto implicaba mucha abstinencia.

Cuando nació nuestro cuarto hijo, descubrimos la Liga de la Leche (1961). De repente, el plan de Dios para la fertilidad humana se hizo más claro. Dimos la bienvenida al espaciado natural que nos proporcionaba dar el pecho. Después de nuestro sexto hijo, el pastor nos preguntó que cuánto tiempo íbamos a "seguir así". No hubo muchas palmaditas en la espalda por parte del clero local (y aún siguen sin hacerlo). Hasta después de nuestro séptimo hijo no encontramos la *Couple to Couple League* (Liga de Pareja a Pareja).

Hubiera estado bien que nos hubieran dado en los cursillos prematrimoniales toda la información que finalmente recabamos. Pero quizás habríamos sido mucho más precavidos. (Con el método del ritmo es bastante fácil "tener una oportunidad" ¡y las «oportunidades» son hijos estupendos!) La PFN es una manera realmente fiable de planificar una familia; aunque sería fácil usarla de un modo egoísta, sobre todo si el profesor no hace hincapié en que es para situaciones graves».

194

Cuando una pareja utiliza el método del ritmo o la PFN para retrasar un embarazo, tiene que tener un motivo importante para hacerlo. La planificación natural *no* es lo que los católicos pueden hacer para ser tan egoístas como cualquier otro en nuestra cultura.

Una madre de Ohio, escribió: «Nos hemos tenido que comunicar mucho, y tambíen nos hemos controlado». Una madre de Nebraska dijo: «Fortaleció nuestra vida de oración».

«La planificación familiar natural no es fácil –admite una madre de Texas– especialmente para las parejas recién casadas. Cuando hay que posponerlo, es muy difícil contenerse de intimar. Pero nosotros sabíamos que la planificación familiar natural es un regalo de Dios; somos nosotros los que tomamos la decisión de esperar». Otra madre de Texas coincide: «Teniendo relaciones con menos frecuencia, luego es mayor nuestra pasión».

El autodominio, la comunicación interpersonal y el respeto mutuo necesarios para poner por obra la planificación familiar natural no es el comportamiento típico de personas egoístas. Sin embargo, la pareja necesita considerar periódicamente sus motivos, para asegurarse de que el egoísmo no está aumentando.

¿Qué diferencia hay entre utilizar los días infértiles (con la planificación familiar natural) y hacer infértiles unos actos concretos (a través de la anticoncepción)? La *Humanae vitae* trata este punto:

«En realidad, entre ambos casos existe una diferencia esencial: en el primero, los cónyuges se sirven legítimamente de una disposición natural; en el segundo impiden el desarrollo de los procesos naturales. Es verdad que, tanto en uno como en otro caso, los cónyuges están de acuerdo en la voluntad positiva de evitar la prole por razones plausibles, buscando la seguridad de que no se seguirá; pero es igualmente verdad que solamente en el primer caso renuncian conscientemente al uso del matrimonio en los períodos fecundos cuando por justos motivos la procreación no es deseable, y hacen uso después en los períodos agenésicos para manifestarse el afecto y para salvaguardar la mutua fidelidad. Obrando así, ellos dan prueba de amor verdadero e integralmente honesto»[7].

---

[7] Enc. *Humanae vitae*, n. 16.

La planificación familiar natural, usada con fe, puede fortalecer el matrimonio.

La PFN *no* es mejor simplemente porque es natural en lugar de artificial (después de todo, un termómetro es una pieza de tecnología). Aunque hay beneficios para la salud de los que cambian de la anticoncepción a la PFN, no es la naturaleza artificial de la anticoncepción lo que la hace inmoral, ni la naturalidad de la planificación natural lo que la hace moral. Juan Pablo II afirma:

«En cambio, cuando los esposos, mediante el recurso a períodos de infecundidad, respetan la conexión inseparable de los significados unitivo y procreador de la sexualidad humana, se comportan como "ministros" del designio de Dios y se "sirven" de la sexualidad según el dinamismo original de la donación "total", sin manipulaciones ni alteraciones»[8].

La diferencia clave es que, con la planificación natural, cada acto conyugal está abierto a la vida.

Este método *no* es la norma para la vida de casados, aun cuando un matrimonio se pueda beneficiar enormemente de usarla. Es lo que Dios y la Iglesia tienen pensado para situaciones muy difíciles. Marci notó una mejora de salud:

«He usado la planificación familiar natural sobre todo para controlar mi endometriosis. Usando el método sinto-térmico, sé cuándo algo no me va bien. Con la planificación natural, me podía preparar para una ruptura cística (una subida inusual de la temperatura por la mañana me avisaba de que algo iba a pasar ese día), y sé que algo va mal cuando observo cambios de temperatura extraños a mitad de ciclo. En vez de utilizar la píldora o cualquier otro tratamiento hormonal para la endometriosis, puedo aprender a vivir con ella usando la PFN (y, por supuesto, teniendo a mano calmantes potentes para cuando sea necesario)».

---

[8] *Familiaris consortio*, n. 32.

Gracias a Dios, la planificación familiar natural ha ayudado a parejas con problemas físicos, como la endometriosis, la infertilidad temporal y los abortos recurrentes. Sin embargo, un médico de Franklin Park, Illinois, expone la siguiente reserva:

«No creo que la planificación familiar natural sea necesaria o deseable para la mayoría de las personas casadas. Creo que todo el mundo debería conocerla y saber dónde aprender el método, si es necesario, pero no pienso realmente que todo el mundo tenga que conocer todos los detalles de cómo usarla, y mucho menos practicarla. No estoy de acuerdo con los que dicen que todas las mujeres deberían llevar gráficas de sus ciclos menstruales. Tanta preocupación por la fisiología es anormal.

Podríamos compararlo con un diario dietético, en el que alguien escribiera cada bocado que prueba. Esta medida podría ser necesaria para alguien con diabetes, alergia u obesidad grave, pero se consideraría un trastorno obsesivo-compulsivo para quien no tuviera ningún problema nutricional. En la sexualidad, donde la relación interpersonal es tan importante, tal preocupación por lo físico puede incluso ser dañina. Como la PFN, esto es, la abstinencia periódica con el fin de evitar el embarazo, es sólo apropiada «por motivos graves», es decir, casos de extrema necesidad, es descabellado que aquellos que no tengan tal extrema necesidad se centren en las funciones corporales».

Se podría pensar que este médico es un exagerado, pero lo que hace es recalcar el hecho de que la planificación familiar natural es más una medicina para situaciones difíciles, que una vitamina para una vida sana. La abstinencia se justifica cuando tenemos razones serias para posponer el embarazo. La clave es ésta: si no queremos recoger, no debemos sembrar. Si no, nos estamos burlando de Dios (cf. Gal 6, 7-8).

La *virtud* de planificar

Ya tengo experiencia: entro en una habitación notoriamente embarazada y alguien me pregunta: «¿Entraba en tus planes este hijo?»

Me paro antes de contestar; se me pasan mil cosas por la cabeza. ¿Cuál es la respuesta correcta?

Si digo «no», me darán el pésame antes de que pueda explicar mi alegría. Si digo «me lo ha mandado Dios», aún podría causar pena, porque Dios me habría mandado lo que dan por supuesto que es un hijo no deseado. Si digo «sí», podría provocar admiración por planificar tan bien mis hijos... Y todas estas respuestas están muy lejos de la verdad.

La sociedad actual mide si quieres al hijo o no, sobre la base de si lo has planificado o no. Una joven madre, Rita, se me acercó después de Misa. «Iba a tener mi tercer hijo en cinco años y un parroquiano me preguntó "¿Has planificado este hijo?, ¿lo quieres?" Me quedé estupefacta y le contesté: "no había planificado todos mis hijos, pero ¡a todos los quiero con toda mi alma!"»

Otro matrimonio en circunstancias muy similares se sintió acorralado después de Misa. Una pareja, de la misma edad, les preguntó si habían planificado este tercer hijo. El padre musitó: «Dios lo tiene en sus planes. ¿Y vosotros? ¿Vais a ir a por el tercero?»

La otra pareja sonrió de un modo un tanto condescendiente: «No —contestó el padre con orgullo—, pretendemos ser más espabilados que vosotros».

¿Más espabilados? Rechazar la vida no tiene nada que ver con ser más avispado.

Podemos examinar nuestra vida en la oración y, cuando haya un motivo importante para posponer el embarazo, según nuestro limitado entendimiento, abstenernos de las relaciones sexuales cuando pensemos que podemos quedarnos embarazadas. De todas formas, todo acto conyugal debe permanecer abierto a la vida. Y si del acto conyugal resulta una nueva vida, ese hijo es un regalo completamente inmerecido que Dios nos manda.

Amamos a Dios y le confiamos nuestros planes, incluida nuestra planificación familiar natural. Ponemos nuestra confianza en Dios, no en la planificación, porque creemos que podemos confiar en Él si nos manda hijos —aun cuando pensemos que no podemos con ellos—, porque su forma de ver las cosas es diferente a la nuestra.

¿Planifica alguien realmente a un hijo? ¡No! Nosotros planificamos cuándo vamos a mantener una relación abierta a la vida o cuándo nos vamos a abstener para evitar el embarazo, pero *sólo Dios decide crear un hijo.*

De hecho, no podemos tener un hijo que no entre en los planes de Dios. Uno de los problemas de la expresión «planificación natural de la familia» es que hace creer que es correcta la idea de que hay que planificar la familia. En consecuencia, familiares y amigos pueden dar por supuesto que la pareja tiene que justificar el que *no* use la planificación.

No es lo mismo paternidad responsable que planificación familiar natural, pero puede incluirla. No es lo mismo prudencia que retraso del embarazo hasta que podemos justificar estar abiertos a la vida. Paternidad responsable es asumir la responsabilidad de nuestra vida sexual.

Juan Pablo II dice: «El concepto de "paternidad responsable" contiene la disposición no sólo de evitar un "nacimiento más" sino también de incrementar la familia de acuerdo con los criterios de la prudencia»[9] . Abrimos el corazón, la mente y el cuerpo a una nueva vida y, si hay alguna dificultad, pensamos en el uso correcto de la PFN. Nuestro objetivo es la generosidad con Dios y del uno con el otro.

¿Cómo usar bien la planificación familiar natural?

¿Cómo podemos usarla bien? En primer lugar, tenemos que rezar para movernos con rectitud de intención. Le pedimos a Dios que nos demos cuenta del maravilloso regalo que es el acto conyugal, sabiendo que la concupiscencia puede empañar nuestra mente.

En segundo lugar, hablamos de nuestras preocupaciones interiores y compartimos nuestras ilusiones y nuestros deseos con el cónyuge. Nos escuchamos atentamente para sondear el corazón. Nos alentamos mutuamente a vivir una generosidad heroica.

También debemos sopesar las legítimas preocupaciones a la luz de la fe, sabiendo que tanto estar sencillamente abiertos a una nueva vida como practicar la planificación natural en la que todo acto con-

---

[9] Juan Pablo II, en *L'Osservatore Romano*, 5-XII-1983.

yugal esté abierto a la vida, pueden ser expresiones de fe en Dios y en los planes que tiene para nuestra vida. La pregunta es: ¿tenemos motivos importantes para posponer el embarazo? La pregunta no es: ¿está justificado que estemos abiertos a la vida?

En tercer lugar, pedimos consejo a personas de confianza: nuestro pastor o director espiritual, el médico, los padres. No pueden decirnos lo que hemos de hacer, pero a veces pueden ver la situación con más objetividad que nosotros. Una madre de Ann Arbor, Michigan, escribió:

«Conocía muy poco de la planificación familiar natural o de la doctrina de la Iglesia sobre esto antes de que nos lo explicara un sacerdote, que nos dio directrices y resolvió dudas. Empezamos la vida de casados usando la planificación natural, porque nos habían aconsejado que la usáramos el primer año de casados para posponer un embarazo y aprender a vivir como marido y mujer. Después la usamos para espaciar los hijos cada dos años. Sin embargo, siempre estuvimos abiertos a la vida, rezando para acoger la santa voluntad de Dios».

Valoramos los puntos de vista de quienes nos aconsejan, sabiendo que la decisión la tenemos que tomar nosotros solos.

Los padres del Concilio Vaticano II declararon:

«Este juicio, en último término, lo deben formar ante Dios los esposos personalmente. En su modo de obrar, los esposos cristianos tengan en cuenta que no pueden proceder a su arbitrio, sino que siempre deben regirse por la conciencia, que hay que ajustar a la ley divina misma, dóciles al Magisterio de la Iglesia, que interpreta auténticamente aquella a la luz del Evangelio»[10].

Nos planteamos con seriedad nuestro servicio a la vida (incluido, cuando sea necesario, el uso de la planificación natural) a la luz de las circunstancias por las que estamos pasando. Después, actuamos con la mayor prudencia posible.

---

[10] *Gaudium et spes*, n. 50.

Por último, si descubrimos que no hay ningún motivo serio para posponer el embarazo, nos amamos el uno al otro y ¡Dios dirá! Si vemos que hay una razón importante para retrasar el embarazo, aprendemos el mejor método de planificación natural de la familia y lo practicamos fielmente hasta que se resuelva nuestro problema. Al mismo tiempo, cada acto conyugal permanece abierto a la vida, física y afectivamente; y Dios realizará el plan que tenga, que será mejor que el nuestro.

Periódicamente revisamos en qué punto nos hallamos de nuestro proceso de discernimiento. Con nuestro esfuerzo sostenido por cambiar nuestra forma de pensar para que refleje la verdad de Dios, percibiremos nuevos puntos de vista que nos harán ver nuestra situación con nueva luz. Las circunstancias cambian y tal vez tengamos que variar nuestro modo de actuar de acuerdo con ellas.

A diferencia de la anticoncepción, este proceso de discernimiento exige cooperación y comunicación. Un matrimonio de Wadsworth, Ohio, dijo: «Hemos crecido en unidad, sacrificio personal, comunicación y valoración de los deseos y necesidades del otro».

La pareja no sólo se comunica acerca de las cuestiones de mayor intimidad, sino que las conversaciones frecuentemente les hacen abrirse a una comunicación total. Rachel y Matt, de Baltimore, Maryland, dijeron: «Empezamos a hablar cada vez más de muchos temas, no sólo de nuestras relaciones sexuales. ¡Gracias a Dios!» Y Theresa, de Illinois, comentó que, a través de la planificación familiar natural, ella y su marido «aprendieron, gradualmente, que el autocontrol ocasional en los temas sexuales (nos) llevó a tener más ocasiones de hablar y de pasar tiempo juntos de otras maneras».

Paul, un dentista de Akron, Ohio, describe el crecimiento espiritual que él y su mujer experimentaron después de revertir una vasectomía:

«No usamos la planificación familiar natural cuando nos casamos, sino que empezamos a usarla cuando revertí la vasectomía. Creo que ha tenido un efecto positivo en nuestro matrimonio por el hecho de que ambos permitimos que se cumpla la voluntad de Dios, no la de la ciencia. La planificación natural ha sido una bendición especial para mí como hombre, porque a veces, cuando me gustaría intimar con mi mujer y sé que no es un buen momento de su ciclo, lo ofrezco como un pequeño sacrificio en reparación por los pecados que he cometido en mi vida con relación a la sensualidad».

Cuando la planificación familiar natural es ejercida en la fe, produce buen fruto.

Que una pareja acuerde vivirla temporalmente no significa que sea fácil. Un marido relata su lucha: «Es difícil cuando se usa la planificación natural por un largo periodo de tiempo, porque induce a tensiones internas. Durante el ciclo fértil de mi mujer y los momentos de más deseo sexual, la planificación natural exige abstinencia. A nivel afectivo, se puede interpretar como una especie de rechazo».

Una vez más, la cooperación y la comunicación son esenciales.

Otras bendiciones de la planificación natural

La planificación familiar natural puede ser una expresión válida de entrega. Una esposa, y madre, de Chicago, Illinois, afirma: «Fortaleció nuestro amor, constituyó un estímulo para crecer en la fe y la confianza en Dios».

También puede hacer que valoremos más hondamente cómo nos ha creado Dios y, especialmente, cómo ha hecho a las mujeres. Una madre de Monterey, California, dijo que la planificación natural «ha mantenido la sacralidad del acto sexual y nos ha llevado a acercarnos más».

La PFN produce una alegría renovada, pues la pareja honra el principio de apertura a la vida, según cuenta Carl:

«Empezamos a buscar la planificación natural cuando nuestro hijo dejó de tomar el pecho; llevamos sólo un mes utilizándola. Siento una pasión ardiente de nuevo; mi mujer dice que vuelve a sentirse como una quinceañera. El entusiasmo es asombroso. ¿Y por qué? Porque antes nos reservábamos algo; es más, en el fondo sabíamos que estábamos haciendo algo mal. Después de comprometernos a usar la planificación natural, desapareció por completo ese sentimiento de culpabilidad y se vio reemplazado por una profunda sensación de que Dios nos bendecía. No quiero que suene raro, pero nuestra relación íntima ahora es más parecida a una oración. No podría haber ocurrido sin que nos comprometiéramos con el amor que da vida».

Una madre que vive en San Antonio, Texas nos lo confirma: «Somos más respetuosos con nuestra relación física. La cuidamos mucho más y sabemos que nuestra unión puede traer un hijo en cualquier momento».

La PFN puede ser una herramienta a través de la cual Dios hace crecer en nosotros las virtudes. Una madre de doce hijos de San Diego, California, escribe: «La planificación familiar natural ha afectado profundamente a nuestra relación. Mi marido me tiene en consideración. Ahora es más responsable».

Después de practicar la planificación natural al principio del matrimonio, María y su marido, de Milwaukee, Wisconsin, se dieron cuenta de que, para hacer frente a nuevos retos, se requieren las virtudes de la templanza y la prudencia. «Con la planificación natural estábamos en mayor sintonía con las necesidades espirituales y físicas del otro. Esto nos preparó también para mi embarazo, en el que, por los mareos y el cansancio, pasamos por periodos de abstinencia».

El autodominio que requiere este método, fomenta la consideración y el amor a nuestro cónyuge. ¿Podría ser ésta una de las razones por las que las parejas que practican la planificación familiar natural tienen una tasa de divorcio extremadamente baja, entre el 1% y el 2%, comparada con el resto de la población?[11]. Ser fértil no significa ser intocable; por el contrario, encontramos otros medios de amarnos el uno al otro, como la delicadeza, pero sin excitación, ya que podría ser frustrante.

Una madre de Boone, Iowa, resumió su experiencia:

«La planificación natural nos ha dado el precioso fruto de la confianza en el otro, la intimidad, la confianza en Dios, la apertura a la vida y los HIJOS. Todo esto es una bendición en la relación con mi

---

[11] Cf. Kippley, *Art*, cit., p. 245.

marido. La apertura y el respeto a la vida se los debo a mi madre presbiteriana, Dios la bendiga. Ella siempre nos aceptó, amó y cuidó. Los tres hermanos mayores sabíamos que nuestra hermana pequeña había sido una «sorpresa», pero esto no afectó a cómo la vieron mamá y papá o cómo la trataron. Si acaso, todos la quisimos más. Ésa fue la mejor lección que aprendí con su ejemplo, y me predispuso a aceptar con todo el corazón la enseñanza de la Iglesia Católica».

Mi experiencia de una familia numerosa recuerda a la experiencia de esta madre. El nieto número veinticuatro de mis padres (de cinco hijos), nació el año pasado. Se trata de una festiva celebración del amor y la vida; un constante ánimo para abrazar a nuestros esposos, confiando en que el Señor proveerá, y el júbilo del anuncio de cada nueva vida.

¿Es posible usar incorrectamente la planificación natural?

¿Puede usarse mal la planificación natural? Sí, cualquier buen regalo puede usarse mal. Hemos de revisar los motivos. El *Catecismo* advierte a las parejas acerca de la regulación lícita de la natalidad: «Deben cerciorarse de que su deseo no nace del egoísmo, sino que es conforme a la justa generosidad de una paternidad responsable»[12].

Con independencia de cuán erróneos sean nuestros motivos para practicar la planificación natural, a lo sumo, nuestro pecado será venial, a diferencia del pecado en que incurrimos con la anticoncepción, que objetivamente tiene una materia grave. ¿Cuál es la diferencia? La planificación natural es abstenerse –en vez de realizar– del acto matrimonial durante el tiempo en que la pareja es fértil; la anticoncepción es la oposición deliberada a la naturaleza dadora de vida del acto conyugal.

Ahora bien, el hecho de que usar de forma incorrecta la planificación natural sea «sólo» un pecado venial no debería agradarnos ni tranquilizarnos. Después de todo, se pasa tiempo en el purgatorio

---

[12] *Catecismo de la Iglesia Católica*, n. 2368.

por los pecados veniales. Y los pecados veniales pueden dar paso a los mortales. Así que, ¿cómo revisamos nuestros motivos para usar legítimamente la planificación natural?

Necesitamos una estrategia. En primer lugar, con la oración debemos proteger el corazón frente a nuestras debilidades y pecados. Después, tenemos que educar la conciencia de acuerdo con la verdad. Esto implica una conversión del corazón para que así estemos abiertos a la vida, realmente, con cada acto conyugal. Tendremos que luchar para reemplazar nuestro adoctrinamiento cultural por la verdad de Dios; esto es costoso. Y por último, debemos fortalecer la resolución de vivir con nuestros esposos para Dios, llenando sin cesar el corazón y la mente con la verdad sobre el amor conyugal, y confiando nuestro matrimonio a la Providencia de Dios.

¿Qué se entiende por «razones serias»?

Algunas veces estamos tan contentos de que nuestros familiares o amigos hayan aceptado usar la planificación familiar natural, en vez de la anticoncepción, que dudamos de si mencionar o no la necesidad de que haya «razones serias». Pero podemos estar ocultándoles una información importante. Como explicó una mujer: «Aunque hemos estado siempre abiertos a la vida, nunca supe, hasta hace unos pocos años, que la planificación natural tenía que usarse solamente ante situaciones graves».

No existe una lista que indique explícitamente cuáles son estas situaciones. La *Humanae vitae* dice:

«En relación con las condiciones físicas, económicas, psicológicas y sociales, la paternidad responsable se pone en práctica ya sea con la deliberación ponderada y generosa de tener una familia numerosa, ya sea con la decisión, tomada por graves motivos y en el respeto de la ley moral, de evitar un nuevo nacimiento durante algún tiempo o por tiempo indefinido.

La paternidad responsable comporta, sobre todo, una vinculación más profunda con el orden moral objetivo, establecido por Dios, cuyo fiel intérprete es la recta conciencia. El ejercicio responsable de la paternidad exige, por tanto, que los cónyuges reconozcan plenamente sus propios deberes para con Dios, para consigo mismo, para con la familia y la sociedad, en una justa jerarquía de valores»[13].

Hemos de considerar cuidadosamente cuáles son estos valores. Cuando una mujer, Rita, le habló de ellos a su esposo no católico, «él lo aceptó como un acto de confianza en Dios y de autocontrol para afrontar una paternidad responsable».

La oración es crucial en el proceso de discernimiento de la gravedad de las razones que tenemos para usar la planificación natural. Siempre respetuosa con la libertad dentro del sagrado vínculo matrimonial, la Iglesia no hace especificaciones. Nos confía el proceso a nosotros.

A veces nos enfrentamos a consideraciones conflictivas. Por ejemplo en 1 Timoteo 5, 8 se dice: «Si alguien no cuida [...] de los de su casa, [...] es peor que un infiel». Así que la preocupación económica es válida. Al mismo tiempo, Mateo 6, 25-34 nos dice que no seamos ansiosos; Dios cuidará de nosotros. Dios proveerá. Como pareja, ¿cómo interpretamos estas dos verdades?

Estas son las cuestiones que una pareja ha de tratar a fondo antes del matrimonio. ¿Cuáles son los principios sobre la apertura a la vida que primarán cuando hayan tenido ya algún hijo? Cuanto más coincidan en la forma de pensar, especialmente antes del matrimonio, menos conflictos experimentarán después sobre la cuestión de los hijos. Si prevén que va a haber problemas serios al comienzo del matrimonio, podrían plantearse posponer la boda.

Antes de casarte, intenta clarificar lo más posible tus principios. Una vez casados, descubrirás que quizá no coincidís en la forma de pensar: uno puede pensar que la planificación natural es necesaria desde ahora, y el otro no. Escucha el corazón de tu cónyuge y di lo que tienes también en el tuyo. No se trata de una lucha de poderes: «el amor no busca lo suyo» (1 Cor 13, 5).

Tanto abrirse a la vida sin la planificación natural, como usarla, puede hacerse desde la fe y debería hacerse sólo desde la fe; el miedo

---

[13] Enc. *Humanae vitae*, n. 10.

no es una motivación correcta. Debemos honrarnos mutuamente por medio de una conversación respetuosa y asidua, de la oración en común y por el otro, del deseo de unidad y del esfuerzo por sopesar nuestras convicciones en conflicto hasta que entendamos la voluntad de Dios para nuestro matrimonio. El Señor, que nos juntó, nos mostrará el camino.

Te propongo tres preguntas que pueden ayudar a discernir si usar la planificación natural:

1. ¿Tenemos razones de peso y graves para usar la planificación natural?

2. ¿Hemos considerado en la oración cuánto tiempo debemos utilizarla?

3. ¿Estamos de acuerdo sobre el uso de la planificación natural?

Decidir seguir estos criterios no es fácil, como reconocen Peter y Mary, de Illinois.

«A pesar de haber tenido siempre claro que estábamos usando la planificación natural correctamente para espaciar nuestros hijos, ahora tenemos dudas. Nuestra decisión de retrasar los nacimientos para proteger la salud de Mary o para ayudar mejor a nuestros hijos con los deberes del colegio, ¿es simple prudencia, o una muestra de falta de fe? ¿O deberíamos decir: "Nuestro Dios misericordioso sabe mejor cómo afectará este nacimiento a estos problemas y, aun sin usar la planificación natural, elegirá el momento apropiado, si quiere y cuando quiera mandarnos otro hijo"?

Sabemos que el que nosotros "decidamos" tener otro hijo no significa que Dios nos vaya a bendecir con uno. También sabemos que ahora, que tenemos treinta y tantos años, si tiramos las gráficas de la planificación natural y nos abrimos completamente al plan y al tiempo de Dios, podemos ser aún bendecidos con muchos más niños. ¿No es normal estar abrumado con ese pensamiento, aunque confiemos realmente en Dios y en su amor por nosotros?

No queremos estar en la misma situación del joven rico del Evangelio (Lc 18, 18-25), que se alejó tristemente de Jesús y de sus mandatos. Tampoco queremos considerar la concepción de hijos como un juego de números, como si Dios "calculara" nuestra santidad mediante una especie de fórmula por hijo».

Aunque quizá nos cueste leer las luchas internas de Peter y Mary, me parece una bendición. Se plantean cuestiones acuciantes y pertinentes que yo misma me tengo que preguntar. Transmiten la realidad del reto que tenemos por delante.

Nuestra fertilidad es un regalo frágil, ¿cómo podemos ser buenos guardianes de ella? ¿Qué problemas serios son legítimos para garantizar que hacemos un buen uso de la planificación natural? ¿Cómo confiaremos mi marido y yo nuestra vida a Dios de una forma más profunda, estando abiertos a la vida con la esperanza de que Él use nuestro humilde regalo del amor conyugal para construir su reino?

Servidores de nuestra fertilidad

Como personas casadas, tenemos una misión: nuestro amor tiene que confluir en una nueva vida; es nuestra tarea como cristianos. Los padres del Concilio Vaticano II enseñaron:

«En el deber de transmitir la vida humana y educarla, lo cual hay que considerar como su propia misión, los cónyuges saben que son cooperadores del amor de Dios Creador y como sus intérpretes. Por eso, con responsabilidad humana y cristiana cumplirán su obligación con dócil reverencia hacia Dios; de común acuerdo y propósito se formarán un juicio recto, atendiendo tanto al bien propio como al bien de los hijos, ya nacidos o todavía por venir, discerniendo las circunstancias del momento y del estado de vida, tanto materiales como espirituales, y, finalmente, teniendo en cuenta el bien de su propia familia, de la sociedad y de la Iglesia»[14].

Nosotros damos cuerpo al amor de Dios cuando entregamos la vida.

---

[14] *Gaudium et spes*, n. 50.

No sólo estamos para transmitir la vida, tenemos que hacerlo *en la fe*. Independientemente de si la planificación familiar natural forma parte temporalmente de esta misión o no, tenemos que vivir de fe. En Romanos 14, 23 se dice que: «todo lo que no es conforme a la fe es pecado». La planificación natural puede ser una expresión de fe; sin embargo, no es necesaria para vivir una vida de fe.

Siendo ése el caso, ¿significa la planificación natural que le estamos quitando el control a Dios?, ¿*toda* planificación natural demuestra falta de confianza en Dios?

No. El Señor, a través de la Iglesia, nos ha dado la planificación familiar natural como un regalo para que podamos conjugar, lo mejor que seamos capaces, nuestro deseo de tener hijos con la presencia de otros problemas. Damos gracias a Dios de que haya una manera de honrarle en medio de las dificultades. Usamos la planificación natural con fe, mientras haya una razón de peso para hacerlo.

En esto consiste el reto: una pareja puede abrazar la apertura a la vida sin la ayuda de la planificación natural y estar realizando una elección responsable y lógica; y otra pareja puede abrazar una apertura a la vida que incluya la planificación natural como expresión de su confianza en Dios. Ambas pueden ser decisiones responsables y llenas de fe.

Un matrimonio que confía en que Dios planifique su familia puede dar un gran testimonio de la Providencia divina. Más que criticados, deberían ser admirados por vivir de acuerdo con sus convicciones. A una pareja que confía en Dios de este modo no se la debería tratar como si estuviera desconectada de la realidad o fuera totalmente irresponsable. No se la debería castigar por tener la humildad de confiar a Dios el momento adecuado para tener hijos y el sexo de éstos. *Podemos* dejar en manos de Dios el número, sexo y espaciamiento de nuestros hijos.

Todo matrimonio que decide vivir sacrificadamente la cultura de la vida entre gente que va de cabeza hacia la cultura de la muerte, es un vivo signo de contradicción. Lejos de ser una fantasiosa irresponsabilidad, los esposos que confían el tamaño de su familia a Dios demuestran una virtud heroica, al admitir que el Señor entiende los infinitos detalles de la vida mejor que nosotros. Juan Pablo II enseña:

«Dios Creador invita a los esposos a que no sean ejecutores pasivos, sino más bien "cooperadores y como intérpretes" de su plan. Porque están llamados, en el respeto del orden moral objetivo establecido por Dios, a efectuar un *insustituible discernimiento de los signos de la voluntad de Dios sobre su familia*»[15].

Estamos ante un esfuerzo de cooperación entre la pareja y Dios. Debemos rezar, ser mutuamente sensibles y evaluar la seriedad de nuestra situación para poder confiar de verdad en Dios y actuar de manera responsable. Sin embargo, Juan Pablo II aclaró que «la paternidad responsable no está de ninguna manera dirigida exclusivamente a limitar los hijos y mucho menos a evitarlos; sino que significa también la voluntad de aceptar una familia numerosa»[16].

El clero debe llamar a las parejas a que vivan la paternidad responsable,

«para subrayar la actitud consciente y generosa de los esposos en su misión de transmitir la vida, que entraña un valor de eternidad, y para evocar una vez más su papel de educadores. Compete ciertamente a los esposos –que, por otra parte, no dejarán de solicitar los consejos oportunos– deliberar, de modo ponderado y con espíritu de fe, acerca de la dimensión de su familia y decidir el modo concreto de realizarla respetando los criterios morales de la vida conyugal»[17].

Por mucho que seamos generosos con Dios, nunca le sobrepasaremos.

La planificación familiar natural y los adolescentes

Sólo una recomendación sobre la enseñanza de la planificación natural a los adolescentes: no lo hagáis. La planificación natural es una información poderosa. En la típica edad, pueden dar por hecho

---

[15] Juan Pablo II, Discurso de 14-XII-1990. El santo Padre cita *Gaudium et spes*, n. 50.

[16] Juan Pablo II, en *L'Osservatore Romano*, 11-IV-1988.

[17] *Vademécum*, n. 3, 2.

que no se quedarán embarazadas si la están usando; sin embargo, no tienen en cuenta el fuerte deseo que experimentarán durante la ovulación (que es parte del plan de Dios). Los adolescentes no tienen por qué conocer esta información, que, además, requiere una virtud –que quizá aún no tengan– para abstenerse de usarla.

¿Tendrían que ser obligatorias las clases de planificación natural?

La preparación al matrimonio es el momento adecuado para que las parejas tomen una decisión informada sobre la anticoncepción y la apertura a la vida. Todos los novios quieren tener un matrimonio que vaya bien; nadie se casa pensando que va a fallar. Así que ésta es una oportunidad que no debemos perder.

Debemos dar la información más exacta posible sobre la planificación familiar natural de manera que la gente entienda cuándo puede utilizarse (por motivos graves), por qué puede ser usada (principios morales que la diferencian de la anticoncepción) y cómo se usa (enseñanza práctica del método). La *Couple to Couple League* ofrece en Estados Unidos unas clases excelentes impartidas por esposos que están totalmente convencidos y viven la verdad. De hecho, Mary y John, un matrimonio que lleva enseñando la planificación natural durante veinte años, ofrece apoyo continuo: «Hemos dado nuestro teléfono a todas las parejas, a las que hemos impartido clases, para darles ánimo, apoyo espiritual y afectivo para seguir la llamada de la Iglesia e invitarles a celebrar el amor y la vida de acuerdo con su plan».

Los líderes de *Engaged Encounter* en Wichita, Kansas, trabajan con los párrocos para dar los cursillos prematrimoniales. La primera clase presenta a las parejas el temario de las lecciones, que incluye temas como la destreza comunicativa, la habilidad para lidiar con asuntos económicos y cómo pelear sin perder las buenas formas.

La segunda clase es la de la apertura a la vida y la planificación natural. Los profesores terminan la clase diciéndoles a los novios que si se acuestan juntos habitualmente, tienen que dejar de hacerlo desde esa misma noche hasta la boda. Que tienen que confesar y que hay sacerdotes para atender sus confesiones antes de que se vayan. Pueden irse a casa habiendo hecho las cosas bien con ellos y con Dios.

Y es más: los profesores son conscientes de que a veces los novios viven juntos; como están en situación de pecado (y da la impresión de pecado, aunque no duerman juntos), los instructores ofrecen una solución: esa noche hay ahí familias que quieren acoger a una persona de la pareja y ofrecerle una habitación gratis hasta la noche de su boda. ¡Eso es enseñar sin tapujos y ofrecer soluciones concretas para problemas reales!

La información sobre la planificación familiar natural debería enseñarse en el contexto más amplio de la misión de apertura a la vida en el matrimonio. Juan Pablo II escribe:

«A la formación de la conciencia está vinculada estrechamente la *labor educativa*, que ayuda al hombre a ser cada vez más hombre, lo introduce siempre más profundamente en la verdad, lo orienta hacia un respeto creciente por la vida, lo forma en las justas relaciones entre las personas [...] La labor de educación para la vida requiere la *formación de los esposos para la procreación responsable*. Esta exige, en su verdadero significado, que los esposos sean dóciles a la llamada del Señor y actúen como fieles intérpretes de su designio: esto se realiza abriendo generosamente la familia a nuevas vidas y, en todo caso, permaneciendo en actitud de apertura y servicio a la vida incluso cuando, por motivos serios y respetando la ley moral, los esposos optan por evitar temporalmente o a tiempo indeterminado un nuevo nacimiento»[18].

Pam, de Vermilion, Ohio, dijo: «Creo que los esposos deben conocer la opción de la planificación natural, pero hay que animarles a usarla (para posponer un embarazo) sólo por motivos graves. Hay que animarles a estar abiertos a la vida desde el principio».

Algunos jóvenes se casan entendiendo la belleza de la vocación del matrimonio. Ryan y Rachel, unos estudiantes recién prometidos, resumen la doctrina de la Iglesia de la siguiente manera: «El regalo de Dios de su amor que da la vida desde la cruz iguala y santifica el amor dador de vida presente en el sacramento del matrimonio. Es muy

---

[18] Enc. *Evangelium vitae*, n. 97.

simple: vivir para los demás, morir a uno mismo, amar como Dios. Eso es el matrimonio cristiano».

Qué bendición para una pareja de novios afrontar el matrimonio con un concepto tan claro de la naturaleza del sacramento. Hemos de rezar por ellos, porque están intentando vivir estas verdades en un mundo que se burla de esta actitud.

Si estas clases fueran tan sólo aconsejables, muchos novios no las cursarían debido a la falta de tiempo o el desinterés. Quizá piensen que si no son obligatorias, es que no son importantes. Una madre de North Ridgeville, Ohio, concluyó: «Me hubiera gustado haber entendido el papel de Dios en el acto conyugal en vez de aprender simplemente las partes del cuerpo y cómo nacen los hijos. Creo que algún día será importante para mis hijos no sólo conocer la doctrina de la Iglesia, sino entender por qué somos fieles a ella».

A veces las autoridades de la Iglesia han intervenido en contra, aunque cueste creerlo, cuando algún matrimonio ha pensado enseñar la planificación familiar natural en el contexto de la doctrina de la Iglesia. Una mujer de Texas afirma: «No podemos explicar la moralidad de la planificación natural o de las enseñanzas de la Iglesia, sino que, por el contrario, tenemos que fomentar su lado bueno. Después de asistir a los cursos, me dio la impresión de que a la gente se le enseñaba un modo de "control de la natalidad" católico y que se omitían los "motivos graves".»

En Illinois un sacerdote dijo que no exigiría los cursos de planificación natural para la preparación del matrimonio porque prefería que las parejas vivieran en la ignorancia en vez de en pecado mortal. Por asombroso que pueda parecer, la Iglesia afirma, en el marco de la confesión, que el sacerdote no debería instruir al penitente sobre la castidad conyugal. El problema es que cuando se le dice al pecador un pecado que puede haber cometido, y del cual no tenía intención de confesarse en ese momento, podría no expresar arrepentimiento por ese pecado; los pecados no confesados no pueden ser absueltos.

«Ciertamente continúa siendo válido el principio, también referido a la castidad conyugal, según el cual es preferible dejar a los penitentes en buena fe si se encuentran en el error debido a una ignorancia subjetivamente invencible, cuando se prevea que el penitente, aun después de haberlo orientado a vivir en el ámbito de la vida de fe, no modificaría su conducta, pasando a pecar formalmente»[19].

Pero de todos modos, el párroco deberá escoger otros momentos para instruir a los feligreses para que sus matrimonios sigan la verdad.

«Sin embargo, aun en esos casos, el confesor debe animar a estos penitentes a acoger en su vida el plan de Dios, también en las exigencias conyugales, por medio de la oración, la llamada y la exhortación a la formación de la conciencia y la enseñanza de la Iglesia»[20].

Uno de esos momentos podría ser un curso prematrimonial obligatorio, que incluyese la enseñanza de la planificación natural de la familia.

Si el sacerdote de la parroquia, o mejor aún, el obispo local hiciera obligatorias las clases, las parejas encontrarían el tiempo para asistir. Si lo enseñáramos bien, los novios estarían muy interesados. Una pareja que enseña la planificación familiar natural en la diócesis de Long Island, Nueva York, contó:

«Si todas los novios de los cursillos prematrimoniales tuvieran que asistir a las clases de PFN sería estupendo, pero si no es así en toda la diócesis, no es efectivo. En nuestro caso, colaborábamos con dos parroquias de Long Island que hicieron las clases de planificación natural obligatorias, como parte de sus cursillos prematrimoniales. Nosotros impartíamos el curso y esperábamos que los novios quisieran estar allí. ¡Cuando fue obligatorio, tuvimos muy poca cooperación e incluso una actitud negativa entre los asistentes! Esto hizo que fuera una experiencia desagradable para los que querían conocer la planificación natural».

Ingrid, de Pound Ridge, Nueva York, advirtió: «Por lo que he leído de la planificación natural, me gustaría que hubiera sido un requisito cuando me casé. No puede hacer ningún mal a los esposos».

---

[19] *Vademécum*, n. 3, 8.
[20] *Ibíd.*, n. 3, 8.

Los profesores no deberían dar por supuesto que los matrimonios tienen que usar la planificación familiar natural. Por el contrario, deberían informarles de que es por si tuvieran un caso grave. Robin lo explicaba así a la clase, porque «si no, les podrían engañar los anuncios de anticonceptivos que asemejan la PFN al método de Ogino-Knaus y divulgan información errónea».

Una joven madre de Round Rock, Texas, señaló: «Muchas parejas ni siquiera saben que la planificación natural existe». Monica y Edmund también animan a las parroquias a que tengan una clase que es tan necesaria: «Ésta es una cultura contraceptiva y la Iglesia debe ayudar a las parejas a vivir la enseñanza de Cristo». «Sería un avance en la lucha contra la cultura de la muerte», afirma una madre de Lacrosse, Wisconsin.

Tina, convertida al catolicismo, se dio cuenta de cuántos católicos tienen la misma actitud que la de la cultura actual. «Había estado abierta a la vida porque me lo habían enseñado claramente desde siempre. Desde que me convertí me impresionó mucho cuántos católicos que he conocido hablan de sus hijos como si fueran posesiones: "Sólo quiero dos niños", "nunca podría tener muchos niños" y "está loca por tener hijos". Esto me preocupa mucho».

Es muy importante cuándo y cómo se enseña la planificación familiar natural. Anne reconoció que estos cursos tienen valor «sólo si se enseña el sentido espiritual y moral que poseen». Cuenta el problema de Dan y Jean: «Por experiencia sabemos que muchas parejas usan la planificación natural sin tener razones importantes para hacerlo. A veces, cuando se enseña la PFN, se enseña con un vacío moral». Una madre de Monterrey, California, escribe que la clase debería obligatoria «para que sepan que es una posibilidad y conozcan bien cuál es la doctrina de la Iglesia».

Muchas veces los novios están absorbidos por los detalles del día de su boda y no se preparan adecuadamente para el matrimonio. Anne menciona alguna de las decepciones con las que se enfrentó ya casada, que podrían haber sido menores con un buen cursillo prematrimonial.

«Me gustaría que alguien me hubiera preparado avisándome de que otras personas (cristianos, católicos, personal médico, familiares y ¡extraños!) me harían comentarios desagradables, duros e impertinentes contra los hijos, la mujer y el sexo.

Me gustaría que alguien me hubiera preparado para los desacuerdos o malentendidos que tendría con mi marido; a pesar de que ambos aceptamos las enseñanzas de la Iglesia. Mi marido se casó un poco con la mentalidad de que, como se había abstenido de tener relaciones antes del matrimonio y como ni él ni yo usaríamos la anticoncepción, él se «merecía» o tenía derecho a que tuviéramos relaciones siempre que quisiera.

También sé que a mi marido le llevó mucho tiempo darse cuenta de lo cansado que era para mí el embarazo. Esto causó resentimientos y malentendidos entre nosotros. Por mi parte, me gustaría haber sabido que mi marido necesitaba mucha cercanía física para sentirse próximo a mí».

Los esposos podrían evitar conflictos futuros, o al menos disminuir los roces, si entendieran los principios necesarios en la comunicación y la cooperación para tener un buen matrimonio, especialmente en el aspecto de su relación física.

Situaciones difíciles

Cuando un esposo lucha con la planificación natural, puede haber muchas emociones conflictivas. El marido de Luanne «aparentemente lo aceptó, pero internamente se sentía rechazado». Una madre de Lockport, Louisiana, dijo: «No es que me emocione la planificación natural. Cuando la usamos durante largos periodos, tiene pensamientos y deseos impuros. ¡Esto hace que la planificación natural sea muy difícil y desagradable para ambos!»

Patricia y William pensaron que la planificación natural les ayudaría, pero les añadió tensión. Uno de los dos tenía miedo de que la planificación natural no fuera efectiva.

«Puede que no merezca la pena la tensión que puede producir. Empezamos a usar la planificación natural después de tener cinco hijos, el mayor de cuatro años. La PFN no tuvo un efecto positivo en nuestra relación. Teníamos muchos hijos y mi marido estaba intentando establecerse como abogado, mientras continuaba la enseñanza en la universidad, sus padres eran mayores, necesitaban de nuestra ayuda y dependían de nosotros para mantenerse y desplazarse.

Yo tenía unos ciclos extremadamente irregulares (de treinta y cinco a sesenta días). El poco tiempo que teníamos el uno para el otro debíamos aguantar las restricciones. Siempre habíamos sido una pareja que intentamos darnos a nosotros mismos lo más posible y simplemente no teníamos tiempo de controlar mucho nuestro tiempo y los planes. Esto puede ser difícil de entender, pero os estoy contando precisamente lo infelices que éramos con la planificación natural. Nuestro mayor regalo y alegría han sido nuestros hijos».

Eileen luchó con su miedo a la maternidad:

«Yo no pensaba que pudiera ser una buena madre. La parte irónica de la planificación natural es que el momento en el que el cuerpo te dice que está interesado en el sexo, es el momento en el que tienes que contenerte si no quieres un embarazo. Las veces en las que no tenía ganas fueron también decepcionantes porque este acto no era dador de vida. Empecé a sentirme usada. Ahora, aprecio este regalo de Dios».

A pesar de la experiencia decepcionante, esta madre es capaz de apreciar la planificación natural.

La PFN puede ser un desafío cuando sólo uno de los esposos está convencido de que la anticoncepción es errónea, como experimentó esta madre de diez hijos:

«No podía estar abierta a la voluntad de Dios y a la vez usar la anticoncepción. La contracepción iba en contra de la voluntad de Dios. Simplemente lo justificaba diciendo que si era la voluntad de Dios que tuviera hijos, ¡que me hubiera hecho hombre! Cuando dejé de usar la anticoncepción, mi marido insistía en que usáramos algo; yo le repetía que lo que usáramos tenía que estar aceptado por la Iglesia. No nos dijeron cuáles eran las razones legítimas para usar la planificación natural. Nos la enseñaron y la practicamos con la misma mentalidad que el control de la natalidad, a excepción de que me podía confundir y quedarme embarazada, por lo que seguía estando abierta a la vida.

A mi marido no le gustaba la planificación natural. No quería tener períodos de tiempo en los que yo no estaba disponible. Me hacía sentir culpable de mis períodos fértiles cuando él tenía que abstenerse. Yo intentaba evitar cualquier cosa que pudiera provocar su deseo, así no estaría en la situación de tener que decir: "esta noche no". Nos distanciamos y nos enfadamos mucho».

Quizás, si hubieran tenido una clase sobre el matrimonio, que les explicase la planificación familiar natural en su verdadero sentido, habrían evitado parte de este dolor.

Al principio, una pareja usó la anticoncepción «por nuestro miedo a nuestra fertilidad. Ahora me doy cuenta de que usar la anticoncepción provocó muchas cargas en nuestro matrimonio. Cambiando a la planificación natural conocí el amor sacrificado. Esto fue básico en la reconversión a mi fe y en conducir a mi marido a la Iglesia».

Dos parejas que cambiaron de la anticoncepción a la PFN descubrieron cambios muy positivos en su relación. El primer matrimonio contó: «Nos queríamos más, nuestra relación era más fuerte, nos respetábamos mutuamente y nuestra admiración por Cristo era mayor. Aceptamos los hijos abiertamente y todavía vivimos nuestra vida de esa manera». Los otros esposos, John y Barbara, hablaron de un sentimiento parecido: «Junto con otros aspectos de nuestra conversión, el cambio mejoró radicalmente nuestro matrimonio».

La enseñanza de la Iglesia de abrirse a la vida ha conducido a algunas personas a la Iglesia Católica. Esta es la historia de una familia.

«Yo nací y crecí en una familia de judíos ortodoxos en el medio del cinturón de la Biblia. Siendo "testigo del cristianismo" durante gran parte de mi vida, me convertí en una "cristiana en secreto". Poco después de casarme, uno de mis ovarios desarrolló un quiste que se rompió.

»El médico me dijo que probablemente me lo tendría que extirpar y con la endometriosis y otros problemas, la probabilidad de concebir hijos era mínima. Mientras me llevaban a la sala de operaciones, despojada de todo, le dije a Dios Padre que si podía tener hijos en los próximos tres o cinco años, le dedicaría mi vida, y la vida de mis hijos, a Él y a Jesús. Cuatro meses después me quedé embarazada y me di cuenta de que, incluso aunque fuera antes de tiempo, sería mejor que cumpliera el trato. Entré en los cursos de iniciación cristiana y recibí los sacramentos plenamente esa Semana Santa.

»Hace cuatro años, empezamos a atender a las palabras del Papa y las enseñanzas de la Iglesia sobre la planificación natural y a ponerlas en práctica en serio. Nuestros queridos amigos de la Iglesia fueron el modelo excelente para someter nuestras vidas totalmente a Dios (y al otro) y confiarle nuestra familia toda la vida. No resultó fácil: los dos últimos embarazos fueron una prueba de y para nuestra fe.

»Yo había tenido dos nacimientos prematuros, cinco cesáreas, y muchos problemas en los dos últimos embarazos. (Varios médicos nos habían dicho que no había forma.) Tuvimos que enfrentarnos a cinco abortos, entre los que había dos parejas de gemelos. Todo parecía desesperanzador; pero sabemos que no hay nada imposible para Dios. (También deseábamos un niño… las cuatro chicas habían estado rezando para tener un hermano.)

»En noviembre, me enteré de que estaba embarazada y empezó la diversión. Estaba de nuevo en estricto reposo… sangrando y rodeada de problemas y malas noticias. Le pedimos al sacerdote que me impartiera la Unción de Enfermos; comulgamos, pedimos la ayuda de los ángeles, santos (incluido San Gerardo) y de la Santísima Virgen, y las oraciones de nuestros amigos. Y volví a leer los versículos de la Biblia que me habían ayudado en otros embarazos.

»Ofrecimos el tiempo, el sacrificio y los inconvenientes que suponía el embarazo para toda la familia, por el hijo no nacido y «no salvado». Siete meses de prueba; el tiempo que dedicamos a la educación de los hijos en la familia nos mantuvo juntos, y Dios estaba con nosotros. Desde la semana veintidós, me pondría de parto si permanecía de pie o sentada más de unos minutos, y estuve con medicación intravenosa durante las últimas seis semanas.

»De hecho, el parto se adelantó irremediablemente un mes y medio. Se me empezó a desgarrar el útero, además de otras complicaciones. Llegó el final de mis años de poder tener hijos. El Señor nos bendijo con un maravilloso niño de casi dos kilos, Max (por San Maximiliano Kolbe, por supuesto). ¡Dios ha sido tan bueno!»

A pesar de las numerosas pruebas por las que pasó, esta familia está contenta por haber puesto en práctica la nueva forma de pensar que tenían.

Un matrimonio de Wilmington, Delaware, se dio cuenta de que Dios no les estaba llamando a utilizar la planificación natural: «Después de un corto periodo de tiempo descubrimos que ni siquiera la planificación natural era lo que Dios quería para nosotros. Él quería que permaneciéramos abiertos a la vida y aceptáramos todos los hijos con los que quería bendecirnos».

Anne, de Fairview Park, Ohio, y su marido resumieron su experiencia: «Dos embarazos, dos preciosos hijos; ¡imagínate si llegamos a usar la planificación natural en los dos meses que concebimos y nos quedamos sin tener hijos!»

Otro matrimonio pasó «de usar anticonceptivos a aceptar totalmente el número de hijos que Dios quisiera darles. Esto tuvo un efecto positivo en nuestra relación. Los frutos fueron obvios: ¡Faye, Tessa, John y María! El volver a regular la natalidad usando la planificación natural ha alterado nuestra relación. Los frutos no son tan obvios y son mucho más difíciles de lograr; es purificante.»

Otra pareja relata las circunstancias en las que la PFN les había ayudado a través de las dificultades en su servicio a la vida. Nos lo cuenta Paul.

«Mi mujer y yo empezamos a aprender la planificación natural aproximadamente un mes antes de nuestra boda. Aunque no tuvimos ningún problema en entender el proceso, nos llevó varios años entender su valor y sus implicaciones. También aprendimos a lo largo del camino que una pareja puede cometer un pecado si usa la planificación natural por motivos egoístas. Por esto, reconsiderábamos con asiduidad nuestras razones.

Decidimos usar la planificación natural cuando nos casamos, sólo porque nuestra familia sugirió que sería de personas «inteligentes» dedicar algún tiempo para que nuestro matrimonio creciera antes de empezar una familia. Dejamos de usar la planificación natural unos seis meses después de casarnos.

Como mi esposa se pone muy enferma durante los dos o tres primeros meses de embarazo (tenemos ahora tres hijos), decidimos –habiendo rezado mucho– distanciar los nacimientos de nuestros hijos. Ellos ahora tienen cinco años, tres, y el último, dieciocho meses.

Durante los últimos siete años, hemos aprendido mucho el uno del otro por usar la planificación natural. Entiendo mejor por qué el carácter de mi mujer cambia frecuentemente. Al principio de nuestro matrimonio, antes de comprender la psicología de mi esposa, me tomaba como algo personal muchas de las cosas que hacía. La planificación natural nos ayudó a aprender cómo darnos el uno al otro sin reservas, para que cada momento que pasamos juntos renovemos nuestro matrimonio y que éste esté completamente abierto a la vida».

Qué testimonio tan bonito de cómo la planificación natural puede ser un instrumento de ayuda en la dificultad. El matrimonio Brocks expresa la alegría de abrirse a la vida, incluso en medio de la pérdida de su hijo de dos meses. La planificación natural les ayudó durante ese difícil momento.

«Desde que nuestro segundo hijo nació, dejamos que Dios tomara el control de nuestra fertilidad y estábamos abiertos a todos los hijos que Él quisiera darnos. Sólo hemos tenido desde entonces (hace treinta años) una circunstancia seria para usar la planificación natural durante seis meses. Estar abiertos a la vida y ser generosos con Dios ha hecho verdaderamente de nuestro matrimonio y de nuestra vida familiar una aventura emocionante.

Podíamos haber perdido muchas de sus bendiciones y haber parado en el cuarto hijo, como habíamos planificado. Estoy esperando nuestro decimotercer hijo para el próximo septiembre, a los cuarenta y un años. Cinco de nuestros hijos se han ido antes que nosotros con Dios. Nos parece que en la sociedad actual, que va en contra de los niños, se habla demasiado de la carga que supone un hijo. Hace falta coraje y claridad de mente para olvidar las razones que te hacen evitar ser cooperador en la creación de un alma más, y hay que ser heroicamente generoso».

Si abrazamos la verdad sobre la apertura a la vida, aceptando con totalidad a nuestros esposos, difundiremos el Evangelio de la Vida a los que nos rodean y a las generaciones futuras.

9. ¿PODEMOS ABRIRNOS A UN ALMA MÁS? RESPUESTAS A LAS OBJECIONES MÁS FRECUENTES

El orden de prioridades supone para todos los matrimonios un reto. ¿Cómo organizamos las fuerzas que nos quedan, los recursos económicos, nuestra fortaleza emocional y el estado psicológico en que nos encontramos? ¿Podemos contemplar la posibilidad de un alma más como fruto de nuestro amor?

Cuando mis hijos no quieren ayudar a los demás por algo, rara vez dicen «no». Sus negativas son normalmente mucho más indirectas: «ahora mismo no puedo», «tengo que hacer otra cosa», «estoy ocupado», «no tengo tiempo», «no sé hacerlo».

Se les ve a la legua. Dan unas excusas legítimas, pero se están negando a ayudar a los demás en ese preciso momento.

Algunos de nosotros nos hemos enfrentado a la cuestión de abrirnos a la vida y tratamos de encontrar una manera creativa de decir «no» a nuestro Padre celestial. Podemos tener razones legítimas, razones de peso, para negar el regalo que supone un hijo en este momento, pero también podemos no tenerlas. ¿Cómo discernirlo?

En primer lugar, debemos rezar para que nos ilumine, porque «si alguno de vosotros carece de sabiduría, que la pida a Dios, que da a todos abundantemente y sin echarlo en cara, y se la concederá» (Sant 1, 5). Además, debemos confiar más en el Señor que en nuestras propias percepciones (cf. Prov 3, 5-6).

En segundo lugar, sabemos que todo lo que no es conforme a la fe es pecado (Rom 14, 23), así que debemos estudiar nuestros motivos: ¿se trata de fe o de miedo? Entonces debemos pedir: «¡Auméntanos la fe!» (Lc 17, 5) Y Él lo hará. A veces no nos damos cuenta de que se ha enturbiado nuestra visión de lo que el matrimonio puede y debe ser.

En tercer lugar, necesitamos el apoyo y la fuerza del cuerpo de Cristo para vivir nuestra misión, y también tenemos que ofrecérselo a los otros. Juntos, podemos superar los obstáculos que dificultan el discernimiento y, así, aceptar la voluntad de Dios y su cumplimiento. Más información y otros puntos de vista nos ayudarán a esclarecer los motivos y a rectificar la intención.

Aquí encontrarás algunas rápidas respuestas a legítimas preocupaciones relacionadas con la doctrina de la Iglesia sobre la apertura a la vida. No se pretende ridiculizar estas objeciones, aunque se pueda apreciar cierto humor en las respuestas. Consideremos juntos las objeciones más frecuentes a aceptar el regalo de una nueva vida, un alma más, en nuestra familia.

Motivos físicos

Enfermedad grave o muerte

Nuestro estado físico puede ser muy grave. No podemos hacer oídos sordos a la opinión de un médico que nos dice que otro embarazo podría ser gravemente perjudicial –o podría causarnos incluso la muerte–, sólo porque queramos tener más hijos. Si el médico nos prescribe la píldora o recomienda la histerectomía, y no buscamos estos recursos por su efecto anticonceptivo, no es pecado.

Los médicos pueden no estar pensando en las consecuencias espirituales cuando nos dan un consejo. Una madre de Lockport, Louisiana, expresó su preocupación por todas las cesáreas que le habían hecho:

«Estoy rodeada de buenos amigos y familiares (y médicos) que me recuerdan continuamente los «peligros» de las operaciones reiteradas. Sé que lo hacen con buena intención, pero me llevan a cuestionar si estoy haciendo lo que debo, y también si es bueno mi deseo de tener más hijos. Internamente, confío en que Dios me cuidará; pero a veces me pregunto: ¿cuánto tiempo más podrá resistirlo mi cuerpo? ¿Cómo reconcilio mi deseo de confiar en Dios, con el miedo a forzar demasiado mi cuerpo?»

Ciertamente no debemos comprometer de forma intencionada nuestra capacidad para criar los hijos que Dios ya nos haya dado; pero a la vez, no todos los médicos comparten nuestro punto de vista de apertura a la vida. Sus ideas pueden influir en sus consejos más de lo que podemos percibir.

En Joliet, Illinois, a dos de mis amigas les dieron casi el mismo consejo. Una mujer fue a ver al médico después de su tercer parto y éste le desaconsejó tener más hijos, recordándole: «Tres hijos ya son una familia considerable». Poco después, esa amiga habló con otra amiga común que acababa de tener su segundo hijo. El mismo médico le había desaconsejado tener más hijos, diciéndole «Dos hijos ya son una familia considerable».

Las dos mujeres querían tener una segunda opinión. Y en ambos casos, esta segunda opinión les demostró que no había razones médicas para no tener otro bebé.

Los médicos no lo saben todo. Una pareja cuenta: «Se nos aconsejó abortar [después de tener un bebé que nació muerto y con graves anomalías]. Nos dijeron que parecía que se iban a repetir las anomalías de nuestro hijo si volvíamos a concebir. Dos años después usamos la planificación familiar natural para intentar concebir. ¡Funcionó! Anne tiene ahora tres años (y está completamente sana). Todavía deseamos más hijos. Hágase Tu voluntad…».

Otra madre nos contó su caso:

«Hay veces en que la salud de una mujer puede peligrar por un embarazo. De todas formas, he hablado muchas veces con mujeres cuya situación era mucho menos peligrosa que la mía, pero que habían recurrido al control de la natalidad o a la esterilización sin utilizar la planificación familiar natural, o confiar en Dios. Muchas estaban arrepentidas de lo que habían decidido.

»Cuando tenía veintiún años, trabajaba en un hospital. Estaba levantando a un paciente y me hice daño en la espalda. Volvía en ascensor de la sala de urgencias a la planta donde trabajaba. El ascensor se estropeó y me di un tirón muy fuerte, que me dislocó una vértebra en la zona lumbar. Me dolía muchísimo. Durante las dos semanas siguientes estuve tomando calmantes y relajantes musculares, y me hicieron numerosas radiografías sin protección, debido a la localización de la lesión.

»Me levanté una mañana con bastantes náuseas. Pensé que podía estar embarazada (hasta ese momento los médicos no me habían preguntado si podía estarlo). Cuando comuniqué la sospecha al médico, me hizo la prueba de embarazo. El resultado fue positivo. Me recomendó que abortara enseguida. Me explicó que el bebé "probablemente" nacería deformado o mentalmente retrasado por los medicamentos y las radiografías que había recibido. Rechacé firmemente su propuesta.

»Siguió diciéndome que "seguramente" me quedaría paralítica de cintura para abajo por el peso del bebé durante el embarazo o en el parto. Cuando mantuve mi postura de no abortar, rechazó seguir tratándome. Me explicó que no quería que le acusaran de tenerme encerrada en casa por "estar embarazada" y no por una lesión en la espalda. Me abandonó; yo era incapaz de andar, sentarme o tumbarme sin experimentar un gran dolor.

»Al estar embarazada, dejé de tomar todos los medicamentos para el dolor inmediatamente. Me enfrenté a un embarazo en el que primó el dolor y el miedo. Seguía preguntándome cuándo dejaría de poder mover las piernas. Mientras el embarazo avanzaba, mejoré un poco y fui capaz de volver al trabajo; hacía tareas de poca responsabilidad. Trabajé hasta dos semanas antes de que el bebé naciera, con la ayuda de calmantes a todas horas.

»Cuando me puse de parto, no sabía qué esperar. Pensaba en la posibilidad de no volver a andar nunca. Pensaba en la posibilidad de tener un bebé con malformaciones o con retraso mental. Recé y rogué a Dios que me diera la capacidad de aceptar y confiar en Él, cualquiera que fuese su voluntad para conmigo. Entonces llegó el momento de conocer los resultados.

»Nuestra hija, Sarah, tiene ahora diecisiete años. Está sana y es una joven inteligente, preciosa y con talento. Dirige la asociación *Kids*

That Care, es presidenta del CYO (Organización de la Juventud Católica) de nuestra parroquia y representante regional de esta organización. También es solista en nuestra iglesia. Además, no me quedé paralítica. De hecho, ahora tengo diez hijos preciosos, sanos y estupendos. Los educo en casa. Soy tan feliz con mis hijos, que no puedo expresar con palabras la alegría que han supuesto para mí y para los que me rodean.

»Hemos formado el grupo llamado *Kids That Care*. Sus miembros cantan y visitan a los ancianos. Realizan tareas de caridad para aquellos que lo necesitan. Mi objetivo es que mis hijos crezcan conociendo, amando y sirviendo a Dios. No hay manera de poder medir la plenitud y satisfacción que recibo de mis hijos.

»Así que la conclusión de mi historia es ésta: si hubiera hecho caso a ese médico hace dieciocho años, me habría robado a mí misma más alegría y felicidad de la que nunca me hubiera podido imaginar. Le doy gracias a Dios por responder a mis oraciones y darme la gracia de confiar en Él. ¡Ése es el mensaje que me gustaría transmitir a los demás!»

Los médicos ofrecen su mejor consejo, pero a veces se equivocan. En ocasiones prescriben el uso de la píldora cuando una mujer tiene ciclos irregulares. Aunque no sería pecado utilizar la píldora por razones estrictamente médicas, hay otras consideraciones:

«Muchas de las irregularidades de los ciclos son inducidas por el propio sujeto: una dieta, o la alimentación o ejercicios inadecuados… La píldora no "regula" los ciclos irregulares. Es verdad que hará que "los periodos" (sangrado producido por la píldora) se produzcan en intervalos regulares, pero lo controla completamente la píldora. No ayuda al ciclo normal de fertilidad sino que lo deja de lado por completo… Aunque a veces puede ser una cruz, un ciclo irregular puede resultar tolerable. Normalmente puede conseguirse un ciclo más regular mejorando la alimentación, y ciertamente no justifica utilizar métodos inmorales de control de la natalidad o de comportamiento sexual»[1].

---

[1] Kippley, *Sex*, cit., p. 217 (cursiva en el original).

Una pareja de Monte Carmelo, Indiana, comparte su historia:

«Nuestro "plan" inicial (como si fuéramos nosotros los que planificáramos) era tener tres o cuatro niños. De todas formas, después de que los dos primeros nacieran por cesárea, los médicos mostraron su típica actitud pesimista hacia el nacimiento de más hijos. Estábamos en una situación muy difícil. Fue por esa época cuando la familia Hahn llegó a la ciudad, y nos hizo ver que debíamos estar abiertos a los hijos que Dios quisiera darnos. Inmediatamente nos pusimos en manos de Dios, y Gabriel nació meses después. Siempre atribuimos su nacimiento al mensaje que Dios nos mandó a través de vosotros en esa conferencia.

Después de Gaby, por supuesto, los médicos se opusieron firmemente a que tuviéramos otro hijo. Pero ahora creíamos en la confianza en Dios, y no en el control de natalidad, y Jacqueline nació dos años más tarde. Después de Jacq, los médicos empezaron a decir cosas como que eso era "perjudicial para la vida". De todas formas, pese al miedo que teníamos (sobre todo la madre, porque era su vida la que estaba en peligro), ambos pensamos que había al menos un bebé más para nosotros, y nació Asher, un verdadero milagro».

No debemos hacer caso omiso a la advertencia del médico, pero hemos de asegurarnos de que nos están dando un consejo médico y no una opinión personal.

Mary, de Elkhart, Indiana, transmite este testimonio:

«Soy la novena de trece hijos. Cuando mis padres se casaron en 1962, los médicos les dijeron que por problemas sanguíneos, podrían tener, como mucho, un hijo sano. Mis padres rezaron mucho a nuestra Madre la Virgen y al Señor, y pusieron el futuro de su familia totalmente en manos de Dios.

Desde ese momento, fueron generosamente bendecidos. Hoy, treinta y cinco años después, tienen trece hijos completamente sanos física, mental y espiritualmente. Ninguno de sus hijos ha tenido nunca una enfermedad grave; ninguno ha abandonado la fe. Rezamos el rosario en familia a diario; vamos a Misa semanalmente y, muchos de nosotros, a diario. Creo que Dios recompensa a los que confían en su voluntad y permanecen abiertos a la vida; incluso cuando es difícil».

La oración lo cambia todo.

A veces Dios hace incluso milagros a través de un hijo, como pudo comprobar una mujer cuando era adolescente:

«Mi primo Pat, padre de siete chicos, vino a ver a mi madre en busca de consejo y paz. Su esposa estaba embarazada del octavo. Le habían diagnosticado una enfermedad del corazón que, según los médicos, ponía en peligro su vida si tenía ese hijo. Decidieron dejar el problema en manos de Dios. La madre dio a luz a una niña, y se curó totalmente del corazón. Yo tenía catorce años cuando esto ocurrió y nunca lo olvidaré.»

¡Menudo testimonio para todos los afectados!

Demasiado mayor

Sentirse mayor y ser mayor son cosas diferentes. Una madre expresa sus preocupaciones:

«Aún no hemos dejado atrás nuestros años fértiles, pero al acercarnos a los cuarenta con un adolescente, cuatro hijos en edad escolar y un niño al que criar, nos sentimos cansados. Me pregunto, ¿cómo saber que estamos abiertos a la voluntad de Dios con respecto a la vida en nuestro matrimonio, sin responder a esta pregunta con nuestras necesidades egoístas en mente? Creo que la oración es la única manera de lograrlo, aunque tengo miedo de contestarme a mí misma y luego convencerme de que esa respuesta viene de Dios.

No está sola con esta preocupación.

Si notamos signos de envejecimiento –comienza la menopausia, se producen abortos posiblemente por óvulos inútiles, u otras dificultades físicas– podríamos pensar que el Señor está cerrando la puerta a la posibilidad de que tengamos más hijos. De todas maneras, la sociedad no puede decirnos cuándo somos demasiado mayores para tener un bebé. Sólo Dios crea los bebés y conoce nuestra edad y posibilidades. Tenemos que rezar para saber si éste es o no un motivo de gravedad o simplemente deseos de planear nuestra vida.

Si todavía podemos concebir, ¿quién dice que somos demasiado mayores? Los niños tardíos son una bendición divina. En la época de mi madre se les solía considerar una bonificación. Era como si Dios dijera: «has hecho tan buen trabajo, ¡que tienes que criar a uno más!» Pensad en la madurez que aportamos al proceso de la paternidad ahora; madurez en la disciplina, seguros de nosotros mismos y llenos de paz.

Cuando vivimos con nuestros hijos la verdad de la apertura a la vida, día tras día, nuestra enseñanza se hace palpable. Ven muchos de los sacrificios que hacemos. Tenemos la oportunidad de enseñar a nuestros hijos lecciones prácticas sobre el cuidado de los hijos y eso incrementa su confianza con los niños pequeños, preparándolos mejor para la paternidad.

Si tenemos un hijo a una edad avanzada, contamos con más ayuda. Sabemos que podemos echarnos una siesta en cualquier momento, porque hay hermanos mayores alrededor; eso reduce parte de la tensión. Normalmente se cuenta con más dinero, para contratar a alguien, que cuando empezamos a formar nuestra familia hace años. Y nuestros hijos mayores pueden ayudarnos con la mayoría de las tareas: correr detrás de los pequeños y agacharse en la bañera, si es necesario.

Cuando nuestros hijos mayores observan nuestra felicidad con este nuevo hijo, se imaginan la alegría con la que esperamos y celebramos su propio nacimiento. Recuerdan las cancioncillas que les cantábamos, nuestros abrazos y caricias, y sienten lo mucho que les queremos. Ahora sabemos lo rápido que pasan esos primeros años. (¿No fue ayer cuando cogimos a nuestro primer recién nacido en brazos?) Aquí tenemos otra oportunidad para detenernos y contemplar de nuevo los primeros pasos de nuestro hijo.

Un nuevo bebé en casa es estupendo para los adolescentes, que todavía tienen necesidad de afecto pero quizá se sienten avergonzados y extraños por mostrar cariño a sus hermanos. Sin embargo, los bebés reciben el cariño y lo devuelven con pocas exigencias y sin ninguna vergüenza.

A los bebés no les importa si los adolescentes tienen amigos o citas. No notan el acné ni los días que llevan el pelo despeinado. No niegan una sonrisa o un abrazo por haber sacado malas notas, por haberle hecho un rayón al coche, o porque han tenido un mal día en el trabajo. Sólo miran hacia arriba (y muy alto, si el adolescente es una torre), levantan los brazos y esperan que el amor fluya.

Qué manera tan buena de aumentar la autoestima de los hijos mayores, cuando éstos ven los efectos de enseñar al pequeño tantas cosas, desde contar los dedos de los pies y de las manos y aprenderse el abecedario, hasta memorizar el nombre de cada persona y objeto. Comparten la alegría de juegos como el escondite o el pilla-pilla; se divierten y se dan ellos mismos un poco cada día.

En un momento de la vida en el que es más normal centrarse en uno mismo, los adolescentes se dan generosamente a un hermano, volcando su amor en este valioso miembro de la familia. Y en un momento de la vida en el que los adolescentes se están volviendo independientes, en el buen sentido, de sus familias, también se sienten más unidos a ella por la carita angelical y los brazos abiertos del más pequeño.

Tener hijos a una edad tardía supone no tener el síndrome del nido vacío. Para cuando el último hijo haya crecido, los nietos habrán llegado. (¡O los nietos pueden ser mayores que nuestros hijos, esto daría lugar a tíos más jóvenes que los sobrinos!)

Algunas personas nos hacen sentir como si los cuarenta fuera una edad mágica tras la cual no se justifica tener hijos. De todas formas, muchos padres dan testimonio de que tener un hijo a una edad tardía les mantuvo jóvenes física y psicológicamente. ¡Dos mujeres vecinas, de cuarenta y siete y cuarenta y ocho años, dieron a luz en Steubenville, Ohio, el año pasado! En la película *El Padre de la Novia II*, Steve Martin coge a su nueva hija con un brazo y a su nuevo nieto con el otro, y dice: «¿Hay algo mejor que esto?» Estoy de acuerdo con él.

Cuando unos esposos cuyas edades sobrepasaban los cuarenta descubrieron que estaba esperando un hijo, se entristecieron. No era lo que tenían pensado. Como los cuatro hijos estaban ya en el colegio, la mujer quería volver a la universidad y cursar una carrera.

Sin embargo, en medio de su lucha interna, escucharon nuestra serie de cintas *Life-Giving Love*. Dios usó esas cintas primero para ayudarles a recibir este hijo como un regalo, y segundo, para compartir el mensaje con su grupo de oración. ¿El resultado? La primera pareja tuvo a su primera hija con alegría; y otras dos parejas del grupo de más de cuarenta años eligieron abrirse a la vida y concibieron más hijos.

Por último, es animante ver que nuestros cuerpos ya mayores pueden producir algo tan bello y nuevo. ¡Qué alegría tan maravillosa produce el crear con Dios!

Demasiado joven o inmaduro

Si somos demasiado jóvenes para tener hijos, somos demasiado jóvenes para casarnos. Viene todo en el mismo paquete. Cuando nos entregamos al otro en el matrimonio, prometemos recibir los hijos del Señor y educarlos en la fe.

Si somos demasiado inmaduros para tener hijos, somos demasiado inmaduros para casarnos. Para ser honesta, nadie se siente nunca lo suficientemente maduro para tener hijos que dependen de nosotros para todo, pero tener un hijo hace madurar. Dios reparte su gracia en el momento en el que se necesita.

Cambios físicos después del embarazo

Es difícil tener la apariencia de alguien que no ha tenido un hijo cuando sí que lo has tenido. Quizás lleve algo de tiempo perder el peso que se ha ganado. Pero hay que sopesar cuidadosamente (sin doble intención) las alternativas: ¿qué tiene más valor: un nuevo ser con alma que vivirá por toda la eternidad porque tú has decidido cambiar tu cuerpo para acomodar a tu hijo en desarrollo, o estar delgada?

Por cierto, no hay textos bíblicos que hablen de que la delgadez sea una característica de la Divinidad. Y sin embargo, puede que una mujer dude enormemente sobre si decir «sí» a un alma más. ¿Cuál debe ser nuestra norma?

En la película *Lo que el viento se llevó*, el personaje principal femenino, Escarlata O'Hara, toma una decisión sorprendente: decide no tener más hijos ni tener relaciones sexuales con su marido sólo porque no podrá volver a ajustarse tanto el corsé.

Por absurdo que parezca, es prácticamente el ejemplo que siguen muchas mujeres hoy en día. En vez de descartar tener relaciones, rechazan firmemente tenerlas sin anticoncepción o esterilización por los efectos del embarazo en sus cuerpos (Escarlata estaría orgullosa).

¿Quién ha dicho que debamos tener el tipo de una adolescente después de haber tenido un hijo? ¿Por qué el mayor cumplido es «estás como si nunca hubieras dado a luz»?

Queremos volver a estar en forma por muchas razones, pero no está bien presionar a las madres jóvenes para que parezca que nunca han estado embarazadas. Coger peso durante el embarazo no es lo mismo que engordar; es mantener la vida que llevas dentro. En Italia, una mujer con curvas es considerada una mujer madura y bella.

En Proverbios 31, 30 se dice: «La elegancia es engañosa, y la belleza es vana, pero una mujer que teme al Señor será admirada». Cuando exponemos todas las marcas físicas permanentes del embarazo al deseo divino de tener hijos para el Señor, somos verdaderamente hermosas. La belleza externa es algo temporal, pero el alma permanece para siempre.

La actitud del marido ante este asunto es fundamental. Una de mis amigas dio a luz el mismo día que yo; era mi primer hijo, el tercero para ella. Después de la revisión, a las seis semanas, le dije: «Es emocionante tener la aprobación del médico para reanudar las relaciones, ¿verdad?»

Movió la cabeza negativamente: «Todavía tengo que perder casi tres kilos. Y mi marido me ha dicho que hasta que no los pierda, ni se le pasa por la cabeza».

¿No es increíble? ¡Aún tengo ganas de abofetearle! ¡Qué atrevimiento por su parte hacerla sentirse poco bella y deseable después de todo lo que ella ha pasado para darle sus preciosos hijos!

Por el contrario, Scott contempla mi cuerpo y dice: «Tu cuerpo dice que tú me has querido lo suficiente como para tener a mis hijos». Él me valora por lo que soy en vez de por lo que parezco. Y esto me hace abrirme a la posibilidad de tener más hijos.

Cuando me desesperé por la cantidad de estrías que me estaban saliendo, el médico me dijo que pensara en ellas como medallas por méritos. Me aseguró que en algunas culturas africanas, las mujeres con estrías son honradas porque éstas prueban que han tenido hijos. Las varices también me tocan el orgullo, pero es a mi marido al único al que deben importarle.

Hay muchos ajustes que hacer tras el nacimiento de un hijo. Hay que centrarse en satisfacer las necesidades del bebé dándole el pecho; perder peso es secundario. Es más importante comer bien para que el hijo se alimente correctamente.

El cansancio también desempeña un papel clave en la cuestión de perder peso. A menudo comemos más cuando estamos cansadas, y «un nuevo estudio postula que también la falta de sueño puede provocar un aumento de peso, al menos a corto plazo»[2]. Además, se tarda nueve meses en ganar ese peso; aparte de perder en el nacimiento de cinco a seis kilos, nos llevará tiempo perder el resto. Tenemos que tomárnoslo con calma.

A veces nuestro conflicto con la comida no tiene nada que ver con tener hijos. Nuestra mayor hambre es el hambre de Dios. A lo mejor necesitamos más tiempo para rezar, leer la Biblia o ir a Misa.

Recomiendo un programa que he seguido con algunas de mis mejores amigas llamado *The Light Weigh*, de Suzanne Fowler[3] que combina el crecimiento espiritual con una dieta. Nos ayuda a centrarnos en el Señor en vez de en nosotras mismas, ofreciendo nuestros sufrimientos por los demás. Se nos estimula espiritualmente de otra forma, disfrutamos del tiempo que pasamos con las amigas y a la vez perdemos peso, aunque lentamente. Nuestra meta es estar en forma físicamente, para ser capaces de servir al Señor mejor, y no pretendemos aparentar que nunca hemos dado a luz.

«Después de todo —recuerda Scott— dentro de ochenta o cien años nuestros cuerpos serán pasto de los gusanos, así que ¿por qué no usarlos mientras podamos para abrirnos al poder del amor que da vida?» Aunque pueda tener un punto de humor, también hay una parte de verdad. O como dijo un hombre de noventa y ocho años una vez:

---

[2] Nancy Hellmich, «Losing Sleep May Lead to Weight Gain and Diabetes», en *USA Today*, 28-III-2001. Estudio en curso de Eve Van Cauter en la Universidad de Chicago sobre la relación entre falta de sueño y aumento de peso.

[3] Suzanne Fowler, *The Light Weigh*, Suzanne Fowler, Leawood, Kansas, 1998.

«Venimos para volvernos a ir». Tenemos que tener un punto de vista más sobrenatural, y en primer lugar plantearnos por qué tenemos cuerpo.

Seremos demasiados

Una amiga que tuvo su segundo hijo en dos años me dijo: «¿Qué pasa si tengo un hijo todos los años?»

No es frecuente que Dios bendiga tanto a una pareja. ¿Cuántas familias conocemos, personalmente o de oídas, que hayan tenido una familia tan numerosa?

Dios no nos pregunta: «¿Estás dispuesto a tener un cierto número de hijos?» En vez de eso, dice: «¿Estás abierto al próximo?»

Una de nuestras amigas estaba esperando el noveno hijo. Yo tenía curiosidad sobre qué piensa una madre de tantos niños. Me contestó: «Estoy contenta, ocho eran siete más uno, siete eran seis más uno, y así sucesivamente».

«De acuerdo, Carol, te entiendo. Pensar así ayuda; otro hijo es sólo el siguiente. Los cinco que tenemos son sólo los cuatro que teníamos más uno». Como los hijos normalmente vienen de uno en uno, no me resulta difícil imaginarme un gran número de hijos en nuestra familia.

Dar de mamar es una gran bendición en muchos sentidos. No hay garantía de que no vayamos a concebir durante la lactancia. Sin embargo, muchas de las mujeres que dan el pecho exclusivamente en los primeros meses, experimentan un retraso en la vuelta de la fertilidad.

En la revisión que tuve, seis semanas después del nacimiento de Michael, el doctor me preguntó qué iba a hacer con respecto a la anticoncepción, porque después de una cesárea, no debía quedarme embarazada por lo menos en seis meses. Le dije que no creía en la anticoncepción; iba a darle el pecho a mi hijo y a confiar en Dios. Él me confirmó que mientras le diera el pecho durante los primeros meses, mi cuerpo no volvería a la normalidad hasta que estuviera suficientemente recuperado de la cesárea. Aprecié su consejo y, de hecho, ha habido veces en las que no tenía menstruación al menos durante un año después de cada nacimiento.

Sólo porque confiemos a Dios el tamaño de nuestra familia no significa que vayamos a tener muchos hijos. Hemos concebido nueve veces, pero debido a los abortos, hemos tenido sólo seis hijos. Muchas familias en la zona de Steubenville, donde vivimos, sólo han podido tener uno, dos o tres hijos en más de veinte años de matrimonio.

Superpoblación

La superpoblación es un mito que tiene sus orígenes en el economista inglés del siglo XIX Thomas Malthus. Éste expuso predicciones terribles sobre el crecimiento de la población a principios del siglo XIX. Malthus estaba convencido de que la raza humana podría destruir nuestra manera de vida, porque decía que éramos incapaces de controlar los comportamientos sexuales.

En 1822, Francis Place, basándose en las ideas de Malthus, recomendó a los liberales que lucharan contra el problema de la superpoblación. El control de la natalidad se presentó como la solución a la falta de autocontrol de la humanidad. Margaret Sanger utilizó estos datos equivocados para promover su programa del control de la natalidad, el aborto y el control de la población.

En 1968, se publicó el libro de Paul Ehrlich, *La explosión demográfica*, que aumentó los temores con respecto al control de la población. Aunque sus soluciones al problema eran radicales, muchas de ellas se utilizan hoy en día. La gente vende estas soluciones de control de natalidad como si fueran bondadosas, pero no lo son. No pueden ser utilizadas sin interferir en la libertad dada por Dios a la pareja para que se abran a la vida.

El hambre en el mundo no es un problema que tenga que ver con la superpoblación, sino con la tecnología: con el reto de hacer más productiva la tierra que existe. Esta es la razón por la que veinte mil nativos estadounidenses un día sufrieron el hambre en la misma tierra que hoy alimenta a millones de personas. ¿Qué ha cambiado? La tecnología se ha desarrollado para mejorar las herramientas y la aplicación de la agricultura y la ganadería.

Según el libro de Robert Sassone sobre la demografía, *Handbook on Population*, hay todavía mucha tierra que explotar para cultivar comida: aún disponemos de más del triple de la tierra que se explota actualmente; los países desarrollados podrían fácilmente producir para el mundo diez veces más cantidad de comida de la que producen; la tierra tiene, para más de un millón de años, reservas de petróleo que están todavía sin explotar; y, hoy en día, los seis mil millones de personas que habitan el mundo sólo usan el once por ciento de la tierra disponible[4]. De hecho, Sassone demuestra que un país en el que decrece la población, empieza a decaer.

En muchos lugares del mundo sigue reinando la pobreza. Si la fuente del problema no es la superpoblación, ¿cuál es? La dificultad es más de índole política que económica. Muchos países que sufren pobreza extrema tienen gobiernos cuyas medidas políticas interfieren en el crecimiento económico. Los gobiernos impiden o destruyen la agricultura, controlan los medios de producción, cobran impuestos elevados, devalúan la moneda y excluyen a la gente por su casta o sistema político. Al no favorecer el desarrollo de la tecnología, limitan el crecimiento.

Además, algunas personas adoran su fuente de alimentación (grano o animales) en vez de aprovecharlo como un producto de consumo. (Un misionero en la India vio a un tendero golpear a unos niños hambrientos que pedían comida, pero permitió que una vaca se parara y comiera de su comida). Los grupos étnicos se matan de hambre unos a otros, destruyendo los campos de los otros en las guerras civiles. Los gobiernos corruptos limitan las reservas a su pueblo por cuestiones políticas. Los desastres naturales interfieren en la producción de comida. Todos estos factores contribuyen a la pobreza y no tienen nada que ver con el tamaño de la población.

Bajo la bandera de la compasión, la gente ha desarrollado políticas para limitar el crecimiento de la población: fuerzan los abortos y las esterilizaciones en China, que tienen como resultado lesiones o muertes entre las mujeres; en Perú, fuerzan las esterilizaciones, presionando a las mujeres a que se sometan a una ligadura de trompas, en los «festivales de salud»[5] se imparten materias de educación sexual

---

[4] Robert Sassone, *Handbook on Population*, 5 ed., American Life League, Staford, Va., 1994, con mucha documentación. Disponible en red en www.all.org/world/po03.htm.

[5] Información obtenida de la grabación en inglés de Laurel MacLeod, «No Room at the Inn: The Truth about World Population», en la Pandora's Pillbox Conference de Chicago, de 1998; disponible a través de la GIFT Foundation.

que promueven la homosexualidad. Estos programas demuestran por qué la Iglesia se opone a estas prácticas. Eliminar las libertades civiles para subsanar las necesidades de la sociedad va en contra de la dignidad humana.

¿Quién se beneficia del mito de la superpoblación? La industria pro abortista, que va en contra de la vida: la gente puede justificar con menos esfuerzo el acabar con una vida si están convencidos de que están contribuyendo a solucionar el problema mundial de la superpoblación. Se beneficia la industria del sexo: se incita a la homosexualidad; florece la pornografía, porque el control de la natalidad y lo que lo respalda, el aborto, ayudan a la gente a arriesgarse con el sexo fuera del matrimonio sin miedo al embarazo. Las asociaciones ecologistas y la gente que respeta la naturaleza promueven actividades que incitan a la gente a ir en contra de las leyes naturales.

Aunque la superpoblación es un mito, mucha gente la defiende hoy en día. Forma parte de abrazar la cruz, aceptar el sufrimiento de no ser entendido en nuestra cultura. Una buena amiga, Anne, estaba de visita en Boston con sus hijos cuando un hombre se le acercó. Su hijo de tres años iba cogido de su mano derecha; su hijo de dos años, de la izquierda; llevaba uno de un año a sus espaldas y estaba notablemente embarazada.

El hombre le dijo: «¡Es la gente como tú la que está causando todos los problemas en este mundo!» Es decir: ¡la estaba insultando!

Si hubiera sido yo, le habría devuelto el insulto. Pero Anne, como es toda una mujer de Dios, simplemente le miró con tristeza y le respondió: «Siento tanto que mire a estos preciosos niños y piense que ellos son el problema…». Por el contrario, está claro que los problemas de este mundo están más relacionados con las actitudes intolerantes hacia los niños que con los propios hijos.

Motivos psicológicos

Recién casados

A los recién casados se les suele decir: «Primero conoceos el uno al otro». Sí, hay que adaptarse a la vida de casados: se ha de aprender a ser menos egoísta y darse más al otro. Y sólo por ser hombre y mujer, somos totalmente distintos. Los primero años pueden ser incluso más desafiantes, dependiendo de cuán diferente haya sido nuestra educación. Pero si aún no nos conocemos, no deberíamos casarnos.

Una joven madre cuenta cómo empezó su vida matrimonial abriéndose a la vida: «Fue maravilloso. Tuvimos una preciosa niña nueve meses después».

Otra pareja coincide: «Tener un hijo tan pronto nos ha ayudado a aprender sobre el sacrificio, y a ser menos egoístas desde el principio. Todavía no tenemos casa y usamos ropa de segunda mano, pero Dios proveerá».

Pam, de Vermillion, Ohio, recomienda que las parejas jóvenes conozcan la opción de la planificación familiar natural «pero necesitan que se les anime y exhorte a usarla (para posponer un embarazo), sólo por *razones de peso*. Puede que haya que animarles a abrirse a la vida desde el principio. Nosotros tuvimos un hijo diez meses después de casarnos; fue una bendición para nuestro matrimonio».

Una de las mayores bendiciones del embarazo para nosotros ha sido crecer en sana dependencia de Dios e interdependencia entre nosotros. Esto saca lo mejor de nosotros: yo me siento muy femenina cuando estoy embarazada; no soy autosuficiente ni independiente porque mis necesidades son mayores, y eso saca lo mejor de Scott como proveedor, apoyo y animador. Asimismo, ambos necesitamos más gracia de Dios, para poder servirnos mejor el uno al otro y también a la familia. Es bueno para todos, incluso aunque sea un reto.

Don y Michelle siguieron el consejo de esperar un año antes de abrirse por completo a la vida. Después de ocho años de matrimonio que incluyeron periodos de infertilidad y abortos, acaban de tener su segundo hijo. Ella me refirió: «Por favor, diles a las parejas jóvenes que se casan que no esperen. No saben lo que puede pasar después».

Para algunos recién casados, ajustarse a esa nueva vida puede constituir una razón seria para usar la planificación familiar natural. Pero no deis por hecho que lo es sólo porque otros lo dicen. Recordad: el Señor no siempre bendice inmediatamente a las parejas. Abrirse a la vida puede llevar a la alegría de la espontaneidad y al espacio para que Dios elija el momento del primer hijo sin tener que sufrir la presión de intentar quedarse embarazada.

Después de dar una charla en Lincoln, Nebraska, una mujer se me acercó a contarme su historia.

«Tenía ya diez hijos cuando alguien me preguntó si seguía o no abierta a la vida. Le respondí: "¡Yo ya tengo diez!"

Mi amiga me contestó: "Nunca se sabe, pero el número once podría ser tu compañero cuando seas mayor". Tenía razón. Mi marido murió poco tiempo después, y este hijo especial, el número once, es ahora mi corazón y mi amigo».

Qué bendición que esta mujer tuviera un confidente así, un buen amigo.

Cuando pensamos que tenemos suficientes hijos, lo hacemos comparándonos con otras familias. Pero no podemos decidir el tamaño de la familia basándonos en comparaciones.

Cuando comuniqué la buena noticia de que una de mis hermanas estaba esperando un bebé, mi hijo me comentó: «¡Mamá, vamos! ¡Estamos perdiendo!»

Me reí (y encomendé a su futura mujer). «¿Perdiendo? Cariño, esto no es un juego donde se gana o se pierde; *todos* ganamos cuando hay una nueva vida. Todo lo que podemos hacer es pedirle a Dios la bendición de los hijos y estar agradecidos por los regalos que nos ha dado. Esto no es una competición».

Nos preguntamos; ¿cómo será mi siguiente hijo?, ¿qué hará? Nunca he oído a nadie que, al final de su vida, diga que hubiera deseado tener un hijo menos, pero he escuchado a mucha gente decir que les gustaría haber estado abiertos al menos a un hijo más. Como un padre me dijo: «Me gustaría haber tenido dos hijos más. Me encantaría saber cómo habrían sido; a quién se habrían parecido; cuáles habrían sido sus dones, sus talentos y habilidades».

El Concilio Vaticano II señaló:

«Entre las parejas que cumplen la tarea dada por Dios, merecen una especial mención aquellas que, con un corazón valiente, y con la sabiduría y la deliberación común, se comprometen a sacar adelante una familia apropiada e incluso relativamente grande»[6].

Si los únicos hijos que tienen valor fueran los primeros y los segundos, ¿cuántos de nosotros estaríamos vivos, especialmente si consideramos nuestro lugar en el extenso árbol genealógico? Nuestra existencia dependió de la heroica generosidad de muchos de nuestros antepasados; ¿seremos generosos nosotros también?

Limitaciones emocionales

Podemos tener un límite emocional. Algún miembro de la pareja podría tener una razón de peso para usar la planificación familiar natural basándose en la salud emocional o psicológica. ¿Por qué sentimos que estamos al límite de nuestro aguante emocional? A veces podemos sortear mejor las dificultades si identificamos las razones por las que nos sentimos abrumados. ¿Qué hay que cambiar para reducir la presión?

Si sufrimos cansancio, ¿podría una canguro o nuestra madre ayudarnos durante el tiempo que necesitamos para hacer ejercicio o dormir la siesta? Quizá no sea un gasto demasiado grande, pero puede suponer un gran cambio. Recuerdo estar inmensamente agradecida cuando una amiga llevaba a mi hijo mayor al parque para que yo pudiera dormir mientras mi otro hijo descansaba. Esas dos horas de sueño me eran totalmente necesarias para afrontar el resto del día.

También me di cuenta, cuando tuve a nuestros primeros gemelos, de que la falta de sueño era lo más difícil de soportar. Me aterraba pensar que no volvería a dormir seis horas seguidas nunca más. Ahora he tenido los suficientes hijos como para saber que los meses en los que hay que alimentarlos por las noches se pasan relativamente pronto. Ha llegado a convertirse incluso en un tiempo especial para rezar y acariciar al pequeño, ya que tenía mucho más tiempo que durante el día.

---

[6] *Gaudium et spes*, n. 50.

240

Quizá algunas madres pueden aconsejarnos sobre la organización de la casa, si ésta se nos hace muy cuesta arriba. Podrían recomendarnos libros o material audiovisual que nos ayudaran con la organización de la casa, simplificando la limpieza, o evaluando nuestra visión total de lo que estamos haciendo como esposas y como madres. Quizá necesitemos una planificación que incluya a nuestros hijos en el equipo de trabajo. Quizá podamos contratar ayuda.

¿Hay mujeres a las que admiramos por cómo educan a sus hijos y que podrían orientarnos? Puede que no se nos haya educado con disciplina. ¿Están nuestros maridos de acuerdo con nosotras en tener una estrategia para la disciplina? A veces la frustración aparece porque no sabemos cómo imponer disciplina a los hijos, no por el número de hijos que tengamos. Puede producirse un caos con dos hijos, y puede reinar el orden con diez. Para eso también hay buenos libros y recursos que nos ayudan a trabajar juntos en esta tarea[7].

Si hay serias dificultades en la pareja, podría ser necesario hablar con un sacerdote o un consejero. Quizás un grupo de orientación o un director espiritual pueda ofrecernos ideas concretas para mejorar la comunicación marital. Si tenemos problemas económicos, quizás un asesor financiero pueda diseñarnos un plan de ahorro y fijarnos objetivos.

Podemos obtener ayuda si identificamos el problema. Centrémonos en el día a día, o en palabras de Jesús: «Por tanto, no os preocupéis por el mañana, porque el mañana traerá su propia preocupación. A cada día le basta su contrariedad» (Mt 6, 34).

Los que, entre nosotros, tengan varios niños pequeños pueden sentir la necesidad de tomarse un respiro antes de un nuevo embarazo. La fragilidad de nuestro estado de ánimo puede variar cuando las circunstancias cambian. Nuestra pareja puede ofrecernos mayor apoyo emocional, y nuestros hijos serán mayores y, por tanto, capaces de ayudarnos. Lorraine escribió: «Me organizo mejor con cuatro hijos y medio que cuando tenía dos, y sé que es porque antes pensaba "hágase mi voluntad" y ahora pienso "hágase la voluntad de Dios"».

---

[7] En Estados Unidos, la organización cristiana *Focus on the Family* tiene un amplio surtido de material de ayuda para los padres en su tarea de educar a los hijos.

Tenemos que recibir la gracia de los sacramentos de la confesión, la Eucaristía y el matrimonio. Si es posible, podemos fortalecernos pasando algún tiempo ante el Santísimo Sacramento, llenando el corazón y el alma con nuestro amor a Cristo en medio de la soledad. Mientras crecemos en el Señor día a día, creceremos en la gracia de Cristo y en el fruto del Espíritu.

Sea cual sea nuestra necesidad emocional, podemos buscar cómo satisfacerla a través de consejeros, grupos de apoyo, la lectura y la oración, para poder ser la clase de esposa y madre o esposo y padre que Dios quiere que seamos. Y, quizás, tengamos la salud mental y emocional para abrirnos a otro hijo.

Miedos

Muchas mujeres se enfrentan a varios temores: el aborto o que el hijo nazca muerto, los vómitos frecuentes, el parto, otra cesárea, las infecciones de mamas por dar el pecho, la depresión posparto. Todos estos miedos son reales; no pueden ser despedidos con una palmadita en la espalda. ¿Podemos identificar qué miedo está ocupando nuestro corazón y por qué? Para poder desarrollar un plan para combatir el miedo, primero tenemos que saber a qué tenemos miedo.

Nunca supe que había tantas referencias a la paz en Misa hasta que estuve embarazada de Jeremiah después de mi segundo aborto. Me sentía como si el sacerdote me estuviera dando la paz, la gente estuviera compartiendo la paz y Dios estuviera dando paz a todo el mundo menos a mí. Finalmente me confié al sacerdote en la confesión.

Cuando le confesé mi sensación de angustia, me escuchó compasivamente, y luego me dijo que, aunque mi problema era comprensible, mi angustia era pecado. Hay que rezar por los problemas, pero las angustias hay que confesarlas. Después de mi arrepentimiento y de que me diera la absolución, estaba llena de paz. Después de esto, rara vez he sentido angustia por miedo a sufrir otro aborto.

Cuando sentía angustia durante el embarazo de Jeremiah por miedo a sufrir otro aborto, dos pasajes de la Biblia me ayudaban mucho. El primero era éste: «No os preocupéis por nada; al contrario: en toda oración y súplica, presentad a Dios vuestras peticiones con acción de gracias. Y la paz de Dios que supera todo entendimiento custodiará vuestros corazones y vuestros pensamientos en Cristo Jesús» (Flp 4, 6-7). El segundo era éste: «Descargad sobre Él todas vuestras preocupaciones, porque Él cuida de vosotros» (1 Ped 5-7). La clave es rezar y dar gracias.

¿Cómo podemos sobrellevar el miedo? Primero, tenemos que entrenar nuestros corazones en la verdad para poder responder, en vez de resistirnos a la posibilidad de una nueva vida. Hemos de analizar la llamada de Dios a la vocación del matrimonio, el valor de cada hijo, el amor que tenemos a nuestro esposo, la gracia de los sacramentos y el privilegio que supone ofrecer el sufrimiento en unión con Cristo.

En segundo lugar, tenemos que desarrollar un plan. Necesitamos más datos sobre la situación que nos asusta. ¿Qué fue mal y cómo lo podemos solucionar?

¿Estas medicinas para la hipertensión, los mareos y los vómitos son perjudiciales para el niño? ¿Necesitamos otro médico? ¿Debemos cambiar de lugar del parto (en casa en vez de en el hospital o viceversa)? ¿Hay alguna anestesia que funcione mejor? ¿Podemos encontrar material de ayuda para los partos vaginales después de una cesárea, o para la depresión posparto?

Normalmente, el conocimiento disminuye el miedo. Quizás podemos hablar con personas que se hayan enfrentado a situaciones similares y descubrir estrategias que les funcionaron.

Una pareja, que perdió a un hijo por culpa del cáncer, quería tener más hijos, pero su dolor era demasiado intenso como para arriesgarse a perder otro. Los esposos me preguntaron si debían abrirse a otro hijo y les aseguré que sólo ellos podían contestar a eso; yo no podía decirles que sus miedos o preocupaciones no eran lo suficientemente serias como para retrasar un embarazo. De todas formas, recé con ellos y les dije que continuaría rezando. Un año y medio después, recibí una hermosa tarjeta de nacimiento, dándome las gracias por rezar por ellos, en la que me decían que ya disfrutaban de la bendición de este nuevo pequeño.

Jesús preparó el camino para que resistiéramos la tentación y cobráramos fuerza al enfrentarnos a nuestras pruebas:

Porque no tenemos un sumo sacerdote que no pueda compadecerse de nuestras debilidades, sino que, de manera semejante a nosotros, ha sido probado en todo, excepto en el pecado. Por lo tanto, acerquémonos confiadamente al trono de la gracia, para que alcancemos misericordia y encontremos la gracia que nos ayude en el momento oportuno» (Heb 4, 15-16).

Obtendremos la gracia en tiempos de necesidad, si se lo pedimos a Jesús.

Las críticas de otros

Pidamos a nuestro marido que nos ahorre dar la buena noticia del embarazo. O quizás puede decirlo otro de tus hijos. Muy rara vez una abuela mira a la preciosa cara de un bebé y lamenta tener un nuevo nieto.

Si te intimida decirlo cara a cara, anuncia la buena nueva con una carta e invita a los demás a alegrarse contigo. Si primero le hablamos de cosas que les interesan sobre nosotros –salud y bienestar, dinero, qué seguidos van los hijos– podría ayudarles a abrir sus corazones más hacia este hijo. Por otro lado, si ya van con el prejuicio de que no debemos tener más hijos, hablar con ellos sobre el tema puede ser una pérdida de tiempo y de energía.

Debemos compartir nuestras noticias con entusiasmo. A veces los parientes dudan de su alegría porque no saben cómo nos sentimos con los nuevos acontecimientos. Una abuela le preguntó a su hija: «¿Estás contenta?»; otra: «¿Son buenas noticias?»

Quizás si ven nuestro rostro sonriente, serán reacios a expresar sus preocupaciones. Ten en mente el consejo de San Pablo a San Timoteo sobre tener valor: «Porque Dios no nos dio un espíritu de timidez, sino de fortaleza, caridad y templanza» (2 Tm 1, 7).

Quizás necesitemos apoyar a nuestro esposo, si las críticas van dirigidas directamente contra él. Después de que un hombre anunciara el nacimiento de su sexto hijo, el socio le recriminó: «¿No puedes controlarte?» Su amigo confundió la apertura a la vida con la satisfacción de una especie de deseo sexual agresivo. En realidad, el padre estaba asumiendo la verdadera responsabilidad de su compromiso con su esposa y con todos los hijos que resultaron de su amor (la pareja tiene diez hijos).

La misma situación incómoda le sucedió al marido de Janet, como ella cuenta:

«Durante la gran fiesta de celebración del setenta y cinco cumpleaños de mi padre, él, que no comparte nuestra fe, presentó a mi marido a todos sus amigos como: "mi yerno, el fanático del sexo". Todo el mundo se rió estrepitosamente; aunque, posiblemente, mi marido era el único de todos los presentes que había llegado virgen al matrimonio, que era fiel, y lo bastante leal como para aceptar la plena responsabilidad de su paternidad. El mundo iguala el control de la natalidad con el autocontrol; un ejemplo perfecto de Isaías 5, 20-21.»

Se necesita la fuerza de la convicción y de la fe para permanecer en pie cuando otros intentan derribarnos.

A veces la gente muestra una actitud negativa hacia los hijos. Nosotros siempre hemos querido tener una gran familia. Antes de tener hijos, algunas personas nos aconsejaban: «Espera a tener uno, entonces pensarás diferente». Después de tener el primero, seguíamos queriendo muchos más.

Otros predecían: «Espera a tener otro más. Cambiarás de opinión». Después de tener nuestro segundo hijo, la gente insistía: «Como tienes dos niños, estáis todavía esperando una niña».

Finalmente, después de Hannah, la gente asumió que habíamos acabado de tener hijos. Cuando descubrieron que todavía queríamos más, dejaron de molestarnos, porque no éramos «razonables».

Ésta es *nuestra* vida, *nuestro* matrimonio y *nuestra* familia. Nosotros somos los primeros en sacrificarnos; asumiremos plenamente la responsabilidad de cada hijo. No debemos dejar que la familia o los amigos nos impidan tener otro hijo sólo porque no queremos recibir críticas. El regalo de un hijo es demasiado maravilloso como para dejar que la negativismo de otros nos controle.

Es natural querer tener el apoyo de los que amamos; de todas formas, dejad que el Señor sea el que diga: «Bien hecho, siervo bueno y fiel»; aunque nuestro deseo sea oírlo de la gente que más queremos.

A veces tenemos que arriesgarnos a ser diferentes, incluso aunque todos seamos cristianos. Rezad por aquellos que se oponen a nosotros para que cambien de opinión, para que reciban la gracia de poder ver el valor infinito de lo que estamos haciendo, para que nos apoyen en ello.

Los conflictos son proporcionales a los hermanos

La gente cree que si hay pocos hermanos o se llevan más años entre ellos, pueden evitar que se peleen. Pero la rivalidad se da porque los niños, como sus padres, son pecadores y necesitan la salvación. Si los hijos se llevan más años —suelen decir—, habrá menos conflictos porque tendrán intereses distintos, planes distintos y amigos distintos. Vivirán vidas más separadas. Tenedlos con el suficiente tiempo entre unos y otros; ¡habrá menos conflictos si son menos hermanos!

Por el contrario, los hermanos que han nacido muy seguidos comparten mucho más: intereses comunes, los mismos planes y, con frecuencia, los mismos amigos. De hecho, a los niños les encanta tener más amigos. Vamos a acuñar otra expresión: en vez de rivalidad entre hermanos, ¡amistad entre hermanos! Teniendo pocos hermanos, puede que haya menos conflictos, pero también hay menos alegría. En vez de eliminar a los niños, eliminemos nuestra incapacidad para resolver conflictos.

Algunas personas quieren tener pocos niños porque son introvertidos o porque han crecido en una familia pequeña. Creen que, incluso con pocos hijos se van a sentir multitud. Con pocos niños, todos tendrán más privacidad. Pero el Señor puede ayudarnos desarrollando habilidades constructivas para sacar adelante a una gran familia.

Nuestros hijos también sean quizá introvertidos, y en ese caso, incluso una familia de gran tamaño no armaría tanto jaleo. En vez de centrarnos en nuestras limitaciones, debemos centrarnos en la gracia y la fuerza ilimitada de Dios. Quizá no queramos una gran familia por no perder la comodidad; pero si el Señor nos bendice con muchos hijos, nos dará la fuerza que necesitamos para recibir a cada uno con alegría.

Motivos emocionales

El cuidado de un hijo discapacitado

El tercer hijo de Burke y Ruth es un niño con síndrome de Down. Cuando les pregunté si esto había afectado a su apertura a la vida, dijeron que sí. Su resolución se vio reforzada para rodear a este niño discapacitado de hermanos que lo amarían con el amor incondicional que sólo se tienen los hermanos. Esperaban que sus hijos fueran sensibles a las necesidades de los discapacitados porque habrían conocido el reto de servir a su hermano.

Tenemos que afrontar nuestra propia mortalidad. Nuestros hijos discapacitados seguramente vivan más que nosotros. No nos quedemos cortos de miras. Démosles hermanos que los quieran cuando nosotros no estemos, con el amor único de los hermanos, combinado con la compasión que sienten por alguien que sufre.

Una mujer se me acercó después de que diera una charla en Anaheim, California, sobre la apertura a la vida. Me explicó que como era hija única, no había pensado que fuera poco razonable la decisión de tener sólo un hijo porque su hijo tenía Síndrome de Down. «Pero ahora –dijo entre lágrimas– voy a ver cuántos hermanitos le puedo dar a esta preciosa niña». Recibió otro punto de vista de lo que la bendición de los hermanos podía significar para su hija pequeña.

A muchas de nosotras que hemos tenido hijos después de los treinta y cinco años, nos han ofrecido hacernos numerosas pruebas cuando estábamos embarazadas. Una mujer relató su historia.

«La médico me insistía en que me hiciera una prueba triple, y la amniocentesis. Le pregunté el porqué. Me dijo que para saber si tenía algún defecto de nacimiento, como el síndrome de Down. Entonces le contesté: "Si descubre que mi hijo tiene algo, ¿qué?" Ella me dijo: "Entonces tienes la opción de interrumpir el embarazo". Dije: "¡Oh, no! Mi marido y yo somos católicos. Estamos en contra de matar a los niños, y los que no son perfectos también son niños. No te preocupes por las pruebas; no les vamos a hacer caso digan lo que digan"».

Tenemos que dar un paso a frente por los discapacitados, nacidos o no, y declarar la verdad de Dios: sus vidas son tan valiosas como las nuestras porque, como nosotros, están hechos a imagen y semejanza de Dios. Él es el único que nos da el valor.

Cuando Scott y yo estábamos esperando nuestro primer hijo, la gente solía preguntarnos: «¿Queréis un niño o una niña?»

Rápidamente, nuestra respuesta era: «No nos importa mientras esté sano».

Un día Scott me preguntó: «¿Tiene que estar sano?»

Me detuve un momento. Pensé que nuestra respuesta era muy magnánima: no nos importaba el sexo del hijo. Pero poníamos una condición: la salud. «No, supongo que no tiene por qué estar sano», dije. Después de eso, nuestra respuesta a los que nos preguntaban era: «No nos importa si es un niño o una niña. Rezamos por su salud, pero en cualquier caso, es un regalo de Dios para nosotros».

Unos buenos amigos en Cincinnati pasaron por esto. Quiero compartir parte de su historia.

«En 1961, nació nuestra segunda hija. La llamamos Carol Joy. Nació del revés, pero aparte de eso, no hubo más problemas. Notamos que era muy tranquila, lloraba muy poco, y era fácil de cuidar… al contrario que Julie, que había sido un puro nervio. Pero Carol no parecía responder a los estímulos. En la revisión de las seis semanas, el médico nos sugirió que fuéramos a ver a un neurólogo.

Después de varias citas con médicos los siguientes meses, nos dijeron que Carol tenía microcefalia (la cabeza demasiado pequeña). Parte del cerebro no se había formado correctamente. Existía la posibilidad de que el cerebro pudiera todavía crecer a tiempo; pero no se mostraban muy optimistas sobre lo que sería capaz de hacer.

Estábamos destrozados.

Ambos éramos cristianos y confiábamos en Dios, pero esto era difícil de aceptar. Le contestábamos lo mismo a todo el que nos preguntaba: "¿Por qué nos pasa esto a nosotros?" Rezamos día y noche para que Dios hiciera que su cerebro creciera y le permitiera vivir una vida normal. También lo hicieron muchos de nuestros amigos.

Betty y yo decidimos que llevaríamos a Carol a casa con nosotros… y la querríamos con toda el alma. Eso fue lo que hicimos. No queríamos dejarla en un hospital; queríamos tenerla con nosotros. Aparentemente parecía que no habría ningún cambio en su situación y la teníamos que aceptar tal y como era.

Carol no podía andar, ni hablar, ni reaccionar ante nosotros de ninguna manera. En ningún momento era consciente de nuestra presencia, aunque nuestros amigos aseguraban que «nos conocía». Nunca obtuvimos ninguna prueba, pero nosotros la conocíamos y la queríamos.

Durante esos años, Dios nos estaba mandando muchos cambios. Aunque éramos cristianos y asistíamos a la iglesia con regularidad, necesitábamos algo más. Empezamos a leer la Biblia con más frecuencia. Betty comenzó a estudiar Biblia y luego se sentaba en la habitación de Carol y le recitaba los versículos que había aprendido esa semana. Tenía a Carol obligada a escucharle… a lo largo de los años oyó numerosos versículos.

Betty yo decidimos empezar una reunión para estudiar la Biblia en casa con amigos y vecinos. Pronto fue obvio que la gente joven quería hablar sobre los valores espirituales y sobre cómo la Biblia podía cambiar realmente la vida de las personas. Pero la persona más importante de nuestro grupo era nuestra hija, que estaba en la habitación contigua.

Carol Joy estaba siempre allí. En la primera o la segunda vez los asistentes vinieron a casa, les costaba ir a verla, no sabían qué decir. Muchos nunca habían visto a una niña así. Pero no pasó mucho tiempo hasta que empezaron a mirarla, a cogerle la mano, a acariciarle la cabeza y a asegurarse de que no le faltaba su botella de zumo.

Y sorprendentemente, la gente cambiaba con sólo estar junto a ella. De alguna manera, Carol era una pequeña evangelista… una pequeña y silenciosa evangelista. Aunque no podía decir palabra y era totalmente ajena a cuanto le rodeaba, parecía tener la capacidad de acercar a la gente a Dios. La gente a su alrededor estaba cambiando.

Aprendimos lecciones que, sin ella, jamás hubiéramos aprendido. Hicimos unos amigos que, sin su presencia, jamás habríamos conocido. Nuestras prioridades cambiaron radicalmente y nuestras vidas, así como las vidas de otras muchas personas, fueron bendecidas por Carol. Es difícil entender cómo una niña con tal grado de discapacidad puede hacer que este mundo sea mejor, pero Carol lo logró.

Es muy normal que, hoy en día, la gente se pregunte en circunstancias similares: «¿Por qué Dios permite esto? ¿Es sólo un trágico accidente o se esconde una intención tras ello?"

Volviendo la vista atrás, nos queda claro que, definitivamente, hay una intención subyacente. A través de esta pequeña, Dios pudo conducir a la gente hacia Él y pudo convertirnos al resto en personas más serviciales, más caritativas y más compasivas con los demás.

Después de la muerte de Carol, varias personas nos confesaron que habían rezado por su recuperación… todos los días… durante veintiún años.

Pero no era la voluntad de Dios..

El cielo será un sitio maravilloso. Tenemos la seguridad de que será una persona normal allí. Durante veintiún años no pudo andar, hablar, reconocernos… estaba totalmente ajena a cuanto le rodeaba. Pero ahora sabemos que está allí arriba andando, hablando, bailando, cantando y riendo… lo más importante… riendo. Y le podemos decir que la queremos, aunque yo creo que ya lo sabía».

Como demuestra este testimonio, la vida de Carol cuenta. Todas las vidas cuentan, porque toda vida es un regalo de nuestro Padre celestial.

Puede ser difícil imaginar la posibilidad de cuidar de más hijos cuando se tiene uno discapacitado, porque éste necesita mucha atención. Una madre cuenta la experiencia de su familia.

«En 1992, después de luchar mucho por la salud de nuestras dos hijas, les diagnosticaron fibrosis quística, una enfermedad genética mortal en la que se pronostica una esperanza media de vida de treinta años. Estábamos destrozados, por decirlo de algún modo. Antes de esto, asistíamos de vez en cuando a Misa; nos habíamos casado por la Iglesia, habíamos bautizado a nuestros hijos, etc. Pero no había nada de entusiasmo; el Señor no era una parte activa de nuestras vidas. De todas formas, con el comienzo de esta enfermedad y los retos a los que nos enfrentamos para poder cuidar a las niñas, volví a ir a Misa diaria.

No me había confesado hacía muchos años. Recé para que la Virgen me ayudara y creo fue ella la que me llevó de la mano hasta mi párroco una mañana después de Misa. Esto supuso un punto de inflexión en mi vida espiritual.

Mi marido y yo llevamos a las niñas a un sitio donde, supuestamente, se había aparecido la Virgen María. Habíamos oído que, en aquel lugar, se producían curaciones. No teníamos mucha esperanza, pero fue precioso, y lo más importante fue que recordamos el rezo del Rosario. Después de volver a casa, comencé a rezarlo a diario.

Me quedé embarazada un año después. La gente pensaba que estábamos locos, por correr el riesgo de tener otro hijo con fibrosis quística; a mí no me parecía un riesgo. El Señor había hecho tantas cosas maravillosas a través de nuestro sufrimiento por las niñas, que sabíamos que todo había estado en sus manos desde el principio.

Recuerdo un momento decisivo en el que pensé: "De acuerdo, Señor, estoy preparada. Si te las vas a llevar, te doy las gracias por darme tiempo para prepararme. Será lo más horrible que pueda sentir nunca pero, de cualquier forma, son tuyas. Saber que estarán contigo será el mayor consuelo para mí".

Aunque parezca extraño, las niñas empezaron a mejorar de una forma increíble. Puse en práctica unas recetas a base de hierbas que les hacían mucho bien. Se las administrábamos junto con tratamientos de respiración, fisioterapia en la zona del tórax, y la Eucaristía. Continuábamos viviendo en la fe.

Nuestra tercera hija, Noelle, nació en 1993 y, después de las pruebas a los seis meses, descubrieron que no padecía la enfermedad. ¡Gracias a Dios!

Finalmente encontré el valor suficiente para decirle a mi marido que no podía usar "nada" más, salvo la abstinencia en los periodos fértiles, que se hiciera la voluntad de Dios. La noticia le disgustó; estuvo molesto durante algún tiempo. Pero es realmente un hombre maravilloso. Amaba a su familia demasiado como para convertir el asunto en un problema y lo aceptó. No lo estábamos buscando pero ocurrió de nuevo. Así que ahora estamos esperando este hijo, nuestro primer hijo varón.

A medida que mi marido y yo seguimos creciendo en la fe y en el amor, y aprendemos siempre algo nuevo, somos muy conscientes de las bendiciones que el Señor nos ha dado. Lo más extraordinario de todo es que, desde hace un año, en mayo del año pasado, las niñas se curaron. Les hicieron un nuevo reconocimiento, a petición del médico especialista del pulmón, y descubrieron que ya no padecían la enfermedad.

Es algo sin precedentes, por supuesto. Muchos no pueden entender cómo ocurrió. Pero yo lo sabía desde hacía cuatro años. Un vidente me contó que la Virgen María le había dicho que se curarían; las niñas habían estado rezando junto con la Virgen a su Hijo».

A veces se producen milagros.

Es demasiado duro permitir que mis hijos vivan esto

Una de las cosas más difíciles para cualquier padre es ver a un hijo sufrir. Nuestra inclinación natural es protegerlos de todas y cada una de las dificultades, pero tenemos que sobrenaturalizar esa inclinación para estar seguros de que somos del todo fieles a Dios. Vivir la enseñanza de la Iglesia sobre la apertura a la vida incluye admitir el sufrimiento.

Cuando doy conferencias sobre el aborto, la audiencia más difícil de convencer son las mujeres de cuarenta, cincuenta y sesenta años. Ellas nunca habrían abortado; sin embargo, si sus hijas fueran violadas o estuvieran esperando un hijo con malformaciones, me contaron que no les podrían decir a sus hijas que no abortaran. Así pues, uno de los mayores retos a los que nos enfrentamos en Estados Unidos son las parejas de cuarenta, cincuenta y sesenta años que quieren a toda costa que sus hijos utilicen anticonceptivos.

Algunas parejas jóvenes de católicos sufren porque sus padres les presionan para que usen anticoncepción. A veces, los hermanos se apoyan mutuamente, incluso cuando los padres no lo hacen.

«Mis dos hermanas y yo, por la gracia de Dios, hemos sido guiadas a la verdad de esta enseñanza y hemos escogido vivirla. Nuestra madre y nuestra abuela, piensan firmemente que el control de la natalidad está bien. Es una paradoja estar diciéndole a tu madre de sesenta años y tu abuela de ochenta y seis que el uso del control de la natalidad es moralmente malo. ¡En muchas familias sería completamente al contrario! Pero ellas dieron con un sacerdote que las llevó por el camino erróneo y le siguieron».

Qué triste que mujeres tan importantes, las que deberían dar el mayor apoyo y ánimo a estas tres jóvenes, no lo hagan.

Nuestra fidelidad a Dios como padres incluye obedecerle en lo relativo a la apertura a la vida y exhortar a nuestros hijos a que le obedezcan. Recordad, nuestra Madre no le dijo a Jesús que no fuera a la Cruz porque sufriría demasiado, sino que le acompañó hasta su muerte, rezando por Él y sintiendo su dolor a su lado.

Al igual que María, no debemos ocultar la verdad a nuestros hijos. Sino que debemos acompañarlos a través de su duro viaje de obediencia a Cristo para que puedan vivir vidas merecedoras de la llamada que han sentido. Tenemos que recordar nosotros mismos y recordar a nuestros hijos el consejo de San Pablo dirigido a los que somos hijos de Dios: «Y si somos hijos, también herederos: herederos de Dios y coherederos de Cristo; con tal de que padezcamos con él, para ser con él también glorificados» (Rm 8, 17). No debemos intentar ahorrarle el sufrimiento, que se deriva de la búsqueda de la santidad, a nuestros hijos. No queremos nada menos que el cielo para ellos.

El asunto de la hipocresía

Si nosotros mismos utilizamos alguna vez la anticoncepción o la esterilización, podemos sentir que no estamos cualificados para inculcar la doctrina de la Iglesia a nuestros hijos. ¿Es una hipocresía enseñar a nuestros hijos a vivir verdades que nosotros no pudimos seguir?

No, suponiendo que estemos arrepentidos. Una vez que nos hemos confesado, enseñamos a nuestros hijos no sólo a obedecer la enseñanza de la Iglesia, sino también a recibir la gracia de Dios mediante la confesión cuando ellos no sean fieles. Es humillante, pero incluso esto puede ser usado por Dios para el bien.

Daos cuenta de que no es Dios quien nos acusa de no poder decirles a nuestros hijos que vivan la verdad que nosotros no vivimos correctamente. Vivir el perdón significa enseñar a nuestros hijos una conducta moral responsable. No podemos atrevernos a ocultar la verdad a nuestros hijos; debemos que hacer lo mejor para nuestros hijos, una vez que conocemos esa verdad.

Querer la espontaneidad, pero no el embarazo

Alguien podría decir: «Quiero ser espontánea sin quedarme embarazada». Bien, ¡yo quiero comer en el Mc Donalds siempre que me plazca y no engordar nunca! Pero eso no va a pasar.

Primero, la planificación natural, usada correctamente, tiene un mayor porcentaje de efectividad (de no quedarse embarazada) que cualquier método de anticoncepción. En vez de la suciedad, la dificultad de usar anticonceptivos, y sin los efectos secundarios desagradables de la píldora o el DIU, la planificación natural nos ayuda a conocer nuestros días fértiles; en todos los demás, podemos ser espontáneos. (Para más detalles, véase el capítulo octavo.)

Segundo, si elegimos estar abiertos a la vida sin usar la planificación natural, podemos gozar de planificación familiar natural, tenemos dos beneficios: podemos ser tan espontáneos como queramos y no tememos al embarazo porque ya hemos preparado nuestro corazón para la posibilidad de que eso pueda ocurrir. De hecho, es una gran alegría encontrar el punto en el que simplemente decimos con nuestros corazones y nuestros cuerpos: «Señor, por favor, haz que, cuando tú lo desees, surja vida de este acto de amor».

Por último, la espontaneidad en el acto conyugal no es necesariamente más pasional o cariñosa que cuando se planifica. Con frecuencia, las parejas recién casadas se sienten más atraídas por la espontaneidad que las parejas que llevan casadas un tiempo. La mayoría de las mujeres prefieren tener una idea de cuando ocurrirá para poder prepararse.

Con frecuencia, el trabajo en casa y tiempo para hablar preparan el corazón de la mujer más que un repentino gesto físico de afecto que conduzca a un acto marital espontáneo. Esto es, sin duda, algo que cada pareja debe descubrir por ella misma. Lamentablemente, en nuestra cultura parece que hacer el amor espontáneamente es lo mejor y, dependiendo de la pareja, puede no ser así.

La gente planifica las familias

Hechos a imagen de Dios, le imitamos con nuestra cooperación racional y nuestra obediencia. Los animales copulan por instinto. Nosotros, por el contrario, sabemos que nos estamos entregando y recibiendo al otro como un regalo. Renovamos nuestro compromiso en el acto del matrimonio, y acatamos la responsabilidad de la nueva vida que puede resultar de este acto.

Un mito actual es que los hombres, como los animales, no pueden controlar su pasión por el sexo, así que las mujeres se han protegido mejor ante el embarazo. Sin ninguna duda, la pasión puede ser fuerte –para el hombre o la mujer–, pero el autocontrol es un fruto del Espíritu Santo. Nuestro deseo no es de sexo, sino de intimidad y unión con la persona con la que hemos comprometido nuestras vidas. El hábito del autocontrol que fue desarrollado antes del matrimonio es importante para los momentos del matrimonio en los que tenemos que abstenernos de relaciones. Aunque el acto sexual previene la concupiscencia, nuestra meta es amarnos uno al otro con una completa autodonación de amor.

Nadie *planifica* tener un hijo; sólo Dios lo hace. Hacemos planes cuando estamos completamente abiertos a la vida, pero independientemente de si nos estamos absteniendo o no, sabemos que Dios tiene el mejor plan de todos y que éste puede ser diferente al nuestro.

Mi cónyuge no quiere más hijos

Es muy doloroso cuando un miembro de la pareja desea un hijo y el otro no. A veces, el marido desea más hijos y la mujer se niega; o la mujer quiere más hijos antes de que sea demasiado tarde biológicamente, pero el marido se opone.

El miembro de la pareja que se está cerrando a la vida, al menos temporalmente, necesita asegurarse de que hay una razón de peso para decir que no a Dios y a su cónyuge. Quizá, la persona que desea otro hijo esté dejando de lado factores que constituyen razones fundadas.

Tenemos que trabajar con nuestra pareja para llegar a su corazón y a su mente: compartiendo sus preocupaciones, escuchando sus motivos, rezando juntos y el uno por el otro. Recordad: «El amor no busca lo suyo» (1 Cor 13, 5). Si persiste el desacuerdo, quizás necesitemos a alguien en quien ambos confiemos y que nos pueda ayudar a solucionar los puntos conflictivos. Incluso en los malos momentos, nuestro matrimonio puede crecer si mantenemos el respeto y el amor hacia el otro.

Motivos financieros

No hay dinero suficiente

En la oración, comparamos la enseñanza de San Pablo: «Si alguien no cuida de los suyos, y sobre todo de los de su casa, ha renegado de la fe y es peor que un infiel» (1 Tm 5, 8) con la enseñanza de Jesús: «No estéis preocupados por vuestra vida [...]. Buscad primero el Reino de Dios [...]: a cada día le basta su contrariedad» (Mt 6, 25-34). Trabajamos diligentemente, pero también confiamos en que el Señor proveerá.

¿Podéis imaginaros la respuesta de un matrimonio de hace doscientos años, si les dijéramos que somos demasiado pobres para tener otro hijo? Seguramente preguntarían: ¿Tenéis electricidad y fontanería dentro de casa? ¿Tenéis coches en vez de caballos? ¿Tenéis tiendas (en vez de tener que cultivar la comida diaria)? Podrían concluir con razón: «¡El problema es que sois demasiado ricos para ver vuestra pobreza de miras en cuanto a los hijos!».

Las parejas con dos sueldos y sin hijos se centran frecuentemente en su carrera profesional, en vez de en la familia. Recientemente, un joven hizo una observación sobre este comentario: «Estamos pasando de ser una pareja con mucho dinero y sin hijos, a ser una pareja con un solo sueldo y nueve hijos».

«¿Y eso?», pregunté.

«Antes solíamos trabajar ambos, y no teníamos ningún hijo. Hemos tenido cuatro en los últimos cinco años. ¡Ahora mi mujer está en casa todo el tiempo y estamos a mitad de camino de ser una gran familia con un solo sueldo!»

La Iglesia Católica ha apoyado durante mucho tiempo que el hombre fuera el que aportara el dinero para que, así, la mujer pudiera estar en casa para cuidar de los preciosos hijos que el Señor les había dado. Para seguir este punto de vista se deben tomar ciertas decisiones financieras:

Evitar endeudarse en la medida de lo posible. Si ya estamos endeudados, debemos saldar la deuda lo antes posible, recordando que, «el deudor es esclavo del acreedor» (Prov 22, 7).

Cuando la pareja trabaja antes de tener hijos deben intentar vivir, en la medida de lo posible, con el sueldo del marido para que así no sea difícil olvidarse del salario de la mujer cuando llegue el hijo.

Es necesario tener claro que las personas son más importantes que las cosas; no tenemos por qué comprar una casa antes de tener hijos.

Hay que pensar a largo plazo: los hijos estarán en casa sólo unos cuantos años. Recordad que hemos de invertir con sabiduría; los hijos son nuestra verdadera riqueza.

Por último: debemos tomar las decisiones financieras más inteligentes que podamos. Debemos confiar, pues, todos nuestros planes a Él, el que más nos ama y el que mejor conoce lo que necesitamos.

El deseo de dar a la familia todo lo que necesita

Con frecuencia los padres quieren dar a sus hijos una habitación para ellos solos, una educación universitaria o cualquier cosa que el hijo pida. Pero si queremos los mejores regalos para nuestros hijos, ¿qué pasa con los hermanos? Después de uno de sus viajes, Scott me contó el siguiente incidente.

Una niña pequeña estaba chillando mientras el avión comenzó a aterrizar. Scott se volvió hacia el frustrado padre, diciéndole que la niña dejaría de gritar tan pronto como sus oídos se ajustaran al cambio de presión en la cabina.

«¿Es vuestra primera hija?», preguntó Scott.

La esposa empezó a asentir con la cabeza, pero el padre dijo: «No, ¡es la última! Pero le vamos a dar de todo».

A lo que Scott respondió rápidamente: «De todo, menos hermanos». El padre le miró molesto, pero la esposa le hizo a Scott una señal de aprobación con el pulgar de la mano.

¿Desde cuándo es lo mejor para nuestros hijos darles todo lo que quieran? Eso puede ser muy contraproducente; podríamos conducirles al fracaso en el matrimonio y al fracaso en la vida. Los hermanos, por otro lado, les obligan a compartir, a dar, a servir y a sacrificarse.

Aileen afirmó: «Somos padres de once hijos. Dejamos el tamaño de nuestra familia en manos de Dios, y, por supuesto, tuvimos que superar muchas pruebas, pero a Dios nadie le gana en generosidad. Nos dio mucha alegría y nos la sigue dando a través de la familia».

Nuestros hijos desarrollan la virtud mientras aman, tienen conflictos y resuelven los problemas juntos. Desarrollan el carácter aprendiendo qué significa amar a otros sin egoísmo, en vez de coleccionar juguetes egoístamente. Y cuando nos hayamos ido, se tendrán los unos a los otros para ayudarse a completar este viaje de fe en la Tierra.

Los hermanos son el mayor regalo, aparte del amor que le das a tu cónyuge y el que das a ellos. Y al contrario que otros regalos, mejoran con la edad, como confirma Mary, de Elkhart, Indiana:

«Después de que mis padres tuvieran doce hijos, acogimos a niños –desde que nacían hasta que eran adoptados– que estaban a la espera de padres adoptivos. Durante ese tiempo, mi madre tuvo un aborto. Después de esta experiencia difícil, recibimos a Johnny, el último niño que acogimos y, finalmente, lo adoptamos. Es de raza negra y hemos recibido muchas críticas de todo el mundo por traerlo a nuestra familia blanca. Pero nosotros siempre supimos, y Johnny también, que Dios nos lo entregó como un regalo especial para nuestra familia y él ha traído un gran ilusión a nuestras vidas.

Puede que llevemos ropa de segunda mano y comamos productos genéricos, pero siempre llevamos la ropa planchada y el estómago lleno. Todos hemos recibido una educación católica en el colegio. Justo en el momento en el que no queda dinero, éste siempre llega. Dios nunca nos ha fallado; Él siempre provee.

Mi padre nunca podrá jubilarse. Mi madre tendrá que vivir con algún sufrimiento físico el resto de su vida debido a los trece embarazos y doce partos. Pero estas cosas no les preocupan. Han aceptado el sacrificio de todo corazón. Estos hijos son monumentos vivos de su amor sacrificado. Ellos han sido un magnífico ejemplo para el mundo, no sólo de santidad movida por la fe, sino también de la impresionante generosidad de Dios.

Nunca les podré agradecer lo suficiente todo lo que me han dado: alimentos, protección, ropa, una familia con un padre y una madre, una madre que estaba en casa conmigo, una educación católica, una gran fe y doce estupendos amigos que estarán ahí para mí para el resto de mi vida. Los mejores regalos que mis padres podían dar a sus hijos, aparte de la fe, eran unos hermanos. Porque cuando el mundo entero está contra ti, tu familia siempre estará ahí para ayudarte, guiarte, protegerte y amarte».

De vez en cuando, todos tenemos que recordar el gran regalo que es tener hermanos. A continuación les narraré una anécdota que me ocurrió en Pittsburgh.

Fui al restaurante Chuck E. Cheese con mi marido, sus padres y nuestros tres hijos. En un momento dado, estaba yo sola con nuestra hija, Hannah, junto con otra mujer y su pequeña. Estábamos viendo jugar a las dos niñas cuando la mujer me dijo:

–¿Has pensado alguna vez en tener otro hijo?

–Sí, lo pienso todo el tiempo –contesté.

–¿Es el primero?

–No, ella es la tercera.

–¿De verdad? –dijo sorprendida.

–Creo que un hermano es el mayor regalo que puedo darles a mis hijos.

La mujer se había criado en una familia pequeña:

–Mi marido procede de una familia grande, así que quiere tener más hijos. Pero yo no creo querer tener otro.

–¿Tienes algún hermano? –pregunté.

–Me acabo de mudar de Filadelfia, lejos de mi única hermana. La echo mucho de menos –dijo pensativa.

–Creo que los hermanos son el mayor regalo que podemos darles a nuestros hijos –le repetí.

De repente se le humedecieron los ojos. Cogió a su hija y dijo:

–Voy a tener otro niño.

Y tras esto, se marchó. Nunca supe su nombre, pero podría asegurar que su marido se quedaría encantado de que hubiéramos tenido esa conversación.

Los hijos no son los que dicen que no a más hermanos, a menos que se les haya aleccionado así. Cuando visitamos a una amiga con nuestro otro hijo, una niña, los dos hijos de mi amiga parecían fascinados con ella. Presioné un poco a mi amiga:

—¿Y qué tal un tercero?

Se volvió hacia su hijo, que tenía entonces cuatro años y le dijo:

—Tommy, ¿qué piensas de tener otro hermanito?

Inmediatamente, Tommy repitió como un loro:

—Con Debbie es suficiente, con Debbie es suficiente.

Estaba bien educado.

Mi amiga me devolvió a mi bebé y le dio las gracias a su hijo por recordarle que, de hecho, con Debbie era suficiente. Me entristecí al pensar que se apoyaban en lo que dijera su hijo para evitar que su madre quisiera más hijos.

Cuando yo estaba esperando nuestro quinto hijo, mi hijo de once años, Michael, me dijo: «Todo el mundo debería de tener un niño cuando tengan un hijo de mi edad. ¡Es tan emocionante!». Nuestros hijos cuentan las horas que faltan para poder coger al nuevo hermano en sus brazos.

No podemos permitirnos otro hijo

Según afirman algunos, criar a un hijo es muy caro. El mensaje del anuncio de una compañía de seguros médicos, cuyo protagonista era un recién nacido, decía lo siguiente:

> «Tres años de clases de baile, ocho años de piano… en resumen: hoy en día criar un hijo hasta la edad universitaria cuesta 224.800 dólares aproximadamente. Y eso suponiendo que le guste su nariz…»

¿224.800 dólares? ¿Quién calculó esta cifra? ¡Cómo que su nariz! ¿Están sugiriendo que preocuparse por las necesidades de los hijos puede incluir la cirugía plástica?

¡Éste es un mito moderno insustancial! Cualquiera que esté pagando esa cantidad por hijo no ha ido a las rebajas, ni ha usado ropa heredada, ni ha tenido familias generosas a su alrededor, o no ha resistido a la tentación de los anuncios de la última moda. La pregunta es: ¿Qué valoramos?, ¿cuál será nuestra forma de vida? Qué triste tener que elegir entre ropa de diseño para dos hijos o compartir ropa y poder afrontar un tercero. ¡Qué pobreza valorar las cosas más que a las personas!

Hay una variedad de formas en las que podemos reducir costes para que otro hijo pueda disfrutar en nuestra familia sin tener que romper la hucha. En las familias, por ejemplo, las tías prestan la ropa para los sobrinos y los abuelos, con frecuencia prestan ayuda. En las rebajas, en los mercadillos y en los grandes almacenes, la gente ha comprado toda clase de equipamiento para el hijo y ropa por la mitad o menos de lo que cuesta la nueva. Muchas veces, ni siquiera parecen usadas. Continuamente se nos recuerda: «Mi Dios colmará todas vuestras necesidades, generosamente según su riqueza, con la gloria por Cristo Jesús» (Flp 4, 19).

En unas rebajas encontré un buen carricoche y una silla para el coche como nuevos por cinco dólares cada uno. Le pregunté a la mujer si realmente quería venderlos, porque su hijo era todavía muy pequeño: «¿Y si tienes otro hijo? ¿No necesitarás estas cosas?»

Rápidamente contestó:«Le he dicho a mi marido: si me dejas embarazada otra vez, ¡compraré todo el equipo nuevo!»

Su actitud me sorprendió. Su marido había sido advertido con antelación: si la dejaba embarazada pagaría por ello. Era muy malo que adoptara una mala actitud hacia su marido si concebía, pero al menos mi familia se benefició de su egoísmo.

Una amiga que ha crecido en una familia numerosa me hizo esta pregunta: ¿Es posible vivir en Estados Unidos y decir que se es demasiado pobre para tener hijos? Caley nos dice:

«Me gustaría que más gente hablara sobre las bendiciones de los hijos en vez de sobre las cargas. Creo que se debería subrayar lo que nos aportan. Siguiendo las pautas actuales, John y yo no podríamos habernos permitido un hijo y mucho menos cuatro. Pero la economía ha ido mejorando con cada hijo. Hemos aprendido a centrarnos en cada día y dar gracias a Dios por estas enormes bendiciones.

Con frecuencia, la gente hace comentarios poco agradables sobre nuestra familia, porque no entienden cómo podemos ser tan tontos de haber tenido cuatro hijos que sólo se llevan un año de diferencia. Me imagino que pareceremos unos locos porque vamos con cuatro sillitas en una furgoneta vieja. Pero podemos contestarles con una sonrisa, porque hemos descubierto el secreto de cómo se goza de la vida: con nuestros hijos».

En otras partes del mundo, la gente se las arregla con mucho menos, pero son ricos en vida familiar, y saben lo valiosos que son sus hijos.

Un par de películas antiguas, *Doce en casa* y *Tuyos, míos, nuestros*, son películas entrañables para todos los públicos que muestran cómo, en las familias numerosas, todos se preocupan por todos, comparten las habitaciones y los enseres personales, se ayudan unos a otros y trabajan juntos. ¿No son estos valores los que queremos que tengan nuestros hijos? Cuantos menos niños tengamos, más tenderemos a hacer las cosas por nosotros mismos en vez de pedirles ayuda a los niños.

Juan Pablo II ofreció una misa en Washington D.C., durante su primera visita a Estados Unidos. En la celebración dijo:

«Las decisiones sobre el número de hijos y los sacrificios que han de hacerse por ellos no deben tomarse sólo desde la comodidad y la vida tranquila. Elevando este problema ante Dios, con la gracia recibida a través de los sacramentos y guiados por las enseñanzas de la Iglesia, los padres tendrán claro que, definitivamente, es menos importante negarles a sus hijos ciertas comodidades o ventajas materiales que privarles de la presencia de hermanos y hermanas, que les pueden ayudar a crecer en humanidad y a apreciar la belleza de la vida en todas sus etapas y variantes»[8].

No podemos permitirnos decir «no» a la vida.

---

[8] Juan Pablo II, *Homilía* en el Capitol Mall, 7-X-1979, citado por Kippley, *Art,* cit., p. 230.

Motivos espirituales

Si un sacerdote aprueba la anticoncepción

Ningún sacerdote puede autorizar lo que no es autorizable. Quizás dicho sacerdote no esté bien enterado de la enseñanza de la Iglesia, aunque debería estarlo; puede que, deliberadamente, niegue el abrirse a la vida, aunque esto no es una opción legítima. El hecho de que un sacerdote permita la anticoncepción o la esterilización es calificado por la encíclica *Casti connubii* de «traición a la confianza sagrada»[9].

Debemos rezar para que nuestros sacerdotes sean fieles. A mi marido no le importa que a los niños no les agrade alguna decisión que él haya tomado por amor. Si nuestros hijos tuvieran que elegir entre un veneno con aspecto de caramelo o una buena comida que tuviera el aspecto de unos guisantes aplastados, les quitaría el caramelo envenenado y les ofrecería los guisantes. Esto no es un concurso de popularidad. Ése es el precio que hace pagar el amor.

Del mismo modo, es esencial que nuestros sacerdotes tengan la fortaleza de la paternidad espiritual para decirle a sus hijos: «La anticoncepción es veneno para vuestra alma y para vuestro matrimonio. Sin embargo, abrirse a la vida los sana». Los sacerdotes pueden ofrecer bienestar y consuelo ante las dificultades que una pareja esté experimentando, pero no pueden condonar el pecado en nombre de la compasión.

La doctrina de la Iglesia no ha cambiado y no cambiará. Un sacerdote en Ohio observó los grandes sacrificios que un pastor tuvo que afrontar al dejar su trabajo –su seguridad económica– para convertirse al catolicismo. El sacerdote dijo que los sacrificios del pastor le inspiraron para arriesgarse a predicar en contra de la anticoncepción, aunque esto significara sufrir por salvaguardar la verdad.

Incluso aunque un sacerdote haya aprobado el uso de la anticoncepción, es nuestra responsabilidad formar nuestras conciencias sobre el grave error que esto supone. Tenemos acceso al *Catecismo* y a otros

---

[9] *Casti connubii*, n. 21.

documentos de la Iglesia. Podemos conocer la verdad de Dios propagada por la Iglesia. El clericalismo no es una excusa para el error.

La Biblia fue escrita antes de la tecnología moderna

La Biblia es anterior a la tecnología; Dios no. Él no está limitado por las prácticas de ninguna época. Aunque la tecnología cambie, Dios no cambia y la verdad no cambia.

La tecnología en sí y por sí misma no está ni bien ni mal. Lo que la cambia es la forma en que se utilice, sus fines y si éstos honran a Dios o no. Una de las finalidades que dio Dios a la tecnología es dar a conocer más sobre las criaturas que Él creó. Por ejemplo, la tecnología nos ayuda a explorar el universo y llegar a las profundidades de los océanos. Otra intención para la que fue creada la tecnología puede scr anular o disminuir las consecuencias del pecado proporcionando curas para enfermedades o atrapando a los criminales. (Puede haber muchos más fines además de estos dos.)

El control de la natalidad no cumple ninguno de estos fines. No revela nada sobre la creación de Dios y tampoco anula los efectos del pecado. La fertilidad no es una enfermedad que tenga que ser curada, los hijos no son consecuencias del pecado. Incluso en caso de violación, cualquier hijo concebido sigue siendo un regalo de Dios y no parte del pecado del padre.

Algunas personas suponen que, como hemos desarrollado la tecnología de la anticoncepción, estamos obligados a usarla. Sin embargo, seremos unos pobres esclavos del conocimiento si siempre nos regimos por él. La cuestión sigue siendo si se debería o no haber desarrollado esa tecnología. Un teólogo afirmó que la falta de respeto contra la tecnología en este sentido podría conducir a «una esclavitud a la naturaleza camuflada por la religión»[10]; de cualquier forma, ¡debemos tener cuidado de no aceptar la esclavitud de la tecnología camuflada por el sentido común!

---

[10] E. Michel, *Eine Anthropologie der Geschlechtsgemeinschaft* (1948), pp. 127, 189, 196; citado por Helmut Thielicke, *Theological Ethics: Sex*, Eerdmans, Grand Rapids, Michigan, 1964, p. 210.

La tecnología nos ha ayudado a entender cómo funciona nuestra fertilidad y eso es loable. La planificación natural, por ejemplo, utiliza un termómetro para hacer el gráfico del ciclo de la mujer, permitiendo a la pareja señalar los momentos de fertilidad mutua. Observando los designios de Dios, se nos revela la intención del Creador: la procreación no puede darse todas las veces que la pareja se compromete en el acto del matrimonio, pero sí puede darse la unión. Por tanto, es posible abstenerse durante los momentos de fertilidad mutua mientras permanecemos abiertos a la vida, en vez de usar la anticoncepción y oponernos intencionadamente a la naturaleza dadora de vida del acto del matrimonio.

Prevenir la concepción no es un ámbito legítimo en el que la ciencia pueda operar (en la actualidad, nos enfrentamos a hechos similares en el área de la ingeniería genética, por ejemplo). ¿A quién debemos obediencia: a la ciencia o a Dios?

Más tiempo para compromisos espirituales

A veces queremos tener más tiempo para cosas espirituales: horas santas, retiros y trabajo apostólico. Como dice mi madre, hay tiempo en la vida para todo. Si Dios nos quiere en el área de las misiones o en el ministerio, cambiarían las prioridades que tenemos para nuestro matrimonio y vida familiar. Por supuesto Dios quiere que recemos, pero ¿es la prioridad que pasemos una hora al día o más rezando mientras tenemos pequeños que necesitan atención constante, o dispondremos de ese tiempo dentro de unos pocos años?

El egoísmo puede infiltrarse incluso con objetivos espirituales. Pero como observa San Josemaría Escrivá: «Es Médico y cura nuestro egoísmo, si dejamos que su gracia penetre hasta el fondo del alma»[11].

Una amiga escribió que las obras de misericordia son los trabajos de una madre. Estos trabajos están reflejados en las palabras de Jesús sobre aquellos que le sirven preocupándose de aquellos que están en necesidad.

---

[11] San Josemaría Escrivá, *Es Cristo que pasa*, n. 93.

Estaba hambriento y me diste de comer, tenía sed y me diste de beber, era un extraño y me recibiste, estaba desnudo y me vestiste, estaba enfermo y me visitaste, estaba en prisión y viniste a verme (Mt 25, 35-36).

Vemos aquí cómo una madre realiza todas estas obras de misericordia:

«Estaba...

...hambriento». Mamá prepara los desayunos, almuerzos del colegio, meriendas y cenas.

...sediento». Mamá da el pecho, prepara vasos de limonada fría para después del baloncesto, ofrece jarras de agua helada a los niños que están trabajando en el jardín.

...desnudo». Los viste, los tapa por las noches, los envuelve en la toalla después de numerosos baños, los lleva a las rebajas.

...un extraño». Los recibe en su vientre, prepara con antelación su habitación, los lleva a casa desde hospital, lo prepara todo para las vacaciones escolares.

...prisionero». Escucha con compasión cuando el cuerpo de un adolescente sufre tantas emociones.

A veces me siento decaída por las tareas mundanas que implican ser ama de casa. ¿Estoy haciendo progresos en santidad? ¿No debería hacer más por Dios?

Una noche en la adoración de la Eucaristía, escribí el siguiente poema:

Mi camino a la santidad

Donde estoy, ahí es donde debo estar.
Éste es mi camino a la santidad,
aunque el trabajo y las contrariedades –cosas de la vida–
me distraen de Ti.
Empiezo de nuevo, desde el principio, renovado.
Hoy elijo seguirte.
Aunque los problemas del prójimo necesiten mis manos,
las tendré en oración para abrir y dar.

Quiero hacer de cada tarea una oración,
de cada palabra –cada pensamiento– Tu amor para compartir.
Aunque pecados hay un sinfín,
he encontrado el perdón,
porque cargo con la cruz que has tallado para mí.

Pienso, al final del día,
en todas las gracias que se cruzan en mi camino.
A través de las pruebas, el dolor y la alegría, exclamo:
Donde estoy, ahí he de estar,
¡mi camino a la santidad, *éste* es!

Nuestra vocación al matrimonio es nuestra llamada a la santidad. La fidelidad a las muchas tareas que comprende el matrimonio es nuestro camino de santidad. Hoy tenemos que recordar que tenemos todo el tiempo y los medios necesarios para hacer lo que Dios quiere que hagamos hoy. (Yo puedo concebir planes imposibles, pero Dios no.) Como afirma San Pablo: «Todo lo puedo en Aquel que me conforta» (Flp 4, 13).

Sólo para católicos

Algunos dicen que estas verdades se aplican sólo a los católicos. ¡Ni mucho menos! Antes de 1930, todos los cristianos pensaban igual al respecto. Esta doctrina está basada en la Sagrada Escritura, en la enseñanza tradicional cristiana, en la ley natural, en la dignidad humana y en la conciencia.

¿Sólo los católicos están interesados en seguir a Cristo sacrificadamente? No. ¿Sólo los católicos confían en el poder de Dios? No. ¿Sólo los católicos están interesados en darle todo a Dios, incluida su fertilidad? No.

Una mujer llamada Mary nos escribió hace poco para contarnos lo siguiente:

«Por las cintas que había grabado Scott, conocí vuestra investigación sobre las prohibiciones protestantes en contra del control de la natalidad. Mi cuñada, que pertenece a un grupo de la Iglesia Protestante, estaba tomando la píldora anticonceptiva. Encontré un libro, que trataba sobre lo que dicen las Escrituras de los hijos en contraposición con el control de la natalidad, y se lo mandé.

Le llegó al corazón. Gracias a que le mandé el libro, ¡ahora tengo un sobrino! Mientras leía cosas para mandarle a mi cuñada, decidí que mi marido y yo no teníamos ninguna razón sustancial para evitar tener más hijos, así que ahora acabamos de tener el cuarto».

La apertura a la vida debe vivirla todo cristiano casado.

Los buenos protestantes no están de acuerdo

Puede que conozcamos amigos protestantes, incluso pastores, que se hayan esterilizado. Si nos parecen más espirituales que nosotros —mejores estudiantes de la Biblia o que hacen más oración— tal vez demos por hecho que sus actos son correctos.

No debemos pensar que no somos lo suficientemente inteligentes o espirituales para entender sus razones; Puede que la cultura de la muerte les haya dominado sin darse cuenta. Históricamente, los protestantes se mantuvieron junto a la Iglesia Católica en oposición a la anticoncepción hasta 1930. Quizá nuestros amigos protestantes desconozcan este hecho.

Otros cristianos tienen la misma obligación de seguir la verdad; no existe una norma para los católicos y otra para el resto de los cristianos. De hecho, nosotros tenemos enseñanzas que les aclararían las ideas para vivir según la verdad.

Dios está por encima de los anticonceptivos

Algunas parejas piensan que si Dios quiere concederles hijos, Él puede hacer que los anticonceptivos no funcionen. Después de todo, los «accidentes» ocurren. Algunas personas dan este argumento incluso después de haberse esterilizados: como Dios puede hacer cualquier cosa, puede dar a una pareja esterilizada un hijo.

Primero, sugiramos otra palabra que no sea «accidente» para describir que Dios está regalándonos una nueva vida. ¿Qué connotaciones tiene «accidente», a parte de que es hecho inesperado? Un accidente es doloroso, debilitador y, algunas veces, mortal. Frecuentemente implica sufrimiento, y normalmente hay algo que solucionar.

¿Qué tiene que ver una cosa con la otra? Podemos decir que hijo inesperado es un guiño de la providencia: inesperado, sí; pero la providencia es también algo extraordinario, una bendición.

Ahora solucionemos el problema. ¿Se supone que tenemos que poner a Dios a prueba diciéndole: «Dios, si quieres que yo tenga un hijo, puedes darme uno, aunque estoy bloqueando la posibilidad con la anticoncepción o la esterilización»? Parece como si estuviéramos sugiriéndole a Dios que intentara hacernos fieles en contra de nuestra voluntad.

Hemos de separar las preguntas. La pregunta acerca de si usar o no la anticoncepción ya ha sido contestada; es un acto inmoral. La pregunta de si hay o no una razón importante para abstenerse en los días fértiles todavía requiere profundización. Si no hay una razón seria para abstenerse, la pareja ha de permanecer abierta a la vida. De esta manera puede descubrir si Dios quiere que tenga un hijo; la respuesta no siempre es sí.

Uno de los dos insiste en usar la anticoncepción

Estamos obligados a seguir la enseñanza de la Iglesia sobre la anticoncepción, independientemente de que los esposos estén de acuerdo o no. Se trata de una verdad objetiva, y no de la opinión de un cónyuge sobre la del otro. ¿Qué opciones hay si tu cónyuge insiste en usar anticonceptivos?

En primer lugar, puedes abstenerte temporalmente del acto conyugal. Lo mejor que puedas, explica a tu cónyuge que por el amor que le tienes, no puedes usar la anticoncepción. A la vez no debes olvidar que el acto conyugal es una obligación.

Tienes que amar a Dios más de lo que amas a tu pareja. Explícale que esperas que la abstención sea una medida temporal hasta encontrar otra solución. No estás intentando castigar a tu cónyuge porque quiera usar la anticoncepción, sino que estás evitando participar en el pecado.

Ofrece el sufrimiento real, que será para el bien de vuestro matrimonio. Si eliges este camino, es necesario que demuestres de otra forma, con detalles concretos, que amas profundamente a tu cónyuge, para que de ninguna forma le transmitas rechazo.

En segundo lugar, tienes la opción de usar la planificación familiar natural. Puede ser un acuerdo mutuo que no comprometa tu fe. Si sigues cuidadosamente la planificación natural, podrás asegurarle que habrá menos oportunidades de embarazo que si estuvieras usando la anticoncepción. Aunque será necesaria cierta abstinencia cada mes, todavía habrá muchos días para mantener relaciones. Existe la esperanza de que éste sea un acuerdo con el que ambos podáis vivir.

En tercer lugar, si tu cónyuge te amenaza con tener una aventura o con el divorcio a menos que uses la anticoncepción o estés de acuerdo en la esterilización, puedes permitir un acto conyugal estéril con gran tristeza, para evitar un pecado mayor. Pero debes dejar claro que no estás dando tu consentimiento para hacerlo y que tampoco serás tú quien use el método anticonceptivo.

Un cónyuge participa en el acto marital con gran tristeza cuando el otro quiere esterilizar esa relación. Según las instrucciones dadas a los sacerdotes en el Consejo Pontificio para la Familia, un fiel cristiano puede tener relaciones con su cónyuge que voluntariamente convierte el acto en infértil, cuando se dan conjuntamente las siguientes condiciones:

–la acción del cónyuge cooperante no debe ser en sí misma ilícita;

–deben existir motivos proporcionalmente graves para cooperar en el pecado del cónyuge;

–y se debe procurar ayudar al cónyuge (pacientemente, con la oración, con la caridad, con el diálogo: no necesariamente en ese momento ni en cada ocasión) a desistir de tal conducta[12].

Como cónyuge que es fiel a Cristo, *tú no* puedes usar anticonceptivos, no importa lo que el otro cónyuge insista, y tampoco te puedes

---

[12] *Vademécum*, 3, 13.

esterilizar. De todas formas, ante el riesgo de que cometa un pecado mortal, tu cónyuge se puede esterilizar y tú no serás culpable de su pecado.

John Kippley concluye:

«Es generalmente aceptado por moralistas católicos que cuando una esposa es amenazada con la infidelidad si no permite que el marido tenga relaciones con ella usando la anticoncepción, le permita usar su cuerpo sin que ella peque. La idea es que está permitiendo que se cometa un pecado para evitar un pecado mayor»[13]

Permitir un acto del matrimonio estéril no es lo mismo que participar activamente en el pecado, aunque deberíamos ayudar a nuestro cónyuge a evitar el pecado mortal a toda costa por su propia alma y también por el éxito de nuestro matrimonio.

Hay otra consideración crucial: «Además, se deberá evaluar cuidadosamente la cooperación en el mal cuando se recurre al uso de medios que pueden tener efectos abortivos»[14] En *Evangelium vitae*, Juan Pablo II habla de este punto:

«Nunca es lícito cooperar formalmente en el mal. Esta cooperación se produce cuando la acción realizada, o por su misma naturaleza o por la configuración que asume en un contexto concreto, se califica como colaboración directa en un acto contra la vida humana inocente o como participación en la intención inmoral del agente principal»[15].

Como hemos dicho anteriormente, algunas formas de anticoncepción tienen un aspecto abortivo: la píldora, Norplant, Depo-Provera y el DIU. Si tu cónyuge quiere esterilizar el acto del matrimonio con algo que pueda significar quitarle la vida al hijo, no puedes cooperar.

Intenta explicarle lo mejor posible, que tu obligación proviene de tu amor a Dios, de tu verdadero amor por tu cónyuge y de tu deseo

---

[13] Kippley, *Sex*, cit., p. 220.
[14] *Vademécum*, 3, 14.
[15] Enc. *Evangelium vitae*, n. 74.

de seguir a Cristo a toda costa. No le estás pidiendo que esté de acuerdo contigo, aunque eso sería lo mejor. Sin embargo, no debe pedirte que vayas contra tu conciencia o tu fe. Intenta llegar a una solución que siga los principios del amor marital fiel, y hacerlo con espíritu de respeto y amor.

Jesús, modelo del amor que da vida

Cualquiera de los problemas tratados anteriormente podría hacer que nos cerráramos a otra alma. Espero que estas consideraciones, testimonios y textos de la Escritura os animen, como me han animado a mí, a mantener nuestro corazón abierto a la posibilidad de que haya otro hijo en nuestra familia.

La clave es mantener siempre la mirada en Jesús. Como el Amante que da vida, nos ha llamado generosamente a la existencia, dándonos el regalo de nuestro cónyuge y permitiéndonos imitar su sacrificio, amor que da vida. ¿Podemos imitarle con el amor generoso de cónyuges y estar abiertos a una vida más?

V

LA PÉRDIDA DE LA VIDA: EL ABORTO, NIÑOS QUE NACEN MUERTOS, INFERTILIDAD Y ESTERILIZACIÓN

10. EL ABORTO Y LOS NIÑOS QUE NACEN MUERTOS

Una de las claves para afrontar cualquier pérdida es entender el amor de Dios Padre. Meditar en Dios Padre nos ayuda a dar sentido al dolor: al dolor que sientes cuando tienes que esperar a que te conceda un hijo, o al que padeces por la pérdida de uno que te ha dado.

Siempre que sufrimos, nos enfrentamos con dos facetas de la providencia divina: su amor por nosotros y su poder de cambiar cualquier cosa. O bien nos ama y está sufriendo con nosotros, pero no cambia nuestra situación porque no puede; o bien Dios puede hacer cualquier cosa, pero ha decidido no cambiar nuestra situación porque en realidad no nos ama lo suficiente como para importarle nuestro dolor. Ninguna de las dos posturas es defendible; pero son ideas que arañan nuestra alma cuando intentamos entender por qué no cesa nuestro sufrimiento.

Dios es nuestro Padre que nos ama. En cuanto Padre, nos ama como hijos suyos. No hay nada que no esté dispuesto a hacer por nosotros, salvo que eso no sea lo mejor para nosotros. En cuanto Dios Padre, es absolutamente capaz de cambiar cualquier circunstancia; sólo su amor por nosotros le impediría cambiarla.

Nuestro Padre celestial no es un tacaño, que nos priva de la gracia de los hijos hasta que le supliquemos lo suficiente, o hasta que pasemos por el aro para complacerle. Ni concede la vida de forma caprichosa, dando hijos a los que quizá no aprecien tal regalo, o negándoselo a aquellos que realmente lo desean.

Como Dios, tiene una perspectiva que nosotros no podemos tener. Dice Isaías: «Porque mis pensamientos no son vuestros pensamientos, ni vuestros caminos los míos, dice el Señor. Tan elevados como son los cielos sobre la tierra, así son mis caminos y mis pensamientos sobre los vuestros» (Is 55, 8-9).

Nosotros vemos nuestra situación concreta aislada. Él la ve a la luz del resto de nuestra vida: individualmente, como pareja, como familia, como parte de la Iglesia y a la luz del tiempo y de la eternidad. Podemos confiar en que tiene un amor incondicional por nosotros y un poder ilimitado. Tiene un plan para que alcancemos la santidad y para que participemos en el reino de Dios; y ese plan supera lo que podemos ver. Nuestro Padre celestial es fiel, y nunca cambiará.

La pérdida de un hijo en camino

Pocos momentos de nuestra vida pueden compararse con la profunda alegría de darnos cuenta de que hemos concebido un nuevo hijo. Nos alegramos juntos como pareja; elegimos el mejor momento para decírselo a las personas queridas; nos imaginamos los días –y los años– especiales que están por venir.

Pero entonces viene el calambrazo de una punzada, un sentimiento de que algo no va bien, y la hemorragia. Esperamos, observamos, rezamos; y entonces sentimos la pérdida de una persona a quien nunca conocimos, nunca cogimos en nuestros brazos y nunca veremos en este lado de la eternidad.

La pérdida de un hijo es una experiencia dolorosa. Hay tantas familias que han tenido al menos un aborto, que podemos decir que se trata de una experiencia común. Al mismo tiempo, es una vivencia intensamente personal. Unas veces la gente hace y dice las cosas apropiadas que disminuyen el dolor y hacen más fácil la dificultad. A otros les aqueja el mal de la metedura de pata: son tan torpes en sus intentos de ayudar, que hacen más profundo nuestro sufrimiento.

Lo que viene a continuación son consejos sobre qué decir a una familia que ha perdido un niño. Se basan en la experiencia de muchos de nosotros que hemos sufrido alguna pérdida. Si nos tomamos el tiempo de pensar qué decimos y hacemos, podemos hacer que este difícil momento sea más significativo y suponga una bendición para la familia afectada.

¿Qué podemos decirle a una amiga o amigo que ha perdido un hijo?

«Siento tanto tu pérdida»

Esto realmente lo dice todo. Este niño que ha muerto era un ser humano real, independientemente del tamaño o la edad... un hijo al que se echará mucho de menos. Por tanto, los padres tienen un dolor real. Los que están apenados, no necesitan soluciones rápidas para reparar su dolor, aunque espero que los sentimientos expresados en esta sección puedan ser de ayuda. Necesitan nuestro sentimiento y amor sinceros, un apretón de manos o un abrazo.

«Tener un aborto es realmente algo muy confidencial porque sucede pronto y frecuentemente en casa. [...] No hay un certificado de defunción, ni un registro de que un hijo, un hijo vuestro, existió alguna vez», dijo JoLynn Crouch, una decidida mujer de Utah que sufrió muchos abortos y niños que nacieron muertos antes de convertirse en madre de siete hijos[1].

Cuando no hay un cuerpo que abrazar o enterrar, solemos subestimar la pérdida, y esto hace más intensa la tristeza de la pareja. Reconociendo su pérdida podemos aliviar el peso del sufrimiento.

Se puede comunicar compasión con independencia de si hemos experimentado o no personalmente este tipo de pérdida. Jesús lloró en la tumba de Lázaro (cf. Jn 11, 35), aunque sabía que lo iba a resucitar de la muerte. Como Jesús, lloramos con los que lloran (cf. Rom 12, 15); pero no sufrimos como quien no tiene esperanza (cf. 1 Tes 4, 13). Un

---

[1] «Silent Loss», en *Herald-Star* (Steubenville, Ohio), 2-V-1993.

matrimonio de Rialto, California, habló del alivio que sintieron cuando sus padres y familiares les hicieron saber que eran conscientes de que realmente habían perdido un hijo.

«¿Le pusiste un nombre al bebé?»

Anima a los que han perdido un hijo en el camino a que le pongan un nombre. Esto hace que la realidad de esta joven vida sea más concreta para todo el mundo. Recuerda el nombre del hijo para una futura nota o regalo.

A nuestros hijos les ha consolado el poder referirse por su nombre a sus hermanos malogrados: Raphael, Noel Francis, Angelica Frances. Recordamos de forma especial a los hijos que hemos perdido el día de su santo.

No es demasiado tarde para poner nombre a tu bebé o para sentir su pérdida, con independencia del tiempo que haya pasado desde que lo perdiste. Una abuela llamó a un programa de radio en el que yo estaba tratando del tema de los abortos. El suyo había ocurrido hacía cincuenta y tres años, pero lloró de nuevo al recordar la historia. Hacía poco que había descubierto que podría curarse si ponía nombre al bebé y no bloqueaba el sentimiento.

«¿Cómo estás?»

Dales a tus amigos la oportunidad de contarte cómo están y de que te hablen del bebé que han perdido. Dales la sensación de que no tienes prisa. A veces tenemos tanto miedo a reabrir una herida, que no preguntamos. Esto puede hacer que los que acaban de perder un hijo tengan la sensación de que los demás no son conscientes de la vida o la muerte de su hijo.

Ignorar el tema, en vez de dar a tus amigos la oportunidad de compartir sus pensamientos y sentimientos, puede hacer que se sientan ignorados o rechazados. Una madre escribió: «Estaba embarazada de veintidós semanas en ese momento. Finalmente tuve una buena amiga que me escuchó y me hizo preguntas. Necesitaba hablar, pero la mayoría de la gente estaba demasiado asustada para decirme nada». Diane, de Long Beach, California, agradecía que «me preguntaran y me dejasen hablar».

Una pareja de Nassau, Nueva York, sufrió una pérdida repentina. «Tuvimos una preciosa niña que nació muerta. Lo que más nos ayudó fueron las personas que vinieron inmediatamente a casa y se acercaron a darnos ánimos. Algunos mandaron tarjetas que decían que confiáramos en el Señor, etc. Otros me hablaban de ello y me preguntaban cómo estaba. Me dejaban hablar de ella». Necesitamos que haya otros que reconozcan nuestra inmensa pérdida.

Una mujer tuvo el trauma de descubrir que estaba embarazada sin estar casada, y luego, dos meses después, tuvo una hemorragia. Recordaba lo que pasó:

«Nadie de mi familia ha perdido nunca un bebé; no me había ocurrido a mí. Pero la perdí. No llegue a sentir que se movía dentro de mí, porque no era lo suficientemente grande. Nunca vi mi tripa crecer, porque no dio tiempo, pero siempre supe que ella estaba allí y la quise.

Mi madre decía: "Tendrás otros hijos". Lo que ella no entendía entonces, y sigue sin entenderlo ahora, es que eso sería lo mismo que decir que cada uno de nosotros somos reemplazables.

Durante siete años, no pasó un día en el que no pensara en mi hija. Y nadie parecía entender mi dolor o mi pérdida. Oí muchas veces que "no tenía razón de ser", lo cual sólo aumentaba mi dolor. Si lo que decían era verdad, no sólo no eran reales mi dolor y mi pérdida, sino tampoco mi hija.

Nadie sintió su pérdida, sólo su madre. Un Día de la Madre, una de mis hermanas me compró un regalo. Escribí: "Un regalo del Día de la Madre para una madre sin hijos".

En un grupo de oración, una mujer me preguntó si tenía algún hijo. Le contesté que sí, y me dijo: "Dios quiere que sepas que tu bebé está con Él en el cielo". Me arrodillé al instante. Lloré intensamente, pero eran lágrimas de alegría. Mi bebé era real; tenía un alma y es una persona; sentir su pérdida estaba bien».

El sufrimiento de esta mujer fue más intenso porque su familia no alcanzó a valorar su dolor y su pérdida.

Aunque los maridos y las mujeres pueden sentir la pena de forma diferente, debemos creer que nuestro cónyuge está sufriendo sin hacer que él o ella lo expresen de la misma manera que nosotros. Con frecuencia se deja de lado al padre. Un padre que está pasando por este dolor, muestra su frustración.

«Continuamente me preguntaban: "¿Cómo está tu mujer?, ¿cómo lo lleva?" Pero nadie me preguntaba "cómo estás *tú*"», dijo Chuck Lammert, ingeniero de una planta de energía en St. Louis. «Me ofrecieron algún consuelo cuando volví al trabajo, pero era sobre todo para continuar con mi trabajo. Y lo intenté. No me di cuenta de la magnitud de lo que estaba sucediendo», dijo Lammert[2].

El señor y la señora Lammert ayudan a dirigir *Share*, una red nacional que ofrece apoyo a padres aquejados por la pérdida de un hijo[3].

Otro padre relató las dificultades a las que se enfrentan los hombres que pasan por esta pena.

Muchos de nosotros acabamos evitando el tema. Nos refugiamos en el trabajo, en beber un poco más o en ir de pesca –dice Michael Donnen, un terapeuta que dirige grupos de terapia para el dolor en Seattle–. La sociedad da por supuesto que tenemos que ser fuertes por nuestras mujeres, que ellas pueden llorar por ambos.

Pero es una falacia, porque mientras la mujer puede estar llorando, con frecuencia también está furiosa… ¿No comparte él este dolor? La tasa de divorcio entre parejas que han perdido un hijo es significativamente mayor de lo normal»[4].

Que los hombres y las mujeres sientan de manera diferente no significa que ambos esposos no experimenten el dolor. También es importante que los padres que están sufriendo dejen que sus hijos expresen su pena, para que toda la familia pueda compartir la pérdida unida.

---

[2] *Ibíd.*

[3] *Share* es una red de apoyo para casos de pérdida del feto o del niño. Se puede entrar en contacto en el St. Joseph Health Center, 300 First Capitol Dr., St. Charles, MO 63301.

[4] «Silent Loss», cit.

Los que sufren pueden tener días buenos y días malos; el sentimiento puede ser como una montaña rusa. Intenta no trazar un calendario para que se sientan mejor. Parte del dolor viene por rachas, provocadas por los aniversarios de la fecha esperada o de la fecha de la muerte, vacaciones y canciones especiales.

«Tu hijo está con el Señor»

Si el objetivo de los padres cristianos es que los hijos vayan al cielo, entonces lo hemos conseguido con este hijo. Nuestro hijo vivirá para siempre. Con frecuencia les hemos dicho a nuestros hijos: «Raphael, Noel Francis y Angelica Frances están con el Señor. Pretendemos estar junto a ellos, con la gracia de Dios. Vosotros, chicos, formáis una familia completa, ¿de acuerdo?»

El cielo nunca volverá a ser lo mismo. Recuerdo lo mucho que me impresionó, porque no se me había muerto ningún otro ser querido; una parte de mí había muerto. El cielo me resulta más querido porque una parte de mí está allí.

San Pablo dice: «Para mí vivir es Cristo, y morir una ganancia» (Flp 1, 21). Para los que nos quedamos es algo terrible, pero la verdad es que nuestros hijos están mejor con el Señor. No han tenido que soportar el dolor, el sufrimiento y el pecado en este mundo.

Aunque los planes que teníamos para este hijo fueran maravillosos, Dios tiene un plan mejor. «Sabemos que todas las cosas cooperan para el bien de los que aman a Dios, de los que son llamados según su designio» (Rom 8, 28). Aunque no podamos verlo de inmediato, sigue siendo verdad. Le pedimos a Dios que nos haga ver la gracia que suponen tales tragedias.

Susan Erling escribió un poema tras la muerte de su hija no nacida.

Sólo aquellas pocas semanas

Durante aquellas pocas semanas…
te tuve conmigo.
Y parece demasiado poco tiempo
para que me cambiara profundamente.

En aquellas pocas semanas…
llegué a conocerte…
y a quererte.
Pusiste tu vida en mis manos.
¡Oh, qué vida había preparado para ti!

Sólo aquellas pocas semanas…
cuando te perdí,
perdí una vida de esperanzas,
planes, sueños y aspiraciones.
Una parte de mi futuro simplemente desvanecida durante la noche.

Sólo aquellas pocas semanas…
no fue suficiente tiempo para convencer a otros.
Qué extraño, una persona verdaderamente única acaba de morir
y nadie lamenta su muerte.

Apenas unas pocas semanas…
y ninguna persona «normal» lloraría toda la noche
por un bebé pequeño e incompleto,
o se deprimiría y se aislaría un día tras otro interminable.
Nadie lo haría, ¿por qué yo sí?

Tú estuviste sólo aquellas pocas semanas, mi pequeña.
Entraste y saliste de mi vida demasiado rápido.
Pero parece que era todo el tiempo que necesitabas
para hacer mi vida mucho más rica
y darme un pequeño atisbo de la eternidad.

Nos reconforta saber que la vida de este hijo no quedó truncada; el salmista dice que el Señor tiene contados los días del hijo no nacido (cf. Sal 139, 16). Había motivos para la vida del hijo, por corta que fuera, y hay motivos para su muerte.

Además, esto no es todo lo que hay. Él o ella seguirán viviendo para toda la eternidad, y Dios tiene un plan para esa fase de su vida también.

Sin duda, el amor de un hijo por sus padres y hermanos será perfeccionado por Cristo. Creo que soy una esposa y una madre diferente por la intercesión de mis hijos. Una madre de San Diego, California, escribió: «Tuve siete abortos y un embarazo extrauterino (ahora sólo tengo una trompa). Concebimos repetidas veces, pero morían de parto prematuro. Me sentía sola y con el corazón destrozado. De lo que me decían, lo que más me ayudó fue el comentario de mi director espiritual: "Puedes estar segura de que tienes montones de hijos que rezan por ti en el cielo"».

Una pareja de Lake Orion, Michigan, escribió: «Saber que existe la comunión de los santos es muy consolador porque podemos acudir a la oración de los hijos que se han ido antes que nosotros. Estamos convencidos de que, a lo largo de los años, hemos recibido mucha gracia por la intercesión de nuestros hijos que están en el cielo».

Una de mis hermanas y su marido han perdido ocho de los quince hijos que han concebido. ¿Cómo han afrontado esta pérdida tan grande? Ella cita Mateo 6, 19-21:

> No amontonéis tesoros en la tierra, donde la polilla y la herrumbre los corroen y donde los ladrones socavan y los roban. Amontonad en cambio tesoros en el cielo, donde ni la polilla ni la herrumbre corroen, y donde los ladrones no socavan ni roban. Porque donde está tu tesoro allí estará tu corazón.

Kari concluye: «Los hijos son el único tesoro que podemos tener en el cielo».

Marianne y su hermana cuidaron de su madre durante los últimos días de su vida (su madre había dado a luz a ocho niños y había tenido siete abortos). Cuando se estaba muriendo, seguía preguntando a sus hijas: «¿Los oís cantar? Yo los puedo oír. Los bebés están cantando para mí». Aunque el mundo podría pensar que el comportamiento de esta mujer era absurdo por haber arriesgado demasiado, y aparentemente haberlo perdido, sin embargo su propio testimonio cuando abandonaba este mundo era que se estaba reuniendo con los que se habían ido antes que ella para disfrutar con ellos para siempre con el Señor en el cielo.

«La Misa es el momento en el que nuestra familia se une de una manera extraordinaria»

Me ha reconfortado saber que en la Misa, la liturgia celestial, nuestra familia de la tierra se acerca al mismo trono de misericordia ante el que están en adoración todos nuestros seres queridos que han muerto en Cristo. Esto ha fortalecido nuestro ánimo cuando sufríamos por la pérdida de seres queridos, entre los que se cuentan nuestros hijos no nacidos.

«Estoy rezando por ti y tu familia. ¿Tienes alguna intención especial?»

Me ha consolado saber que la gente estaba rezando por nosotros mientras nos recuperábamos de nuestros abortos. El primero que sufrí –un embarazo extrauterino con el que tuve una hemorragia interna durante tres días, probablemente por una ruptura– fue el 22 de enero de 1989. Pedimos un análisis de sangre para comprobar los niveles de HCG [hormona producida por la placenta durante el embarazo] para asegurarnos de que el bebé estaba muerto, pero el médico dijo que no estaba disponible ningún especialista. «En lo que podría tardar alguien en llegar, insistió, podrías estar muerta. ¡Vamos a operar ahora!»

Horas después me desperté con un dolor tremendo. No me habían hecho una pequeña incisión, sino un corte vertical completo de cesárea. Entró el médico y me dijo que había encontrado una bolsa en la trompa y que la había bautizado antes de extirparla; tenía que recuperarme durante cuatro días en la planta de maternidad (donde no estaban permitidas las visitas de niños).

Nunca me he sentido tan vacía. Era el profundo vacío de saber que nuestro hijo no iba a seguir estando en mi interior. Me sentía físicamente destruida; la operación parecía excesiva para una bolsa tan pequeña. Y nunca habían sido tan dolorosos aquellos primeros paseos al baño. ¡Todo ese dolor y ningún bebé que mostrar!

Me sentía tan sola. Nadie dentro de mí y nadie en la habitación, porque Scott tenía que estar en casa con nuestros tres hijos pequeños. Mientras lloraba, el Señor trajo a mi mente Hebreos 12, 1-2, donde se habla de que estamos «rodeados por una gran nube de testigos».

De repente me di cuenta de que mientras estaba tumbada allí sintiéndome sola, en realidad estaba en una habitación llena de gente. No sólo estaba Jesús sino también los santos que se habían ido antes que yo, que habían experimentado un sufrimiento mucho mayor que el mío. Y no estaban allí como observadores silenciosos, preparados para criticar mis torpes intentos de superar mi sufrimiento. Al contrario, me rodeaban como espectadores en un estadio, animándome en mi carrera como campeones que ya han ganado la medalla de oro en este acontecimiento. ¡Estaban *por* mí!

Por primera vez entendí la enseñanza de la Iglesia sobre la comunión de los santos, entre los que se incluía un nuevo animador, mi hijo amado. ¡Qué agradecida estoy de conocer el regalo que suponen estos hermanos y hermanas!

Algunas personas me ofrecieron meditaciones u oraciones especiales. Cuando era difícil formular una oración, debido al sufrimiento, esto me ayudó a rezar leyéndolas en alto. Las oraciones que me dieron para que las recitara y las oraciones de los demás levantaron mi ánimo.

Una madre de Boone, Iowa, reflejó: «He tenido cuatro abortos. Mientras me recuperaba en el hospital, podía sentir el dolor, pero no podía desesperarme, porque cuando cerraba los ojos, me veía flotando en una nube blanca sujetada por todas partes por manos unidas en oración».

Cuando estuvimos de peregrinación en Jerusalén, visitamos el Huerto de Getsemaní. Hay una preciosa iglesia construida en la roca en la que se cree que Jesús rezó y sudó gotas de sangre antes de morir en la cruz. Llevé allá conmigo la pena por nuestro tercer aborto que había sido seis semanas antes.

Mientras meditaba en la agonía de Jesús, recordé una profecía mesiánica: «Ciertamente Él ha llevado nuestros penas y cargado con nuestros dolores» (Is 53, 4). Parte de lo que significa la Encarnación es que Jesús ha entrado en el dolor de nuestros sentimientos con tanta seguridad como ha cargado con nuestro pecado. Mientras lloraba en esa preciosa roca, el Señor curó mi dolor.

Los Brocks tuvieron un hijo que murió de repente.

«La meditación de los siete dolores de Nuestra Señora era lo único que me ayudaba a superar la muerte de nuestro bebé de dos meses. María –nuestra Madre Dolorosa– me abrazó verdaderamente fuerte, y cuando pensaba que mi corazón se iba a romper, miraba hacia arriba y recordaba la esperanza del cielo. Por muy triste que me sintiera o por mucho sufrimiento que tuviéramos que aguantar, había un límite de (quizás) cuarenta años más y luego la esperanza de estar reunidos».

El corazón materno de María, Virgen Dolorosa, nos acerca a ella y a su Hijo.

Mónica, de LaCrosse, Wisconsin, contó que «tuvieron dos abortos al principio del embarazo después de su segundo hijo. Entonces hice una novena a San Maximiliano Kolbe y le pedí gemelos, que fueron concebidos tres meses después ¡en el cumpleaños de Ron!»

«Cuando pierdes un hijo te das cuenta de qué frágil es el regalo de nuestra fertilidad»

Cuando concibes el primer hijo, normalmente no piensas en un aborto; piensas en cómo será la Navidad (estás embarazada en el momento en el que María estaba esperando a Jesús) y cuándo darás a luz, y en cómo será la vida en los próximos años. Esto se refuerza más cuando tienes hijos sin ninguna dificultad.

Nuestro primer aborto ocurrió después de haber tenido ya tres niños. ¡Menuda impresión! No nos lo creíamos. Supusimos que era una casualidad.

Como mi aborto fue un embarazo extrauterino (en el que el bebé se implanta en las trompas en vez de en el útero), una prueba de ultrasonido en nuestro siguiente embarazo alivió nuestros miedos de que se repitiera: la bolsa estaba en el sitio correcto. Nos relajamos; pensamos que habíamos pasado el punto crítico del aborto anterior, sin sospechar que nuestro bebé moriría a las pocas semanas.

La Navidad estaba a la vuelta de la esquina. Era el 18 de diciembre de 1989. Habíamos preparado todo para pasar juntos las vacaciones, pero empecé a manchar, sólo un poco. La semana anterior Scott y yo habíamos llevado a los niños con nosotros para que escucharan el latido del corazón del bebé, pero cuando el médico no pudo encontrarlo con el fonendo, nos aseguró que probablemente se debía al tamaño del bebé.

No obstante, esto sucedió antes de que yo empezara a manchar. Dejamos a los niños con unos amigos y nos dirigimos a la consulta del médico.

Me examinó y me dijo con tristeza: «Kimberly, tu útero está más pequeño que la semana pasada. No es una buena señal. Tenemos que hacer una ecografía». Lo decía con mucha compasión; él y su mujer habían sufrido un aborto hacía poco.

Nuestros corazones latían fuertemente mientras íbamos al hospital local, notaba mi vejiga con cada bache de la carretera porque había bebido el líquido necesario para que se viera una imagen clara en la ecografía. Seguro que el bebé está bien. No puede volver a suceder... no, después de esperar tanto para concebir, no dos pérdidas seguidas, no en Navidad.

El médico simplemente nos miró. «Hay una bolsa, pero no hay bebé».

A duras penas podíamos respirar; ni siquiera teníamos la oportunidad de luchar para hacer algo, cualquier cosa, para salvar la vida de nuestro bebé. Y el dolor no acababa ahí. Pasaron más de dos semanas antes de que finalmente abortara por completo, y mi cuerpo seguía dando señales de embarazo con náuseas y cansancio (¡era como dar una patada a alguien cuando está en el suelo!)

No teníamos ni idea de que nuestra fertilidad pudiera ser tan frágil. ¿Tendríamos alguna vez otro bebé al que abrazar?

Los Brocks también descubrieron qué frágil puede ser la vida.

«Tuvimos dos abortos antes de que nuestro hijo llegara a término. Fue una gracia enorme para mí volver el corazón al Creador y darme cuenta de que sólo Él es el Autor de la vida. Antes de los abortos yo tenía una actitud arrogante de que tener hijos estaba hecho. Estaba intentando programar mis concepciones en las estaciones agradables para estar embarazada. Dios en su misericordia permitió los abortos para abrir nuestros ojos y que viéramos lo privilegiados que éramos de llevar la vida después de todo».

Es una percepción novedosa para muchas de nosotras que tampoco tuvimos problemas con nuestro primer embarazo. Theresa escribe:

«Cuando concebimos el séptimo bebé mientras estaba dando el pecho del sexto, mi marido se enfadó. Finalmente aceptó este embarazo (después de una semana más o menos), pero pocas semanas después el bebé se malogró. Por medio de este sufrimiento aprendimos lo increíblemente preciosa que es la vida humana, y él prometió no volver a disgustarse nunca, con independencia de cuántos hijos decida Dios mandarnos».

Este matrimonio acaba de tener su undécimo hijo, gracias a Dios.

«¿Estás buscando ayuda médica para evitar los abortos repetidos?»

A causa de sus repetidos abortos, Debbie, como otras muchas mujeres, fue calificada de «mujer que aborta habitualmente». Los médicos le desaconsejaron que tuviera más hijos, pero no le ofrecieron ayuda para resolver la causa de los abortos. Ella y su marido buscaron una solución por su cuenta, si es que existía.

«Después de mi cuarto aborto, un monitor de planificación familiar natural se dio cuenta por mi gráfica de que probablemente tenía falta de progesterona. Esto podía ser un factor que causara la muerte de tantos de nuestros bebés antes de nacer. Me puse en contacto con el Dr. Thomas Hilgers a larga distancia, y después de algunos análisis de sangre, me diagnosticó ese problema. Sufrí cuando me di cuenta de cuántos bebés podríamos haber tenido si la investigación del Dr. Hilgers sobre el aborto se hubiera puesto en práctica con nosotros.

Muchos de nuestros médicos y matronas levantaban los hombros y decían que no se podía hacer nada cuando tenía los abortos. Ahora sé que eso no era verdad. No he sangrado nada en este embarazo y espero dar a luz a nuestro bebé «milagro» dentro de siete semanas».

Este hijo nació sano en su momento, gracias a Dios.

El Dr. Thomas Hilgers ha contribuido a desarrollar el Centro Nacional para el Tratamiento de los Desórdenes Reproductivos[5]. Este centro ha ayudado a muchas parejas en su búsqueda para resolver las dificultades con la fertilidad.

«Podrías escribir tus pensamientos, sentimientos y oraciones»

Llevar un diario ayuda a que la pareja, juntos o por separado, tenga un registro de los pensamientos, de los sentimientos y de aquellos poemas, opiniones o salmos que les ayudaron a superar el sufrimiento. Quizá no seas capaz de imaginártelo, pero el dolor acabará desapareciendo y, con él, el recuerdo de los modos concretos con los que el Señor alivió y fortaleció.

Es una gran bendición poder releer un diario y ver con claridad la mano divina que nos guía. ¿Qué recuerdos tienes de tu hijo?, ¿de tu embarazo?, ¿del parto, si lo has tenido? Karen Edmisten expresó su oración en un poema.

Fiat (Hágase)

Dijiste que nosotros
tendríamos un hijo.
Y yo, con amor, recibí una nueva vida
y sonreí
con cada ola y mar
de los mareos matutinos,

---

[5] Para mayor información, se puede contactar con el Dr. Thomas Hilgers, Pope Paul VI Institute, National Center for the Treatment of Reproductive Disorders, 6901 Mercy Road, Omaha, NE 68106.

me impliqué en este
milagro por venir.
«Por ti, Señor», dije,
y ofrecí cada pequeño sufrimiento
como un regalo para Ti,
incomparable con el regalo de la vida
que Tú me estabas dando.
Y luego me tambaleaba,
inconsciente y temblando
ante la muerte de mi bebé.
Estaba abandonada.
Surgió la ira y construí mi alegato
contra los signos malinterpretados de la Gracia.

Estaba tan equivocada —
«Aquí hay un hijo», dijiste,
o así lo pensé.
Pero mis brazos están vacíos, desesperanzados.
No queda nada
de mi confianza
cuando escucho tu Voz.
¿Cómo puedo confiar cuando estaba tan equivocada?
¿Cómo seré fuerte de nuevo?
Me paro y me vuelvo a ti,
Oh Antigua Belleza siempre nueva…
Te pido, mi más confiado y querido Amor,
una respuesta, algún alivio,
una señal de lo alto.
Hay un silencio,
y mis lágrimas…
Lágrimas del amor sufrido de una madre.

Entonces, en tu generosidad,
en tu Amor envolvente,
me abrazas y hablas:
Las palabras de lo alto
fluyen a través de un vaso terrenal.

Un hombre de Dios
que me escucha
y me dice que puedo –que debo–
atreverme a confiar, porque *todo es como debe ser.*
Ese misterio que es mi hijo
está en tus manos,
en tu Sagrado Corazón.
El papel que yo juego
es el de ceder y ser libre.

Cuando me vuelvo a parar
para rezar,
«Te basta mi gracia»,
dices,
«Porque mi poder
se hace perfecto en la debilidad».
Oigo las palabras una y otra vez
en mi mente,
como un disco que olvidamos quitar…
Penetran
en el corazón de mi pena
y no me dejan más opción
que arrodillarme
y ofrecerte mi hijo.

Oh, cura mi corazón, Señor,
dolido y gastado,
sé perfecto en mi debilidad,
mi Perla de gran valor.
Aunque la ofrezca, Señor,
imperfecta y pobre,
mi vida es tuya.
Que tu gracia me baste[6].

¡Qué oración tan impresionante!

---

[6] Reproducido con autorización de Karen Edmisten.

Cuando sentimos esa pena tan profunda, nos resulta difícil pensar en cuidar de nuestro cuerpo. Sin embargo, necesitamos fuerzas físicas para superar la pérdida y atender las abligaciones del matrimonio y de la vida de familia. Los expertos dicen que necesitamos una buena dieta (la comida basura no nos fortalecerá); beber mucho líquido bueno (la cafeína y el alcohol no están recomendados); algo de actividad y de ejercicio cada día, aunque el médico puede recomendar que esperemos (sobre todo si hemos tenido una operación); y un descanso adecuado, aunque tengamos dificultad para dormir.

Es especialmente difícil si todavía parece que estás embarazada cuando has sufrido un aborto. La gente que no se ha enterado de la noticia te para en medio de la tienda para preguntarte cuándo das a luz, y eres incapaz de contener las lágrimas mientras se lo explicas, tratando de no hundirte del todo. Por un lado, no te obligues a una dieta estricta y demasiado ejercicio sólo para evitar que los que te vean pregunten sobre el nacimiento inminente; por otro lado, guarda la ropa de pre-mamá y, si es necesario, compra alguna ropa de una talla mayor que no parezca de embarazada (una cosa práctica que alguien podría hacer: prestarte ropa de recién parida para que puedas reservar el dinero para ropa nueva que quieras que te sirva por más tiempo).

Intenta no exigirte demasiado. Tómate con calma el volver a la vida normal; no sabes día a día cómo te vas a sentir física o psicológicamente. Tal vez quieras hacerte una revisión médica unos cuatro meses después de experimentar la pérdida, sólo para asegurarte de que estás bien de salud. La buena forma física fortalece las habilidades dormidas.

A algunos, sobre todo a gente piadosa, les falta tiempo para meternos prisa en que superemos el proceso del sufrimiento. Pretenden decirnos lo que debemos o no debemos sentir. Quieren que sigamos un calendario con el que ellos se sientan cómodos. Procura que los demás no te digan lo que tienes que hacer.

Cuando estamos apenados, experimentamos una gran variedad de sentimientos: impresión o incredulidad, nos sentimos abrumados o apáticos, con una tristeza profunda, nos culpamos a nosotros mismos, culpamos a Dios o a los demás, tenemos enfado, depresión hasta el punto en que es difícil funcionar, y alivio (por cierto, los sentimientos suicidas no son normales ni sanos. Si te ocurre, busca ayuda).

Estos sentimientos pueden venir por oleadas, como las revueltas de una montaña rusa. Por el mero hecho de que te hayas sentido enfadada y ahora no lo estés, no significa que esos sentimientos no vuelvan a aparecer, por ejemplo.

Se trata de emociones que siente cualquier ser humano; la gente piadosa no está exenta de ellos, aunque, por medio de la oración y de los sacramentos, tenemos acceso a la gracia que nos preservará de caer en la desesperanza. Dios puede absorber el enfado que proviene del dolor y de la frustración. Nuestro reto es no mezclar el pecado con el enfado.

Dice San Pablo: «Si os enojáis, no pequéis; no dejéis que se ponga el sol estando todavía airados, y no deis ocasión al demonio» (Ef 4, 26-27). El amor de Dios por nosotros y por nuestros bebés es tan grande que sólo se lleva a un hijo a casa porque tiene un plan mejor.

Nuestro hijo Joseph fue concebido en el primer ciclo después de nuestro tercer aborto. Joseph ha dicho: «Siento que muriera el bebé, mamá, pero así nos tienes a los dos: uno en el cielo y otro en la tierra. De otra manera, yo no estaría vivo».

Este camino de dolor es un camino por el que hemos de pasar. Sufrir profundamente no significa que nos falte fe, sino que hemos amado profundamente y sentimos la pérdida intensamente. Quizá sea prudente que evites cambios importantes durante un año debido a tu nivel de estrés y al de tu familia.

Si no reconocemos nuestra pena, sepultándola como creemos que debería hacerlo un «buen cristiano», volverá a hacernos daño más tarde. Hay que pasar por este período de sufrimiento, con fe, y a través de él creceremos como cristianos y como personas. Tú puedes curarte y lo conseguirás.

«Yo tuve un aborto también. Si quieres hablar sobre ello, dímelo»

La disponibilidad es muy importante. Debemos ofrecernos a hablar sin imponer nuestro sufrimiento a los que están inmersos en su propio dolor. No tenemos que hacerlo para trivializar su situación, sino para hacerles saber que no están solos. A veces ayuda saber que otros han perdido niños y han sobrevivido.

«Aquí tienes algunos recursos que me ayudaron en mi duelo»

Tu hospital de zona puede ofrecer alguna ayuda; si no lo hace, quizá tu párroco te pueda recomendar un recurso cercano. En Estados Unidos hay diversas entidades que apoyan, como éstas:

- El *Pregnancy and Infant Loss Center* (Centro de pérdidas de niños y de embarazos) proporciona recursos inmediatos y a largo plazo a través de nuestros servicios de referencia y de apoyo, una amplia colección de bibliografía, la revista *Loving Arms*, programas educativos específicos y productos de recuerdo y de consuelo. Los padres, familiares, amigos, colaboradores, corporaciones, instituciones y cuidadores pueden beneficiarse de nuestros múltiples servicios[7].

- Un recurso específicamente adaptado para católicos es el *Morning Light Ministry*. Atiende a padres católicos que han sufrido la muerte de sus hijos por embarazos ectópicos, abortos, niños que nacen muertos o neonatos que fallecen pronto, hasta con un año de edad. Esta muerte puede haber ocurrido recientemente o hace varios años[8].

---

[7] *Pregnancy and Infant Loss Center*, 1421 East Wayzata Blvd., Suite #30, Wayzata, MN 55391.

[8] *Morning Light Ministry* ofrece, una vez al año, un curso de siete semanas que analiza la pregunta «¿dónde está Dios en todo esto?». Se trata de una oportunidad de compartir la experiencia con otros padres que han sufrido pérdidas, y de descubrir que Dios no te ha abandonado mientras recorres tu camino de fe y de pena. La última semana del programa, el grupo celebra una misa especial en recuerdo de sus

También ofrece un grupo de apoyo mensual, ayuda personal por teléfono y una biblioteca especializada.

¿Qué podemos hacer por una amiga?

Ten en cuenta estos consejos para ayudar a los que están pasando por la pérdida de un hijo.

Ofrece una Misa o un rosario en familia por ellos

Que la familia sepa, por una tarjeta o una llamada, que habéis rezado especialmente por ellos. Una madre de Altoona, Pensilvania, escribió: «Me consoló mucho que me dijeran que ofrecían oraciones, el rosario o la Misa por nosotros».

*Muestra tu aprecio por el bebé con una tarjeta o un pequeño
recuerdo para sus padres*

Barb ya había comprado un regalo para mi hijo antes de que yo tuviera el aborto. Una semana después de perder el bebé, me lo dio en memoria de ese hijo. Su dulzura conmovió mi corazón. Todavía tengo ese cuadro del ángel de la guarda como recuerdo de ese bebé en concreto.

Un año le dije a un amigo pintor que hiciera una acuarela de Jesús rodeado de cinco niños, de diferentes edades, para mi hermana y mi cuñado que habían tenido cinco abortos hasta entonces. El pintor se inspiró en fotografías de sus hijos para que los niños del cuadro se parecieran al resto de la familia.

hijos fallecidos. El equipo de información está formado por Fr. Keith Wallace (pastor, parroquia de St. Mary Star of the Sea) y Bernadette Zambri (madre afectada). St. Mary Star of the Sea Church, 11 Peter Street South, Mississauga, Ont. L5H 2G1.

Envía flores o, mejor, una planta que viva mucho tiempo.

Todos hemos recibido plantas alguna vez. Asegúrate de enviarlas para el matrimonio o para la familia, no sólo para la madre. Son hermosos recuerdos vivos del niño. Hay quien ha plantado árboles en memoria de un hijo; hace poco, una familia empezó un huerto de frutales, como recuerdo, después de la muerte de su hijo de dos años.

Una mujer suele ofrece una rosa blanca con la siguiente explicación:

«Espero que compartiendo esta rosa y mis pensamientos entiendas con qué profundidad comparto también tu dolor. Después de la muerte de mi primer hijo, su padre se me presentó con una simple rosa blanca. Cada parte de esta rosa tiene un significado especial para mí:

- El largo tallo: me recuerda el vínculo del amor, el mío unido al del Señor, que hace que este hijo una el cielo y la tierra.
- Las espinas: sufrimiento cuyo dolor el tiempo sólo puede aliviar, pero no hacerlo olvidar.
- El capullo, que empieza a abrirse: los sueños que tenía para este hijo y que empiezan a florecer plenamente en la eternidad.
- El blanco: la inocencia de este hijo ante Dios.
- Una: mi soledad, que nunca conocerá el calor de su cuerpo en mis brazos.
- La belleza: la belleza del amor de Dios vista en mí y manifestada por medio de mí en mi hijo».

Cuando mostramos con sinceridad que nos afecta la pérdida de alguien, en cierta medida compartimos la carga del sufrimiento.

Si hay un cuerpo que abrazar, anima a la pareja a que tome
en brazos al bebé y haga fotos

A veces la familia está aturdida, y no sabe qué pedir. Después, se lamentan de haber perdido la oportunidad de despedirse. En ocasiones, las enfermeras visten al bebé y lo envuelven en una sábana para que la familia pueda hacer fotos. Los hospitales y las clínicas son cada vez más sensibles con estos casos y ofrecen sugerencias sobre cómo despedirse.

Un enfermero, que también era diácono, reparó en los apuros de una pareja que estaba perdiendo a su niño en la sala de urgencias del hospital sin que el personal médico de atención primaria les atendiese o se preocupara de ellos. Después de hacer lo que pudo para consolarles –estando con ellos, ayudándoles en el parto y bautizando al bebé – se dio cuenta de que había que hacer algo más. Con la ayuda de otro enfermero, escribió la «Hoja de Derechos de los Pacientes» y la «Hoja de Derechos de los Niños».

Entre estos derechos están el de mantener a toda la familia unida y no dejar a los niños o a los abuelos en la sala de espera; disponer de material para tomar una huella del pie o de la mano; preguntar a la pareja si quieren asistencia religiosa; tratar el cuerpo del bebé con dignidad; hacer fotos de la familia con el niño; y ayudar a que la familia se lleve, como recuerdo, cualquier cosa que pertenezca al bebé. Otros hospitales estadounidenses han adoptado ideas similares.

Anima a los papás a que guarden objetos (una tarjeta de felicitación por el recién nacido, un sonajero, la pulsera de la muñeca, las ecografías, un mechón de pelo, la huella de la mano o del pie, escribir la estatura y el peso) para tenerlos para el futuro. Mientras la pena estaba reciente, una familia puso las fotos y los recuerdos de su hija que nació muerta en una caja en un estante alto. Después, cuando estuvieron preparados para mirarlos, bajaron la caja.

Una abuela guarda la foto de su nieta que nació muerta, con las fotos en las que aparece con los demás nietos en brazos. También ella es capaz de asumir que ha tenido una pérdida.

Anima a la familia a que den sepultura al bebé

En muchos países la familia puede pedir los restos de su bebé al hospital o a la consulta del médico, si lo han perdido ahí; y de esta forma darle sepultura.

Unos padres enterraron al bebé en su casa e hicieron un jardín especial allí. Otra familia sepultó los restos en un cementerio junto a la iglesia, al que podrían acudir aun cuando se trasladaran.

Si celebran un funeral, procura asistir

Puede ser un momento muy íntimo para la familia, pero, si te han avisado, estar físicamente presente, en vez de mandar sólo una tarjeta, puede ser una manera especial de quererles. Mónica y Edmund dijeron: «Enterramos los restos de nuestro primer bebé, y sólo asistieron al funeral unas diez personas».

En Estados Unidos, el día de los Caídos y en el de Todos los Santos, hay un oficio especial en la catedral de St. Louis por todos los que han muerto recientemente. Se leen los nombres de todas las personas que han fallecido en los últimos seis meses, incluyendo los niños muertos por aborto. Encienden una vela mientras dicen el nombre, y la familia recoge la vela para llevársela a casa A los que han tenido un aborto se les da un Certificado de Encomendación con el nombre de los padres y del hijo.

Ofrécete a preparar comidas o a ayudar en casa

Si su vida familiar se ha transformado bruscamente, este ofrecimiento puede ser de gran utilidad. Sin embargo, también es posible que la familia desee que les dejen solos, intentando volver a la normalidad. Si muchos miembros de la familia ayudan al principio, puedes esperar un mes y ofrecerte entonces.

Ofrécete a quedarte con los otros hijos

Te puedes ofrecer también a quedarte con los niños una tarde, o durante el tiempo que el matrimonio tenga que estar en el hospital. O puedes llevar a los niños al hospital, si la madre tiene que permanecer ahí y se permite la entrada a los niños en la planta.

Uno de los aspectos más dolorosos de mi primer aborto fue que mis hijos no pudieran entrar en la planta de maternidad. Nunca había estado separada de mi hija de año y medio. Algo había en los abortos que me hacía desear tocar a mis hijos y ver sus caras. Mi sufrimiento se hizo mayor por tener que esperar cinco días antes de poder verles (espero que las normas de los hospitales vayan cambiado en este aspecto).

Si tienes una familia con hijos en edad escolar, y los padres que han tenido el aborto, también, quizás puedes juntar a sus hijos con los tuyos para hacer las tareas del colegio y darle a la madre tiempo para que que se recupere físicamente. Unos padres que tuvieron un niño que nació muerto, recuerdan: «Teníamos seis hijos en edad escolar en ese momento, y la gente amablemente los acogió durante una semana para que hicieran sus tareas escolares. Otros trajeron comida». Esta ayuda práctica permitió que la madre descansara más durante unos días, antes de asumir las actividades normales de la familia.

Anota la fecha prevista de nacimiento o la fecha de la muerte del niño

Estas fechas son importantes. Que tus amigos sepan que piensas en ellos y que rezas en los aniversarios de la fecha prevista (si fue un aborto), el cumpleaños del niño (si nació) y la fecha de la muerte.

Llama a tus amigos en esas fechas para que sepan que estás pensando en ellos. O anota la fecha de la muerte y manda una tarjeta cuando esté cerca el aniversario. Se trata de días importantes para tus amigos: pueden ser momentos que se hagan más difíciles si nadie parece darse cuenta.

Mary, de Leesburg, Florida, recuerda: «Tuvimos un aborto de un pequeño angelito a los siete meses y medio. Le recordamos por su cumpleaños cada año».

Explica la enseñanza de la Iglesia acerca de los niños no bautizados

Una madre de Monroe, Connecticut, describió sus pérdidas y algunas de las cosas que había hecho para soportar el sufrimiento.

«En 1980, di a luz a un precioso hijo prematuro. Murió al poco tiempo. Un año después, tuvimos una pequeña niña prematura que también murió al poco de nacer. Eran nuestros dos primeros hijos. En el trajín médico para intentar salvar sus vidas, no pensé en que fueran bautizados antes de morir. Y en el estado emocional en el que estaba, no se me ocurrió pedir que los bautizaran.

Luego, nos tuvimos que trasladar a un lugar diferente, y Dios es grande: nos bendijo con cuatro preciosos hijos más, sanos (de diez, ocho, cinco y dos años). El tiempo ayudó a superar nuestro sufrimiento por la muerte de Michael y Ann, y llegó un momento en mi vida en el que dejé de recordarlos con dolor y tristeza. Doy gracias a Dios por esas pequeñas vidas y muertes. En el tiempo que estuvieron conmigo, aprendí más sobre la vida, el amor y las prioridades, de lo que nada ni nadie podría haberme enseñado nunca.

Ahora los recuerdo con una sonrisa y llevo haciéndolo un buen número de años. En algunos de sus cumpleaños, saco una foto que tengo con cada bebé y la pequeña huella del pie que tengo. Se lo enseño a mis otros hijos, y hablamos un poco sobre Michael y Ann. Nunca es mórbido ni depresivo, normalmente es algo más emotivo: comentarios del pequeño tamaño de la huella, o que Michael tenía un montón de pelo negro como su hermano al nacer, etc. Siempre he sido abierta y honesta con mis hijos sobre todo lo sucedido y ellos están bastante cómodos con lo que saben.

Me rebelo contra la idea de que haya un limbo para estos dos bebés que, en su corta vida, no hicieron más que bendecir la mía. Es duro creer que Dios crease esas dos preciosas almas para que, sin culpa suya, su destino fuera estar separadas de Él porque yo o las enfermeras no llegamos a bautizarles».

La Iglesia no exige creer, como si fuera un dogma de fe, en el limbo, entendido como un lugar distinto del cielo. ¿Qué enseña la Iglesia sobre los niños no bautizados? Volvemos al *Catecismo*:

En cuanto a los *niños muertos sin Bautismo*, la Iglesia sólo puede confiarlos a la misericordia divina, como hace en el rito de las exequias por ellos. En efecto, la gran misericordia de Dios, que quiere que todos los hombres se salven (*1 Tm* 2, 4) y la ternura de Jesús con los niños, que le hizo decir: «Dejad que los niños se acerquen a mí, no se lo impidáis» (*Mc* 10, 14), nos permiten confiar en que haya un camino de salvación para los niños que mueren sin Bautismo»[9].

Cabe pensar que los bebés de los creyentes estén cubiertos por el bautismo de deseo. Si hubiera habido alguna manera de poderlos bautizar, lo habríamos hecho.

Ayuda para tus vacaciones cuando estás apenada

Ten en cuenta estos consejos para superar las vacaciones y la carga especial de sufrimiento que pueden traer.

Asume que hay un conflicto de emociones

Estás contenta, pero te sientes triste; en paz, pero te sientes cansada y con miedo; con fe, pero te planteas preguntas y dudas. Tienes regalos, pero te sientes perdida; esperanza, pero te sientes vacía y deprimida. Es mejor reconocer estos sentimientos contradictorios en vez de suprimirlos.

Podemos sentirnos solos incluso rodeados por una multitud

Aunque estemos entre el gentío de un centro comercial, trajinando de un lado a otro, o en una gran fiesta familiar, podemos sentirnos muy solos. Normalmente se esperan con alegría las reuniones familiares, pero pueden aumentar la tristeza, sobre todo si nuestra pérdida no es conocida o si otros están esperando o celebrando la llegada de un nuevo bebé.

---

[9] *Catecismo de la Iglesia Católica,* n. 1261 (cursiva en el original).

Tenemos que decidir razonablemente dónde pasar las vacaciones

Cuando tuvimos nuestro segundo aborto, con las maletas hechas para pasar las vacaciones con el resto de la familia, el médico nos animó a que siguiéramos adelante con nuestros planes. Le dijimos que estábamos dispuestos a quedarnos, pero que sería una pérdida mayor no ir. Y que sería una bendición estar allí. Fue muy duro sacar la ropa de embarazada, especialmente un vestido que me acababa de hacer, y cambiarla por ropa normal, pero aun así era mejor que fuéramos.

Sin embargo, para algunas personas quedarse en casa puede ser más tranquilo y de más alivio. Estar con el resto de la familia quizá resultase más estresante, porque podrías tener la sensación de que te están observando para ver cómo llevas tu pérdida.

Podemos limitar alguna de las actividades que normalmente hacemos en vacaciones

Quizás otro miembro de la familia pueda recibir en su casa este año al resto de la familia. O quizás tu familia no pueda ir a cantar villancicos con el grupo de la parroquia, ni preparar dulces para obsequiar a otras familias. Otros años las vacaciones pueden ser menos difíciles. Cuida de ti misma limitando lo que pueda añadirte presión.

Quizás puedes dejar que los niños cocinen o decoren algo de lo que tú haces normalmente. Habla de tus planes con tu esposo y tus hijos.

Quizás podría ayudar un gesto especial

Una sugerencia es dar como donativo especial, en recuerdo de tu hijo, el dinero que te habrías gastado en los regalos de ese niño. Podrías entregarlo a Cáritas en Navidad.

Puede escribir en tus tarjetas de Navidad «...y en el querido recuerdo de...» para incluir al hijo que no quieres que se olvide. Uno de los regalos más especiales que he recibido son dos adornos navideños con los nombres de Raphael y Noel en ellos. Mi hermana los grabó y me los trajo cuando vino a casa la Navidad que tuve el aborto. Son unos recuerdos preciosos para mí, y todos los años los pongo en el árbol y les cuento su historia a nuestros hijos.

Quizá podrías comprar un abeto natural como árbol de Navidad, y plantarlo después de Navidad en honor de tu hijo.

Qué no debes decir

La gente, con buena intención, puede atenuar el sufrimiento con palabras y acciones meditadas, o incrementarlo con otras dichas y hechas sin pensar en las consecuencias. Como anotó una persona con experiencia: «Los amigos y la familia pueden pasar de puntillas sobre el asunto, por miedo a meterse demasiado… O pueden aplastarlo, bombardeando a unos padres que sufren con observaciones inútiles, aunque bienintencionadas»[10]. Recojo algunas cosas que no hay que decir.

«Es normal; pasa muchas veces»

Es posible: pero sigue siendo un acontecimiento único en la vida de esta persona. Algunos pueden encontrar consuelo en saber cuántos otros han experimentado pérdidas. La gente suele contar sus historias de pérdidas al tiempo que ofrece palabras de consuelo. De todas formas, el hecho de que sea normal no disminuye el dolor.

Un matrimonio de Baltimore, Maryland, tuvo un aborto entre la sexta y la octava semana de embarazo. Recuerdan: «El médico dijo con toda frialdad: "Esto es normal si te quedas embarazada mientras estás tomando la píldora"». Fue un comentario muy doloroso.

---

[10] «Silent Loss», cit.

«Probablemente tendrás otro bebé»

Se trata de un falso consuelo; nadie sabe si la pareja volverá a concebir. Y aunque lo hagan, un hijo no reemplaza a otro. De todas formas, otro hijo puede disminuir algo del dolor de esta pérdida, sobre todo si los padres conciben poco después.

*«No te preocupes: ¡al menos ya tienes uno!» o, «¡Estáte contenta
con los que tienes!»*

Por supuesto que estamos agradecidos por cualquier hijo vivo; pero ¿qué tiene esto que ver con nuestra pérdida? Esos comentarios son tan poco oportunos como decirle a alguien que acaba de perder a uno de los padres: «Da gracias porque todavía tienes al otro». Por supuesto, pero uno de los progenitores no quita el sufrimiento por el otro que acaba de morir.

La gratitud por los niños vivos no impide el dolor por la pérdida de otro hijo. De hecho, cuando amamos a nuestros hijos vivos tanto, deseamos estar con el hijo que hemos perdido: para conocer a ese hijo y las semejanzas y diferencias que tiene con los demás. No hay ninguna duda de que la pérdida fortalece nuestro amor por los hijos vivos, sobre todo cuando nos damos cuenta de una manera diferente de lo frágil que es la vida. De todas formas, un hijo no reemplaza a otro.

Este comentario está pensado para callar a alguien, educadamente. Una madre de Chicago que recibió un comentario de estos cogió el mensaje: «Me guardé mi tristeza, porque lo esperaba».

*«Al menos no estabas muy avanzada», o, «Al menos
sabes que puedes quedarte embarazada»*

Estas frases no hacen justicia al dolor ni a la pérdida; la minimizan. Afortunadamente, la pérdida al principio del embarazo es menos dolorosa que más adelante; de todas formas, sigue siendo una pérdida *real*. El hijo puede haber crecido sólo el 30%, pero en un

100% era nuestro hijo completamente humano. Creemos que el hijo es un individuo especial desde la concepción. Se ha perdido una persona real, con independencia del tamaño o la edad.

Una madre escribió:

Cuando le conté a la gente que había tenido un aborto y las circunstancias, hasta se extrañaron de que lo mencionara: embarazada un día, y al día siguiente, no. Parece que tienes que tenerlo un determinado número de semanas para poder recibir condolencias. (Esto no era así con nuestros amigos pro-vida).

Algunos hacen estos comentarios que restan importancia porque son mayores, y antiguamente morían muchos bebés. El día que nació mi hermano pequeño, mi madre volvió del hospital muy triste. Las enfermeras dijeron que, al parecer, tenía neumonía y lo habían llevado a cuidados intensivos; podría no superarla. La respuesta de mi abuela me impresionó: «Al menos todavía no lo ha cogido en brazos».

Me quedé bloqueada. ¿Cómo era posible que mi dulce abuela fuera tan cruel? En realidad, no estaba siendo tan dura; en su época, muchos bebés morían al poco de nacer. Ella misma había perdido un bebé de un año y medio, así que sabía por qué tipo de dolor estaba pasando mi madre. De todas formas, aunque mi madre no hubiera tenido en sus brazos todavía al bebé, lo había llevado bajo su corazón durante nueve meses. Gracias a Dios, se curó.

«Usa el control de natalidad. ¡No tienes que seguir pasando por esto!»

Si hemos ya tenido varios abortos, algunas personas se cansan de oírlo. Realmente son *ellos* los que no quieren seguir pasando por esto con nosotros. Su solución no es de ayuda. Primero, el control de natalidad no es una alternativa aceptable. Segundo, los demás deberían ofrecer consuelo y fortaleza, apoyo en la oración y sabiduría. Este comentario no refleja nada de esto.

Ruth y Joe experimentaron este problema. «He tenido cinco abortos, una de las veces de trillizos. En todas las ocasiones, la familia y los amigos me trataron mal y me decían que usara medios de control de natalidad».

*«Como médico, no hay nada especial que pueda hacer
para ayudarte»*

A veces los médicos o las enfermeras carecen de sensibilidad.
Como uno o dos abortos son tan normales, muchas veces no se hace
un buen diagnóstico médico hasta que no hay un montón de abortos
seguidos. Incluso tres se considera todavía lo bastante normal como
para no justificar unas pruebas especiales para estudiar un problema
que podría resolverse. Yo había manchado algo, intermitentemente,
durante semanas al principio de mi embarazo. Cuando cesaba la hemorragia, retomaba las tareas fáciles. Un día tuve una hemorragia
mayor. Llamé a la médico llorando, y me dijo, dándolo por hecho:
«El bebé probablemente está muerto. Ven para hacer un raspado».

Yo quería una ecografía. Aturdida, llamé a Scott, y una amiga me
llevó al hospital. Allí, ante nuestros ojos sorprendidos, estaba nuestro
hijo, moviéndose por todas partes. Lloramos al ver esa maravillosa
confirmación de que, en realidad, nuestro querido hijo estaba bien.
Inmediatamente cambié a un médico con más tacto.

Tres de mis seis embarazos que han llegado a término han tenido
algo de hemorragia. Aproximadamente el 30% de los embarazos que
acaban en nacimientos tienen algo de hemorragia, y con frecuencia
los médicos no descubren a qué se debe.

Quizás se puede sensibilizar a los médicos y enfermeras para que
estén más atentos a las necesidades de sus pacientes en esta cuestión.
Después de un aborto que requirió cirugía, el médico me dejó en la
planta de maternidad. Para ir al baño, tenía que andar entre habitaciones con recién nacidos. Al comentarle que me resultaba difícil estar rodeada de bebés cuando acababa de perder uno, me dijo que
pensaba que eso me ayudaría a superarlo más rápido. No era demasiado comprensivo.

A veces tenemos que pedir que nos hagan pruebas. No esperes a
que el médico inicie el proceso, porque él o ella puedan pensar que
no ha habido suficientes abortos que justifiquen una atención extraordinaria. Sé proactiva; investiga. Contrasta con amigas que hayan tenido abortos o niños que han nacido muertos y descubre qué apoyos
recomiendan, o quizás qué médico es más atento o pro-vida.

Una pareja de Minnesota vivió una situación difícil.

«He tenido dos abortos. Fue muy, muy traumático. El médico seguía llamando a mi bebé "el producto de la concepción". La segunda vez, como estaba sangrando mucho, llamamos a urgencias. El ginecólogo de guardia dijo: "Pasa y te haré una limpieza a fondo". Fuimos a otro hospital, y el médico (cristiano) dijo que no me iba a tocar, ¡por si acaso el bebé seguía vivo!

He sangrado trece semanas con cada uno de mis hijos, así que en cada embarazo estaba la amenaza del aborto. He tenido pocas experiencias tan terribles como descubrir que mis bebés estaban en peligro.

El personal médico que más me apoyó fue el que lloró conmigo y sintió mi dolor, no los que dijeron: "Probablemente tendrás otro bebé". Yo no sabía si tendría alguna vez otro hijo. Sólo sabía que había perdido uno y estaba sufriendo realmente. Todavía puedo llorar por los que nunca conocí.

No pudimos concebir (sin abortar) durante más de dos años. Además, fue muy traumático, porque la primera concepción fue fácil y rápida. Tenía un médico tremendo que me decía que no tenía derecho a hacer un mundo por los abortos: que debería estar contenta con un hijo. Encontré a otro médico, un sueco, que había dejado Suecia porque no quería practicar abortos. Era magnífico, totalmente partidario de ayudarme a descubrir por qué no podía concebir. Me hizo algunas pruebas, me dio algunas pastillas, y ahora tenemos a Jody. Le doy gracias a Dios por él. »

La experiencia de este matrimonio con los médicos refleja el trato que han recibido muchas parejas. Ciertamente, cuando los médicos se han implicado en abortos, les resulta más difícil querer luchar por la vida de un niño que no ha nacido.

«Como sacerdote, no hay nada que pueda hacer por ti»

Habla con el sacerdote de por qué tiene tanta importancia para ti destacar la muerte de tu hijo. ¿Preferiría decir la Misa votiva de los ángeles en vez de ofrecer una Misa por un niño no bautizado? Si rehusa decir una Misa por el niño, pregúntale por qué; quizá haya una confusión que pueda resolverse. Puede que haya algún otro tipo de celebración religiosa en recuerdo del bebé que pueda realizar y que ayudará a la familia.

Raquel habló de esto a un grupo de mujeres. «Muchas mujeres nos han contado que sus sacerdotes no están dispuestos a celebrar una Misa. Una persona crítica con la postura pro-vida de la Iglesia llegó incluso a decirme: "Decís que sois pro-vida, pero no os preocupáis por los vuestros que han perdido un bebé"».

No decir nada

Es posible que tus compañeros de trabajo no sepan cómo comportarse ante tu pérdida. Hasta podrían no darse por enterados como grupo. Pero el aislamiento no disminuye el dolor. O quizá intenten «darte ánimos», pero no es lo mismo que encontrar alivio, compasión y consuelo.

Un biólogo molecular de una importante compañía farmacéutica contó su situación.

«Teníamos tres hijos y entonces perdimos dos a mitad del embarazo. Mientras atravesábamos esa experiencia, mis compañeros no podían entender el sufrimiento que sentíamos por la pérdida de esos dos niños. Para ellos, eran solamente fetos, nada por lo que sufrir. Fue un momento muy difícil para nosotros. El siguiente embarazo estuvo lleno de ansiedad, pero fuimos bendecidos con nuestro cuarto hijo. Tiene ahora cuatro años, está perfectamente sana, y la apreciamos a ella y a los demás hijos más incluso que si no hubiéramos perdido los otros».

Los que no comparten nuestra valoración de la ética de la vida puede que no sepan otra respuesta, más que ignorar la situación. Pueden sentirse incómodos; no saben qué decir. Sería mejor que dijeran: «No sé qué decir», en vez de no decir nada.

No hay consuelo en esa frase. Niega nuestro dolor. De alguna manera dice que deberíamos estar encantados, no tristes, ¡que estamos mejor sin este bebé discapacitado!

El día después de haber tenido un aborto, un estudiante universitario al que no había visto nunca comentó: «Es la forma que tiene la naturaleza de librarse de un niño que no está sano». Él no estaba preparado para mi respuesta.

«¿Sabes lo que acabas de decir?, grité. ¿Me estás diciendo que mi bebé probablemente tenía más necesidades que mis hijos sanos, y que debería dar gracias a Dios por su muerte, porque ahora no tengo que preocuparme de un niño discapacitado? ¡*Nunca* le digas eso a una mujer que acaba de perder un bebé!» (Estoy segura de que no lo hará).

Si acaso, los padres se sienten más desvalidos aún, cuando se imaginan que un hijo pudiera tener algo mal. La naturaleza no se libra de los problemas; la naturaleza no tiene el control. Dios lo tiene. No estamos tratando de un objeto (como desechar un coche inservible), sino de mi hijo.

Aun cuando la gente no recibiera ayuda cuando sufrió un aborto, años después Dios puede curarles. Ingrid, de Pound Ridge, Nueva York, recuerda:

«Años después, cuando me impliqué en la renovación carismática, durante un encuentro de oración alguien habló de cómo podíamos sanar las heridas de un aborto o de un niño nacido muerto, por medio de la oración y de la celebración de una Misa en memoria de esos bebés.

Mis bebés se convirtieron en personas reales para mí; acudo con frecuencia a su intercesión. Les digo cuánto les quiero y que espero abrazarles en el cielo».

Celebrar una Misa en recuerdo del bebé que has perdido puede darte un gran consuelo.

«La gente tiene un aborto porque en el fondo no quería el bebé»

Una madre que había tenido un aborto estaba delante cuando se hizo este comentario. «¡Me partió el alma!», dice. Pensé que era muy cruel». Podemos tener un falso sentido de culpabilidad; si hubiera hecho esto o lo otro, no habría perdido este hijo.

Cuando mi segundo aborto, estuve buscando una explicación. Le pregunté al médico si pintar el porche delantero podía haber provocado el aborto. Me aseguró que era imposible. «Si fuera tan simple», dijo, «las que no quieren quedarse embarazadas pintarían una habitación o harían un ejercicio extenuante en vez de ir a abortar».

«Este aborto te dejará más espacio de tiempo entre los hijos»

Esto es una ayuda vana. Yo preferiría mucho más tener el bebé que tener más espaciados los hijos. Cuando alguien me «felicitó» por el espaciamiento de los hijos, me pilló en un mal momento: «Sí, respondí, pero han tenido que morir unos cuantos para que eso ocurriera» (probablemente no debería haber sido tan dura).

Daos cuenta de quiénes tenéis alrededor: acordaos
de sus circunstancias

Una madre de familia numerosa se presentó, al dar una conferencia, como «alguien que había sido más generosa con Dios que muchas». Ciertamente; una mujer que sigue practicando la apertura a la vida, incluso después de ser bendecida doce veces, *es* una mujer muy generosa. De todas formas, nadie puede estar más abierto que abierto.

Sentada a mi lado, escuchando a la ponente, había una mujer que llevaba casada tanto tiempo como ella. Junto con su marido habían estado abiertos a la vida durante todo el matrimonio, pero sólo tenían dos hijos vivos de los seis que habían engendrado. Esta madre había sido, al menos, tan generosa con Dios como la conferenciante, especialmente porque había sufrido mucho con tantos abortos.

310

Pude sentir su dolor cuando la ponente hizo su presentación. La verdad es que las dos han sido heroicamente generosas con Dios.

«El tiempo lo curará»

No, el tiempo no cura. Pero Dios usa el tiempo para que disminuya la intensidad del dolor. A menos que resolvamos nuestra pena, el tiempo no hará nada más que amortiguar el dolor. Para ser esposos y padres sanos tendremos que sufrir. Y, en su momento, Dios puede sanar el dolor de nuestro corazón.

«Sé por lo que estás pasando»

El sufrimiento es algo tan personal que puede parecer una trivialidad decir que podemos entenderlo y compartirlo. Más que indagar en el dolor, las luchas, las preguntas y la pena de otras personas, podemos contar nuestras pérdidas y dejar que la otra persona vea las similitudes. Lo que contemos nos puede servir de terapia y lo que nos cuenten les puede ayudar como desahogo, pero no podemos exigir que afloren más pensamientos y sentimientos íntimos que los que quieran compartir.

*«Lo superarás», o «No debes sentirte así», o «Intenta volver
a la normalidad», o «Necesitas dejar de pensar en ello»*

No se trata de un mal corte de pelo; se trata de una pérdida que merece la pena sentir. Puede que la vida nunca vuelva a la normalidad, a la manera en que era. La actividad quizá nos distraiga del sufrimiento, pero llenar el calendario puede simplemente retrasar el proceso de dolor. Los amigos no pueden decirnos qué necesitamos; ellos han de estar a nuestro lado mientras sufrimos, y rezar mucho para encontrar verdaderas palabras de sabiduría y alivio. No hay una solución rápida para un dolor de corazón tan grande como el duelo.

«Otros lo han tenido peor»

Sí, otros han tenido peores situaciones. Y podemos estar verdaderamente afectados por cualquiera que esté pasando por una situación más dolorosa que la nuestra en ese momento. Pero de todas formas, nuestro sufrimiento es muy real, y el dolor de los demás no lo disminuye.

«Puede que Dios no quiera que tengas otro bebé»

Todo hijo que es concebido tiene un plan de vida trazado por Dios, aunque pueda tener una estancia muy corta en la tierra. No hay garantía de que no vayan a ocurrir más abortos, pero ten la seguridad de que no puedes engendrar un hijo que no haya planificado Dios.

«Puede que Dios te esté castigando por haber hecho algo mal»

Es la táctica de los falsos amigos de Job, a quienes Dios condenó claramente por ser acusadores en vez de consoladores. Intenta perdonarlos por incrementar tu dolor, y deja que el amor cubra un montón de pecados. Una madre de Michigan admitió: «Padezco una esterilidad forzosa… ¿Pude tener cáncer debido a mis múltiples parejas sexuales? ¡Cómo derramó Dios su misericordia sobre mí después de haberle ofendido regalando mi fertilidad!»

Cualesquiera que sean los pecados que hayamos cometido, si los hemos confesado, están perdonados. El Señor no se llevará al bebé para castigarnos. Por otro lado, Él no nos librará de las consecuencias de pecados pasados, entre las que podrían contarse dificultades para quedarse embarazada o para que se desarrolle el embarazo.

¿Cómo volver a arriesgarnos a una pérdida?

Necesitamos una estrategia. Necesitamos tiempo para superar la pena; de cualquier forma, parte del proceso del dolor es volver a entrenar nuestro corazón en la verdad. Esto es lo que dice el Señor a su pueblo (esto nos incluye a nosotros) sobre la restauración después de que ellos hubieran experimentado una pérdida tremenda en el exilio: «Porque yo conozco los planes que tengo para vosotros, dice el Señor, planes para la salud y no para el pecado, para daros un futuro y la esperanza» (Jer 29, 11).

Tened en cuenta los siguientes pasos para estar preparados ante el riesgo de sufrir otra pérdida:

Debemos darnos tiempo para sufrir

Éste es un asunto que tú y tu esposo debéis considerar en la oración. En función de la intensidad de vuestro sufrimiento y del miedo a otro aborto, podríais tener una razón seria para usar la planificación familiar natural. Si el médico te recomienda esperar antes de otro embarazo para que tu cuerpo pueda soportarlo, escucha atentamente su advertencia.

Por otro lado, nosotros hemos encontrado un gran alivio cuando concebimos poco después de un aborto (esto ocurrió sólo la tercera vez). Quizás otro embarazo puede ayudarte a curar. Habla y reza para tomar tu decisión.

Debemos poner nuestra confianza en el Señor

Estamos ante un acto de la voluntad: decidimos confiar en Dios con relación a nuestros planes futuros.

> Atended ahora los que decís: «Hoy o mañana iremos a tal ciudad, pasaremos allí un año, negociaremos y obtendremos buenas ganancias», cuando en realidad no sabéis qué será de vuestra vida el día de mañana, porque sois un vaho que aparece un instante y enseguida se evapora. En lugar de esto deberíais decir: «Si el Señor quiere, viviremos y haremos esto o aquello» (St 4, 13-15).

El Señor puede darnos toda la gracia que necesitemos para arriesgarnos a estar abiertos a una nueva vida (y a una nueva pérdida).

Debemos llenar nuestro corazón y nuestra mente con las maravillosas verdades sobre el designio de Dios para el matrimonio y el sentido de un amor que da vida

Estas verdades son como unas clavijas bien situadas para un alpinista: proporcionan seguridad para ayudarnos a recuperar el equilibrio cuando nuestros pasos fallen. Uno de esos clavos en la roca es comprender el valor del sufrimiento redentor. El sufrimiento de Cristo en la cruz hace que nuestro sufrimiento tenga sentido; su sufrimiento da sentido al nuestro. Podemos ofrecer nuestro dolor físico y la aflicción anímica, unidos a la entrega que hace Cristo de sí mismo, y el Señor utilizará lo que le ofrecemos para fortalecer el cuerpo de Cristo (cf. Col 1, 24).

Queremos contribuir a edificar el reino de Dios. Con nuestros cuerpos rotos, Él lo está construyendo, alma a alma.

Podemos servirnos de la muchedumbre celestial mediante la comunión de los santos

Podemos arriesgarnos a otra pérdida porque no nos enfrentamos a ella solos.

> Por consiguiente, también nosotros, que estamos rodeados de una nube tan grande de testigos, sacudámonos todo lastre y el pecado que nos asedia, y continuemos corriendo con perseverancia la carrera emprendida: fijos los ojos en Jesús, iniciador y consumador de la fe, que, despreciando la ignominia, soportó la cruz en lugar del gozo que se le proponía, y está sentado a la diestra del trono de Dios (Hb 12, 1-2).

Estamos, ya ahora, rodeados por nuestros hermanos y hermanas mayores en la fe, que nos animan activamente en esta gran carrera. Como Jesús, interceden por nosotros si se lo pedimos. Podemos también acudir en concreto a determinados santos como San Gerardo, patrón de los embarazos, y Santa Gianna Beretta Molla, la madre que dio la vida por su hija no nacida.

Podemos buscar el asesoramiento médico necesario

Quizá tengamos que cambiar de médico si el actual no se toma en serio nuestras pérdidas. Quizás sea necesario contactar con el Instituto Pablo VI o con las parejas asesoras del centro local de la *Couple to Couple League* para que nos ayuden. A veces los consejos de los amigos, recomendaciones bajadas de Internet o las ideas que vayamos sacando de nuestra propia investigación pueden proporcionar respuesta a algunas de nuestras preguntas.

Tenemos que ser proactivos a la hora de buscar ayuda. Según un informe: «al menos el 70% de las mujeres que experimentan una pérdida en el embarazo siguen teniendo niños sanos»[11]. Es posible que algunas formas de medicina alternativa nos den más información con la que podamos tomar decisiones de futuro.

Pide la oración intercesora de otros

En el clan de los Kirk, celebramos dos acontecimientos: la concepción y el nacimiento. Hemos aprendido que si no celebramos la nueva vida —retrasando el momento de contárselo a la familia y a los amigos con la esperanza de que la pena, si se malogra, será menor— perderíamos nuestros días de alegría y tendríamos la sensación, si perdemos el hijo, de que sufríamos solos. En conjunto, los Kirk hemos perdido al menos trece bebés por abortos espontáneos.

¡Vale la pena celebrar la concepción! Hemos engendrado por la generosidad de nuestro amor y por don de Dios. *Este* hijo existirá por toda la eternidad, al margen de lo corta que sea su vida en esta tierra. Si llevamos a término este bebé, entonces celebraremos su nacimiento.

Ciertamente, se trata de una decisión personal. En algunas familias, debido al número de abortos o a que tienen hijos pequeños que sienten esas pérdidas intensamente, los padres pueden demorar dar la noticia a la familia. De todas formas, siguen necesitando el apoyo de la oración.

---

[11] *Ibíd.*

Nosotros queríamos contarle a todos en persona nuestro nuevo embarazo, así que retrasamos un poco llamar para contarlo en 1998. La víspera del día de Acción de Gracias empecé a sangrar. Llorando, llamé a mis padres y a cada uno de mis hermanos y les dije que probablemente era un aborto.

Mi hermano Tim me habló con gran compasión: «Kimberly, déjame decirte primero: enhorabuena por este nuevo bebé». Estaba sorprendida, pero me alivió que se hubiera tomado un momento para encarecer esta nueva vida antes de consolarme.

Después de que habláramos un poco, me fue diciendo una oración por la vida de nuestro hijo. Como he contado, David Timothy Bonaventure estaba bien, y nació ocho meses después. Estoy muy agradecida a la respuesta de nuestros padres, hermanos y sus familias que asaltaron el cielo con nosotros por su vida.

Tenemos que diferenciar preocupación de ansiedad

Es normal que nos preocupe el embarazo, sobre todo después de haber experimentado una pérdida. Las preocupaciones son peticiones legítimas que llevamos a nuestro Padre celestial; le pedimos ayuda, confiando en que Él nos escucha y nos contestará. Como consecuencia la fe crece.

Ansiedad, por el contrario, es nuestro intento de cargar con el peso de las preocupaciones en vez de confiárselas a Dios. En consecuencia, nos asustamos y nos ponemos nerviosos. Cuando nos volvemos ansiosos, necesitamos acudir a la confesión. Hemos de dar nuestras preocupaciones al Único que puede cargar con ellas.

Debemos amar a nuestro esposo y dejar que Dios traiga una nueva vida, si así lo decide

Aquí tienes el precioso testimonio de los McMenamans, un matrimonio que se arriesgó de nuevo.

«Después de cuatro preciosas hijas, Dios nos mandó dos guapos y sanos niños gemelos. No habíamos tenido gemelos en ninguna de las dos familias, así que nunca pensamos en tener ninguno. Cuando tenían cuatro meses y medio, nuestro segundo gemelo, Patrick, fue llamado repentinamente al cielo. No tenía defensas para luchar contra un resfriado, y una meningitis espinal devastó su pequeño cuerpo. Sólo nuestra fe y las oraciones de todo el mundo nos ayudaron a sobrevivir a ese momento tan desgarrador y nos permitieron inundarnos del amor reparador de Dios, cuando no había palabras que nos ayudaran.

»Inmediatamente después de la muerte de Patrick, el primer gemelo se puso muy enfermo y tuvo que ingresar de urgencia en el hospital varias veces con seis infecciones de oído, neumonía y pinchazos frecuentes en la columna; le hicieron pruebas para asegurar que no tenía también meningitis espinal. Su cuerpecito estaba tan roto, como nuestro corazón.

»Después de año y medio de que nuestro hijo fuera objeto de tanta oración, Dios en su misericordia le permitió sobrevivir y estar sano y fuerte. Mi marido, después de rezar mucho, me confesó que desde que murió el último hijo que habíamos tenido, notaba que Dios quería volver a darme la gracia de una nueva vida que criar. Él ya sabía lo dura que me resultaría esta idea por haber perdido a un hijo y casi a otro, pero de todas formas me lo desveló cariñosamente. No insistió en la idea, pero estoy segura de que rezó por mí.

»Unos seis meses después mi corazón empezó a cambiar. Y volví a estar abierta a una nueva vida. Pedí la gracia de confiar en Dios y en la sabiduría de mi marido, y me encontré finalmente con que mi alma rebosaba de alegría ante la perspectiva de un nuevo hijo... un milagro.

»Mi marido se guardó pacientemente la noticia de que sentía que Dios nos mandaría un niño, y lo hizo, ¡nueve meses después! Doy gracias a Dios por tener un marido lleno de fe y oración que me amó lo suficiente como para decirme las cosas claramente y sacarme del mundo lleno de miedos en el que me había instalado. Y doy gracias a Dios por su sabiduría y misericordia que hizo posible que nuestro corazón se abriera a la nueva vida; esto ha permitido que nuestro hijo Paul vuelva a tener un hermano con quien compartir su vida.

»Somos bien conscientes de que nuestro pequeño santo intercede continuamente por todos nosotros y de que estará allí algún día para llevarnos a casa... resulta consolador pensar que, por nuestro sí, participa ya de la visión beatífica: ¡Gracias Jesús!»

Vale la pena arriesgarse de nuevo.

11. LA INFERTILIDAD

Muchos de nosotros damos por hecho que concebiremos en el momento en el que dejemos de posponer el embarazo. Pero a veces tenemos que esperar unos meses, o varios años, o más. Puede dar la impresión de que todas las parejas del entorno se quedan embarazadas, mientras nosotros esperamos detrás del telón para entrar en la escena de la paternidad. A veces puede convertirse en un camino de sufrimiento, caracterizado por la tristeza, el enfado, la discusión, la depresión y, en varios grados, la aceptación (de la espera, para algunos; de la infertilidad a largo plazo, para otros).

La infertilidad permanente

¿Cuándo se considera que la infertilidad de una pareja es permanente? Aparte de los pruebas que confirman la esterilidad, antes del comienzo de la menopausia no hay un tiempo determinado tras el cual se considere que una pareja tiene una infertilidad permanente, y no sólo temporal. Aunque la infertilidad haya durado años, sigue habiendo alguna esperanza de que en el próximo ciclo se pueda concebir un hijo. De todas formas, cuanto más nos cueste concebir, más intensa se hace la tensión emocional.

El proceso de consultar la ayuda médica, buscar el porqué y sufrir por no tener hijos consume tiempo, energía y ánimo. La pareja se pregunta cómo hacer que su matrimonio sea fecundo, si no es criando a sus propios hijos. Pueden plantearse la adopción.

Esta lucha es hondamente personal. Para algunos esposos, tratar de este asunto, si no es con miembros cercanos de la familia o amigos íntimos, constituye una invasión de la intimidad. La gente siente que su sufrimiento aumenta, cuando otros ignoran su sentimiento continuo de pérdida. Pese al riesgo de ofender a los que piensan que una mujer con hijos no debería tratar el tema de la infertilidad, quiero compartir estos pensamientos, recogidos de otros que han luchado intensamente contra la infertilidad (primaria, si nunca se ha conseguido un embarazo, o secundaria, si lo ha habido), para que todos podamos preocuparnos mejor por nuestros hermanos y hermanas que se enfrentan a esta dificultad.

La infertilidad temporal

Concebir a nuestro primer hijo nos costó sólo nueve meses de intentos, pero durante esos nueve meses nunca supimos cuánto nos iba a llevar. Cuando intentaba explicarle la dificultad a una amiga, me vino a la mente la siguiente analogía.

Piensa que sería como posponer la boda mes a mes. Como si mi padre me dijera todos los meses: «Cariño, sé que quieres a este chico, y que te conviene. Pero no sé si es el mejor plan que os caséis este mes. Voy a pensarlo y te lo haré saber en un par de semanas».

Es lo que pasaba cuando intentaba quedarme embarazada. Mis esperanzas se incrementaban en el momento de la ovulación. Esperaba las dos semanas. Luego tenía el periodo, y era como si mi padre me advirtiera: «No te desanimes demasiado. Quizás el próximo mes. Voy a pensarlo y te lo haré saber».

«La esperanza pospuesta hace enfermar al corazón, pero un deseo realizado es un árbol de vida» (Prov 13, 12). A veces, mi decepción se parecía a esa clase de enfermedad del corazón. De todas formas, dos semanas después, mis esperanzas volvían a resurgir una vez más, pensando que este podría ser el mes en el que mi Padre celestial dijera sí. Y vuelta a empezar.

Esperar que vengan más hijos ha sido también difícil, a veces se ha alargado hasta cuatro años, pero ninguna espera fue tan difícil como la del primero. Actualmente, en Estados Unidos, una de cada cinco parejas padece al menos infertilidad temporal[1].

Posibles causas de infertilidad

Normalmente un matrimonio tiene que intentarlo durante un año, antes de que el médico tome cartas en el asunto. Sin ninguna intervención, otro 5% más de las parejas concebirá un hijo en el segundo año. De todas formas, hay varias razones por las que las parejas tienen dificultades para concebir. Los factores biológicos que contribuyen a la infertilidad están igualmente divididos entre el hombre y la mujer (el 35% de las veces cada uno). En el resto, la causa es la infertilidad mutua o un factor desconocido.

La infertilidad puede ser provocada por un factor interno, externo o social, algunos de los cuales pueden ser identificados y tratados y otros puede que nunca se identifiquen. Aunque no soy experta en estos temas, quiero poner por escrito lo que he aprendido, con la esperanza de que algún consejo que haya recibido y compartido aquí pueda ayudarte a ti o a alguien a quien quieres. Vamos a echar un vistazo a varias causas identificables, con posibles consejos para remediarlas.

Factores internos

Actualmente más de cinco millones de personas en edad de tener hijos en los Estados Unidos padecen infertilidad primaria o secundaria. Entre las causas internas de infertilidad en las mujeres se incluyen: falta de ciertas vitaminas y minerales que podrían fortalecer el sistema reproductivo de la mujer; bajo rendimiento del tiroides; carencia de sal yodada; mucosa cervical que reacciona en vez de colabo-

---

[1] Cf. Roger W. Miller, «Infertility, and How It's Treated», en *FDA Consumer* (junio 1983) 31-36.

rar con el esperma; fallo en la ovulación (en la liberación del óvulo) e hipertiroidismo (que requiere consulta médica). La siguiente información son unos cuantos consejos de autoayuda. Al mismo tiempo, te animaría a que recibas atención médica lo antes posible, especialmente de personal médico pro-vida.

Los cambios en la nutrición pueden incidir grandemente en la fertilidad, según la experiencia de la asesora en nutrición Marilyn Shannon. En su libro *Fertility, Cicles and Nutrition*, Shannon da muchos consejos para mejorar la dieta, entre los que se encuentra el consumo de sal de mesa yodada y la cantidad diaria correcta de aceite para mejorar las irregularidades de los ciclos y el aspecto de la mucosa cervical. Otorga especial importancia al influjo positivo de la vitamina A, todas las vitaminas B, la vitamina E, el zinc y el selenio, especialmente en lo referente al equilibrio hormonal, la endometriosis y los problemas del tiroides (una simple zanahoria al día puede aumentar la cantidad de vitamina A en una persona lo suficiente como para que se note positivamente en las características del mucus).

«En un estudio digno de mención, se dio vitamina B6, un nutriente decisivo para las que padecen Síndrome premenstrual, en dosis de cien a ochocientos mg/día a catorce mujeres que tenían ciclos menstruales normales, pero que también tenían Síndrome premenstrual e infertilidad de dieciocho meses a siete años de duración. Diez de las catorce mujeres nunca habían tenido un hijo; las otras cuatro tenían infertilidad secundaria. Doce mujeres concibieron, ¡once de ellas en los seis primeros meses de terapia con vitamina B6!»[2].

Puede tratarse de un problema de peso. Algunas mujeres están por debajo de su peso; quizá tengan que ganar unos kilos para tener al menos el 20% de grasa corporal. Otras pueden tener sobrepeso; tal vez haya demasiada grasa en relación con sus músculos.

Las mujeres con sobrepeso pueden marcarse el objetivo modesto de perder algo de peso y luego ir adelgazando de forma razonable. Quizás la meta de perder diez kilos podría ser asequible, y podría ser

---

[2] Marilyn M. Shannon, *Fertility, Cycles and Nutrition*, Couple to Couple League, Cincinnati, Ohio, 1990, 60-61.

suficiente. Si estás padeciendo infertilidad secundaria, ¿cuál era tu peso cuando concebiste anteriormente? Probablemente ése sería un peso saludable y fértil para ti.

Un remedio inusual para la mucosa cervical espesa puede encontrarse en la farmacia local: «un jarabe para la tos que contiene guaifenesin, un ingrediente que fluidifica el mucus bronquial y tiene el mismo efecto con el mucus cervical, y en consecuencia a veces ayuda a la migración espermática»[3]. La recomendación es tomarlo desde el final de la regla hasta el segundo día después de la ovulación.

Entre los problemas físicos que afectan a los hombres se encuentran: carencia de testosterona y espermatozoides con poca salud o movilidad. La vitamina A, el zinc y el selenio se recomiendan para fortalecer la salud en general del marido, y también su fertilidad. La vitamina A mejora la pared celular de los testículos donde se produce el esperma. El zinc, por ejemplo, aumenta la capacidad de los testículos para sintetizar la testosterona. Una mejora en la dieta también puede ayudar.

La vitamina C es crítica para la producción de testosterona. Un destacable estudio demostró el influjo que puede tener la vitamina C en la fertilidad del hombre. Participaron veintisiete hombres que tenían problemas de aglutinación de espermatozoides (los espematozoides se aglutinan en vez de moverse hacia delante con éxito). Se dividió a los pacientes en dos grupos, uno de los cuales tomó un suplemento de mil mg/día de vitamina C, además de calcio, magnesio y manganeso.

«Después de los sesenta días de tratamiento, se volvió a examinar a todos los participantes, para comprobar los cambios. Las mujeres de cada uno de los veinte hombres que recibieron el suplemento de ácido ascórbico [vitamina C] se quedaron embarazadas durante el periodo de estudio. En contraste, ninguna mujer de los individuos del grupo que no recibió la dosis suplementaria se quedó embarazada durante este periodo de tiempo[4].

---

[3] Kippley, *Sex*, cit., 304.

[4] W. Harris, T. Harden y E. Dawson, «Apparent effect of ascorbic acid medication on semen metal levels», en *Fertility and Sterility* 32 (1979) 456s; citado por Shannon, 113.

Este programa de suplementos mejoró significativamente la cantidad de espermatozoides, su morfología y movilidad, y redujo la aglutinación. Un estudio posterior usó sólo vitamina C (doscientos o mil mg/día) y confirmó el efecto beneficioso de este nutriente en las mismas medidas en la fertilidad en hombres con problemas de aglutinación de esperma. ¡En sólo una semana, la cantidad de espermatozoides de los que recibieron mil mg/día de vitamina C se incrementó una media del ciento cuarenta por ciento!»[5].

Es posible que no tengas tiempo para hacer la investigación necesaria para descubrir los niveles óptimos de diversas vitaminas y minerales que fortalecerían tu fertilidad. Quizá todo lo que necesitas es un complejo bien equilibrado de vitaminas y minerales. Consulta a tu médico antes de hacer ningún cambio drástico.

Factores externos

Entre los factores externos que aumentan la posibilidad de infertilidad en hombres y mujeres se incluyen la cafeína, el alcohol, determinados medicamentos, las toxinas dañinas del trabajo y el tabaco. La sensibilidad a la luz durante la noche puede influir en las mujeres. La sensibilidad al calor del escroto masculino puede afectar al desarrollo del esperma. Incluso la fuerza de la gravedad puede estar en tu contra.

A finales de los años 80 dos estudios independientes confirmaron lo que previamente se había sospechado por datos anecdóticos: el consumo de cafeína afecta a la fertilidad:

«En un estudio de 1988, las mujeres que tomaban más del equivalente a una taza de café al día tardaban sensiblemente más en concebir que las que tomaban menos, y los mayores consumidores de cafeína experimentaron retrasos más largos en la concepción que los consu-

---

[5] Shannon, 113. Cf. Harris et al., 457, y E. Dawson, W. Harris, W. Rankin, L. Charpentier y W. McGanity, «Effect of ascorbic acid on male fertility», en *Annals of the New York Academy of Sciences* 498 (1987) 312ss.

midores de menores niveles. Este descubrimiento fue rápidamente confirmado por otras investigaciones realizadas sobre un gran número de mujeres»[6].

Se apreció una mejoría en mujeres que redujeron el consumo a una taza de café por día y en hombres que lo redujeron a seis tazas.

El alcohol con moderación no parece ser un factor determinante, pero beberlo exageradamente interfiere con la fertilidad. «El alcohol disminuye los niveles de testosterona, y finalmente contribuye a una menor producción de espermatozoides *que puede ser irreversible*»[7].

Si estás tomando medicamentos prescritos por el médico, pregúntale si pueden afectar a la fertilidad. Algunas medicinas contra el resfriado y la alergia reducen la mucosa de las vías nasales. Si su actuación global es reducir el mucus, podrían tener un impacto adverso en el mucus cervical.

¿Estáis cualquiera de los dos expuestos a toxinas en vuestro lugar de trabajo? Quizás deberías consultar con tu médico para averiguar si estás o no expuesto a algo que interfiere con tu fertilidad en la actualidad. Si puedes confirmarlo, pídele a tu supervisor un lugar diferente para trabajar.

Un estudio gubernamental mostró que los fumadores varones están «un cincuenta por ciento más predispuestos a padecer impotencia que los no fumadores»[8]. Fumar puede provocar en las mujeres periodos de infertilidad mucho más largos que en las no fumadoras, especialmente si empezaron a fumar antes de los dieciocho años.

«Se estima que las mujeres que fuman tienen sólo el 72% de la fertilidad de las no fumadoras; están tres veces y media más predispues-

---

[6] Shannon, cit., p. 68. Cf. A. Wilcox, C. Weinburg y D. Baird, «Caffeinated beverages and decreased fertility», en *The Lancet* (24/31-XII-1988) 1453ss; también R. Christianson, F. Oechsli y B. van den Berg, «Caffeinated beverages and decreased fertility», en *The Lancet* (18-II-1989) 378.

[7] Shannon, cit., p. 115 (cursiva en el original). Cf. P. Weathersbee y J. Lodge, «A review of ethanol's effects on the reproductive process», en *Journal of Reproductive Medicine*, 21 (1978) 63.

[8] Kippley, *Art*, cit., p. 310; cf. «Smoker impotence cited», en *Cincinnati Enquirer* (2-XII-1994).

tas a tardar un año entero en concebir. Fumar un paquete de cigarros al día es suficiente para debilitar la fertilidad; empezar a fumar antes de los dieciocho también tiene efectos negativos en la fertilidad»[9].

Si dejar de fumar podría incrementar tus posibilidades de quedarte embarazada, sería una muy buena idea hacerlo. En cualquier caso, cuando estés embarazada, no querrás filtrar toda esa nicotina a través del cuerpecito de tu bebé.

Algunas mujeres son sensibles a la luz por la noche; las luces del hall, del baño, las lámparas de noche e incluso las luces de los relojes digitales pueden interferir con las horas de oscuridad que una mujer necesita para tener un sueño profundo. Las mujeres que tienen que trabajar por la noche tal vez pueden hacer una inversión económica en cortinas especiales que oscurezcan mejor la habitación para dormir durante el día.

Los hombres, en cambio, no son sensibles a la luz pero sí al calor. Los espermatozoides tardan unos setenta días en madurar antes de ser liberados. Se almacenan en el escroto, que tiene la capacidad de ajustarse un poco más al cuerpo cuando falta calor, y de alejarse del mismo (algo) cuando hay demasiado.

Si al hombre le gusta meterse en la bañera con agua muy caliente o darse duchas muy calientes, puede estar dañando el esperma. De hecho, algunos hombres han descubierto que basta con cambiar de calzoncillos ajustados a calzoncillos boxers. Cuando el cuerpo se calienta, el escroto puede hacer su trabajo mejor con boxers que con calzoncillos ajustados que podrían mantener el escroto demasiado cerca. Si pruebas en este sentido, ten paciencia; el esperma nuevo no madurará hasta dentro de un par de meses.

Sin pensárselo, muchas mujeres van al baño justo después del acto conyugal. Desafortunadamente, esto hace que la gravedad actúe en contra de los espermatozoides que están intentando alcanzar el

---

[9] Kippley, *Art*, cit., p. 307; cf. informe de la Associated Press, «Women smokers at risk», en *Cincinnati Enquirer* (24-V-1985), que da cuenta de un artículo publicado en *Journal of the American Medical Association* (24-V-1985). S. L. Laurent et al., «An Epidemiologic study of smoking and primary infertility in women», en *Fertility and Sterility*, 57 (1992) 565-572.

óvulo. Pero la gravedad puede ser controlada si a continuación la mujer eleva sus caderas colocando una almohada bajo el hueco de su espalda entre quince y treinta minutos. Quizá no sea lo más cómodo, pero puede ayudar a la migración espermática.

Los estudios que encontré aconsejaban realizar el acto conyugal una noche sí y otra no; así la cantidad de esperma del marido podría ser mayor. Podrías variar el momento del día –inténtalo por la mañana, deja pasar un día, inténtalo por la tarde, deja pasar un día, inténtalo por la noche–. A veces las parejas han descubierto que da mejores resultados una forma de actuar totalmente insólita:

«Tener un segundo coito cuarenta y cinco minutos después del primero. Al parecer, en algunos hombres la primera eyaculación abre el camino, por llamarlo así, y el segundo libera el esperma con mucha más cantidad que el primero. Es lo contrario de lo que ocurre a los hombres con fertilidad normal. O posiblemente el semen de la primera eyaculación tiene espermatozoides más viejos o más lentos, mientras que los de la segunda son más nuevos y con más movilidad»[10].

Puede valer la pena intentar esta estrategia.

Factores sociales

Entre los factores sociales se incluyen el retraso en tener niños y la promiscuidad.

Tener los hijos tarde puede deberse a que la pareja se casa cuando los dos ya son mayores, o a que retrasa tener un hijo hasta poder afianzar una carrera o tener una casa. A veces la presión de esperar es causada en la pareja por otros miembros de la familia. Tened en cuenta esto:

«Para evitar frustraciones, se aconseja que las parejas no retrasen demasiado la decisión de tener su primer hijo. El punto de máxima

---

[10] Kippley, *Art*, cit., p. 311.

fertilidad, tanto para el hombre como para la mujer, desciende gradualmente después de los veinticinco años. El uso de cualquier anticonceptivo durante ese periodo para una pareja que nunca ha concebido puede ser perder la oportunidad para aquellos que sin saberlo poseen una fertilidad potencial menor»[11].

¿Hay alguna razón grave para retrasar? Si no, puede ser mejor vivir la apertura a la vida sin dudarlo.

Otra consecuencia de retrasar el tener niños puede ser la endometriosis. «La endometriosis causa infertilidad en un tercio de las mujeres que la desarrollan; los especialistas en infertilidad a veces llaman a la endometriosis la enfermedad de la mujer que hace carrera»[12]. La endometriosis es una enfermedad muy dolorosa. Frecuentemente disminuye su gravedad si la mujer se queda embarazada; de todas formas, la infertilidad que puede provocar tiene el efecto añadido de hacer que la enfermedad sea incluso más dolorosa. ¡Sería como añadir un insulto al daño!

La promiscuidad puede jugar un papel en la infertilidad.

«El aborto, el DIU, la píldora, las enfermedades de transmisión sexual, y las relaciones sexuales tempranas y promiscuas pueden reducir la fertilidad, e incluso causar esterilidad permanente. El DIU puede causar esterilidad mediante la cicatrización de la inflamación del útero y de la pelvis; la píldora puede ocasionar que una mujer sea infértil durante meses después de dejar de tomarla; la clamidia y la gonorrea están entre las enfermedades de transmisión sexual que pueden dejar a una mujer permanentemente estéril»[13].

Éstas pueden ser las tristes consecuencias de un estilo de vida precristiano.

---

[11] Christine de Stoop, *Contraception: The Hidden Truth*, Christine de Stoop, Castle Hill, Australia, 2000, p. 110.

[12] Kippley, *Art*, cit., p. 305.

[13] *Ibíd.*, p. 305s.

Hay ayuda disponible

La infertilidad es una circunstancia física, no psicológica. Aunque la fertilidad de algunos matrimonios mejore sin seguir ningún tratamiento, pueden hacer algo más que simplemente esperar y rezar para que las cosas mejoren. Hay recursos disponibles para el acto del matrimonio que están basados en la investigación científica *y* respetan la enseñanza católica.

El Dr. Thomas Hilgers y sus socios del Instituto de Reproducción Humana Pablo VI han desarrollado el *Creighton Model Fertility Care System* como «un nuevo, únicamente americano modelo de educación procreadora avanzada».

«El sistema permite por primera vez la oportunidad de comunicar en red la planificación familiar con el mantenimiento de la salud reproductiva y ginecológica… *NaProTechnology*, que se refiere al uso de las *tecnologías procreadoras naturales*, es definida como una ciencia que dedica su energía y atención médica, quirúrgica y sanitaria para cooperar con los sistemas naturales de procreación.

Como es también un sistema que observa cuidadosamente la salud reproductiva y ginecológica, puede ser usado para evaluar las descargas crónicas, realizar una evaluación y tratamiento hormonal dirigido, identificar los quistes ováricos (y tratarlos sin cirugía), evaluar los efectos del estrés, tratar el síndrome premenstrual, evaluar y tratar las anormalidades reproductoras como la infertilidad, los abortos, el embarazo ectópico, los niños nacidos muertos, los partos prematuros, etc. Puede ser usada también para evaluar y tratar las hemorragias inusuales (disminuyendo la necesidad de la histerectomía)»[14].

En vez de ofrecer un tratamiento médico que podría dañar o alterar el ciclo de la mujer, el Dr. Hilgers usa este método en cooperación con el ciclo de la mujer. (El instituto ofrece también, para médicos, prácticas en NaProTechnology médica.)

---

[14] Pope Paul VI Institute, *Creighton Model Fertility Care System*, 14-XI-2001. Disponible en red en www.creightonmodel.com.

En el libro *The Art of Natural Family Planning*, John y Sheila Kippley describen dos pruebas médicas que son lícitas para los católicos: el Test de Huhner y el condón perforado. El Test de Huhner implica recoger esperma de una esposa; el condón perforado lo usa el marido durante el acto matrimonial. Algo de esperma puede pasar a través del condón, pero lo que queda atrapado en el condón se puede usar para análisis. Éstos son los únicos modos aceptables que conozco para recoger esperma con el fin de analizarlo.

Con independencia de si descubres o no la causa de tu infertilidad, haz todo lo que puedas para mantener tu corazón cerca del Señor y de tu cónyuge. Resiste la tentación de reducir el acto marital a tener hijos, para que ninguno de los dos empiece a sentirse usado por el otro. Apoyaos mutuamente; animaos mutuamente. Intenta no poner en duda los esfuerzos de tu cónyuge para solucionar la dificultad.

La infertilidad, temporal o permanente, es una crisis importante en la vida. Complica la vida mucho más de lo que saben los demás. Es un reto seguir dietas, visitar médicos, discutir estrategias, realizar pruebas. Puede ser agotador, especialmente con las subidas y bajadas hormonales incluso de un ciclo normal. Rezo para que el Señor te haga sentir su gracia en ese momento.

¿Qué podemos decirle a un amigo?

¿Qué le decimos a un amigo que lucha con la infertilidad? Aquí tienes algunas sugerencias. No las tomes como un guión con el que acercarse a alguien que tiene el problema. Hemos de ser sensibles a las necesidades y situaciones concretas de nuestros seres queridos. No queremos hacer comentarios manidos; queremos compartir su sentimiento y sus lágrimas, animarlos con nuestro apoyo y rezar por ellos.

«Siento que tengas esta dificultad para concebir»

En los tiempos que corren, en los que nuestra cultura ignora el valor de la vida de los no nacidos, la gente puede ser cruel con los que desean intensamente un hijo. Algunos están tirando su juventud como si fuera basura, mientras otros piden a Dios al menos un hijo al que llamar suyo. Asume que su infertilidad, permanente o temporal, es un problema real.

Un matrimonio dijo: «Lo que más me ayudó de lo que hizo la gente cuando no podía concebir fue reconocer que eso era un problema. El médico que se preocupó de que hubiera tenido un aborto, se preocupó de que no pudiera concebir y me tomó en serio, fue una gran bendición».

Brenda, de Marion, Ohio, está de acuerdo.

«Los que nos quisieron más fueron los que más ayudaron, los que no vinieron con respuestas rápidas o formularias, o sermones del estilo de «vuestra fe es demasiado pequeña». Esto fue lo que nos sostuvo, y nos dirigió a Dios, nos dio la capacidad de afrontar el dolor y le permitió sacar buen provecho de ello».

Es importante mantener abiertos los canales de comunicación. Queremos estar disponibles con el oído atento, sin entrometernos en un campo tan privado y doloroso.

«Estoy rezando por ti y por tu esposo»

Rezamos por la pareja para que pueda tener la gracia necesaria en medio del sufrimiento, para soportarlo e incluso para crecer a través de él. Necesitamos servir de apoyo. Puede ser un momento lleno de estrés, intentando todos los remedios propuestos: hacer el amor diariamente, hacer el amor en momentos diferentes del día, hacerlo en días alternos; levantarse después del acto matrimonial y dar vueltas, o no moverse más que para poner las piernas en la pared; tomar estas vitaminas; intentar con estos medicamentos; y hagas lo que hagas, *¡relájate!* Todo mientras intentas ignorar el reloj biológico que suena más fuerte que nunca.

No te *ofrezcas* sólo a rezar por ellos; *reza* de verdad por ellos. Reza para que sean fortalecidos en su matrimonio mientras soportan la adversidad y mientras rezas para que ellos conciban. Una de las mayores tensiones a las que puede enfrentarse un matrimonio es no entenderse mutuamente cuando están a la espera de un hijo. Puede ser la ocasión de acercarse más el uno al otro a través de la dificultad... o de sentirse rechazado.

Un ejemplo de este problema es el diálogo entre Raquel y Jacob recogido en el Génesis.

> Raquel, viendo que no daba hijos a Jacob, estaba celosa de su hermana, y dijo a Jacob: «¡Dame hijos, o moriré!» Airóse Jacob contra Raquel, y le dijo: «¿Por ventura soy yo Dios, que te ha hecho estéril?» (Gn 30, 1-2).

Ciertamente el conflicto entre ellos era mayor porque él tenía otra esposa, la hermana de Raquel, que era fértil. Gracias a Dios, no tenemos que enfrentarnos a este problema hoy (excepto, quizás, en caso de divorcio y nuevo matrimonio).

Jacob correctamente reconduce a Raquel a Dios: en esencia, dice: «Yo estoy haciendo mi parte; si tú tienes un problema, trátalo con Alguien que pueda cambiar las cosas, Dios». Su marido no es insensible, pero no está dispuesto a cargar con la responsabilidad. Aunque algunas mujeres puedan identificarse con la desesperación que Raquel transmite, deben reconocer también el problema que tiene cuando intenta dejar el tema en sus propias manos.

A veces el marido no entiende la intensa tristeza que siente su mujer en su lucha con la infertilidad. Como él no pasa por los cambios hormonales del ciclo mensual como su mujer, no tiene que ajustarse, día a día, a la posibilidad (o no) del embarazo. El ejemplo de Ana es significativo a este respecto.

El dolor de Ana por la infertilidad era exacerbado doblemente por una mujer, la otra esposa de Elcaná, Peniná. Cuando Elcaná, sus dos esposas y sus hijos iban al sacrificio anual en Siló, había problemas.

> El día en que Elcaná ofrecía sacrificios daba a Peniná y a todos sus hijos las porciones correspondientes. Sin embargo, a Ana, aunque la amaba, le daba una sola porción, pues el Señor había cerrado su seno. Su rival la importunaba con insolencia hasta humillarla porque el Señor la había hecho estéril. Esto ocurría año tras año; siempre que su-

bían a la casa del Señor la importunaba del mismo modo. Así que Ana
lloraba y no quería comer (1 Sam 1, 4-7).

En primer lugar, Ana sufría porque la segunda esposa de su marido había sido bendecida varias veces («hijos e hijas»), mientras ella
permanecía infértil. ¡Cuántos años había sufrido por los embarazos y
nacimientos de tantos hijos! En segundo lugar, la otra mujer la pro-
vocaba, año tras año. ¿Quién puede soportar un sufrimiento tan tor-
tuoso?

Más aún, ella había llevado sola su infertilidad, porque su marido
tenía hijos con su otra esposa (un sufrimiento particular hoy en día
para los que se casan con alguien que ya tiene hijos). Esa puede ser la
razón por lo que él le pide que se tranquilice con este comentario:

> Y Elcaná, su esposo, le decía: «Ana, ¿por qué lloras y no comes?
> ¿Por qué se aflige tu corazón? ¿No soy yo para ti mejor que diez hi-
> jos?» (1 Sam 1, 8).

Su pregunta demuestra lo poco que entendía la situación. ¿Cómo
puede preguntar por qué estaba triste? (Y probablemente no debería
haber mencionado lo de los «diez hijos»: ¡podía darse el caso de que,
para ella, él no valiera tanto!)

En vez de quedarse y discutir con su marido, que careció de tacto,
ella elevó su problema al Señor, el Único que en realidad podía hacer
algo por la situación.

> Después de haber comido y bebido en Siló, Ana se levantó y se
> puso ante el Señor. El sacerdote Elí estaba sentado en su sede junto a
> las jambas del Santuario del Señor. Ella, con el alma llena de amar-
> gura, rogaba al Señor llorando sin cesar y decidió hacer un voto di-
> ciendo: «Señor de los ejércitos, si te dignas mirar la aflicción de tu
> sierva y te acuerdas de mí; si no te olvidas de tu sierva y me concedes
> un hijo varón, lo dedicaré al Señor por todos los días de su vida de
> modo que nunca la navaja tocará su cabeza» (1 Sam 1, 9-11).

Ana no sólo deseaba profundamente concebir y tener un hijo, sino
que sabía, que si Dios le daba un hijo, ese hijo podía ser la respuesta
a otras muchas oraciones, oraciones en las que se pedía hombres de

Dios que guiaran su nación. Ella sabía lo pecadores que eran los hijos de Elí, el sacerdote de Siló –todo el mundo lo sabía– y qué desesperada era la necesidad de líderes piadosos.

Ana no había permitido que la amargura creciera en su corazón. No se acercó a Dios reclamando sus derechos. Su promesa no era un toma y daca –si me das un hijo, te daré un hijo– sino un voto desde el corazón. Ella quería tomar parte en la construcción del reino de Dios con el don de una nueva vida.

A veces no sólo los maridos, sino también los sacerdotes, malinterpretan la agonía interior que supone la infertilidad.

> Como se demoraba en sus ruegos al Señor, Elí se puso a observar el movimiento de su boca. Ana hablaba para sí y sus labios se movían sin que se oyera su voz, por lo que Elí supuso que estaba ebria, y le dijo: «¿Hasta cuándo te va a durar la embriaguez?; anda a que se te pase el vino» (1 Sam 1, 12-14).

Ana expresó su sufrimiento con tanta fuerza mientras rezaba, que el sacerdote la confundió con alguien que hubiera bebido excesivamente, y la regañó. Está Ana abriendo su corazón al Señor, y la confunden con un borracho. Pero Ana se contuvo de reaccionar a la defensiva contra el sacerdote por haberla juzgado erróneamente; su respuesta hizo que el sacerdote se diera cuenta de lo que pasaba en realidad.

> Ana contestó: «No, mi señor. Yo soy una mujer angustiada. No he probado vino ni bebida embriagante; simplemente abría mi alma ante el Señor. Así que no consideres a tu sierva como una perdida, pues por mi gran dolor y angustia he hablado así» (1 Sam 1, 15-16).

El sacerdote estaba profundamente dolido. Sabía que se había equivocado por completo al juzgar la situación. No la había regañado por expresar tal agonía; las mujeres (y los hombres) piadosos pueden abrir su corazón dolorido sin miedo al rechazo. Escuchó el corazón de Ana y luego le dio la palabra del Señor en respuesta a su oración.

Elí le respondió: «Vete en paz, y que el Dios de Israel te conceda lo que le has pedido». Y dijo ella: «Que tu sierva encuentre gracia a tus ojos». Entonces se marchó la mujer, comió, y su rostro ya no volvió a ser el mismo (1 Sam 1, 17-18).

Ana creyó la palabra del Señor. Le había confiado el problema y creyó que Él estaba contestando a sus oraciones. Ella se fue en paz para amar y servir al Señor. Y el año siguiente dio a luz a un hijo que sería un gran profeta y que ungiría a los dos primeros reyes de Israel.

«Estoy rezando para que tengáis un bebé»

La infertilidad puede ser temporal. «Él da una casa a la mujer estéril, haciéndola madre gozosa de hijos. Aleluya» (Sal 113, 9).

Seguid rezando para que os bendiga con un hijo; no paréis. Acordaos de Isabel, la prima de María: «E Isabel, tu parienta, también ha concebido un hijo en su vejez, y éste es ya el mes sexto de la que llamaban estéril, porque nada hay imposible para Dios» (Lc 1, 36-37)

Una amiga que llevaba casada un año dijo que no estaba segura de si debía pedir un hijo al Señor o no. No quería ser egoísta. Le aseguré que se trata de una oración buena y legítima para una pareja que está casada sacramentalmente. No hay nada egoísta en desear que el amor conyugal origine una nueva vida.

Gloria, de Encinitas, California, escribió sobre un regalo que significó mucho para ella mientras hacía frente a la infertilidad:

«Una mujer del centro local de crisis en el embarazo tuvo un gesto amable conmigo. Aunque nos habíamos conocido hacía un par de años, se acababa de enterar de nuestra difícil situación. Pocas horas después de nuestra conversación envuelta en lágrimas, encontré en la entrada de mi casa un regalo envuelto de manera profesional con todos los adornos. Dentro había un precioso vestido de recién nacido abrochado con lazos y puntillas. La tarjeta decía:

Sé que te va a parecer como si nadie más entendiera tu dolor. Pero no estás sola. Yo lo entiendo… entiendo por lo que estás pasando. Yo también lo he vivido. Algunas de las cosas quizá sean diferentes, pero yo he sentido una soledad similar y he experimentado un dolor parecido. Pero además de eso, porque somos amigas… sé cómo te duele. Y cuando te duele, lo siento yo también (y rezo por ti). Y justo ahora, me duele por ti. Y me voy a preocupar mucho por ti.

Nota personal: sé que un día abrazarás a tu precioso bebé en tus brazos. No pierdas la esperanza. Dios es fiel a sus promesas. Mira este "regalo de fe" todos los días y dale las gracias por tu bebé. Nosotros lo hicimos y tenemos los nuestros.

Obviamente, el vestido no era un amuleto de buena suerte, pero en ese momento, su regalo y su nota fueron un salvavidas. No estaba sola».

Este regalo se convirtió en un recordatorio diario para pedir un hijo en un momento en que Gloria estaba luchando con la desesperanza. Cuando el Señor envió a Sara a su casa mediante la adopción, Gloria le puso ese vestido y celebró la respuesta a tantas oraciones. Luego le dio el vestido a otra más, como recordatorio para la oración.

«Tener un hijo es un deseo legítimo, pero no es un derecho»

Mucha gente no sabe que la Iglesia tiene directrices sobre qué procedimientos médicos de diagnóstico y tratamiento de la infertilidad son moralmente aceptables. El matrimonio es el marco correcto para concebir un bebé. «Sin embargo, el matrimonio no confiere a los cónyuges el derecho a tener un hijo, sino solamente el derecho a realizar los actos naturales que de suyo se ordenan a la procreación»[15]. Si una pareja vuelve a esperanzarse con lograr un embarazo con ayuda médica, podrían sentirse abandonados por la Iglesia cuando se dan cuenta de que no pueden tener esa ayuda médica.

Es importante compartir esta información, y es *esencial* compartirla de la manera correcta. Si se la damos sin sensibilidad al duro golpe que les puede suponer, podríamos cerrar sus corazones hacia nosotros y hacia la Iglesia. Si, por el contrario, compartimos la ver-

---

[15] Instr. *Donum vitae*, II, 8.

dad con amor, en el gran contexto de la doctrina de la Iglesia sobre el matrimonio, podemos suavizar el golpe que la infertilidad acarrea.

Se da por supuesto que, como la Iglesia anima a que la gente tenga hijos, es lícita cualquier medida que permita tenerlos. Pero no es así. La Iglesia no autoriza a hacer todos los bebés que se pueda; no son lícitas todas las maneras que hay de tener un hijo. La enseñanza de la Iglesia ha de ser entendida en el contexto más amplio del sentido y significado del acto matrimonial como acto integral, es decir, que respeta la dignidad del marido y la mujer. Este es el motivo de que, con relación a la infertilidad, algunas medidas médicas sean lícitas y otras no.

El acto conyugal debe permanecer como un todo. No podemos separar el aspecto procreador del aspecto unitivo usando la contracepción. Tampoco podemos separar el aspecto unitivo del aspecto procreador recogiendo semen u óvulos para la inseminación artificial por el marido o por un donante.

«Las técnicas que provocan una disociación de la paternidad por intervención de una persona extraña a los cónyuges (donación del esperma o del óvulo, préstamo del útero) son gravemente deshonestas. Estas técnicas (inseminación y fecundación artificiales heterólogas), lesionan el derecho del niño a nacer de un padre y una madre conocidos de él y ligados entre sí por el matrimonio. Quebrantan "su derecho a llegar a ser padre y madre exclusivamente el uno a través del otro"»[16].

«Practicadas dentro de la pareja, estas técnicas (inseminación y fecundación artificiales homólogas) son quizá menos perjudiciales, pero no dejan de ser moralmente reprobables. Disocian el acto sexual del acto procreador. El acto fundador de la existencia del hijo ya no es un acto por el que dos personas se dan una a otra»[17]

La inseminación artificial, por el marido o por un donante, y la transferencia embrionaria no son opciones moralmente válidas. La

---

[16] *Catecismo de la Iglesia Católica*, n. 2376, que incluye una cita de Instr. *Donum vitae*, II, 2.

[17] *Catecismo de la Iglesia Católica*, n. 2377.

Instr. *Donum vitae* resume las objeciones de la Iglesia a estos procedimientos:

«Confía la vida y la identidad del embrión al poder de los médicos y de los biólogos, e instaura un dominio de la técnica sobre el origen y sobre el destino de la persona humana. Una tal relación de dominio es en sí contraria a la dignidad y a la igualdad que debe ser común a padres e hijos»[18].

Es necesario entender estas directrices antes de consultar a los médicos.

Una madre adoptiva de Andover, Massachusetts, observó:

«Igual que la gente necesita oír la verdad acerca del control de la natalidad, también necesita oír la verdad sobre las técnicas de reproducción artificial y asistida. Como esta tecnología elimina la unidad de las dimensiones del acto marital, es incorrecta, aunque el objetivo sea procrear. Mucha gente no entiende las enseñanzas de la Iglesia en esta materia. Yo tampoco lo hacía y seguí algún tratamiento. No empecé a hacer preguntas hasta que el médico quiso hacer una fecundación *in vitro*.

No resulta fácil encontrar un párroco que sepa algo sobre ello. Por fortuna, vivo en la zona de Boston y me hablaron del Centro para la Investigación Médico-Moral Juan XXIII[19]. Fue allí donde conocí a un sacerdote que me lo explicó y, con mucha amabilidad pero con firmeza, me dijo la verdad, mientras yo reprimía las lágrimas».

Es importante que los sacerdotes enseñen esta verdad, aun cuando a la gente le resulte difícil oír que no pueden acceder a algunas técnicas disponibles cuando el dolor por su infertilidad es tan grande.

Una mujer de Indianápolis, Indiana, dio por hecho que la fecundación *in vitro* era aceptable mientras ella y su marido fueran a Misa

---

[18] Instr. *Donum vitae*, II, 5.

[19] Pope John XXIII Center for Medical-Moral Research and Education, 186 Forbes Road, Braintree, MA 02184.

todos los días que durara el proceso. A veces la gente, aun desconociendo la doctrina de la Iglesia, ha decidido no utilizar la fecundación *in vitro* debido a sus convicciones pro-vida. Un matrimonio cuestionó la validez de la fertilización *in vitro* para los cristianos.

«Durante los tratamientos de fertilidad, cuando éramos protestantes, nos enfrentamos a la opción de la fecundación *in vitro,* pero no dimos ese paso por la posibilidad de fertilizar demasiados óvulos. Ahora que somos católicos apreciamos las indicaciones relativas a estos procedimientos y entendemos las razones de la Iglesia para no seguir ese camino».

Otra mujer recuerda la situación de su hermana:

«Mi hermana no era capaz de concebir por medios "normales" debido a una grave endometriosis. Ella conocía la doctrina de la Iglesia sobre la fecundación *in vitro*; de todas formas su párroco la animó a utilizarla y le dijo que en esas circunstancias era correcta. Mi hermana "sintió" que a Dios le parecía bien porque ella y su marido habían rezado por esa intención... después de todo, el hijo sería de ella y de su marido.

Intenté que su conciencia se planteara la cuestión de todos los embriones que fueron fertilizados: diez la primera vez y siete la segunda, ¡con dos congelados ahora! Le pregunté cómo se sentía por ellos –para hacerla consciente de que todos son hijos suyos– y ¿qué pasa con el problema de los dos congelados? Tiene gemelos de su segundo intento y no está segura de si volverá a utilizar la fecundación *in vitro*.

Sé que algún día necesitará un gran consuelo. Es simplemente vergonzoso que ahora pueda sentirse justificada porque un representante de la Iglesia le dijo que era correcto. Debería haber coherencia en los sacerdotes, que son los únicos que enseñan a la gente».

A veces los médicos no son conscientes del dilema moral en el que dejan a sus pacientes. María, de Milwaukee, Wisconsin, admitió: «Tuvimos muchos problemas para encontrar un médico que realizase alguna de las pruebas de infertilidad de manera moralmente aceptable para los católicos».

Rezad con los esposos, y por ellos, cuando estén sometidos a estas tentaciones. Es muy doloroso tener la sensación de que la Iglesia estuviera escondiendo la llave que podría desbloquear su fertilidad. Mary Kay, de Virginia, describe las dificultades por las que pasaron para seguir la doctrina de la Iglesia y las bendiciones que resultaron.

«Después de esperar para ponernos en manos de un médico, y luego de otro, nos encontramos en una clínica de fertilidad, explicándole firmemente al especialista que no usaríamos ninguna de las técnicas de reproducción artificial. Pedí constantemente en la oración fuerzas para luchar contra las tentaciones que me rodeaban en esa determinación.

Acordamos usar un medicamento que podía "arrancar" un sistema parado como el mío. ¡Concebimos en ese primer mes! ¡Hemos sido recompensados por nuestra constancia, fidelidad y obediencia!

Aunque estoy agradecida por la vida que llevo dentro, también he agradecido mi trayectoria de los últimos años. El difícil camino que hemos recorrido mi marido y yo ha sido un regalo de Dios para aprender tantas lecciones difíciles de fe. Llegué a darme cuenta de que Dios no me estaba castigando; me estaba dando unas oportunidades maravillosas de ejercitar mi confianza en Él, al tiempo que llevaba también el mensaje de su amor a algunas otras mujeres.»

El medicamento que ayudó a Mary Kay es resultado de investigaciones que están beneficiando a muchas parejas. Según la *Donum vitae*, estas investigaciones, que les ayudan a superar su esterilidad, son bien recibidas, entendiendo que están «al servicio de la persona humana, de sus derechos inalienables, y de su verdad y bienestar integral de acuerdo con el designio y la voluntad de Dios»[20]

El arzobispo de Denver, Charles Chaput, ofrece estos pensamientos pastorales.

«Ninguna oración queda sin respuesta, y todo sufrimiento ofrecido al Señor, de alguna manera, da fruto de nueva vida. Les animo a

---

[20] Instr. *Donum vitae*, Intr., n. 2.

plantearse la adopción, y les recuerdo que un buen fin nunca puede justificar medios incorrectos. Ya se usen para evitar un embarazo o para lograrlo, todas las técnicas que separan las dimensiones procreativa y unitiva del matrimonio son siempre incorrectas. Las técnicas de procreación que convierten a los embriones en objetos y sustituyen mecánicamente el abrazo de amor del marido y la mujer *violan la dignidad humana y tratan a la vida como un producto*. Por positivas que sean las intenciones, estas técnicas aumentan la peligrosa tendencia de reducir la vida humana a material que puede ser manipulado»[21].

Los hijos no son un derecho, sino un regalo. Si alguien tiene un *derecho* es el niño, que tiene el derecho a ser concebido en el matrimonio y en el abrazo marital[22].

Debemos centrarnos más en entregarnos nosotros mismos y acoger el regalo de nuestro cónyuge en vez de en intentar tener un hijo. Puede resultar difícil, pero hemos de amar a Dios, y entre nosotros, y confiarle a Dios el momento de tener hijos.

«Vuestra infertilidad no es un castigo de Dios»

Dio no priva de la bendición de tener hijos como castigo por nuestro pecado. «Si confesamos nuestros pecados, Él es fiel y justo, para perdonarnos y limpiarnos de toda iniquidad» (1 Jn 1, 9). Dios nos perdona totalmente cuando nos arrepentimos. Sin embargo, puede permitir que experimentemos las consecuencias naturales de nuestros pecados, como la esterilidad resultante de enfermedades venéreas, de la anticoncepción o del aborto.

Una mujer contó: «Mi hermana y una buena amiga acudieron al aborto con sus actuales maridos hace años. Ninguna de las dos es capaz de quedarse embarazada después de gastar mucho dinero y tiempo en médicos. ¡El dolor es insoportable!»

---

[21] Chaput, cit., n. 16 (cursiva en el original).
[22] Cf. Instr. *Donum vitae*, II, 8.

La infertilidad *no* es un asunto de fe, sino una dificultad física; de todas formas, sigue habiendo milagros hoy en día. Invitarles a un servicio de sanación no quiere decir que lo único que necesitan los esposos es un poco más de fe para concebir. A veces, la voluntad de Dios es que la gente abrace la cruz de la infertilidad; a través de su sufrimiento, la gracia fluye de una manera más poderosa. Con todo, a veces la voluntad de Dios es que la gente reciba la curación física mediante la imposición de las manos y la oración.

Una madre de El Paso, Texas, cuenta su caso:

«Entre mi tercer y cuarto hijo dejé de menstruar durante cuatro años. En una conferencia carismática católica una mujer rezó para que mi marido sanase, y luego rezó por mí. Empecé a menstruar poco después. En la Misa entre semana, una lectura de 1 Reyes decía: «En este momento el año que viene estarás alimentando un hijo». El año siguiente tenía un niño y por primera vez estaba dando el pecho con éxito».

No hay garantía, pero la sanación de la infertilidad es posible.

Jesús dijo: «Buscad primero el reino y su justicia, y todo eso se os dará por añadidura» (Mt 6, 33). Se trata de vivir según unas prioridades. Primero, formamos parte del reino de Dios convirtiéndonos en sus hijos e hijas. Segundo, descubrimos cuál es nuestra vocación dentro del reino de Dios, y si es el matrimonio, entregamos nuestra vida el uno al otro. Por último, nos preparamos para recibir los hijos, si el Señor los manda.

Todo hombre y mujer que se comprometen mutuamente en matrimonio han formado una nueva familia. «Por tanto, abandonará el hombre a su padre y a su madre y se unirá a su mujer, y serán una sola carne» (Gn 2, 24). Como nos recuerda la *Donum vitae*: «el amor marital es siempre dador de vida cuando los esposos se entregan honestamente el uno al otro, incluso si el hijo no es concebido»[23].

Por nuestra salud espiritual y la salud de nuestro matrimonio, es importante que confiemos continuamente en el Señor. Él tiene un plan maravilloso y está realizándolo, día a día, en nuestra vida. En la constitución pastoral *Gaudium et spes*, los padres del Vaticano II tratan este tema: «Por tanto, el matrimonio persiste como un comportamiento pleno y una comunión de vida, y mantiene su valor e indisolubilidad, incluso cuando a pesar del frecuente deseo intenso de la pareja, no hay descendencia»[24].

Esperamos y rezamos para que ese plan incluya a los hijos. Pero el plan no empezará cuando haya hijos. Ya ha empezado.

No queremos perder este tiempo precioso antes de que haya hijos; puede acabar en un mes. ¿Qué quiere Dios que hagamos con este tiempo? Pregúntaselo.

¿Se trata de que estemos libres de obligaciones? ¿O hay una corta misión que podríamos hacer mejor sin hijos? ¿Debemos hacer una carrera o un curso de postgrado? Atrevámonos a rezar y a soñar con nuestro cónyuge sobre las distintas posibilidades.

«Sé que estás sufriendo de muchas maneras diferentes»

Afrontar la infertilidad, temporal o permanente, resulta difícil. Hemos de asumir los sufrimientos adicionales que la acompañan: intentar no tener envidia de los embarazos de las demás, especialmente de las que no quieren los niños; luchar por no deprimirnos porque hemos esperado tanto para tener una relación correcta y los hijos no han llegado aún; la incomprensión de los miembros de la familia y los amigos que nunca han tenido la misma lucha. Como con el aborto espontáneo, la gente con frecuencia quiere que los demás lleven su dolor en privado.

Un matrimonio de Milwaukee experimentó una diversidad de emociones mientras esperaban y deseaban un hijo.

---

[23] *Ibíd.*
[24] *Gaudium et spes*, n. 50.

«Después de usar la planificación natural para retrasar el embarazo ocho meses, intentamos concebir durante dieciocho meses. En ese tiempo se me hizo cada vez más difícil hacer saber a los demás que lo habíamos estado intentando durante tanto tiempo. Le pedí a mi esposo que dejara de hablar de este tema con los demás y que simplemente no dijera nada. Probablemente estaba un poco deprimida, y no podía alegrarme con las noticias de los embarazos de otras personas. Nunca llegué a estar realmente enfadada con Dios; simplemente no lo entendía».

Se hacía difícil de llevar que los que les rodeaban se quejaran de sus embarazos.

Una amiga que estaba intentando superar la infertilidad trabajó en un centro de crisis de embarazos. Ella y su marido estaban más que dispuestos a aceptar cualquier dificultad que pudiera implicar un embarazo, al contrario de otros que casi piensan que se trata de un regalo inútil. Al cabo de un tiempo, tuvo que dejarlo. Resultaba demasiado doloroso hablar con mujeres dispuestas a dejar de querer a sus hijos como si fueran basura, cuando su propio deseo de tener descendencia era tan grande.

Muchos matrimonios sufren porque erróneamente se les juzga de no estar abiertos a la vida por no tener hijos todavía. Cuentan que la gente se pregunta si persiguen objetivos personales, egoístas, y están dejando de lado la posibilidad de tener hijos. La gente habla de lo maravillosos que son los niños con la esperanza de animar a un matrimonio a que quiera tener hijos, sin darse cuenta de que aumentan el dolor de la infertilidad. Ya *saben* lo maravillosos que son los niños; ¡por eso los desean tanto!

Yendo más lejos, la pareja sabe que algunos comentarios son un modo amable de calibrar su lealtad hacia la Iglesia sin preguntar abiertamente si están abiertos a la vida. En ocasiones, la gente pregunta sin ambages si están usando la contracepción. Aquí está el problema: ¿revela la pareja su lucha personal y privada, para que los amigos entiendan y recen por ellos o mantienen su dolor en privado?

Hay otros sufrimientos añadidos en el contexto del resto de la familia. A veces los hermanos de la pareja infértil no desean hijos y se quejan de ellos, o quizás sugieren indirectamente que desean primos para sus hijos. Los padres que quieren ser abuelos pueden quejarse de que no llegan los nietos, sin saber que sus hijos están haciendo todo lo que pueden para darles al menos uno.

Una mujer escribió sobre el «poco diálogo que hay entre los que tienen y los que no. Preguntas en público sobre un tema muy privado. Al margen de que las preguntas sean correctas o totalmente duras, la falta de sensibilidad es enorme»[25].

Cuando hemos sido agraciados con una gran familia, tenemos que ser sensibles con los que nos rodean y (todavía) no la tienen. Podemos parecer presuntuosos para los que lo están intentando. Una madre que había tenido un hijo pero que ahora parece ser infértil hace esta petición:

«Por favor, decidles a los buenos cristianos que no juzguen a otros matrimonios. Yo me alegro enormemente de los embarazos de otros, sobre todo de los bebés problemáticos que no son abortados. Muchas familias numerosas católicas presumen de sus hijos y de sus embarazos, y se hace duro de llevar cuando tú eres infértil. He aceptado mi infertilidad pero aún tengo la esperanza de tener otro hijo».

No es fácil expresar la alegría de nuestro próximo embarazo al tiempo que comunicamos sinceramente tristeza por una pareja que esta experimentando el reto de la infertilidad. Hemos que encontrar la forma de no quitar importancia al dolor que sienten, a la vez que somos positivos sobre la posibilidad de tener otro bebé.

A veces una mujer desea coger un bebé. Una señaló lo mucho que significó para ella que su amiga le pidiera que cogiese a su bebé. Cuando la gente le daba la oportunidad de ayudarles con sus hijos, lo veía como una bendición. Por el contrario, una mujer dijo que había momentos en los que no podía ver un bebé, y mucho menos cogerlo, porque su propio sentido de pérdida se agudizaba en ese momento. Ofrece a tu hijo sólo si ves predisposición.

---

[25] Lynda Stephenson, «New Ways to Help Childless Couples», en *Virtue* (V/VI 1985) 31-32, 75.

No digas las cosas estúpidas que la gente a veces dice

Los comentarios sin sensibilidad hechos a parejas infértiles pueden causar mucho daño. Transcribo algunos comentarios que la gente realmente ha hecho.

*«¡Debes tener todo el tiempo del mundo para hacer
las cosas que quieras!»*

Probablemente la persona que dice esto está frustrada porque no tiene tiempo para hacer las cosas que le gustaría. Sin embargo, quienes están luchando contra la infertilidad desean entregarse de una manera sacrificada y llena de sentido a sus propios hijos. No quieren recibir una palmadita en la espalda por poder vivir la vida egoísta que otros quieren llevar.

*«Debe ser tan divertido ir de compras sola», o «Se debe estar
tan bien y tranquila en tu casa»*

Sí, y el silencio me está matando, ¡quiere gritar la pareja infértil! Quizás alguien hace este comentario porque él o ella está abrumado por el ruido y desorden que pueden traer los hijos. Pero la falta de ello no conforta a quien anhela una casa que bulle con el jaleo de los hijos.

Seguro que ir de compras sin hijos puede ser más fácil. Pero como me dijo una amiga: «¿Puedes hacerte una idea de lo difícil que es ir al centro comercial y ver los lazos de las cosas de bebés y la ropa de niños por todas partes? Todos los demás que van de compras con sus hijos son un recuerdo añadido de que yo estoy sola».

«¿No trabajas (fuera de casa)? ¿Qué haces todo el día?»

Aunque nuestra cultura concede a las mujeres cierta libertad para estar en casa con sus hijos, es incomprensible que una mujer esté en casa sin tener hijos. Ser ama de casa es más que ser madre. Lo que implica un comentario como éste es que si no estás cuidando a los hijos, no estás colaborando con el peso económico; y si no estás ocupada en las responsabilidades del cuidado de los niños, no puede haber mucho trabajo en casa. Pero, para una esposa, ser ama de casa es una vocación completa y hermosa por sí misma.

«Colaborar» no significa necesariamente ganar un sueldo. Algunas mujeres deciden trabajar mientras esperan a quedarse embarazadas. Pero para aquellas que buscan dejar de trabajar para centrarse en ser ama de casa, es un sufrimiento adicional sentir que sólo pueden justificar estar en casa si tienen hijos... hijos que por alguna razón no vienen. Además, a veces las mujeres se han dado cuenta de que si reducen las obligaciones de su carrera profesional, es más posible quedarse embarazadas; el estrés y los acelerados programas de trabajo pueden afectar a la fertilidad.

«Ahora que has adoptado, te quedarás embarazada»

El que algunas personas hayan adoptado y luego hayan concebido no significa que esto le vaya a ocurrir a otros. La idea implícita en este comentario es que a veces las parejas están intentando tanto concebir un hijo, que su estrés incrementado puede estar trabajando en contra de ellos. Pero ahora que tienen un bebé, el estrés se reduce y quizás puedan concebir más fácilmente. A pesar de eso, el mensaje dañino que está implícito es que el hijo que ha sido adoptado no es suficientemente bueno, no es un hijo real; este hijo es más que un salto de partida para tener un hijo real.

«¿No tienes hijos? Este comité necesita gente… y como es obvio que tienes tiempo para hacerlo, ¡serías perfecto para ello!»

No deis por supuesto que sólo porque una pareja no tenga hijos cuentan con un montón de tiempo libre. Es bueno informarles de cuánto se necesita su asistencia, pero ellos también tienen otros objetivos en su vida, además de cubrir todos los huecos que los padres ocupados dejan vacíos.

En vez de forzar a la gente al voluntariado, como si fuera una obligación para parejas sin hijos, ¿por qué no invitarles a participar en un servicio o actividad que sepas que les va a divertir? Entonces ellos podrán decidir si esa es la dirección que el Señor quiere para ellos o no.

(Para alguien con infertilidad secundaria:) «¡Simplemente relájate! Dios te dará más hijos. Ya estuviste embarazada una vez»

La infertilidad no es un problema psicológico, sino una dificultad física. No es un problema de relajación. Haber tenido un hijo significa que la pareja no tenía infertilidad permanente; pero no garantiza que vuelvan a tener otro.

«Al menos da gracias por los que tienes»

Desear otro hijo no tiene nada que ver con ingratitud por el hijo, o los hijos, que el Señor ha dado ya a esos padres. De hecho, la verdad es lo contrario. La alegría de la vida con un hijo incrementa el deseo de compartir la vida con otro.

El don del sufrimiento

Una familia rezó durante cuatro años y medio todas las novenas del devocionario antes de concebir a su primer hijo. Acabaron con un total de ocho hijos, incluyendo una pareja de gemelos. Mirando atrás, la mujer dijo que necesitaban ese tiempo para rezar y prepararse para la familia que Dios les dio.

Los sacrificios ofrecidos en unión con la entrega de Cristo pueden ayudar a que otros vean las bendiciones que les pasan inadvertidas. Recuerdo que dos situaciones diferentes me llevaron a una conversación parecida, una con un miembro de la familia, y la otra con una amiga: «Quizás no debería haberme ligado las trompas después de todo, después de ver por lo que estás pasando». Dios puede utilizarte para llamar a otros a la santidad cuando ven tus sufrimientos.

Otro matrimonio rezó a lo largo de doce años de infertilidad. Aunque no han concebido todavía, ahora tienen hijos adoptivos. Adoptaron un grupo de cinco hermanos de un país extranjero; los niños no hablaban inglés, y la pareja no hablaba su idioma. Su testimonio subraya que necesitaban esos años de oración y de aceptación de la voluntad de Dios para estar preparados para el viaje que su familia iba a realizar. El tiempo de espera no fue tiempo perdido.

Podemos dar fuerza a nuestras oraciones por los demás ofreciendo algunas de nuestras dificultades por la intención de su fertilidad. Una pareja de Rocky River, Ohio, dijo: «Tardamos casi cinco años en tener nuestro primer hijo. Mucha gente rezó por nosotros. Después del nacimiento de nuestro primer hijo, Annie, pudimos tener (otro)».

Una buena amiga, Gloria, tuvo una experiencia impresionante de curación en Medjugorje, antigua Yugoslavia; su sanación fue espiritual, no física.

«Cuando estás paralizada por la amargura, la cruz de la infertilidad parece incluso mayor, más oscura y más pesada que la de nadie. Cuando salí de aquella iglesia, tenía una nueva manera de pensar: mi infertilidad era una bendición y una alegría, no un castigo. Era muy afortunada y privilegiada por haber sido elegida para compartir la cruz de Cristo. Jesús me consideraba digna de llevarla, de compartirla con Él. Estoy eternamente agradecida por el sufrimiento que me concedió.

Si alguien me hubiera dicho que estaría contenta con mi sufrimiento, no le habría creído. ¡Qué regalo! No sería la persona que soy hoy, si no hubiera tenido la experiencia que tuve.»

Además, está la tristeza que sufren algunas parejas cuando su infertilidad llega después de haber tenido uno o dos hijos. Oyen a sus hijos que le piden a Dios hermanos y que se preguntan en voz alta por qué Dios parece que guarda silencio. Esto puede ser especialmente difícil cuando sus tíos y tías tienen nuevos hijos. Los padres no sólo tienen su propio sufrimiento, sino que también cargan con el sufrimiento de sus hijos.

Nosotros creemos –y se lo recordamos a nuestros hijos– que ninguna oración queda sin contestar. Pero la respuesta no es siempre lo que pedimos. Es aquí donde necesitamos tener una sólida relación con nuestro Padre Dios para poder guiar el corazón de nuestros hijos a una confianza más profunda en Él a través del sufrimiento y no a un rechazo de Él por lo que piensan que es una oración «sin contestar».

Toda esta confusión y dolor, aunque pueda ser inconsciente, necesita ser llevada a la cruz. Jesús quiere que hagamos lo posible para evitar que crezcan en nuestro corazón la amargura o el resentimiento. Él nos ayudará a que nuestros corazones se mantengan suaves hacia Él y hacia nuestro esposo, y que no se endurezcan en nuestro dolor.

Jesús mismo sintió los dolores del sufrimiento, cuando los líderes religiosos de Jerusalén le denegaron sus hijos espirituales. Justo antes de su crucifixión, lloró mientras hablaba de su deseo de reunir a su pueblo como una gallina reúne a sus polluelos. Pero se le negó (cf. Mt 23, 37). Un amiga dijo que el llanto de Jesús por lo que puede verse como un tipo de infertilidad consoló su corazón de esposa privada de hijos durante tanto tiempo.

La opción de la adopción

Desde la época de los primeros cristianos, la Iglesia ha dado testimonio del valor de la vida humana. En un momento en que los romanos abandonaban a los niños no deseados y les dejaban morir por exposición, los cristianos los recogían y los introducían en sus familias. Durante dos mil años los creyentes fundaron orfanatos y hospitales, recogiendo bebés sin más preguntas y proporcionándoles un refugio.

Se habla de adopción para describir la filiación que recibimos cuando nos incorporamos a Cristo. Nuestra adopción en Cristo nos hace verdaderamente hijos. No es una ficción legal sino un hecho.

De la misma manera, cuando adoptamos niños, se convierten real y verdaderamente en nuestros hijos. Una mujer que adoptó un niño experimentó un mayor entendimiento de su propia adopción como hija de Dios: «Esto ha confirmado la verdad y la gloria de la enseñanza de la Iglesia para mí, y mi conocimiento de la bondad, el amor y la misericordia de Dios».

A algunas personas se les ha dado el emocionante don de amar a los hijos. Su lucha contra la infertilidad puede aumentar su frustración de no ser capaces de compartir ese don de amor. Sin embargo, la adopción puede ser el medio de combinar un gran corazón, deseoso de amar, con un niño o o varios que tienen una necesidad especial de ese amor. La adopción puede ser una hermosa manera de abrazar la enseñanza de la Iglesia.

Una madre adoptiva dijo: «Comprender la apertura a la vida influyó en nuestra decisión de adoptar. Como madre, quería tener la oportunidad de darme a mí misma a otro ser humano, haciéndole parte de nuestra familia y cuidándolo».

La adopción no es una decisión fácil. Quizá sea la voluntad de Dios para unos esposos, o quizá no. O puede que el marido y la mujer no tengan la misma postura emocional para dar este paso. Una mujer de Wheat Ridge, Colorado, expresó algunos de los problemas que ella y su marido habían tenido con relación a la adopción.

«Hemos tenido varios obstáculos para la adopción. Soy demasiado joven (treinta y tres años) para ser tenida en cuenta por algunas agencias, y mi marido es demasiado mayor (cuarenta y cinco) para otras. La salud es un problema. El coste era alto: sólo la visita familiar es unos cinco mil dólares, de los que tenemos ahorrados una tercera parte. Y tenemos miedo de que lo que te da el Estado, el Estado pueda quitártelo».

Estos problemas demuestran por qué algunas parejas tienen dificultad para adoptar.

La edad puede ser un factor, dependiendo de dónde vivas. Busca un experto en adopción para que tengas las cosas claras. ¿Cuánto tiempo implica el proceso? ¿Cuánto dinero? ¿Hay restricciones por problemas médicos o psicológicos?

Cuando alguien no consigue una adopción, el sentimiento puede ser como el de un aborto o el de un hijo que nace muerto. La pérdida es muy grande. Cuando una pareja ha deseado durante mucho tiempo un niño y le han prometido uno, sólo para descubrir que la madre biológica ha cambiado de opinión, el resultado es desolador. Una pareja de Encinitas, California, escribió: «Cuando no conseguimos la adopción, no podía imaginar un dolor más grande. Pero algo tan sencillo como una tarjeta cariñosa o flores de una amiga habría sido de ayuda».

La lucha contra la infertilidad no es una cuestión de si un matrimonio será o no fecundo, sino de cómo. Dice el *Catecismo*:

«El Evangelio enseña que la esterilidad física no es un mal absoluto. Los esposos que, tras haber agotado los recursos legítimos de la medicina, sufren por la esterilidad, deben asociarse a la Cruz del Señor, fuente de toda fecundidad espiritual. Pueden manifestar su generosidad adoptando niños abandonados o realizando servicios abnegados en beneficio del prójimo»[26].

Anne se hace eco de estos sentimientos en su testimonio: Nuestra hija, Mary Joy, es adoptada. Es un verdadero regalo de Dios. Renunciar finalmente al sueño de un hijo de nuestra unión fue muy difícil, pero en mi obediencia he sido bendecida abundantemente».

Cuando una pareja adopta, ¡alegráos con ellos! Como a veces las adopciones no son definitivas hasta transcurrido un periodo de tiempo (las leyes varían de un país a otro), la familia y los amigos pueden dudar de celebrar la llegada de un hijo recién adoptado. Pero necesitamos recibir esta vida en sus familias como lo haríamos con cualquier hijo. Una madre de Encinitas, California, recuerda:

«Cuando nació Sara y fue llevada a casa, recibimos un centro de flores. Mucha gente no está segura de cuándo mandar algo. El razonamiento era: espera hasta que la adopción finalice. ¡En algunos casos eso puede tardar un año! Así para alguien como yo, que esperó siete años por un niño, había tristeza en la manera en que otros celebraron la llegada de Sara. Sin duda, ella era el premio; pero como nueva madre, yo quería ser tratada como las demás madres: agasajada con flores y tarjetas».

Asegurémonos de celebrar cada nueva vida, y a los nuevos mamá y papá.

Con la adopción de sus dos hijas, Gloria y su marido, Julián, descubrieron una comprensión más honda de su relación con Dios.

---

[26] *Catecismo de la Iglesia Católica*, n. 2379.

«Nuestra experiencia adoptiva elevó nuestros sentidos espirituales de tantas maneras que no podría empezar a enumerarlas. Nuestra comprensión del bautismo de los niños, que nos convierte en hijos de Dios y nos introduce en la familia, sin más preguntas, significó mucho más después de la adopción. (También nos ha ayudado en nuestras conversaciones con los no católicos acerca del bautismo de los niños). Ciertamente no esperábamos que nuestra hija entendiera todo lo que significa ser parte de nuestra familia antes de que le diéramos nuestro nombre. Las responsabilidades que esto implique serían enseñadas y atendidas después».

Algunos han experimentado la alegría de la adopción partiendo de ser ellos mismos adoptados, como Sally.

«Fui dada en adopción a las cuatro semanas por una chica soltera francesa a unos magníficos padres. Lo recomiendo vivamente. Si hubiera sido concebida veintidós años después podría haber sido abortada, ¡así que naturalmente me doy cuenta de lo importante que es cada vida! Y mis padres lo aprecian también».

Los niños que han sido adoptados tienen un reto particular hacia aquellos que se están planteando abortar, como observa María.

«Tres de mis hermanos son adoptados, dos de ellos después de *Roe v. Wade*. A través de ellos tenemos siempre presente transmitir a los demás la preocupación por la vida, y damos gracias a Dios por la decisión de las dos mujeres a las que nunca conocimos.
De un modo maravilloso Dios ha seguido utilizando estas adopciones. Mi hermana tenía una amiga que se quedó embarazada y estaba considerando seriamente abortar. Mi hermana fue la persona que la hizo cambiar de opinión poniéndose como ejemplo ella y la decisión de su madre biológica».

Otros, como Patricia y William, están profundamente agradecidos a las madres que amaron a sus hijos de una manera suficientemente sacrificada para entregarlos en adopción.

«El regalo de nuestro hijo John es incomparable. No podemos expresar la suficiente gratitud por su preciosa vida. Desde que entró en nuestras vidas, nos ha impresionado la paz que tenemos. Estamos agradecidos a sus padres biológicos pero ahora sentimos que sus primeros padres han perdido algo extraordinario. Sé que el mundo no sería tan maravilloso si la madre de John hubiera acabado con su vida. Y por este hecho, ¡nos levantamos en su honor!».

El Señor os ha dado hijos a alguno de vosotros por la adopción. Si no hubiera sido así, estos niños podrían no haber tenido nunca la oportunidad de oír hablar de la fe; pero gracias a vosotros, han sido bautizados y formados en la fe con gran sacrificio. ¡Qué expresión tan hermosa del evangelio de la vida!

Un matrimonio de Winfield, Illinois, cuenta una anécdota personal:

«Llevábamos casados diez años y no teníamos hijos. ¡A través de Cáritas Dios nos ha bendecido con hijos! En 1990 adoptamos dos preciosas niñas hermanas, de cinco y dos años. Luego recibimos otro par de hermanas de cuatro y dos años. Nuestro primer hijo, de cuatro años, llegó el pasado septiembre. Nuestra vida se ha convertido en muy, muy completa.

Entonces el Señor nos sorprendió: el 28 de octubre, día de San Judas (el santo de las causas desesperadas), descubrimos que me había quedado embarazada. Supongo que Dios parece lento a veces, ¡pero nunca llega tarde! Estamos entusiasmados y agradecidos por todas sus bendiciones. Nos ha dado todo aquello por lo que siempre hemos rezado, y mucho más».

Muchos de nosotros nos enfrentamos, en algún momento, con alguna pérdida: el aborto, un niño que nace muerto o la infertilidad. Nuestras pérdidas pueden finalmente figurar entre nuestras mayores ganancias espirituales, si se las confiamos a nuestro Padre celestial. Nuestra apertura a la vida puede dar mucho fruto cuando nuestro corazón está sometido a Él. Quizás nuestro sufrimiento unido a la voluntad de Cristo difunda el amor dador de vida de una manera especial en el cuerpo de Cristo.

12.   LA ESTERILIZACIÓN

Una vez, después de haber dado una charla sobre la doctrina de la Iglesia acerca de la apertura a la vida, se me acercó un hombre. «Sé que la Iglesia se opone al control de natalidad, dijo, pero, ¿está en contra de la esterilización?» (se había hecho una vasectomía). Tenía que responderle con honestidad. Si esterilizar un solo acto matrimonial es un pecado grave, ¡mucho más, la esterilización completa!

En el Antiguo Testamento, si un varón era estéril, no podía participar en el culto público con el resto de los hombres. «No será admitido en la asamblea del Señor aquel cuyos órganos genitales hayan sido aplastados o amputados» (Dt 23, 1). Se trataba de una situación vergonzosa, pero hoy los hombres (y las mujeres) publican con orgullo que se han esterilizado como si hubieran hecho algo bueno.

La doctrina de la Iglesia

El *Catecismo* no deja lugar a dudas. «Exceptuados los casos de prescripciones médicas de orden estrictamente terapéutico, *las amputaciones, mutilaciones o esterilizaciones directamente voluntarias* de personas inocentes son contrarias a la ley moral»[1]. La esterilización es una mutilación del cuerpo[2]. ¿Qué otra parte de nuestro cuerpo pensaríamos siquiera en mutilar porque no queremos seguir sirviendo a Dios con ella: las manos, los pies, las piernas?

«Toda esterilización que [...] tiene por único efecto inmediato hacer la facultad generadora incapaz de procrear, debe ser considerada esterilización directa [...]. Por lo tanto, según la doctrina de la Iglesia, permanece totalmente prohibida, no obstante cualquier subjetiva buena intención de autores para curar o prevenir un mal físico o psíquico previsto o temido como resultado de un embarazo»[3].

Esta enseñanza es clara.

El Dr. Joseph Stanford describía su preocupación ante el hecho de que se esterilizara sin mayor problema. «Con respecto a la esterilización, también me di cuenta de que la fertilidad es parte de la salud, no una enfermedad, y por tanto que hay algo fundamentalmente contradictorio en practicar una operación para eliminar una función sana y fundamental del cuerpo»[4]. Como dice el dicho, si no está roto, ¡no lo pegues!

Al cabo de cinco años, Pam y Burnie cambiaron de idea respecto a la vasectomía. Encontraron un médico que tenía bastante experiencia con hombres que querían revertir sus vasectomías después de que Dios realizara un cambio en el corazón...

«Rezó con nosotros antes de la operación, pidiéndole a *Dios* que guiara sus manos y le diera la fortaleza para realizarla bien. Y le pidió a Dios que volviera a bendecirnos con hijos.

---

[1] *Catecismo de la Iglesia Católica*, n. 2297 (cursiva en el original).

[2] La esterilización de la mujer se produce mediante la ligadura de trompas, por la que se imposibilita que el óvulo pase por las trompas de Falopio, o mediante la histerectomía, en la que se extirpan los órganos generativos de la mujer. La esterilización de varón se produce mediante la vasectomía, en la que se incapacita a los vasos deferentes para el paso de los espermatozoides.

[3] Congregación para la Doctrina de la Fe, *Respuesta sobre la esterilización en hospitales católicos*, 13-III-1975, n. 1.

[4] Joseph Stanford, M.D., «My Personal and Professional Journey With Regard to Moral Issues in Human Procreation», en *Physicians Healed*, cit., p. 114.

Mi querido esposo pasó por esto para "arreglar" lo que voluntariamente habíamos roto varios años antes. [El médico] realizó su tarea muy profesionalmente, y después de darnos las últimas instrucciones, nos fuimos a casa al día siguiente. ¡Todo el proceso de la operación y también "la conversión del corazón" nos hizo volver a casa muy felices con las cuatro bendiciones que Dios nos había dado ya!

Burnie y yo decidimos que, aun cuando Dios decidiera no darnos nunca otro hijo, sabríamos que hicimos lo correcto al volver a poner esta decisión en las manos apropiadas, sus manos»[5].

Pam y Burnie han tenido un hijo desde su reversión.

A veces la gente no ha oído una enseñanza clara sobre la esterilización. Se acercan a la doctrina de la Iglesia como si la obediencia fuera algo opcional. A veces, hasta los hospitales católicos tienen un planteamiento similar. Pero los hospitales católicos no pueden participar en las esterilizaciones anticonceptivas.

«Por la aprobación oficial de la esterilización directa, y además de esto, por su administración y ejecución de acuerdo con las normativas del hospital es algo de su naturaleza –que es, intrínsecamente– un pecado objetivo. Nada puede justificar que un hospital católico coopere a ello»[6].

¿Siguen esta directriz los administradores de los hospitales católicos?

La presión social para la contracepción final

La presión social para esterilizarse es considerable. Sin duda, parte de esta presión viene de los que ya se han esterilizado, que en Estados

---

[5] Pam y Burnie Zercher, «Absence of Sperm», en Nancy Campbell, ed., *A Change of Heart*, Above Rubies, Franklin, Tenn., 1997, p. 19.

[6] Congregación para la Doctrina de la Fe, *Respuesta sobre la esterilización en hospitales católicos*, 13-III-1975,

Unidos supone las dos terceras partes de los casados mayores de cuarenta y cinco años[7].

A veces, el lugar donde se suscitan estos temas es la consulta del ginecólogo. Una mujer informó: «Mi marido le dijo a la enfermera [que aconsejaba una esterilización después del nacimiento de su cuarto hijo] que queríamos y amábamos a este hijo y a todos los que Dios nos mandara. Ella no pensó mucho en nuestra afirmación».

Mary, de Long Island, Nueva York, se sintió agobiada por las enfermeras que recomendaban que se esterilizara después de tener su cuarto bebé. «Sí, después del cuarto hijo, y también después del quinto y del sexto; ¡sólo se rindieron con el séptimo! Cuando estaba en la consulta antes del nacimiento de mi séptimo hijo, entró una enfermera y, antes de tomarme la tensión, empezó a hablar sobre la esterilización. Me puse nerviosa y por supuesto salió una tensión alta. Después de eso, llevaba un pin que decía: "TENSION SANGUÍNEA – TÓMELA, NO HABLE"».

Otros, como Ruth y Joe, sucumbieron a la presión ante la insistencia de un médico. «Durante mi undécimo embarazo (tenía treinta y nueve años), el médico insistió mucho en que mi marido se esterilizara por mi salud y por mis cinco abortos. Decidimos ir a la asociación *Planned Parenthood*, y se hizo una vasectomía. Fue un gran error. Un millar de veces he sentido que debería deshacérsela».

A veces se pregunta a la pareja directamente en la mesa de parto. Una madre cuenta: «Cuando tuve a nuestro cuarto hijo, me hicieron una cesárea. El médico dijo, "Tengo tu trompa aquí mismo (yo sólo tengo una trompa). La extirparé". Le dije: "¡Deja mi trompa en paz!"». Ahora es madre de doce hijos.

Otra valiente mujer, Brenda, de Houston, Texas, expresó claramente sus valores. «Le dije al ginecólogo que era católica, y que la esterilización estaba en contra de la enseñanza de la Iglesia. También mencioné la eficacia de la Planificación Familiar natural moderna».

Sheila, de El Paso, Texas, respondió de diferente manera.

---

[7] Habisohn, «Why This Conference Now?»

«Después de cuatro cesáreas (verticales), el médico nos hizo creer a mi marido y a mí que yo podría posiblemente morir por hemorragia la próxima vez (el médico era católico). Me hice una ligadura de trompas. Después descubrí que lo peor que podía haberme pasado habría sido una histerectomía. No hace falta decir que me arrepiento de no haber confiado más en Dios.»

Los médicos tienen una gran influencia. Stephanie, de Lancaster, Pensilvania, recuerda su situación:

«Fui víctima de una esterilización no deseada ni solicitada. Para resumir esta larga y penosa historia, me limitaré a contar que durante mi tercer embarazo desarrollé diabetes gestacional, y en mi noveno mes una ecografía reveló que mi bebé estaba sufriendo mucho. Ella nació tres semanas antes de tiempo mediante una cesárea de urgencia el mismo día de esa estremecedora «eco». Yo sufría y estaba asustada, por decirlo de alguna manera.

El médico que la hizo nacer "recomendó seriamente" que me hiciera una ligadura de trompas... ¡cuando me encontraba en la mesa de operaciones bajo el efecto de la anestesia! Antes de ese día, no habíamos tratado de ese tema, y ni mi marido ni yo queríamos practicar el control de natalidad, ¡mucho menos la esterilización! Pero la verdad es que el médico parecía tan preocupado por mi bienestar y era tan "heroico" en ese momento por haber salvado la vida de mi niña, que nos convenció a Jim y a mí de que ésta era *la* opción: no teníamos otra elección.

El médico nos felicitó por ser personas inteligentes que ya tenían tres hijos y que no iban a correr el riesgo de perderme a mí, su madre, por otro embarazo. Me hizo una ligadura de trompas después de la cesárea. Estaba, y estoy, dolida de corazón.»

Es esencial saber lo que creemos, y por qué, para poder hacer juicios certeros y tomar decisiones correctas incluso en situaciones llenas de estrés.

Para algunas personas, el miedo a las consecuencias, y no las convicciones, es suficiente para apartarlos de tomar una decisión permanente. Rachel recuerda una conversación con su marido.

«Habló de hacerse una vasectomía ¡pero «olvidó» ir al médico! Se justificó diciendo que eso era demasiado permanente y que éramos muy jóvenes (¡yo tenía veintiocho y Matt, veintiséis!). También sabíamos por entonces que yo padecía esclerosis múltiple, y Matt, con visión de futuro, me dijo cariñosamente una noche que no quería hacerse una vasectomía: "Rachel, tienes esclerosis múltiple. Podrías morir, y yo tal vez me case de nuevo, ¡y mi nueva esposa podría querer tener niños!" ¡Fue precioso!»

Ahora Rachel y Matthew están en contra de la anticoncepción y de la esterilización.

En ocasiones, la gente intenta vivir lo que sabe que es correcto, con el único resultado de sentirse presionados a actuar de otro modo por parte de sus seres queridos, e incluso de algún sacerdote que aprecian. A un matrimonio de New Castle, Pennsylvania, le sucedió esto.

«Hace ocho años empezamos a aprender y a entender más sobre nuestra fe, pero sin saber mucho sobre la planificación familiar natural, dejamos de utilizar la contracepción e intentamos el método del ritmo. Me quedé embarazada. No me preocupó demasiado. Sabía que Dios miraría por nosotros, pero mi marido estaba desolado, como si le hubieran puesto una gran carga encima.

Habló con sus padres, que le animaron a que se hiciera una vasectomía. Habló con un sacerdote, que le dijo que no se operara: ¡siempre podría dar en adopción cualquier hijo futuro! Esto, por supuesto, no fue de ayuda; hizo que mi marido pensara que su única salida era la operación. Yo no opiné. Estaba asustada y no sabía qué hacer.

Mi marido se operó, e inmediatamente después, sufrió una gran depresión. Tuvo que esperar tres meses antes de poder revertir la operación.»

Las parejas jóvenes necesitan que sus seres queridos les apoyen para hacer lo correcto, y no que les presionen para hacer lo incorrecto.

A veces la presión para la esterilización procede de la esposa. Sue escribió:

«Ardie se esterilizó, sobre todo por mi insistencia, porque me parecía que *yo* ya había pasado por el "dolor y el esfuerzo" del embarazo y del parto. Teníamos tres hijos y habíamos "cumplido", así que ahora era su turno.

Sin embargo, una vez que abrí mi corazón a Dios y vi mi error, me di cuenta de lo horrible de nuestro error y de la necesidad de dar marcha atrás. Hice comentarios indirectos y recé insistentemente para que Ardie se convenciera de la verdad de la doctrina de la Iglesia.

Mientras preparaba una charla para un retiro de la parroquia sobre el cuidado amoroso del Padre cuando corrige, Ardie tuvo una experiencia que le abrió los ojos. Recordó que cuando era mayorcito, si hacía algo mal, su padre le decía que estaba disgustado con él. Ardie hacía algo para corregir el error y volver a tener el apoyo de su padre. Comparando esa experiencia con la relación con Dios, su Padre celestial, se dio cuenta de cómo había disgustado a su Padre del cielo y quiso hacer todo lo que pudiera para recuperar su gracia. Se dio cuenta de la necesidad de volver a ser un todo íntegro y de estar "arreglado de verdad", así que dio marcha atrás a su esterilización.

Esto ocurrió hace unos tres años y medio. Desde entonces, hemos tenido un hijo maravilloso y estamos esperando otro para noviembre. La reversión de la esterilización ha traído a nuestras vidas la gracia de Dios de una manera más plena. Ahora vemos la bendición que son los hijos, y que no son un problema. Ardie y yo entendemos de una manera diferente nuestro matrimonio. Vemos la necesidad de evangelizar a otros que no han recibido buena doctrina o que están inmersos en esta cultura secularizada, para que así puedan disfrutar del maravilloso regalo de alegría que nosotros hemos recibido».

Otras veces es el marido el que insiste en la esterilización.

«Como protestantes, dejamos de usar anticonceptivos sólo porque tuve una histerectomía con veintinueve años. Era una situación de emergencia. Si no hubiera sido necesario operar, mi marido se habría sometido a una vasectomía. Él estaba resueltamente en contra de tener más de dos hijos; fue la *única* cosa que no pudimos resolver en los primeros años de nuestro matrimonio. Yo quería una familia grande, él *no*. No pensaba que fuera enriquecedor».

Ahora esta pareja se ha incorporado a la Iglesia Católica con sus hijos, y están unidos en la enseñanza de la Iglesia sobre la apertura a la vida.

El mero hecho de que una pareja no haya caído en la tentación de plantearse la esterilización, no quiere decir que esta tentación no vaya a llegar. Una madre explicó su caso.

«Este mes hace dos años que nació nuestra hija pequeña, nuestro quinto nacimiento por cesárea en diez años. Habíamos practicado la planificación familiar natural durante casi todo nuestro matrimonio y estábamos convencidos de sus ventajas; durante todo ese tiempo estábamos convencidos de la sabiduría de la Iglesia a la hora de condenar el control artificial de la natalidad y la esterilización. Nunca pensamos en la esterilización cuando nacieron los otros niños. Al final de nuestro último embarazo, el médico preguntó por segunda vez si estábamos considerando la posibilidad de una ligadura de trompas; me quedé sorprendida. Pienso que no lo preguntaba más que por mi salud y por la seguridad de nuestros hijos.

Preguntamos a nuestro sacerdote si esto se podía hacer en algún caso. Dijo que, dada nuestra intención –preservar la vida y la salud, el riesgo para el feto (algo que ya me preocupaba cada vez más con cada embarazo) y la pérdida que supondría para nuestros hijos que yo muriese por un accidente uterino– «podríamos, con buena conciencia, tomar la decisión de hacer una ligadura de trompas».

Después de muchas dudas, lo hicimos, aunque no me decidí finalmente hasta que nació el bebé. Otros tres sacerdotes nos habían dado un consejo similar. Escribimos a un sacerdote amigo, cuyo consejo siempre habíamos valorado por su experiencia y adhesión a las verdades del Magisterio, pero estaba fuera.

Cuando regresó, nos contestó con una carta y un folleto. Sin embargo, llegaron por correo varias horas después de que naciera el bebé. Todo lo que él encontró en sus fuentes decía que no. Hemos estado luchando con esto durante meses. Todavía no estoy en paz».

La esterilización no es una opción válida. «La legitimidad de las intenciones de los esposos no justifica el recurso a medios moralmente reprobables (p. e., la esterilización directa o la anticoncepción)»[8]. Aunque sus intenciones sean nobles, el medio de la esterilización no es moral. Por desgracia, los consejeros espirituales que deberían haber señalado esto a la pareja, no lo hicieron.

Las compañías de seguros médicos añaden su presión sutil. Por ejemplo, en Maryland, la compañía CareFirst Blue Cross/Blue Shield recoge el embarazo y el parto como enfermedades en su guía de prestaciones. Las prestaciones incluyen anticonceptivos, la esterilización voluntaria y el aborto. Se excluyen: la reversión de un procedimiento de esterilización voluntaria; la esterilización o reversión de la esterilización de un menor dependiente[9].

Hay quienes creen que, por el bien de la sociedad, habría que esterilizar a las personas discapacitadas física o mentalmente. La Iglesia habla claramente sobre este punto.

«La esterilización buscada por sí misma, en efecto, no está orientada al bien integral de la persona debidamente entendido, "en la observancia del recto orden de las cosas y de los bienes", porque es contraria al bien moral de la persona, que es el bien más elevado, puesto que deliberadamente priva de un elemento esencial la actividad sexual prevista y libremente elegida»[10].

Debemos mostrar una mayor consideración por la persona humana.

Las consecuencias a largo plazo

Reflexionando sobre su vida, una mujer de cincuenta años reconoció que la esterilización había sido uno de los pasos más equivocados que había dado.

«A los veinte años tuve una hija fuera del matrimonio. Me casé con un hombre distinto a los veintidós años y siempre utilicé la anti-

---

[8] *Catecismo de la Iglesia Católica*, n. 2399.

[9] CareFirst Blue Cross/Blue Shield Insurance, *Employee Benefit Guide*, p. 13.

[10] Congregación para la Doctrina de la Fe, *Respuesta sobre la esterilización en hospitales católicos*, 13-III-1975, n. 1.

concepción porque nunca superé realmente el haber dado a mi hija en adopción. El embarazo significaba culpa y dolor para mí. Cuando las cosas empezaron a tambalearse en nuestro matrimonio ocho años después, me hice una ligadura de trompas. Mi marido y yo nos divorciamos poco después.

Varios años después obtuve una declaración de nulidad. Mi actual marido y yo volvimos a la Iglesia y a los sacramentos. Cuando crecí espiritualmente lo suficiente como para darme cuenta de lo errónea que fue la esterilización, tenía los cuarenta y ya no era posible deshacerla. La esterilización fue la peor decisión de mi vida, y sólo me queda hacer lo posible para ayudar a las vidas de otros ahora y confiar en la gran misericordia de Dios».

Otra pareja ve de modo parecido las consecuencias negativas que tuvo para su familia una vasectomía.

«Veinte años después veo claramente el daño: cuando el esperma fue eliminado del acto, las hormonas quedaron desequilibradas. Su deseo disminuyó; el mío también. Las relaciones sexuales eran mínimas. Los niños no vieron más embarazos; se contagiaron de la mentalidad de control de natalidad. Nuestros seis hijos tuvieron relaciones sexuales antes del matrimonio... aunque les había enseñado someramente que no era correcto. Tres de nuestros hijos se han divorciado y uno de ellos volvió a casarse. Creo que todo se remonta al mal uso de nuestra sexualidad y a la vasectomía.»

Estas consecuencias son dolorosas.

El dolor de la esterilización se incrementa cuando uno de los esposos no quiere que ocurra, pero el otro va directamente a por ello. Karen contó su historia.

«Después de nuestro tercer hijo, Jay se hizo una vasectomía. Después de todo, otros amigos católicos se la habían hecho después de su segundo hijo; ¡eh, nosotros tenemos tres!

Esto me partió el alma, pero intentaba no mencionarlo y estaba muy avergonzada de ello. Tuve una camiseta de bebé en un estante de mi armario durante cuatro años. Cuando veía la camiseta, rezaba para que a Jay le cambiara el corazón y pudiéramos adoptar. Él había estado leyendo *Roma, dulce hogar*, y juntos estábamos estudiando intensamente todas las enseñanzas de nuestra fe.

En febrero de 1995 Jay tuvo una hernia. Cuando fuimos a su revisión, no podía creer lo que salía de mis labios: "Cuando te operes de la hernia, ¿podrías revertir tu vasectomía?" Me ardía la cara de sonrojo y creo que Jay estaba también sorprendido. Me enteré de dos cosas: el seguro no cubría la reversión y no teníamos el dinero (había telefoneado a un médico, que dijo que la reversión costaría entre siete y ocho mil dólares).

El médico dijo: "Yo no puedo hacerlo, pero mientras estés en la mesa de operaciones, podemos llamar a otro médico para que venga". Estábamos entusiasmados y quedamos en verle dos días después. El viernes dijo que podría hacerlo, y, una vez que hubiera salido de la operación, la compañía de seguros se haría cargo de todos los gastos del hospital. Nosotros pagaríamos sólo la minuta del médico: tres mil dólares, ¡y podíamos acordar un calendario de pagos que pudiéramos afrontar!

Fuimos juntos a Misa en el hospital y le dimos gracias a Dios por la oportunidad de reconducir a Jay al camino que Dios tenía para él y por su infinita paciencia y perdón con nosotros.

John Luke, nuestro cuarto hijo, nació el 25 de abril de 1996. Pesó nueve libras, trece onzas y es un signo de la misericordia de Dios con Jay y conmigo».

El Señor es compasivo y misericordioso.

Jim y Debbie, de Vista, California, también se enfrentaron al dilema de que uno de los esposos se hubiera esterilizado contra el deseo del otro.

«Nuestros dos primeros embarazos fueron difíciles, y mi mujer estuvo seis meses de reposo en cama con el segundo. Después de que naciera, hablé con nuestro médico de la perspectiva de un tercer embarazo. Nos advirtió de que un tercer embarazo causaría a mis esposa, casi con seguridad, un daño grave y permanente en la espalda. En contra de los deseos de mi mujer, me hice una vasectomía en 1987.

Ambos queríamos tener más hijos. Mi mujer hizo grandes esfuerzos para fortalecer la espalda, entre los que se incluye una operación. Decidimos que yo debía revertir la vasectomía.

En 1997 deshice mi vasectomía. Desgraciadamente, tengo una esterilidad permanente (he aquí una gran lección) y seguí infértil después de la reversión. Aunque, gracias a Dios, pudimos adoptar un bebé en abril de 1998. Estamos ahora bendecidos con tres hijos y esperamos adoptar más».

Aunque la fertilidad de Jim no se recuperó, experimentaron una gran bendición del Señor por deshacer el daño hecho previamente.

Riesgos crecientes para la salud

Se podría evitar mucho dolor del corazón si las parejas casadas recordaran la enseñanza de San Pablo sobre nuestros cuerpos. En primer lugar, nuestros cuerpos pertenecen al Señor como templos del Espíritu Santo, así que tenemos que honrar al Señor en la manera en que los tratamos. Y en segundo, nuestros cuerpos pertenecen a nuestro cónyuge como parte de nuestra promesa de intercambio de personas. «La mujer no es dueña de su propio cuerpo, es el marido; e igualmente el marido no es dueño de su propio cuerpo, es la mujer» (1 Cor 7, 4)

Cuando era protestante, Valerie, de Chillicothe, Ohio, no conocía la enseñanza de la Iglesia sobre la esterilización. «Creía que era normal (esterilizarse) después del segundo o tercer hijo. Pensamos en deshacerla (la esterilización), pero era muy caro y yo tenía más de cuarenta años. Conocía y respetaba a otros cristianos (hombres y mujeres) que se habían esterilizado y pensaba que estaba bien».

Valerie y su marido se incorporaron a la Iglesia Católica en Pascua de 1997. «Pasaron varios años antes de darme cuenta de la gravedad de lo que había hecho. Sufrí por los hijos que no tuve, y que nunca tendría. He encontrado la absolución en la Iglesia, pero todavía sufro. Me gustaría haber tenido más hijos».

Los riesgos de la esterilización

Muchos hombres y mujeres no conocen los riesgos para la salud a que se exponen con la esterilización. Para las mujeres, los efectos secundarios incluyen muchos más problemas que los que sobrevienen con una histerectomía común. El síndrome posterior a la ligadura de trompas puede llevar a las siguientes dificultades:

- Los problemas menstruales existentes se agravan con frecuencia
- Fuertes dolores y períodos mucho más pesados
- Periodos más largos o irregulares
- Hemorragias uterinas, a veces durante años
- Falta de ovulación
- Infecciones
- Producción anormal de hormonas
- Dolor durante el acto sexual
- Dolor pélvico
- Cáncer cervical
- Desequilibrios hormonales
- Quistes o tumores de ovario
- Endometriosis
- Desequilibrios emocionales[11].

Otras potenciales consecuencias también han sido identificadas:
Las consecuencias de la ligadura de trompas son muy reales. Entre el veinte y el cuarenta por ciento de las mujeres sufren el síndrome posterior a la ligadura de trompas, que significa que las mujeres experimentan un incremento del dolor en los periodos, ciclos anormalmente más largos o más cortos, síndrome premenstrual grave y dolor pélvico. Además, las mujeres que se han practicado una ligadura de trompas acaban teniendo una histerectomía mucho antes que las mujeres que no han sido esterilizadas[12].

Cuando los que se han esterilizado presionan a los demás a que sigan su ejemplo, rara vez mencionan estos posibles efectos secundarios.

---

[11] Estos riesgos para la salud están documentados en «Tubal Ligation: Some Questions and Answers», folleto de la Couple to Couple League.

[12] Sherrie Peterson, «Post-Tubal Problems», en Campbell, *Change*, cit., p. 73.

Los hombres también sufren con la esterilización. El Dr. Whit Oliver hizo a su mujer una proposición. «Cuando tuvimos nuestro cuarto hijo, decidí que la esterilización por vasectomía era la mejor manera de prevenir futuros embarazos: un regalo hacia mi esposa, mi dolor como pago por sus sufrimientos con los partos y el cuidado de los hijos»[13]. Nueve años después, de todas formas, revertió su operación.

Se ha observado un número creciente de enfermedades en los hombres que se han practicado una vasectomía. Nancy Campbell, que reunió una antología de historias de parejas que habían llevado a cabo operaciones para revertir la esterilización, pide a las parejas que midan las posibles consecuencias. Basada en el estudio del Dr. J. J. Roberts, informa del aumento de riesgo de:

- tromboflebitis y embolia pulmonar
- infecciones de la próstata, del epidídimo (conducto que lleva a los testículos), de los riñones, de la sangre, de las válvulas del corazón
- abscesos hepáticos
- infecciones de la piel
- enfermedades autoinmunes
- narcolepsia (enfermedad del sueño)
- esclerosis múltiple
- migraña y dolores de cabeza relacionados
- hipoglucemia y diabetes
- desequilibrios emocionales
- alteraciones en la función sexual
- cálculos renales
- tumores y cáncer (especialmente de próstata)[14].

Muchos informes coinciden sobre todo en el incremento del riesgo del cáncer de próstata en hombres que se han practicado una vasectomía.

---

[13] H. Whit Oliver, M.D., «First Do Not Harm», en *Physicians Healed*, cit., p. 88.

[14] Campbell, *Change*, cit., p. 2s; cf. J. J. Roberts, M.D., *Is Vasectomy Worth the Risk? A Physician's Case Against Vasectomania*, Sunshine Sentinel Press, West Palm Beach, Fl., 1993.

«Giovannucci, et al., informó del incremento estadísticamente significativo del cáncer de próstata en un extenso estudio prospectivo (1993a) y en un extenso estudio retrospectivo (1993b) sobre hombres que se habían practicado una vasectomía en Estados Unidos –con 10.055 y 14.607 sujetos respectivamente–. El riesgo total se incrementaba al cincuenta y seis por ciento, pero aumentaba al ochenta y nueve por ciento entre los que se habían sometido a la vasectomía hacía más de veintidós años. Dicho riesgo no aparecía relacionado con la dieta, el nivel de actividad física, el tabaco, el consumo de alcohol, el nivel educativo, el índice de masa corporal, el área geográfica o de residencia u otros parámetros examinados en estos estudios cuidadosamente elaborados»[15].

Otro estudio publicado en el *American Journal of Epidemiology*, en diciembre de 1990, revela un riesgo de un 70% mayor de cáncer de próstata en aquellos que tengan una vasectomía.

Investigadores del Hospital de Mujeres de Brigman en Boston recomendaron que los hombres que se hubieran hecho una vasectomía y tenían más de cincuenta años se hicieran revisiones rectales anuales y análisis de sangre. Mantienen que la vasectomía podría incrementar el riesgo a largo plazo del cáncer de próstata entre un 56% y un 66% de acuerdo con los estudios americanos realizados con 73.000 hombres[16].

Además de varios efectos secundarios físicos, algunos hombres se enfrentan también con la depresión, como reveló una pareja: «La reversión tuvo éxito, pero la depresión permaneció durante algún tiempo. Me sentía fatal por no haber intentado parar la operación inicial. Lo hicimos durante ese periodo oscuro, y nuestra brillante muestra de dicho periodo es nuestro precioso hijo Brendan».

Reparar el daño

Nos contaron de una pareja protestante que revirtió una esterilización y que, después de tener un niño, ¡el marido se hizo otra vasecto-

---

[15] Roberts, *Vasectomy*, cit., p. 35, citado por Campbell, *Change*, cit., p. 3.

[16] Campbell, *Change*, cit., p. 3; cf. también Roberts, *Vasectomy*.

mía! ¿Cómo puede ser eso? Después de hablar con Ardie y Sue, un matrimonio católico que deshizo una esterilización, lo entendí.

Lo que impulsaba a la primera pareja era tener otro hijo. Una vez conseguido, se esterilizaron de nuevo. No había reconocimiento de que la esterilización fuese un pecado y, por tanto, no había arrepentimiento. Ardie y Sue, en cambio, llegaron a la convicción de que habían pecado por la esterilización. Su motivación era corregir el daño que habían hecho, independientemente de si concebían o no de nuevo.

La primera pareja se movía todavía por el deseo de controlar la natalidad; la segunda quería que Dios tomara el control de su fertilidad. La primera pareja examinó la situación con un médico y revirtió la operación. La segunda acudió a la Confesión como primer paso hacia la restauración. Apenas podría darse un contraste mayor.

La Iglesia requiere arrepentimiento para restaurar la relación con el Señor. Sin embargo, debido a la carga económica de la reversión y al posible riesgo físico, la Iglesia no exige deshacer la operación. Pero un matrimonio de Rialto, California, quiso hacer algo más que arrepentirse.

«Ya habíamos acudido a la Confesión y sabíamos que no teníamos que revertir la operación. Sabíamos que tendríamos que pagarla nosotros mismos, porque nuestro seguro médico no cubría este tipo de operaciones. Comenzamos a usar la planificación familiar natural, absteniéndonos según mis ciclos, etc. Durante este tiempo Richard tuvo una angina de pecho, y por fin terminaron operándole para hacerle un doble *bypass*, después de que un angiograma revelara la presencia de trombos. ¡Dios sabía qué tubos había que arreglar primero!

Empecé a tener miedo de la operación para revertir la esterilización después de que Richard tuviera que pasar por la otra operación, pero él se mantenía firme. Preguntó cuánto tiempo tendría que pasar de recuperación para que pudiera programarse dicha operación. Y entonces Dios hizo algo realmente maravilloso. Planificó la operación de Richard para el día de su cumpleaños, el 7 de enero, al comienzo de un nuevo año.

Esto ocurrió hace cinco años. Richard tiene cincuenta años, y yo casi cuarenta y siete. Llevamos casados veintidós años. Tenemos cuatro hijos, ninguno después de la operación... el precio de nuestro orgullo».

Una reversión no implica la promesa de una nueva vida.

Una «mamá bendecida», como ella misma se llama, de Midlothian, Virginia, sucumbió a la presión para evitar una nueva vida.

«La primera vez que nos hablaron de esterilización aprovechando el parto fue después de que naciera mi tercer hijo, y nos horrorizamos.

Pero después del quinto hijo, me hice una ligadura de trompas. Me sentía demasiado joven para tener todos estos niños, un marido que viajaba todo el tiempo, quedarme sola en casa, etc... Sentía también que los demás me presionaban para que parase y disfrutara de los frutos que tenía; debía considerar los aspectos económicos de todo. ¡Había cumplido con mi obligación con creces!

Durante los tres años siguientes le di vueltas a una posible reversión. Recé. Hablé con la gente. Recé un poco más. Pero no supe lo que debía hacer hasta que nuestro segundo hijo, Bryan, murió de cáncer, con diez años y medio. Tenía que pedirle a Dios que me perdonara: por no reconocer los regalos que Él nos había concedido y darnos cuenta del regalo que se nos había quitado; y si yo deshacía mi operación, que me diera por favor los medios económicos necesarios para hacerlo, o que me quitara el deseo y la idea de culpa de la cabeza.

La decisión no era reemplazar a Bryan, el hijo que perdimos; sino corregir el error: volver a ser íntegra. Si no teníamos más hijos, de acuerdo. Sería la voluntad de Dios, no nuestra. Algo muy fuerte dentro de mí me apremiaba a corregirlo.

La víspera de mi operación, llamé a una amiga. Quizás no debería hacer esto, cuesta tanto... Me dijo que respirara profundamente, cerrara los ojos, y le pidiera a Jesús y a María que estuvieran conmigo y escucharan mi corazón.

Seis meses después estaba embarazada de nuestro sexto hijo, y el 17 de mayo tuvimos a nuestra hija, Paige Elizabeth. Puedo decir que nunca me he arrepentido de ello».

Cuando llevamos nuestras miserias y pecados al Señor, Él no sólo nos restaura, sino que nos bendice de diversas formas.

«Mi marido, Tom, y yo hemos tenido una intensa trayectoria espiritual durante los últimos ocho años, en la que nos hemos enamorado más profundamente de nuestro Señor y de la Iglesia que estableció. Cada vez que descubrimos una nueva enseñanza, es como si se encendiera una luz en las profundidades de nuestra alma y la plenitud de su verdad continuara mostrando la belleza de su plan para su pueblo.

Siete meses antes de que naciera nuestro tercer hijo, Tom se hizo una vasectomía. Ahora que reflexionamos sobre esta decisión, lo único que podemos concluir es que pensábamos que la postura de la Iglesia acerca de la contracepción estaba desfasada.

No mucho después de que se hiciera la operación, Dios empezó su trabajo con nosotros en este tema en particular. No estoy exactamente segura de cómo llegamos a darnos cuenta del horror de lo que habíamos hecho mediante la esterilización.

Empezamos a preguntarnos si debíamos deshacer la operación. Ambos confesamos nuestro pecado, además del pecado de usar píldoras de control de natalidad durante los primeros años de nuestro matrimonio, y recibimos la absolución. Mientras continuábamos la lucha por la búsqueda de la verdad, nuestro descubrimiento de la belleza y la verdad de la Iglesia Católica empezó a convertirse en una historia de amor con nuestro Señor y el esplendor de su Iglesia.

[Oímos testimonios] de muchos matrimonios que habían revertido una esterilización y de que Dios había bendecido esta decisión con gracias abundantes. Estas bendiciones y gracias no terminaban simplemente en la pareja, sino que alcanzaban también a los hijos que habían tenido antes de la operación y, por supuesto, a nuevos hijos.

Un sacerdote dijo que casi nunca se planteaba la cuestión de esta manera: ¿Qué complacerá más al Señor? La mayoría se preguntaba, como hacíamos nosotros antes: ¿Exige la Iglesia que revirtamos la operación?

Nos dijo que no estábamos obligados a deshacer la operación, que nuestro pecado estaba perdonado y olvidado. Someterse a una reversión sería una decisión heroica, que iba más lejos de lo que estábamos llamados a hacer, y sería una especie de martirio. Pero para contestar a nuestra pregunta concreta: pensaba que deshacer la operación complacería más a nuestro Señor y Él llenaría de gracias dicha decisión.

Nuestro mayor deseo al tomar esta decisión era estar en total obediencia a la perfecta y amable voluntad de Dios. También tenemos paz acerca de si tendremos o no más hijos, porque sólo Dios es el Autor de la vida, y Él hace su voluntad con independencia de las estadísticas de éxito de las reveresiones. Hemos descubierto desde que nos hicimos la operación, como en tantos otros aspectos de nuestra vida, que hay libertad en la obediencia.

La visión mundana es que hay libertad en el uso de la contracepción, cuando realmente hay esclavitud. Desde nuestra decisión, hemos encontrado esa paz que sobrepasa todo entendimiento.

Entre algunos católicos se da no sólo un desconocimiento, sino también un rechazo, de lo que enseña realmente la Iglesia. Una vez que nos dimos cuenta de lo que habíamos hecho, nos resultó muy difícil encontrar quien nos orientara acerca de deshacer o no la operación. Parecía como si nuestro Señor nos llevara en un viaje precioso, pero no sin gran lucha, mucha oposición y orientación errónea.

Además requería, por nuestra parte, perseverancia en la oración y en la búsqueda de la dirección de Dios. Exigía también mucha oración para discernir incluso dónde encontrar la dirección espiritual en este tema».

Esta historia es una inspiración para todos nosotros.

Las operaciones para deshacer las esterilizaciones pueden ser prohibitivamente caras. Anne, de Pittsford, Nueva York, investigó lo que costaba.

«Tomamos la decisión (de revertirla) después de muchas oraciones. Por desgracia, el seguro pagaba la vasectomía, pero no la reversión. Aunque era muy caro, confiamos en Dios y en la planificación familiar natural para mantener la castidad, y Dios proveyó una cantidad de dinero para deshacer la vasectomía. Lo hicimos y estamos abiertos a la vida».

El coste desorbitado ha llevado a que algunos sacerdotes sugieran a la pareja que permanezca infértil y done el dinero para una buena causa como penitencia. Un sacerdote dijo: «Hay otras maneras de tener un hijo». Con todo, el objetivo de la pareja no debería ser tener otro hijo. Debería ser deshacer el daño que han hecho, poner las cosas bien, volver a ser íntegros y que el acto matrimonial vuelva a ser un todo.

Cuando el coste de la reversión es demasiado grande, algunos matrimonios practican la planificación familiar natural para expresar el dolor sincero por su pecado. Como la mujer sigue teniendo signos de fertilidad, ella y su marido pueden saber cuándo habrían sido los periodos fértiles y pueden abstenerse esos días. Esto evita que la pareja *disfrute* de los beneficios de su pecado después de haberse confesado.

Para estar verdaderamente arrepentidos, deben haber tenido una conversión de corazón, de manera que si pudieran hacerlo de nuevo, sus motivos graves les llevarían a la planificación familiar natural, en vez de a la esterilización. Así actúan de la forma en que deberían haberlo hecho. De otra manera, existe el peligro de que si mantienen relaciones durante los periodos que habrían sido fértiles, podrían disfrutar de los beneficios del sexo esterilizado y caer en la tentación de continuar con una intención contraceptiva.

A un matrimonio quincuagenario le ha ayudado esta idea. La mujer cuenta: «Pensamos en ello (deshacer la esterilización), pero era demasiado tarde. Mi actual marido y yo usamos la planificación familiar natural de todas formas porque pensamos que es lo menos que podemos hacer: más vale tarde que nunca».

A veces el mayor obstáculo para la reversión no es el gasto, sino la negativa del esposo a someterse a otra operación. Un matrimonio de Whittier, California, trató inicialmente el tema de deshacer la operación.

«Mi marido se hizo una vasectomía después de nuestro tercer hijo (1991). Pero nos arrepentimos de la decisión casi de inmediato. Tuvimos que esforzarnos en ponernos de acuerdo acerca de si teníamos o no la obligación moral de deshacer la esterilización. Por fin, hace dos meses que se ha revertido la vasectomía. Los costes impidieron que lo hiciéramos antes, aunque como católicos sentíamos una carga que nos ayudó a estar motivados para afrontar la operación».

Timm, de Prairie du Chien, Wisconsin, contaba con que su médico le hiciera algunas preguntas cuando le planteó una reversión, pero la primera pregunta le sorprendió: «El médico que habíamos elegido había hecho varias reversiones en hombres que se habían casado por segunda vez. Él me preguntó si había cambiado de mujer. "No, ¡sólo un cambio de convicciones!", le dije»[17].

Después de que un matrimonio se diera cuenta del pecado que suponía su esterilización, no sólo acudió a un sacerdote para confesarse; se acercó a una pareja infértil de su familia. El marido pidió a su hermano y a su cuñada que les perdonaran por despreciar el don de la vida del que habían disfrutado, mientras sabían que otros miembros de la familia tenían el conflico de ser incapaces de recibir vida. Esto fue un paso hacia la curación interna de la pareja infértil, y fortaleció la relación de amistad entre las dos parejas.

A veces lleva un tiempo que la pareja llegue a convencerse de lo malo de la esterilización; otras veces sucede rápidamente. Ésta es la historia del Dr. Paul Mugo y su mujer, desde sus respectivos puntos de vista.

Cathy: Después de nuestro cuarto hijo yo estaba tan desequilibrada (química, afectiva y físicamente) que en resumen dije: «¡No ligadura, no sexo!» (*¡Dios perdóname!*). Él se hizo una vasectomía.
Paul: Nuestro médico de familia hizo la operación, y una hora después me di cuenta de que había cometido un gran error. Entonces empezó la depresión. Acudí a mi confesor como una semana después, y me contó que había visto a algunos hombres muy deprimidos y mentalmente desequilibrados después de una vasectomía (¡yo no le había dicho aún que acababa de hacerme una!).
Cathy: Nuestro matrimonio fue cuesta abajo («se desmoronó» es una palabra mejor) desde entonces. Estábamos al borde del divorcio (literalmente), cuando tuvimos una experiencia maravillosa de nuestra

---

¹⁷ Timm y Ann Brom, «God Is in Charge», en Campbell, *Change*, cit., p. 47.

Madre Bendita. Vimos la *luz* de repente acerca de muchas cosas que se referían a nuestra fe, a nuestra vida en común, a Dios, a la Iglesia... a todo. ¡Ella es tan maravillosa, tan sorprendente, tan amable!

PAUL: Mientras continuaba mi camino hacia Cristo guiado por su Madre Bendita, descubrí que yo también me estaba volviendo loco por haberme hecho esta vasectomía. Hablé con muchos sacerdotes, y unos dijeron que me confesara y lo olvidara; otros dijeron que me abstuviera parte del mes como si estuviera usando la planificación familiar natural; pero yo me sentía como quien comete un pecado mortal cada vez que tenía relaciones íntimas con mi esposa.

Un fin de semana fui a la Universidad Franciscana mientras intentaba decidir qué quería Dios que hiciera con respecto a revertir mi vasectomía. Entré en la capilla.

Nunca había estado allí solo. Me acerqué al sagrario. De repente, empecé a llorar amargamente y caí de rodillas ante Cristo. No había nadie más que Dios y yo.

Salí y fui a confesarme con el P. Koseki para pedir perdón por mi vasectomía, por ir en contra de la voluntad de Dios. Le pregunté si debía seguir adelante con la reversión. Simplemente dijo: «Sí». Dios me llenó de paz y de fuerza.

Finalmente fui a un urólogo y le conté que quería una reversión de la vasectomía (vasovasectomía). Me preguntó que por qué, y le dije que por motivos religiosos, para hacer la voluntad de Dios. Me miró sonriente y dijo que estaba bien. Debo añadir que me sentía, no sólo como si estuviera engañando a Dios, sino también a mi esposa, por el hecho de que estaba siendo egoísta y no estaba abierto a la vida.

CATHY: Finalmente, después de rezar mucho y del buen consejo católico de sacerdotes santos, Paul dio marcha atrás a su vasectomía. Nos proporcionó a ambos una gran paz, y un gran consuelo y libertad en nuestro matrimonio. Hemos puesto en manos del Señor lo referente a tener más hijos. ¡Qué peso me he quitado de encima! Es asunto suyo: no mío, ni de Paul, ¡sino de *Dios*! ¡Y eso quiere decir que es *perfecto*!

PAUL: Mi mujer estaba en total sintonía en toda esta difícil experiencia. Varias semanas después, me realizaron la vasovasectomía, en agosto de 1993. Lo que tardó en hacerse veinte minutos, costó tres horas y media en deshacerse.

Hubo después muchas penalidades que ofrecer como reparación. Doy gracias a Dios Padre, Hijo y Espíritu Santo, y a la Madre Bendita por ayudarme a hacerme esta operación que tanto deseaba, pero que me asustaba. Le pedí a la Madre Bendita que me cogiera la mano mientras me operaban, y sin más supe que podía sentir su mano en la mía.

Ahora estoy libre de las cadenas que arrastraba. Me siento libre para seguir a Cristo con más libertad. La paz interior en unión con Cristo después de la reversión me ha cambiado la vida.

PAUL Y CATHY: ¡Por favor, por favor, por favor, decidle a la gente que no se esterilice!

Cambio de vida

¿Qué puede significar para una pareja la reversión de una esterilización? Anne declara: «Es tan hermoso volver a caminar en el universo moral. La libertad y la alegría son sorprendentes. Además, Dios nos ha utilizado para servir de testigos a otras parejas en estos temas». Judith describe los descubrimientos espirituales: «Una fe más profunda, un amor más intenso y una percepción mayor de las consecuencias del pecado». Sandra concluye: «El 13 de octubre de 1992 recuperé mi feminidad»[18].

Otra mujer que deseó deshacer su esterilización escribió: «Las pesquisas me llevaron a descubrir que mis trompas habían sido cauterizadas muchas veces, en diferentes sitios, y por esto las posibilidades de encontrar tejido sano para conseguirlo eran escasas». Por desgracia, no era posible la reversión.

Sanamos cuando compartimos la vida y el amor. Los Dickensons descubrieron esta realidad.

«Aprendimos la verdad acerca del plan que Dios tenía para bendecirnos, y a los cuarenta y seis años consulté con un médico sobre la

---

[18] Sandra Smith, «Joy Unspeakable», en Campbell, *Change*, p. 88.

posibilidad de reversión de la ligadura de trompas. Cuando entré en la Iglesia Católica, un magnífico sacerdote me dio ánimos para hacerlo; pero a los cuarenta y siete años, era demasiado tarde: el nivel de hormonas era un poco bajo, ¡y costaba por lo menos quince mil dólares!

Por el riesgo de la edad y el coste potencial, optamos por la adopción. Dios nos mandó tres hijos preciosos. La adopción ayudó a llenar el hueco de mi corazón. Como mujer pro-vida y como ferviente católica, me he ido concienciando, y entristeciéndome profundamente, por lo poco (si se hace) que se menciona o abraza la adopción de estos pequeños. Ahora tenemos cinco niñas y tres niños, y estamos rezando para adoptar más en el futuro».

En algunos casos el Señor restaura la capacidad de dar vida una vez que las parejas han dado marcha atrás a la esterilización. Bob y Lori de Wisconsin cuentan su caso:

«Influenciados por los criterios mundanos y sin buscar realmente ninguna orientación por parte de la Iglesia, nos pareció que tres hijos eran suficientes para nuestra familia. Nos justificamos a nosotros mismos para usar métodos de control de la natalidad de barrera. Nos considerábamos a nosotros mismos pro-vida y no queríamos usar ningún producto abortivo; pero mirando atrás nos damos cuenta de que no éramos pro-vida. Simplemente estábamos en contra del aborto.

Como ya habíamos cumplido teniendo hijos, pensamos que lo "responsable" era que Bob se hiciera una vasectomía. Aunque queríamos muchísimo a nuestros hijos, nuestra actitud desde el principio no era realmente la de quien considera a los hijos como una bendición de Dios. Esto nos condujo hacia la mentalidad anticonceptiva, y acabó en la esterilización.

Por las oraciones de muchas personas y por la gracia de Dios, volvimos espiritualmente a la Iglesia Católica. En dos años nos dimos cuenta de la gravedad de nuestro error y acudimos a la confesión con mucho dolor y arrepentimiento. Como penitencia, decidimos abstenernos una semana al mes para intentar imitar a otras parejas católicas.

Aunque sabíamos que nuestros pecados estaban perdonados, era duro hablar sobre la verdad y convencer a otros de que las enseñanzas de la Iglesia eran correctas cuando nosotros no habíamos sido capaces de seguirlas. Nuestro amigo leyó un artículo de la *Couple to Couple League* sobre operaciones de reversión de vasectomías que incluía un sitio al que dirigirse para más información sobre médicos que las hicieran y que no fueran caros. Conseguimos la lista, y con algo de búsqueda y de oración, decidimos que esto era algo que teníamos que hacer para reparar nuestro pecado, al margen del coste y de las probabilidades de éxito.

Con todo esto nos dimos cuenta (algo que deberíamos haber sabido desde el primer día de nuestro matrimonio) de que los hijos son una bendición y de que deberíamos recibirlos como un don de Dios. Teníamos la esperanza de que Dios nos diera más hijos, pero en el fondo no nos sentíamos dignos y habríamos aceptado el fracaso de la operación como lógica consecuencia de nuestras acciones. Aceptaríamos la voluntad de Dios.

El médico dijo que sólo podría recuperar un lado. Decidimos asistir a las clases de planificación familiar natural de la *Couple to Couple League* con nuestra esperanza puesta en conocer cuándo sería fértil [mi mujer]. Participando en las clases, observamos cuánto cuadraba esto con las enseñanzas de la Iglesia y nos habría gustado haberlas recibido antes de casarnos.

Nuestro matrimonio ha mejorado enormemente por haber comprendido la doctrina de la Iglesia sobre la apertura a la vida. Nos tenemos un respeto mayor el uno hacia el otro y somos menos egoístas acerca de nuestras propias querencias y deseos. También tenemos un fuerte deseo de transmitir la verdad a parejas jóvenes que se estén preparando para el matrimonio y a parejas casadas que están en situaciones similares a la nuestra.

Estamos más dedicados aún a transmitir estas verdades a nuestros hijos y asegurarnos de que entienden por qué la Iglesia enseña esto. Rezamos para que no tengan que sufrir por los mismos errores que nosotros.

Terminamos esta carta con gran alegría diciendo que, desde entonces, Dios nos ha bendecido con dos niños, uno de dos años y el otro de cinco meses, que se unen a sus tres hermanas mayores en el camino hacia el cielo».

Como Bob y Lori, muchas parejas están cambiando su manera de pensar acerca de la esterilización, arrepintiéndose, y luego, cuando es posible, devolviendo a sus cuerpos la plenitud.

Varios matrimonios de Our Lady of Mount Carmel, Carmel, Indiana, se han animado mutuamente a deshacer sus esterilizaciones. Conocimos a Hank y a su familia cuando nos hospedaron en su casa el fin de semana que fuimos a hablar en su parroquia. Nos escribió: «Di marcha atrás a mi vasectomía. Pasaron varios años, y parecía que la reversión no había tenido éxito. Nos trasladamos a St. Louis, y milagrosamente mi familia ha sido bendecida con el regalo de Rachel, una pequeña niña que tiene mucho talento».

Hank y su mujer fueron un ejemplo que animó a otras parejas. Uno de sus amigos, Tom, recuerda el impacto que tuvo aquella decisión en otras familias de la parroquia que habían estado cerradas a la vida, espiritual y físicamente. «La mujer de un amigo se deshizo la esterilización, y su hijo Danny (el único chico en una familia de cinco hijos) es el milagro que Dios les envió. Imaginaos el maravilloso testimonio de Danny (como el de Rachel) cuando crezcan y entiendan por lo que pasaron sus padres, espiritual y físicamente, para traerlos al mundo».

Aunque los defensores de la esterilización sostienen que la vida de la pareja se simplifica, realmente se complica más, como pasa con todo pecado. La esterilización es peligrosa para su salud, su matrimonio y la vida del alma. Animemos a que, en su camino de fe, los esposos abracen al Señor, la verdad y el uno al otro en un amor fecundo, que da vida.

VI

VIVIR Y DEJAR
UN LEGADO

13. LA LLAMADA DE DIOS AL MATRIMONIO

Todos procedemos de familias. Muchos de nosotros tenemos o tendremos nuestra propia familia. «*¡El futuro de la humanidad se fragua en la familia!*»[1], según Juan Pablo II.

¿Cómo recibimos nuestra herencia de fe y la vivimos de tal manera que dejemos ese legado a los que vengan después de nosotros? Respondemos a la llamada que Dios nos hace: a la fidelidad, a la fecundidad, a la santidad y a la virtud heroica.

Llamados a ser fieles

Aprender la fe

Aprender la fe no es lo mismo que ir a unas clases en la parroquia, aunque las clases pueden ayudarnos. Es nuestro continuo estudio y aplicación, día tras día, de la fe.

Después de cincuenta años de matrimonio, una pareja habló acerca de cómo continuaban creciendo en la fe de diversas maneras.

---

[1] Juan Pablo II, Ex. Ap. *Familiaris consortio*, n. 86 (cursiva en el original).

«Hemos desarrollado nuestra formación a lo largo del matrimonio. En casa tenemos una gran biblioteca de comentarios de la Biblia, libros excelentes, etc. Enseñamos temas bíblicos y damos conferencias. Nunca dejamos de rezar, de aprender y, esperamos, de crecer. Para ayudarnos a superar los momentos difíciles de la vida son importantes las oraciones de los demás y una comunidad cristiana. El aspecto más importante de nuestra vida es una relación personal, estrecha y llena de oración con Jesús, el Padre y el Espíritu Santo».

La fidelidad a Cristo comporta un aprendizaje continuo sobre Él.

Con independencia del legado de fe que hayamos recibido, siempre podemos dar más a nuestros hijos, en la medida en que estemos dispuestos a hacer el esfuerzo de aprender. Monica de LaCrosse, Wisconsin, escribe:

«Tenía miedo de ser madre... miedo a lo desconocido. Espiritualmente era muy inmadura. Fui a un colegio católico durante doce años, pero no fue una educación orientada a vivir la fe católica. Nunca oímos hablar de la *Humanae vitae* o de cualquiera de las enseñanzas de la Iglesia acerca del amor, la vida o la familia. Mis hijos estudiarán los escritos pontificios sobre la familia».

Tina, recién convertida a la Iglesia Católica, contó lo que ha supuesto para ella y su marido haber aprendido más sobre el matrimonio.

«Ha cambiado toda nuestra actitud hacia lo que significa el matrimonio. Ahora vemos y sabemos que Dios quiere que todos los matrimonios sean obra de la gracia: santificados y sagrados. El privilegio de ser uno de los que Dios se sirve para traer un alma humana eterna a su reino es extremadamente maravilloso, inspirador y santo. El matrimonio ha adquirido una dimensión y un significado totalmente nuevos. Estamos eternamente agradecidos».

Las prioridades de la vida

La fidelidad a Cristo significa vivir las prioridades correctas en nuestra familia. Primero, Dios; después, el matrimonio, y, en tercer lugar, los hijos. Don y Mary, de Leesburg, Florida, dijeron: «Empezamos nuestro matrimonio con una confianza incondicional en Dios. Cincuenta años, ocho embarazos, trece nietos, cuatro biznietos después, ¡estamos más enamorados que nunca! ¡Bendito sea el Señor!»

Aunque los retos de sacar adelante una familia en términos de tiempo y de energía pueden dar la sensación a veces de que el orden está invertido –primero los hijos, segundo el marido y tercero Dios– debemos luchar continuamente por mantener el orden correcto de nuestro amor y de nuestro compromiso.

Castidad matrimonial

La fidelidad a Cristo implica desear su voluntad por encima de la nuestra propia. «Porque la voluntad de Dios es vuestra santificación; que os abstengáis de la fornicación; que cada uno sepa guardar su cuerpo en santidad y honor, no con afecto libidinoso, como los gentiles, que no conocen a Dios» (1 Tes 4, 3-5). Dios quiere que vivamos una vida casta, independientemente de si estamos casados o no, porque le conocemos y queremos ser santos como Él.

Toda nuestra familia estaba reunida en la cena previa a la boda de mi hermano pequeño. Papá se levantó y dijo: «Quiero dar testimonio ante todos vosotros», dijo, «y especialmente ante nuestros siete nietos mayores, de la bondad de Dios y de la fidelidad de mis hijos y sus cónyuges. Mimi y yo éramos vírgenes cuando nos casamos. Y ahora nuestros cinco hijos han llegado vírgenes al matrimonio, al igual que sus cónyuges, y todo por su compromiso con Cristo y con la pureza. ¡Se trata de una herencia maravillosa!»

Es una gracia muy grande, porque esta clase de pureza procede de corazones sometidos al Señor. Nadie puede permanecer puro sin la fuerza de Dios. Qué gran riqueza espiritual para darla a los nietos: un legado de pureza y autocontrol.

Dios nos pide que seamos fieles a esta preciosa esposa que nos ha dado. La castidad en el matrimonio es esencial. La fidelidad a nuestro esposo, o esposa, es una expresión de nuestra fidelidad a Cristo.

Medita las palabras de Dios a través del profeta Malaquías en el Antiguo Testamento. Cuando los sacerdotes casados de la época de Malaquías eran infieles a sus esposas de muchos años, el Señor no escuchaba sus plegarias. Malaquías les dijo que su infidelidad matrimonial era una infidelidad hacia Dios. Pero si los sacerdotes se arrepentían y eran fieles a sus esposas por fidelidad a Dios, recibirían la bendición de la descendencia divina (cf. Mal 2,13-16).

Fidelidad a Dios y a su Iglesia

Dios nos llama a poner nuestra confianza en Él. Cuando nos confiamos a Dios, bendecimos nuestras familias. «El temor del Señor es la confianza del fuerte, y sus hijos en él hallarán refugio» (Prov 14,26).

La fidelidad a Dios implica la fidelidad a su Iglesia. En vez de desconfiar de la enseñanza de la Iglesia, especialmente en el tema de la apertura a la vida, hemos de ver la doctrina de la Iglesia como una prolongación del amor y la preocupación de nuestro Padre celestial. Jim y Nancy de Omaha, Nebraska, lo expresaron de una manera tan hermosa: «¿Por qué la Iglesia nos pone límites? Porque es el guardián de nuestra alma y nos ama profundamente».

La llamada a la fecundidad

Vivir la fe

No sólo aprendemos la fe, sino que también aprendemos a vivirla. Hemos de «andar como hijos de la luz» (Ef 5,8). Una madre le está ofreciendo a sus hijos más de lo que ella recibió como hija: «Me gustaría haber crecido en una familia católica donde la fe fuera querida, practicada, obedecida, enseñada y compartida. Por la gracia de Dios, éste es nuestro objetivo con nuestros hijos».

Cuando abrimos nuestro corazón y nuestra mente (y nuestro cuerpo) a la fecundidad física, experimentamos también la gracia de la fecundidad espiritual.

Amar con prioridad

¿Cuáles son las prioridades correctas en el amor? Primero, recibimos el don de Dios del amor divino a través de la persona de Jesús. Luego, Jesús nos llama a recibir el regalo del amor a través de nuestro esposo.

Cuando recibimos a nuestro esposo como un regalo y nos entregamos a él como un regalo, nuestra relación es fecunda: espiritualmente para todos, físicamente para muchos. Entonces nuestros hijos personifican nuestro amor, lo reciben, y corresponden nuestro amor para nosotros y para Dios. Nuestra comunión de amor en nuestra familia está orientada y basada en el amor de Dios primero.

Para vivir una vida fructífera de fe, tenemos que estar conectados profundamente con el Señor.

> Permaneced en mí y yo en vosotros. Como el sarmiento no puede dar fruto de sí mismo si no permaneciere en la vid, tampoco vosotros si no permaneciereis en mí. Yo soy la vid. Vosotros, los sarmientos. El que permanece en mí y yo en él, ése da mucho fruto, porque sin mí no podéis hacer nada… En esto será glorificado mi Padre, en que deis mucho fruto, y así seréis discípulos míos (Jn 15, 4-5.8).

Él es la fuente de nuestra vida.

Dentro de la vocación matrimonial, mi esposo es mi canal principal de gracia. Hemos de mantener este canal libre de los deterioros del pecado mediante la fidelidad y la apertura a la vida. Debemos querer a las personas y usar las cosas, en vez de usar a las personas y querer las cosas. Si mantenemos la perspectiva correcta, entenderemos que los bienes materiales o los éxitos terrenales no pueden compararse con el valor de un hijo. Dios quiere que le amemos y que amemos a nuestro esposo de tal manera que el amor fluya en una nueva vida.

No basta con ser anti-abortistas. Tenemos que ser pro-vida. «Una paternidad generosa, abierta a la vida, debería de ser la norma y no la excepción. ¡Los hijos son una alegría!», dice Anne, de Fairview Park, Ohio. La regla es vivir el amor conyugal.

Los hermanos y hermanas mayores en el Señor pueden ayudarnos a apreciar, con sus años de experiencia, lo frágil que es el don de la fertilidad. Pueden darnos la perspectiva amplia del poco tiempo que pasa desde que enseñamos a nuestros hijos a andar hasta que los vemos salir por la puerta para empezar sus propias familias. Pueden recordarnos que Dios es fiel en proveer cuando es generoso dándonos hijos.

Los hijos son regalos que hemos de recibir. «El que por mí recibiere un niño como éste, a mí me recibe; y al que escandalizare a uno de estos pequeñuelos que creen en mí, más le valicra que le colgasen al cuello una piedra de molino de asno y le hundieran en el fondo del mar» (Mt 18, 5-6). Recibimos a Cristo cuando recibimos a un pequeño en su nombre.

Cada año el clan Kirk se reúne en Hilton Head, California del Sur, para una reunión familiar de una semana. Cada pareja de adultos nos pone al día al resto de nosotros de las bendiciones y retos a los que se han enfrentado en el último año, y después piden que se rece.

Un año, un día después de que una pareja lo hubiera contado, muchos de nosotros estábamos dando vueltas, preparándonos para jugar. Mi hermano Stephen interrumpió la conversación con la noticia: «Queremos contaros a todos cómo rezar por nosotros: ¡Vamos a tener un bebé!» ¡El sitio era un desorden estruendoso! Muchos de los nietos también estaban allí; todo el mundo gritaba y lo celebraba.

Una de mis hermanas se volvió hacia mí y dijo: «¡Con una respuesta como ésta, dan ganas de quedarse embarazada sólo para compartir la noticia!».

Respondí: «¡Y con una alegría como ésta, vamos a tener cientos de nietos!». Creo sinceramente que los tendremos.

Esta alegría es contagiosa. Es mucho más que rechazar la contracepción. Es sobre todo aceptar al Señor, su verdad para nuestra vida, nuestro esposo y nuestros hijos en un círculo cada vez mayor de amor que da vida.

No sólo los padres, sino también los abuelos, tienen que aceptar a los niños. Los abuelos han de recibir a cada niño, no importa cuántos puedan ser, y verlos como Dios los ve: «Corona del anciano son los nietos, y la gloria de los hijos son sus padres» (Prov 17, 6). El mero hecho de que exista un nieto es el cumplimiento de la bendición de Dios a una pareja piadosa: «¡Que veas los hijos de tus hijos!» (Sal 128,6).

La fe de los abuelos es parte de la herencia de sus nietos. «Pero la piedad de Yahvé es eterna para los que temen, y su justicia para los hijos de los hijos. Para los que guardan su alianza y recuerdan sus mandamientos para ponerlos por obra» (Sal 103, 17-18).

La importancia de la oración

Vivir la fe de manera que dé fruto significa comunicarse a diario con el Señor de la vida, porque la oración es el aliento del alma. Muchos de nosotros estamos demasiado ocupados y rezamos demasiado poco; nos cuesta sacar tiempo cada día para un buen rato de oración. De todas formas, si hacemos un acto de ofrecimiento del día, podemos convertir en oración todas las alegrías y las dificultades de cada jornada. Esto significa que incluso las actividades ordinarias y mundanas del día pueden ser medios extraordinarios de gracia para nosotros y para nuestras familias.

Fecundidad espiritual para todos

La llamada a la fecundidad espiritual es para todo el mundo. Todos nosotros estamos llamados a la maternidad y paternidad espiritual, independientemente de las posibilidades de maternidad o paternidad física. Todos necesitamos maneras de dar vida, de alimentar la fe, de fortalecer el crecimiento espiritual.

La clave para dar fruto es permanecer conectado a Cristo. A medida que recibamos su vida, ésta fluirá hacia otros a través de nosotros, tanto en ministerios formales dentro de la Iglesia, como informales mediante relaciones de asesoramiento de las mujeres mayores a las jóvenes, de los hombres mayores a los jóvenes, de hermanas mayores a pequeñas, o de hermanos mayores a pequeños.

La llamada a la santidad

Enseñar la fe

Para enseñar la fe, tenemos que conocerla. Una gran motivación para aprender la fe es poder enseñarla a otros. Esto es especialmente cierto con nuestros hijos, porque nuestro compromiso matrimonial incluye estar abiertos a la vida y comprometidos con su educación.

La alianza de Dios se extiende a nuestros hijos a través de nosotros, como predicó San Pedro en Pentecostés. Cuando la gente preguntó cómo podrían ser salvados, contestó: «Arrepentíos y bautizaos en el nombre de Jesucristo para remisión de vuestros pecados y recibiréis el don del Espíritu Santo. Porque para vosotros es esta promesa, y para vuestros hijos, y para todos los de lejos cuantos llamare a sí el Señor, Dios nuestro» (Hch 2, 38-39). Como nos recuerda Juan Pablo II: «Vosotros, que engendráis a vuestros hijos para la patria terrena, no olvidéis que *al mismo tiempo los engendráis para Dios*»[2].

Tanto los padres como los abuelos deben enseñar la fe a los niños para evitar los pecados del pasado y para recordarles el poder salvador de Dios.

> Pues dio una norma en Jacob y estableció una ley en Israel, que mandó a nuestros padres enseñar a sus hijos; para que las conociese la generación venidera, y los hijos que habían de nacer se las contasen a sus propios hijos; para que éstos pusieran en Dios su confianza, y no olvidasen las gestas de Dios, y guardasen sus mandatos; y no se hiciesen como sus padres, gente contumaz y rebelde, generación de corazón inconstante, y de espíritu infiel a su Dios (Sal 78, 5-8).

Como dice el refrán, el que no conoce los errores del pasado está destinado a repetirlos. A cada generación se le ha de dar la oportunidad de entender que el camino de la santidad se recorre pasito a pa-

---

[2] Juan Pablo II, *Carta a las familias*, n. 22 (cursiva en el original)

sito: una buena decisión en un momento, un acto de sacrificio y caridad en otro. Esto se cumple sobre todo cuando sus abuelos conocen y aman la fe.

Enseñar a los jóvenes a vivir la castidad

Además de todo lo que hemos compartido en este libro, te ofrezco algunos consejos que damos a nuestros hijos.

La intimidad física es como el fuego: cuando se mantiene en la hoguera del matrimonio, produce calor y luz que beneficia a toda la familia. Fuera de ahí, el fuego hace daño y destruye, produce heridas en aquellos que amamos y causa un daño irreparable (aunque no imperdonable). Cuando San Pablo dice: «Huid de la inmoralidad» (1 Cor 6,18), no quiere decir que veas cuánto te puedes acercar a ella sin quemarte.

Cuando sales con alguien, trata al otro de la forma en que te gustaría que fuera tratado tu futuro cónyuge. Evita las ocasiones próximas de pecado, vigilando la cantidad de tiempo que pasáis solos y hasta qué hora estáis fuera de casa. No hagas nada que te avergonzaría contar a tu futuro cónyuge. Lleva un sacramental, un objeto piadoso: cuando llega la pasión, es un buen recordatorio de que hay que enfriarla.

Piensa en la persona con la que estás como en un vaso sagrado, santificado por Dios. Como hemos dicho antes, ¿se te ocurriría llevar un refresco a la sacristía y echarlo en el cáliz de la comunión? ¡No!

¿Por qué no? Porque ese vaso ha sido santificado y apartado para un uso especial. De la misma manera, tu cuerpo y el cuerpo del hombre o la mujer con quien estás saliendo han sido apartados para el servicio de Dios, ya sea en el matrimonio o en la vida religiosa. ¡No profanes ese vaso!

Tened cuidado con la intimidad sexual que puede seguir a la intimidad espiritual, como en el caso de rezar juntos intensamente. Respeta a aquel con el que sales y, si te falta al respeto, «no apuestes por el perdedor», como dice el dicho, porque el noviazgo es el prematrimonio. Persigue la pureza.

Cuando se trata de la apertura a la vida, hemos de inculcar en el corazón de nuestros hijos el *porqué*, y no sólo el *qué*. Theresa, de Illinois, dice: «Les enseño la importancia de respetar su sexualidad y la de los demás, y lo importante que es la oración para mantenerse en un estado de castidad». Otra madre escribió: «Quiero que todos mis hijos conozcan la enseñanza de la Iglesia y por qué la Iglesia enseña esto. Si yo hubiera seguido la tendencia errónea del mundo, me habría privado a mí misma de un montón de alegría que ahora conozco como madre de once hijos».

En la Iglesia hay muchas oportunidades de enseñar la fe, especialmente la doctrina de la Iglesia sobre la apertura a la vida. Algunas parejas ayudan a sus párrocos a preparar a la gente para el matrimonio en los cursillos prematrimoniales o los Encuentros para Novios. Otros ayudan a los padres a preparar el bautismo –otro momento crítico en la vida de una pareja–explicándoles su papel en la enseñanza de la fe a sus hijos (y por tanto aprendiéndola mejor ellos mismos). A veces, diáconos o laicos formados en apologética ofrecen instrucción en el programa RCIA –Ritual de Iniciación Cristiana de Adultos– que prepara a adultos para que se incorporen a la Iglesia.

Paul de California ofrece este testimonio de su propio itinerario de fe.

«Estoy en el programa de formación de diáconos y soy catequista de iniciación cristiana de adultos (RCIA) en nuestra parroquia. En algunas ocasiones he tenido remordimientos de conciencia acerca del control de la natalidad. Hasta ahora los trataba intentando racionalizarlos o procurando no pensar en ellos. Simplemente evitaba hablar del tema, y ninguno de mis catecúmenos o candidatos ha sacado nunca el tema en mis tres años de enseñanza. Ahora rezo para ser tan valiente como San Pedro después del primer Pentecostés, e impartir los importantes valores que he aprendido».

El cambio de corazón de Paul –su crecimiento en santidad– ha provocado un cambio en su actuación. Y esto supondrá también una mejora del programa de iniciación cristiana de adultos.

Otra salida para enseñar en el ámbito de la Iglesia lo constituyen los pequeños grupos de estudio de la Biblia. Nancy, ahora abuela, de Lafayette, Nueva York, dice: «Enseño a las madres jóvenes la paz y la alegría que se derivan de aceptar y vivir la doctrina de la Iglesia acerca de la vida». Tiene mucha experiencia que ofrecer a estas madres jóvenes, semana tras semana, para ayudarlas a vivir su vocación día a día.

Ésta es la enseñanza a la que Sue desearía haber tenido acceso cuando se casó por primera vez.

«Me habría gustado oír: "Dios tiene un plan para ti"; "tu cuerpo es templo del Espíritu Santo, así que manténlo puro"; "tú eres un ser sagrado llamado a la santidad".

Para mí, la santidad era siempre para gente especial –sacerdotes y religiosos–, no para los hombres y mujeres (normales). Desearía que los documentos de la Iglesia fueran explicados y que no se les restase importancia.

Estoy decidida a enseñar a mis hijos por qué esperamos al matrimonio, por qué ese regalo de la entrega total está reservado exclusivamente para el esposo, y el carácter sagrado de su compromiso con Dios y con el esposo, si eligen para sí la vocación al matrimonio.

Quiero que sepan que, compartiendo su amor, cooperan con Dios y le imitan con un amor dador de vida y que no hay mayor honor que recibir la gracia de un hijo al que alimentar y cuidar: que sólo si te entregas plenamente puedes conocer de verdad el amor de Dios. No quiero que mi hijo se avergüence de ser "santo" (¡algo que a mí siempre me asustaba ser!). Quiero que eso sea la cosa más natural, ¡como respirar!».

Con la gracia de Dios, Sue y su marido podrán enseñar a sus hijos estas valiosas verdades sobre el matrimonio.

El poder de la obediencia

Nuestros pecados, y también nuestros aciertos, poseen un poder intergeneracional. Como parte de los Diez Mandamientos, Moisés pronunció esta profecía de maldición o bendición, en función de si el pueblo de Israel daba culto correctamente o no al Dios que los había salvado.

> Yo soy el Señor, tu Dios, que te ha sacado del país de Egipto, de la casa de la esclavitud. No tendrás otro Dios fuera de mí. No te harás escultura ni imagen alguna de lo que hay en lo alto de los cielos, ni de lo

que hay abajo sobre la tierra, ni de lo que hay en las aguas por debajo de la tierra. No te postrarás ante ellas, y no les darás culto, porque yo, el Señor, tu Dios, soy un Dios celoso, que castiga en los hijos las iniquidades de los padres hasta la tercera y cuarta generación de los que me odian, pero tengo misericordia por mil generaciones con los que me aman y guardan mis mandamientos (Ex 20, 2-6).

Nuestras acciones tienen consecuencias espirituales, positivas o negativas, para las generaciones venideras. Por ellas, debemos elegir amar y obedecer al Señor. Por ellas, hemos de decantarnos por vivir una vida santa.

Obedecer nos lleva a entender. Hay una diferencia entre preguntar por qué deberíamos de creer y pedir una explicación antes de ponernos a obedecer. Como padres, conocemos la diferencia instintivamente, y también la conoce nuestro Padre celestial.

Como aquel padre que llevó a su hijo a Jesús para que lo curara, podemos rezar: «Señor, creo; ayuda a mi incredulidad» (Mc 9, 24). Esta oración tiene una autenticidad que nuestros hijos pueden reconocer, y que es distinta a enseñarles una cosa y vivir otra.

Los hijos buscan la conexión entre nuestras palabras y nuestras acciones. Aceptarán una cierta cantidad de fallos si, entre los fallos, hay humildad y arrepentimiento. Pero rechazan rápidamente lo que perciben como un falso servicio a la fe cuando nuestros corazones están lejos de ella. Si persistimos, con la gracia de Dios, llegaremos a parecernos más y más a nuestro Padre celestial; nuestras vidas reflejarán una mayor continuidad entre nuestra fe y nuestras obras.

Amistad espiritual

Parte de nuestra vida de oración es desarrollar una amistad espiritual con los santos que se han ido antes que nosotros. Ellos ya son santos como Cristo. Tienen un santo deseo de vernos llegar a ser santos. Hemos de agarrarnos al cielo para ayudarnos.

Una de las maneras de aprender sobre nuestra fe es aprender sobre nuestros santos. Como dice el dicho: «El amor puede inspirar más de lo que la ley puede exigir». Ellos fueron (son) personas reales que desarrollaron las virtudes que todos nosotros, incluidos nuestros hijos y nietos, necesitamos para vivir una vida de santidad.

Otra parte de nuestra vida de oración es pasar tiempo ante el Santísimo Sacramento, estar en su presencia. La mayoría de los pueblos tienen al menos una Misa diaria; en muchas áreas urbanas hay diversas opciones. Un número creciente de iglesias está dando la posibilidad de adoración eucarística.

También queremos tener un tiempo diario de oración mental. Para llegar a ser como el Santo de Israel, necesitamos estar tiempo con Él cara a cara. Para que progrese nuestra relación con el Señor, tenemos que hablar con Él desde nuestro corazón a diario: ofrecerle el día, revisar los retos a los que nos enfrentamos, darle gracias por todo lo que hace por nosotros y a través de nosotros y pedirle la fuerza para servirle como debemos.

Cada mañana mi madre y mi padre rezan juntos por todo nuestro clan, familia por familia, persona a persona. Parte de su oración incluye a los futuros cónyuges e hijos de sus nietos hasta la décima generación y más. Mi padre confesó en el bautizo de uno de nuestros hijos que tenía una percepción nueva del posible significado de su oración. Dijo: «Cuando rezo por la esposa de uno de mis nietos católicos, me doy cuenta de que podría ser la Iglesia». ¡Qué gran testimonio para todos los que estábamos allí!

La llamada al heroísmo

Amar la fe

Empapados de la verdad, la bondad y la belleza de Dios. En el contexto de este libro, da gracias a Dios por la verdad que reflejamos de Dios Trino y Uno a través de nuestros actos de amor que da vida. Agradece a Dios la bondad que podemos expresar en el acto matrimonial como acto de total autoentrega. Y da gracias a Dios por la belleza de su regalo de la fertilidad y por los hijos que pueden ser creados a través de nuestro acto de amor.

No sólo aceptamos la fe; la amamos. Abrazamos la fe con todo el corazón, aunque nuestra sociedad no haga lo mismo. Celebramos el misterio de la fe, aunque nuestra cultura sea escéptica ante lo que no se pueda demostrar empíricamente. Y anhelamos una comunión más profunda con el Amante de nuestras almas, sin que nos importen las críticas (o algo peor) a las que nos enfrentemos por amor de Dios.

El Señorío de Cristo

Muchas veces se tiene la impresión de que si le damos a Dios una hora de Misa los Domingos, hemos cumplido con nuestras obligaciones religiosas. Tendría que darse por satisfecho. Sin embargo, Dios no busca un mero ofrecimiento para satisfacer las demandas de su maravilloso amor. Como dice en el Antiguo Testamento: «Obedecer es mejor que ofrecer sacrificios» (1 Sam 15, 22).

El Señor quiere *todo* nuestro corazón, *toda* nuestra mente, *toda* nuestra alma y *toda* nuestra fuerza (cf. Dt 6, 4-5). Él quiere los Domingos... pero también los Lunes, Martes, Miércoles, Jueves, Viernes y Sábados. Quiere *todos* nuestros talentos, *todo* nuestro tiempo, *todas* nuestras posesiones... y sí, *toda* nuestra fertilidad también. Ésta es la llamada heroica que los adolescentes necesitan oír. ¡Ellos se están muriendo porque no saben que hay Alguien por el que merece la pena morir a sí mismos y vivir por Él!

No sólo le damos al Señor todo lo que somos, sino que también le confiamos nuestras familias. Confiamos en Él cuando no nos bendice con hijos; confiamos en Él cuando nos bendice con muchos hijos. Él es fiel y actúa con nosotros, y a través de nosotros, para cumplir su santa voluntad.

La voluntad de Dios hay que vivirla a la manera de Dios. San Pablo enseña claramente en el capítulo cinco de la carta a los Efesios cómo un marido y la esposa pueden reflejar el misterio de la relación de Cristo con la Iglesia, a favor de todo el mundo, si viven la voluntad de Dios usando su plan detallado para el matrimonio.

Un marido debe imitar a Cristo dando su vida por la de su esposa. Ha de abrazar la santidad a través del propio sacrificio. Algunos de estos sacrificios son únicos del marido, diferentes de los sacrificios que la esposa está llamada a hacer. Como cabeza de familia, está llamado a un liderazgo de servicio más que a una autoridad dominante sobre la familia. Cuanto más pendiente esté el marido del corazón de la casa –su esposa– tanto más respetará la mujer el liderazgo de su marido.

San Pablo reclama de los maridos que quieran a su mujer como a su propio cuerpo (cf. Ef 5, 28-29). Algunas veces el afecto físico, más que el acto matrimonial, hace que la mujer sienta la hondura de su amor. (Los hijos se sienten muy amados cuando ven a mamá y a papá «¡cuchicheando en la cocina!»). Cuando un marido trata el cuerpo de su mujer con dignidad y respeto, honra el regalo de su esposa y al que lo hizo. Esto se cumple también con la mujer hacia el marido.

El matrimonio es la relación fontal de la que mana la gracia sacramental para conocer las necesidades de nuestros hijos. Hemos de mantener el equilibrio entre las necesidades urgentes de los hijos y las necesidades importantes tanto del marido como de la mujer en el corazón de la relación familiar.

Una joven casada y con hijos llega a ser una experta en las necesidades de sus niños, pero a veces puede olvidar las necesidades, muy reales, de su esposo. Quizás su marido no está abierto a tener otro hijo porque se siente como si nunca estuviera solo con su esposa. Quizás no se siente atendido. Ésta es una preocupación válida.

Aunque las necesidades de los hijos parecen presionar, exigiendo una atención inmediata, el marido debe ser consciente de las necesidades personales de su mujer y rezar por ella. Ella necesita una conversación de adultos sin interrupciones, sentir que sus pensamientos también importan. Necesita tiempo para rezar y para jugar, para poder renovarse en espíritu y cuerpo y dar aún más de sí misma a su familia. Cuanto más ama un marido realmente a su mujer como Cristo ama a su Iglesia, más verá el corazón de su esposa abierto a más hijos.

Otra clave para vivir la voluntad de Dios a la manera de Dios, según San Pablo, es el servicio del marido contemplado como un sacerdote fiel en su iglesia doméstica. Cuanto más guía un esposo a su esposa para entender las Escrituras y la enseñanza de la Iglesia («lavándola con el agua de la Palabra», cf. Ef 5,26), tanto más formarán ambos su conciencia de acuerdo con la verdad de Dios.

Nuestra relación matrimonial es fundacional: estábamos juntos los dos solos antes de que llegaran los hijos, y estaremos juntos los dos solos cuando los hijos se hayan ido. Ahora es el momento de cuidar esta relación, para que nuestro amor prospere a largo plazo. Para hacerlo, necesitamos algo de tiempo sin las interrupciones constantes de los pequeños.

Las esposas necesitan este descanso tanto como los maridos para ser los mejores padres que podamos ser. También necesitamos tiempo de oración, solos y juntos. Necesitamos apartarnos para estar con el Señor y fortalecernos, o nos apartaremos afectivamente y nuestra relación se distanciará.

Tanto el marido como la mujer están llamados a dar la vida por Cristo y el uno por el otro. Esta especie de muerte a uno mismo requiere un heroísmo invisible, sereno, especialmente porque muchos de los sacrificios pasan inadvertidos. Aunque muchas de las pequeñas formas en las que cada esposo se entrega se repiten semana tras semana (limpiar, lavar la ropa, lavar el coche, trabajar en el jardín, el trabajo en la oficina), podemos acercarnos a Dios a través de estas tareas corrientes. Las responsabilidades pueden ser las mismas, pero nosotros cambiamos: crecemos en santidad eligiendo a Cristo y eligiendo a nuestro cónyuge cada día.

Generosidad heroica

Dios no se deja ganar en generosidad. La generosidad heroica procede de la virtud heroica. Tener hijos requiere el crecimiento en la virtud por parte de los padres y también de los demás hijos.

Nos viene muy bien luchar contra nuestro egoísmo. ¿Es posible que una de las razones de que haya una crisis de vocaciones sea la falta de generosidad de las parejas católicas en estar abiertas a la vida? Para que alguien se entregue a Dios en la vida consagrada, debe ser elevado con generosidad de espíritu. El Papa Juan Pablo II hablaba de la generosidad heroica de algunos padres para recibir muchos hijos del Señor, pero ciertamente una familia pequeña también puede tener un hermoso espíritu de generosidad.

Los abuelos también están llamados a continuar la generosidad heroica que desarrollaron, llenos de esperanza, en sus familias. No hay jubilación en el servicio cristiano. Y por independiente y fuerte que puedan ser una madre o un padre, sus hijos adultos (hijas y yernos, hijos y nueras) siempre necesitarán su amor generoso, apoyo y estímulo. Este espíritu de servicio no tiene límite, aunque hay una diferencia importante entre ser padre y ser abuelo.

Los hombres y las mujeres mayores deben resistirse a una cultura que intenta devolverles al egoísmo del que habían madurado a través de los retos de la vida familiar. Han de seguir siendo padres y madres que aman sacrificadamente a sus hijos casados (y a sus respectivos cónyuges y nietos). Aunque la relación se altera a medida que los hijos se hacen mayores, las responsabilidades de la maternidad y paternidad no se terminan.

No debemos subestimar la importancia de nuestra relación como abuelos cuando invertimos tiempo y energía en la formación de nuestros nietos. ¿Estamos atentos a las oportunidades que tenemos de dejar huella en su bienestar espiritual y emocional, de transmitir un legado de fe? Con cuánta frecuencia reconoce la gente el hecho de que la implicación de sus abuelos en sus vidas, aun limitada en el tiempo y la distancia, fue muy significativa.

La generosidad de los abuelos incluye planificar con tiempo dejar una herencia a los nietos como a los hijos. Esto es un buen objetivo. ¿Pero cuánto más grande es una meta de dejar una herencia de fe a los nietos?

Los abuelos tienen que preparar su corazón para recibir a todos los nietos como el regalo completo que son. Sus hijos quieren compartir su alegría con sus padres. Necesitan palabras de ánimo y la seguridad del apoyo de la oración.

Abrazar la Cruz

Estamos llamados a imitar a Cristo, el héroe definitivo. Él dijo: «Si alguien quiere seguirme, que se niegue a sí mismo, que coja su cruz y me siga. Porque el que salve su vida la perderá, y el que la pierda por mí la encontrará» (Mt 16, 24-25).

Hemos sido llamados a vivir una vida heroica en la apertura a la vida. Esto no significa que vayamos a tener grandes familias, como muchas parejas están descubriendo hoy en día (todo lo que podemos hacer es estar abiertos; Dios decide el número de hijos que tendremos). Lo que significa es que aceptamos todo lo que Dios tiene para nosotros —los retos, las bendiciones, los sufrimientos— a través de la vocación del matrimonio y particularmente a través del acto matrimonial. Recemos por la fidelidad del otro.

Dejad que el Señor construya vuestro hogar

El Señor quiere construir nuestro hogar, nuestra familia. Él ha de ser quien la construya o, si no, el trabajo será en vano (cf. Sal 127). Queremos que nuestro matrimonio y nuestra familia se construya a la manera de Dios para que perdure. Si vivimos la voluntad de Dios a la manera de Dios, daremos mucho fruto; seremos testigos fieles ante el mundo, por medio de nuestro matrimonio, de la relación íntima y fecunda que Dios desea con todas las personas.

Respondamos a los retos a los que nos enfrentamos:

Sí al Señor con todo nuestro ser, incluido nuestro cuerpo, incluida nuestra fertilidad;

Sí a nuestro cónyuge en una entrega total que refleje nuestro verdadero amor mutuo;

Sí al Señor dador de vida que bendice nuestra comunión matrimonial como amantes dadores de vida.

Como el Padre, el Hijo y el Espíritu Santo que nos dio la vida, ¡seamos amantes que dan vida y entregados que aman la vida!

APÉNDICE

María fue a casa de su pariente Isabel para servirla en lo que necesitara durante su embarazo (cf. Lc 1, 39-56). Podemos imitar la amabilidad y generosidad de María encontrando modos de ayudar a las madres que están esperando un hijo, que tienen niños recién nacidos o que han tenido un aborto. Te ofrezco algunas ideas:

Al comienzo del embarazo

Comida
- Regalar frutas o comidas ricas en nutrientes que no son fácilmente asequibles.
- Ofrecerse a preparar comidas en su casa, para que la mamá no tenga que hacerlo; o llevarle comida hecha para que no tenga que oler a cocina.
- Invitarla a comer en tu casa, o en un restaurante: así no tendrá que fregar los platos.
- Los postres suponen un esfuerzo añadido, y son una grata sorpresa para todos.
- Haz la compra para ella si siente náuseas en la tienda o el hipermercado.

Sueño

- Si la mamá tiene más niños, cuídalos en su casa o llévatelos a la tuya, para que ella pueda dormir la siesta.
- Ayúdala a hacer las tareas que se suelen dejar hasta la noche, porque no se llega a ellas (como planchar). De esta forma, se acostará antes porque las tareas estarán hechas.

Ánimo

- Ella puede ser consciente de su apariencia (por ejemplo, puede sentirse gorda). Un cumplido sincero le puede ser de gran ayuda para levantar el ánimo.
- Admírala por su sacrificio por el Señor. Recuérdale las verdades de fondo.
- Facilita el que pueda ver a su madre, cuidándole a los niños; o que esté en contacto con ella por teléfono, carta o, si es posible, correo electrónico; ofrécele dinero para llamadas de teléfono, si no dispone de mucho.

Durante el embarazo

Cambios y proyectos de decoración en la casa

- Ofrecerte a ayudarla si tiene que hacer cambios en el hogar.
- Llevarte a sus niños, para que ella pueda hacer cosas en su casa.
- Ofrecerle tu coche para que pueda ir a comprar las cosas necesarias para los cambios que vaya a hacer.

Ropa

- Darle o prestarle tu ropa de embarazada.
- Ayudarla a encontrar ropa en las rebajas o almacenes.
- Si la madre sabe coser, animarla a que se haga algo de ropa para ella mientras tenga fuerzas. De esta forma podrá disfrutarlo después de tener el bebé. Si tiene otros hijos, ofrécete a quedarte y jugar con los niños mientras ella cose.

Salidas especiales

- Cuida a los niños para que ella pueda ir a un retiro o asistir a una conferencia.

Al final del embarazo

Salidas

- Ofrecerte a cuidar de los niños para que ella y su marido puedan salir juntos antes de que la vida se les complique más.

Ejercicio

- Salir a pasear con ella para ayudarla a ponerse en forma o a prepararse para el parto.

Limpieza

- Ofrecerte a planchar, pasar la fregona, limpiar a fondo: todas las tareas que son difíciles de hacer con una gran barriga.

Comida

- Ayudarla a hacer muchas comidas para llenar el congelador.

Ánimo

- Ella puede necesitar algo nuevo (y *grande*) para llevar en la nueva estación.
- Unas flores podrían ser un bonito detalle, porque no son fácilmente asequibles.
- Ser positivo al hablar con ella del parto, para contrarrestar las terribles historias que otros pueden estar contando.
- Ofrecerte a rezar por o con ella durante el parto si ella quiere llamarte.
- Ayudarla en las últimas tareas de preparar la casa para el bebé. Quizás puedes hacer algo que a ella se le haya pasado por alto o que no tuvo tiempo o fuerzas para hacer, como pintar una cuna.

Reposo en cama

- Cuidar a sus otros niños, para que la mamá pueda poner los pies en alto para prevenir el parto prematuro o para disminuir la retención de líquidos.
- Ofrecerle comidas para que no tengan que gastar mucho encargando comida preparada.
- Ofrecerle una habitación en tu casa para que descanse en un día de verano caluroso, si tú tienes aire acondicionado y ella no.

Después del nacimiento

Comida

- Llevarle comida, y, si otras personas también van a colaborar, coordinaros para que las llamadas no la molesten demasiado.
- Podría ser bueno ofrecer la comida en días alternos. De esta forma los restos no se desperdician y la ayuda dura más. Esto es más factible si ella ya tiene algunas comidas en el congelador.
- Los postres son una buena sorpresa.
- Hacer una llamada rápida antes de ir a la compra para ver si hay cosas que ella necesite y que puedas llevarle.
- Comprarle el pan tierno.
- Si tiene un jardín, ayudarle en los trabajos que haya que hacer especialmente si la mamá ha tenido una cesárea.

Limpieza

- Hacer la limpieza general por ella para ayudar a mantener la apariencia de orden.
- Ayudar con la colada y la plancha.

Dormir

- Llevarte a los niños durante la siesta del bebé para que ella también pueda descansar.
- Llevar de paseo al bebé para que la mamá pueda descansar.

Ánimo

- Preparar una fiesta para cada bebé (antes o después del nacimiento).
- Acompañar a una madre que esté pasando por la depresión postparto. Descubre qué otra ayuda tiene.
- Prestarle grabaciones o libros que la animen, especialmente si en ese momento no puede asistir a las actividades de la parroquia. Puede que ella tenga más tiempo para leer mientras da el pecho del que tuvo durante el embarazo.
- Regalarle una camisa o un jersey (con el que pueda dar el pecho), una talla mayor de lo normal.
- Pedir en la oración por intenciones concretas e insistir: a veces a todas las horas en punto.
- Ofrecerte a acompañarla a Misa.

- Ofrecerte a sentarte con ella y con los niños en Misa, o a cuidar de los niños para que pueda confesarse, rezar o ir a Misa.
- Atender a los niños para que pueda hacer sola algo que le guste como leer, tocar algún instrumento, coser o cocinar.
- Cortarle el pelo, peinarla o maquillarla, si sabes.
- Facilitarle el que vaya de compras. Puedes ir con ella y ayudarla, o cuidar de los niños para que pueda ir sola.
- Visitarla cuando los niños estén en la cama para que tenga algo de conversación de personas adultas.
- Cuidar a los niños para que ella pueda ir a escuchar una charla estimulante en la iglesia o en la universidad local, o un concierto.
- Escribir una frase de ánimo en una tarjeta, para que ella pueda leerla a lo largo del día.
- Dejarle o regalarle un grabación de buena música religiosa para serenar los ánimos de casa.

Recados

- Ofrecerte a llevar y/o recoger a los otros hijos de la mamá en sus actividades o a un cumpleaños al que les hayan invitado.
- Ofrecerte a ir a la oficina de correos o al tinte o a cualquier otro recado para la mamá.
- Llevar a sus hijos a cortar el pelo si lo necesitan.
- Darle regalos inusuales (papel de envolver, postales, sellos, celo).
- Llevar a los niños mayores a la piscina para que ella se quede en casa tranquila.

Cuando ella se está cambiando de casa

- Llevarte a los niños a tu casa para que ella pueda embalar las cosas.
- Ayudarle a embalar, especialmente cuando los hijos estén acostados (menor confusión, mejor conversación).
- Ayudar a arreglar la casa para venderla.
- Invitales a comer a tu casa para que ella no tenga que limpiar para preparar la cena o recoger después.
- Ayudar en la mudanza.
- Llevar a los niños el día de la mudanza a algún sitio divertido.
- Cuidar a los niños durante varios días para que ella pueda organizar la casa.
- Ayudar a desembalar.

Después de un aborto

- Llora con ella. No des contestaciones sin sentido como «El bebé seguramente no estaba sano» o «Simplemente da gracias por los hijos que tienes».
- Ofrécele algunas comidas preparadas por ti.
- Dale un pequeño objeto para que recuerde al hijo, como un adorno de Navidad con el nombre del niño pintado.
- Anota la fecha, y regala a la mamá una tarjeta especial en ese día.
- Normalmente no supone una ayuda llevarse a los otros hijos, porque le aportan mucho alivio a su madre, pero pregúntale a ella qué le parece.

Cuando el papá viaja mucho

- Cuida a los niños, para que la mamá pueda tener algo de tiempo para ella misma, dejar el trabajo hecho o salir con una amiga.
- Ofrécete a cuidar a los niños cuando llegue el padre, para que él y la madre puedan estar un tiempo solos.
- Ayúdala en el jardín o en tareas domésticas, como pintar, que el papá puede que no tenga tiempo de hacer.
- Anímala a que mantenga unos hábitos de vida familiar normal con los niños (comidas, hora de irse a la cama) aunque el papá no esté.

En cualquier momento

- Propicia la orientación postmarital o financiera a través de un buen material de lectura, seminarios, o incluso el asesoramiento.
- Sugiere que la pareja asista a un encuentro o convivencia para matrimonios un fin de semana; quizás puedas hacer de canguro.
- Organiza un pequeño grupo de oración y estudio para madres jóvenes, incluyendo el cuidado de los niños, para lograr una renovación espiritual.
- Ofrece recursos de gestión del tiempo y organización de la casa.

Ideas para maridos

- Habla con tu esposa. Ella tiene grandes ideas, aunque los pequeños todavía no lo saben.

- Es muy importante que llegues a tu casa con tiempo para estar con los niños, apoyar en las tareas escolares, o compartir la preparación de la cena.
- Colabora en la rutina de acostarse.
- Recuerda que los momentos de menor energía son para todos antes de la cena y de acostarse.
- Ayúdala para que pueda ir a confesarse, a Misa, a los estudios de la Biblia, a charlas o a un retiro.
- Recuerda que una mujer renovada espiritualmente es una mujer feliz.
- Ve con ella a Misa.
- Haz que las salidas sean prioritarias. Planificad tiempo juntos con regularidad.
- Llévale flores, tarjetas, dulces cuando sea apropiado, y hazle saber cuánto es querida.
- Háblale de su belleza. Incluso las estrías y las cicatrices son recuerdos de cuánto te ama ella.
- ¡Reza por ella!

Después de la adopción

- Celébralo con tarjetas, flores, y un regalo.
- Haz una fiesta por la alegría, así como por la ayuda práctica.
- Si el bebé no es un recién nacido, descubre qué cosas se necesitan todavía. Quizás ropa de mayor tamaño o pañales sea mejor.
- Ofrece comidas. Sólo porque la madre no se esté recuperando del parto no significa que no valore la ayuda con la comida.

FUENTES

DOCUMENTOS DE LA IGLESIA

Catecismo de la Iglesia Católica, Asociación de Editores del Catecismo, Madrid 1992.

Congregación para la Doctrina de la Fe, Instr. *Donum vitae*, 22-II-1987.

Consejo Pontificio para la Familia, *Enchiridion de la familia*, Palabra, Madrid 2001.

Juan Pablo II, Enc. *Veritatis splendor*, 6-VIII-1993.

Enc. *Evangelium vitae*, 25-III-1995.

— *Carta a las familias*, 2-II-1994.

— *Carta a las mujeres*, 29-VI-1995.

— Carta Ap. *Mulieris dignitatem*, 15-VIII-1988.

— Ex. Ap. *Familiaris consortio*, 22-XI-1981.

— *Hombre y mujer lo creó*, Cristiandad, Madrid 2000.

Pablo VI, Enc. *Humanae vitae*, 25-VII-1968.

Pío XI, Enc. *Casti connubii*, 31-XII-1930

LIBROS

Arnold, Mary, *Pregnancy Diary, A Christian Mother's Reflections*, Ignatius, San Francisco 1996.

Bonacci, Mary Beth, *Tus preguntas y las respuestas sobre amor y sexo*, Palabra, Madrid 2003.

— *We're on a Mission from God: The Generation X Guide to John Paul II, the Catholic Church and the Real Meaning of Life*, Ignatius, San Francisco 1996.

Burke, Cormac, *Covenanted Happiness: Love and Commitment in Marriage*. San Francisco, Ignatius 1990.

Campbell, Nancy (ed.), *A Change of Heart*, Above Rubies, Antioch (Tenn.) 1997. Historias de matrimonios que han revertido vasectomías y ligaduras de trompas. Disponible en el editor, P.O. Box 351, Antioch, TN 37011-0351.

De Stoop, Christine, *Contraception: The Hidden Truth*, Christine de Stoop, Castle Hill, Australia 2000. Disponible pidiéndolo a la autora, 31David Rd., Castle Hill 2158, NSW Australia.

Drogin, Elasah, *Margaret Sanger: Father of Modern Society*, CUL Publications, Coarsegold, Calif. 1979.

Fernández-Crehuet, Joaquín y Melendo, Tomás: *Planificación familiar natural*. Palabra, Madrid.

Ford, John C. y Gerald Kelly, *Contemporary Moral Theology*, Newman Press, Westminster, Md. 1958-63.

Fowler, Suzanne, *The Light Weigh*, Suzanne Fowler, Leawood, Kans. 1998. Pedidos a la autora, 4701 College Blvd., Suite 102, Leawood, KS 66211.

Guste, Bob, *The Gift of the Church*, Queenship, Santa Barbara, Calif. 1993.

Hahn, Scott, *La cena del Cordero*, Rialp, Madrid, 9ª ed., 2005.

Hahn, Scott, *Lo primero es el amor*, Rialp, Madrid 2005.

Hahn, Scott y Kimberly Hahn, *Roma dulce hogar*, Rialp, Madrid, 11ª ed., 2005.

Hartman, Cleta (ed.), *Physicians Healed*, One More Soul, Dayton, Ohio 1998.

Hess, Rick y Jan Hess, *A Full Quiver*, Wolgemuth y Hyatt, Brentwood, Tenn. 1989.

Ilse, Sherokee y Linda H. Burns, *Empty Arms: A Guide to Help Parents and Loved Ones Cope with Miscarriage, Stillbirth and Neonatal Death*, Wintergreen, Long Lake, Minn. 1985.

Kahlenborn, Chris, M.D., *Breast Cancer: Its Link to Abortion and the Birth Control Pill*, One More Soul, New Hope, Ky. 2000.

Keaggy, Bernadette, *A Deeper Shade of Grace*, Sparrow, Nashville, Tenn. 1993.

Kiser, Keith y Tami Kiser, *The Incredible Gift!*, Our Sunday Visitor, Huntington, Ind. 1996.

Kippley, John F., *Sex and the Marriage Covenant: A Basis for Morality*, Couple to Couple League, Cincinnati, Ohio 1991.

— *Marriage Is for Keeps: Foundations for Christian Marriage*, Foundation of the Family, Cincinnati, Ohio 1994.

Kippley, John F. y Sheila K. Kippley, *The Art of Natural Family Planning*, 4ª ed., Couple to Couple League, Cincinnati, Ohio 1996.

Kippley, Sheila K., *Breastfeeding and Natural Child Spacing: How "Ecological" Breastfeeding Spaces Babies*, 2ª ed., Couple to Couple League, Cincinnati, Ohio 1989.

Kreeft, Peter, *Making Sense out of Suffering*, Servant, Ann Arbor, Mich. 1986.

La Leche League, *The Womanly Art of Breastfeeding*, Plume, New York 1991.

Lafser, Christine O'Keeffe, *An Empty Cradle, A Full Heart: Reflections for Mothers and Fathers After Miscarriage, Stillbirth, or Infant Death*, Loyola, Chicago 1998.

Lawler, Ronald, Joseph Boyle y William May, *Ética sexual*, Eunsa, Pamplona 1987.

Lewis, C.S., *Una pena en observación*, Anagrama, Barcelona 1994.

Linn, Matthew, Dennis Linn y Sheila Fabricant, *Healing Relationships With Miscarried, Aborted and Stillborn Babies*, Paulist, New York 1985.

Madrid, Patrick (ed.), *Surprised by Thruth*, Basilica, San Diego 1994.

— *Surprised by Thruth II*, Sophia Institute, Manchester, N.H. 2000.

Matthews, Beth, *Precious Tresaure*, Emmaus Road, Steubenville, Ohio 2002.

Morrow, Judy Gordon y Nancy Gordon DeHamer, *Good Mourning*, Word, Dallas 1989.

Pride, Mary, *The Way Home*, Crossway, Westchester, Ill. 1985.

— *All the Way Home*, Crossway, Westchester, Ill. 1989.

Provan, Charles D., *The Bible and Birth Control*, Zimmer, Monongahela, Pa. 1989.

Quay, Paul, *The Christian Meaning of Human Sexuality*, Ignatius, San Francisco 1985.

Rank, Maureen, *Free to Grieve: Healing and Encouragement for Those Who Have Experienced the Physical, Mental, and Emotional Trauma of Miscarriage and Stillbirth*, Bethany, Minneapolis, Minn. 1985.

Roberts, H.J., M.D., *Is Vasectomy Worth the Risk? A Physicians' Case Against Vasectomania*, Sunshine Sentinel Press, West Palm Beach, Fla. 1993.

Santorum, Karen Garver, *Letters to Gabriel : The True Story of Gabriel Michael Santorum*, CCC of America, Irving, Tex. 1998.

Sassone, Robert, *Handbook on Population*, 5ª ed., American Life League, Stafford, Va. 1994. Disponible en el editor, P.O. Box 1350, Stafford, VA 22555.

Schwiebert, Pat y Paul Kirk, *When Hello Means Goodbye*, Perinatal Loss, Portland, Ore. 1985.

Shannon, Marilyn M., *Nutrition, Cycles, and Infertility*, Couple to Couple League, Cincinnati, Ohio 1990.

Sheen, Fulton J., *Three to Get Married*, Appleton-Century-Crofts, New York 1951.

Smith, Janet E. (ed.), *Why Humanae Vitae Was Right: A Reader*, Ignatius, San Francisco 1993.

Von Hildebrand, Dietrich, *Marriage: The Mystery of Faithful Love*, Sophia Institute, Manchester, N.H. 1984.

Weber, James, *Grow or Die!*, Arlington House, New Rochelle, N.Y. 1977.

West, Christopher, *Good News About Sex & Marriage*, Servant, Ann Arbor, Mich. 2000.

Willke, Jack y Sra. Willke, *El aborto*, Eunsa, Pamplona 1987.

Wojtyla, Karol, *Amor y responsabilidad*, Plaza & Janés, Barcelona 1996.

Audiovisuales y sonoros

Hahn, Scott y Kimberly Hahn, *Life-Giving Love*. Disponible en St. Joseph Communications.

Pandora's Pillbox Conference: The Twelve Myths of Contraception. Disponible en la GIFT Foundation.

Smith, Janet, *Contraception: Why Not?* Disponible en One More Soul.

West, Christopher, *Naked Without Shame: Sex and the Christian Mystery-Reflections on Pope John Paul II's Theology of the Body*. Disponible en la GIFT Foundation.

Organizaciones

AMEND (Aiding Mothers Experiencing Neonatal Death), 4324 Berrywick Terrace, St. Louis, MO 63128; (314) 487-7582; www.amendgroup.org

American Academy of Natural Family Planning (AANFP), University of Utah, Department of Family and Preventive Medicine, 50 N. Medical Dr., Salt Lake City, UT 84132; (801) 581-7234.

Apostolate for Family Consecration, Catholic Familyland, 3375 County Road 36, Bloomingdale, OH 43910-9901; (740) 765-4301; www.familyland.org; info@familyland.org

Asociación Endometriosis España, www.endoinfo.org

Billings Ovulation Method Association, USA, P.O. Box 16206, St. Cloud, MN 55116; (651) 699-8139; www.boma-usa.com

Buscadop: asociación que en su web www.adopcion.org aporta información de todos los aspectos de la adopción en España, y enlaces a numerosas webs sobre este tema, asociaciones de padres adoptivos, instituciones oficiales, etc.

Catholic Charities, 340 Columbia St., Suite 105, South Bend, IN 46601; (219) 234-3111 o (800) 686-3112 para información sobre adopción.

Catholic United for the Faith, 827 N. 4th Street, Steubenville, OH 43952; (740) 28FAITH o (800) MY-FAITH; www.cuf.org

Coming Home Network International, P.O. Box 8290, Zanesville, OH 43702-8290; (800) 664-5110; fax (520) 752-2367; www.chnetwork.org

The Compassionate Friends, Inc., P.O. Box 3696, Oak Brook, IL 60; fax (630) 990-0246; www.compassionatefriends.com

Couple to Couple League, 4290 Delhi Pike, Cincinnati, OH 45238; (513) 471-2000; www.ccli.org; ccli@ccli.org. Especializados en el método sintotérmico de planificación familiar natural.

Diocesan Development Program for NFP, U.S. Conference of Catholic Bishops, 3211 4th St, NE, Washington, DC 20017; (202) 541-3240 o (202) 541-3054; www.usccb.org

Empty Cradle, 4595 Mt. King Dr., San Diego, CA 92117; (619) 595-3887.

Federación Española de Familias Numerosas, Av. Menéndez Pelayo, 83 - 28007 Madrid, 914 345 780, fax 915 014 809; www.familiasnumerosas.org info@familiasnumerosas.org

Federación Española de Asociaciones pro-vida, C/ Bonaplata, 42, 1º 08034, Barcelona. Tel. 932 805 683; e-mail: feapv@provida.org www.provida.es

Family of the Americas Foundation, Mercedes Wilson, Director, P.O. Box 1170, Dunkirk, MD 20754; (800) 443-3395; www.familyplanning.net; familyplanning@yahoo.com. Especializados en el método de la ovulación de planificación familiar natural.

GIFT Foundation, P.O. Box 95, Carpentersville, IL 60110; (800) 421-GIFT; www.giftfoundation.org; info@giftfoundation.org. Disponen de material sonoro.

Instituto de política familiar, www.ipf.org

La Leche League International, 1400 N. Meacham Rd., Schaumburg, IL 60168-4079; (847) 519-7730 o (800) LA LECHE; www.lalecheleague.com.

Loiola, asociación católica que en su web www.loiola.org ofrece información sobre centros de planificación familiar natural de toda España y otras webs relacionadas con este tema.

Morning Light Ministry, c/o St. Mary Star of the Sea Church, 11 Peter Street S., Missisauga, Ont. L5H 2G1; (905) 278-2058.

National Adoption Information Clearinghouse, 330 C Street SW, Washington, DC 20447; (888) 251-0075; www.calib.com/naic.

One More Soul, 616 Five Oaks Avenue, Dayton, Ohio 45406; (800) 307-SOUL; fax (937) 279-2370; OMSoul@juno.com; www.OMSoul.com.

En su directorio se recogen médicos que sólo practican planificación familiar natural.

One More Soul National Sterilization Reversal Hotline: (800) 307-7685.

National Catholic Bioethics Center, 159 Washington St., Boston, MA 02135; (617) 787-1900; www.ncbcenter.org

Pope Paul VI National Center for the Treatment of Reproductive Disorder (o Institute for the Study of Human Reproduction), Dr. Thomas W. Hilgers, Director, 6901 Mercy Rd., Omaha, NE 68106-2604; (402) 390-6600; fax (402) 390-9851; www.popepaulvi.com. «El centro ofrece diagnóstico y tratamiento de mujeres que padecen desajustes reproductivos como infertilidad, síndrome premenstrual, desórdenes hormonales o hemorrágicos, abortos repetidos y endometriosis».

Population Research Institute, P.O. Box 1559, Front Royal, VA 22630; (540) 622-5240; www.pop.org

The Pregnancy and Infant Loss Center of Minnesota, 1415 E. Wayzata Boulevard, Suite 22, Wayzata, MN 55391; (952) 473-9372. Edita la publicación *Loving Arms*.

Project Rachel—National Office of Post Abortion Reconciliation and Healing, P.O. Box 070477, Milwaukee, WI 53207-0477; (800) 5WE-CARE; www.marquette.edu/rachel; noparth@juno.com

Real Love Productions (Mary Beth Bonacci), 6732 W. Coal Mine Ave., #228, Littleton, CO 80123; (303) 237-7942; fax (303) 703-4035; www.reallove.net; www.info@reallove.net

St. Joseph Communications, P.O. Box 1911, Suite 83, Tehachapi, CA 93581; (800) 526-2151; www.saintjoe.com;; richard@saintjoe.com

St. Joseph's Covenant Keepers, Family Life Center International, P.O. Box 6060, Port Charlotte, FL 33949; (941) 764-7725; www.dads.org; sjck@sunline.net

Sexaholics Anonymous (SA), P.O. Box 111910, Nashville, TN 37222; (615) 331-6230; www.sa.org; saico@sa.org

SHARE, St. Elizabeth's Hospital, 211 S. Third St., Belleville, IL 62222; (618) 234-2120; www.stelizabeth.org

Sidelines National Support Network National Office, P.O. Box 1808, Laguna Beach, CA 92652; (949) 497-2265; www.sidelines.org; wwwsidelines@sidelines.org. Apoyo a las mujeres que deben guardar reposo por el embarazo.

Sisters of Life, Our Lady of New York, 1955 Needham Avenue, Bronx, NY 10466.

Society of Blessed Gianna Beretta Molla, P.O. Box 59557, Philadelphia, PA 19102-9557; (213) 297-5940.

ESTE LIBRO, PUBLICADO POR
EDICIONES RIALP, S. A.,
MANUEL URIBE, 13-15, 28033 MADRID,
SE TERMINÓ DE IMPRIMIR EN
SERVICE POINT, S. A. (MADRID),
EL DÍA 8 DE ABRIL DE 2022.